Hendrik Unger

AF904008

Play!

Das Handbuch für Video-Creator

Rheinwerk
Computing

Auf einen Blick

Wir hoffen, dass Sie Freude an diesem Buch haben und sich Ihre Erwartungen erfüllen. Ihre Anregungen und Kommentare sind uns jederzeit willkommen. Bitte bewerten Sie doch das Buch auf unserer Website unter **www.rheinwerk-verlag.de/feedback**.

An diesem Buch haben viele mitgewirkt, insbesondere:

Lektorat Stephan Mattescheck, Lisa Helmus
Korrektorat Sibylle Feldmann, Düsseldorf
Herstellung Denis Schaal
Typografie und Layout Vera Brauner
Einbandgestaltung Mai Loan Nguyen Duy
Satz III-Satz, Kiel
Druck mediaprint solutions, Paderborn

Dieses Buch wurde gesetzt aus der Linotype Syntax (9,25/13,25 pt) in FrameMaker.

Gedruckt wurde es mit mineralölfreien Farben auf chlorfrei gebleichtem, PEFC®-zertifiziertem Offsetpapier (90 g/m²).

Hergestellt in Deutschland.

Das vorliegende Werk ist in all seinen Teilen urheberrechtlich geschützt. Alle Rechte vorbehalten, insbesondere das Recht der Übersetzung, des Vortrags, der Reproduktion, der Vervielfältigung auf fotomechanischen oder anderen Wegen und der Speicherung in elektronischen Medien.

Ungeachtet der Sorgfalt, die auf die Erstellung von Text, Abbildungen und Programmen verwendet wurde, können weder Verlag noch Autor*innen, Herausgeber*innen oder Übersetzer*innen für mögliche Fehler und deren Folgen eine juristische Verantwortung oder irgendeine Haftung übernehmen.

Die in diesem Werk wiedergegebenen Gebrauchsnamen, Handelsnamen, Warenbezeichnungen usw. können auch ohne besondere Kennzeichnung Marken sein und als solche den gesetzlichen Bestimmungen unterliegen.

Die automatisierte Analyse des Werkes, um daraus Informationen insbesondere über Muster, Trends und Korrelationen gemäß § 44b UrhG (»Text und Data Mining«) zu gewinnen, ist untersagt.

Bibliografische Information der Deutschen Nationalbibliothek:
Die Deutsche Nationalbibliothek verzeichnet diese Publikation in der Deutschen Nationalbibliografie; detaillierte bibliografische Daten sind im Internet über *http://dnb.dnb.de* abrufbar.

ISBN 978-3-367-10613-4

4., aktualisierte und überarbeitete Auflage 2025
© Rheinwerk Verlag, Bonn 2025

Rheinwerk Verlag GmbH • Rheinwerkallee 4 • 53227 Bonn
service@rheinwerk-verlag.de

Informationen zu unserem Verlag und Kontaktmöglichkeiten finden Sie auf unserer Verlagswebsite **www.rheinwerk-verlag.de**. Dort können Sie sich auch umfassend über unser aktuelles Programm informieren und unsere Bücher und E-Books bestellen.

Inhalt

Vorwort

YouTube, Twitch, TikTok und Instagram sind verrückt, bunt und bieten Plattformen für Emotionen! Während viele über die Macht des Videomarketings sprechen, wagen sich nur wenige wirklich an die Gestaltung eines eigenen Channels oder einer authentischen Videopräsenz heran. In diesem Buch möchte ich, Hendrik Unger, dir den Weg in die Welt des Videomarketings zeigen und dich dabei unterstützen, Inhalte zu schaffen, die begeistern, inspirieren und informieren. Dabei entstehen Videos, die deine Zuschauerinnen und Zuschauer fesseln und einen Mehrwert bieten – sei es durch Wissen, Unterhaltung oder Emotion. Die Zeit war nie besser, denn Video ist mit Abstand das schnellste und direkteste Kommunikationsmittel unserer Ära!

Längst sind wir im Zeitalter der sozialen Videoplattformen angekommen – und sie wachsen täglich. YouTube, Twitch, TikTok und Instagram bieten dir endlose Möglichkeiten, deine Talente und Ideen mit einer riesigen Community zu teilen. Warum zögerst du noch? Mit diesem Buch erhältst du das notwendige Wissen und praktische Tipps, um deine persönliche Reise im Videomarketing zu starten und deinen Weg zum Erfolg zu ebnen. Begleite mich in die Welt des Social Video und tauche ein in das spannende und zugleich fordernde Leben als Video-Creator. Vielleicht bist du schon morgen die nächste aufstrebende Größe in dieser dynamischen Szene! Deine Kreativität kennt keine Grenzen – also fang einfach an! Als dein Partner auf der Reise durch die Video- und Streaming-Landschaft bündele ich all das wichtige Wissen, um an deiner Seite mitzulaufen und dich zu unterstützen. Ich widme dieses Buch also denjenigen unter euch, die den Biss haben, es durchzuziehen und ihre Träume bzw. Videos zu verwirklichen. Der Zeitpunkt war nie besser!

Wir bei morefire, einer Kölner Online-Marketing-Agentur, arbeiten täglich an innovativen Marketingprojekten und beraten bekannte Unternehmen und Personen bei allen Fragen rund um Social-Media- und Videomarketing. Unser Ziel ist es, unsere Kunden dabei zu unterstützen, ihre Träume zu verwirklichen und Inhalte zu schaffen, die den Unterschied machen – oder, wie wir es nennen, »geilen Shit«, der ankommt und die Menschen begeistert. Als dein Partner auf deiner Reise durch die Welt des Videomarketings sind wir mit diesem Buch an deiner Seite und teilen unser gesammeltes Wissen und unsere Erfahrung.

Ein großes Dankeschön gilt Niklas Plutte von der Kanzlei Plutte, dessen rechtlicher Input einen wichtigen Beitrag zu diesem Buch geleistet hat. Mein Dank geht auch an Jonas Kirschstein von Appinio für die Durchführung einer Studie, die viele spannende Einblicke für das Buch gebracht hat, sowie an Till Siebler, Videoproduzent von morefire, dessen technisches Know-how die Kapitel zur Videoproduktion und

-bearbeitung bereichert hat. Danken möchte ich auch LuciNana, die spannende Einblicke in ihre Erfolgsstory als Twitch-Streamern und Gamerin gibt. Ein weiterer besonderer Dank geht an Leya Lourenco von der RTL-Journalistenschule, deren wertvolle journalistische Perspektiven und Ratschläge die Inhalte dieses Buchs zusätzlich geschärft und verfeinert haben.

Dieses Buch ist für alle, die den Mut und die Leidenschaft haben, ihre Träume zu verwirklichen und sich in die Welt des Videomarketings zu stürzen. Nutze diese Chance und lass deine Videos strahlen!

Viel Spaß beim Lesen und Erfolg beim Durchstarten – pack's an!

Herzliche Grüße

Hendrik

Kapitel 1

Mit welcher Idee werde ich ein Video-Star?

»The world belongs to those who think and act with it, who keep a finger on its pulse!« »Die Welt liegt in den Händen der Menschen, die in ihr denken und handeln, derjenigen, die den Finger am Puls der Zeit haben.« – William R. Inge

Meine Klassenlehrerin hat uns damals am ersten Tag der Grundschule gefragt, was wir eines Tages mal werden möchten. »Detektiv« war meine Antwort, ein Klassenkamerad war sich sicher: »Ich werde Fußballstar.« Heute antworten die Schüler und Schülerinnen anders – etwa mit »Video-Star« oder »Influencer«. Doch darauf folgt eine noch wichtigere Nachfrage: Mit welchen Inhalten? Zugegeben: Keine leichte Frage! Willkommen im Content-Kosmos, dem großen Rätsel, von dem alle denken, es sei sehr einfach zu lösen. Theoretisch ist es das auch, man muss nur wissen, welche Knöpfe man drücken muss. Wie du diese Knöpfe drücken kannst, erfährst du in diesem Buch.

Es sieht so aus, als würden alle bekannten deutschen Video-Stars zusammen in einem großen Haus wohnen, Spaß haben und so – quasi im Vorbeigehen – geile Videos produzieren. Bei Alina und Jonathan Schoeck, einem TikTok-Pärchen, die Videos aus ihrem Alltag als Pärchen posten, ist das ja auch so ... (Abbildung 1.1). Wenn ihnen nichts mehr einfällt, können sie sich gegenseitig pranken, challengen und ständig neuen Content entwickeln – und verdienen ganz nebenbei auf diese Weise (eine Menge) Geld. Völlig easy!

Influencer? Streamer? Creator? Was is'n das?

Ja, diese ganzen Begriffe rund um die sozialen Medien können schon Mal verwirrend sein – hier eine vereinfachte Erklärung:

- *Influencer:* Beschreibt eine Person, die auf Plattformen wie Instagram und TikTok ihren ganz »normalen« Alltag filmt oder fotografiert. Dabei posiert sie für die Handykamera und postet die Ergebnisse auf ihrem Account in die Story – die nur für 24 Stunden zu sehen ist. Durch diese Art Fotos und Videos fühlen sich Zuschauer ihren Idolen sehr nah und vertrauen ihnen. Dadurch haben diese großen Einfluss auf ihre Follower und ihr Kaufverhalten – daher auch der Name: englisch für »Beeinflusser«.

- *Streamer:* Beschreibt jemanden, der Content – also Inhalte – live produziert. Es sind keine vorgefertigten Videos, denn sie entstehen ohne Zeitverzögerung. Viele Streamer sind auf Plattformen wie Twitch unterwegs und spielen oft Computerspiele. Ihre Communities können sehr groß werden, und ähnlich wie Influencer genießen auch sie große Glaubwürdigkeit. Am Ende des Buchs wirst du eine Streamerin kennenlernen, da wir ein Interview mit einer solchen geführt haben. Mehr dazu findest du in Kapitel 14, »LuciNana – die Erfolgsstory einer Twitch-Streamerin und Gamerin«.
- *Creator:* Ist der Oberbegriff für jemanden, der Content für die sozialen Medien produziert. Hier fließen oft viele Stunden an Recherche, Vorarbeit, Produktionszeit und Nachbereitung hinein. Ganz so leicht lassen sich die drei Begriffe nicht voneinander trennen, da es viele Überschneidungen gibt. So sind auch Influencer und Streamer oft zugleich Creators – und du, sobald du dein erstes Video postest.

Abbildung 1.1 Das Pärchen Alina und Jonathan Schoeck bei ihrer Hochzeit, die sie auf TikTok gepostet haben

Aber aufgepasst, so einfach ist das leider nicht! Wäre ja auch zu schön. Dahinter steckt viel Arbeit und vor allem – ein Ziel. Dieses Buch wird dir helfen, dein eigenes Ziel zu finden und die ersten Schritte zum Video-Creator auf den größten Content-Plattformen zu gehen.

1.1 Was sind eigentlich meine Chancen auf den verschiedenen Plattformen?

Zugegeben, die Bezeichnung *Video-Creator* ist natürlich weit gefasst. Es gibt viele verschiedene Plattformen im Content-Kosmos: YouTube, Twitch, Instagram und auch TikTok – um nur die größten zu nennen. Sie alle haben ein eigenes, spezielles Publikum. Du solltest dich entscheiden, auf welche du deinen Fokus legen möchtest. Für deinen Erfolg musst du allerdings nicht nur eine Plattform bespielen, sondern mehrere. Trotzdem ist es von Vorteil, mit einer der Plattformen anzufangen, um dich erst mal einzuleben – in sozusagen deinem Online-Zuhause. Später kannst du deinen Wirkungskreis dann immer noch erweitern.

In diesem Buch lernst du alle vier Plattformen, ihre Eigenarten und ihr Potenzial kennen – denn sie erreichen Milliarden Menschen pro Monat weltweit (eine Übersicht siehst du in Abbildung 1.2):

- *Twitch*: 240 Millionen Besucherinnen und Besucher pro Monat
- *TikTok*: 1,56 Milliarden Nutzerinnen und Nutzer pro Monat
- *Instagram*: 2,11 Milliarden aktive User pro Monat
- *YouTube*: 2,70 Milliarden aktive User pro Monat

Um die aktuellen Trends und Herausforderungen im Videomarketing besser zu verstehen, haben wir – die Online-Marketing-Agentur morefire – das renommierte Marktforschungsunternehmen Appinio beauftragt, eine Studie zu diesem Thema durchzuführen (Abbildung 1.3). Ziel war es, fundierte Einblicke in die Wahrnehmung, Nutzung und Wirkung von Videomarketing aus Sicht von Konsumierenden und Unternehmen zu gewinnen. Befragt wurden rund 1.500 Personen in Deutschland im Alter von 16 bis 65 Jahren, national repräsentativ für das Alter und das Geschlecht der Bevölkerung. Die Ergebnisse dieser exklusiven Erhebung präsentieren wir euch hier erstmals in diesem Buch. Da wir – morefire – die Studie initiiert haben, werden wir in diesem Buch von nun an von der morefire-Studie sprechen. Die Ergebnisse dieser Studie liefern wertvolle Daten, die euch helfen, eure Videomarketing-Strategie noch effektiver zu gestalten und den Erfolg eurer Kampagnen zu maximieren.

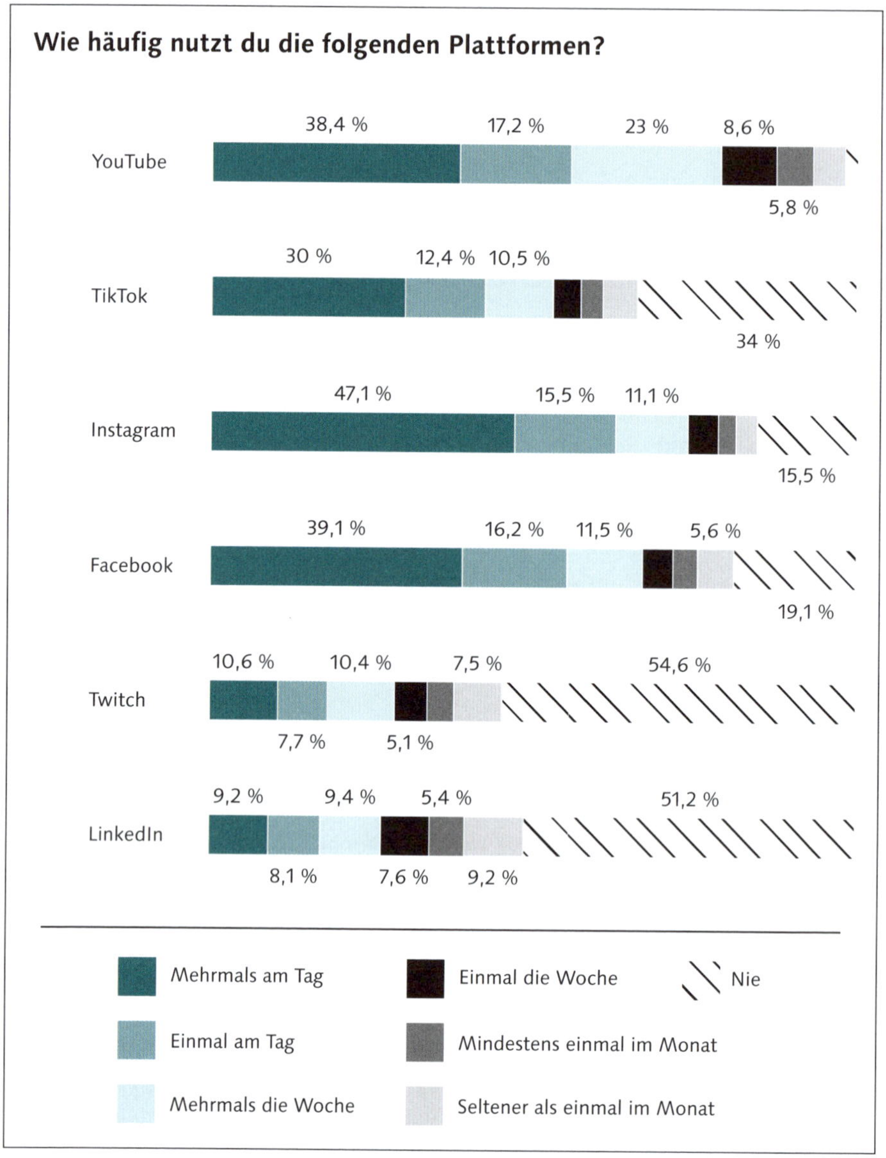

Abbildung 1.2 Ergebnisse unserer Onlinevideostudie

Abbildung 1.3 Das Marktforschungsunternehmen Appinio (*https://www.appinio.com/de*)

Die gesamte Studie könnt ihr euch über unsere Website im Detail anschauen: *http://more-fire.com/video-studie-2025/*.

Angefangen hat es 2005 mit *YouTube* – mittlerweile die größte Videoplattform der Welt. Es hat mehr Zuschauer und Zuschauerinnen, als China oder Indien Einwohner hat – *zwei Milliarden*! Täglich schauen sich die User eine Milliarde Stunden Videomaterial an. Das muss man sich mal vorstellen! Kein einziger Mensch könnte in seinem ganzen Leben jemals alle Videos auf YouTube anschauen.

- YouTube ist eine der am häufigsten genutzten Plattformen in Deutschland – sowohl unter jüngeren als auch unter älteren Menschen.
- Besonders beliebt sind Tutorials, Musikvideos, Vlogs und Gaming-Inhalte. Deutsche YouTuber wie Gronkh oder Julien Bam haben große Reichweiten aufgebaut.

Instagram wurde im Oktober 2010 ins Leben gerufen, eigentlich als iPhone-App, um beliebte Lokale für Whiskey zu finden. Das stellte man aber schnell um, weil es sich als zu »nischig« herausstellte. Privatpersonen nutzten Instagram dann als Plattform für das Teilen von Fotos, und schnell kamen neue Funktionen hinzu: Stories, Reels (eine Reaktion auf den Erfolg von TikTok) und IGTV (für längere Videos). 2012 übernahm Facebook (heute Meta) die Plattform für rund eine Milliarde US-Dollar.

- Instagram ist besonders bei jungen Erwachsenen und Jugendlichen in Deutschland sehr beliebt.
- Influencer-Marketing hat auf Instagram in Deutschland eine große Bedeutung erlangt. Prominente, Models, aber auch normale User versuchen, durch die Zusammenarbeit mit Marken ihre Reichweite zu erhöhen und Geld zu verdienen.

Die chinesische Firma ByteDance veröffentlichte *TikTok* 2016 unter dem Namen Douyin in China und führte es 2017 als TikTok international ein. 2018 fusionierte TikTok mit der App Musical.ly, was der Plattform einen enormen Popularitätsschub brachte, insbesondere bei jüngeren Nutzern. TikTok konzentriert sich auf kurze, unterhaltsame Videos und hat ein leistungsstarkes algorithmusbasiertes Empfehlungssystem.

- TikTok hat in Deutschland besonders unter Jugendlichen und jungen Erwachsenen schnell an Popularität gewonnen.
- Challenges, Tanzvideos und virale Trends prägen die Plattform. Influencer wie Lisa und Lena, die bereits auf Musical.ly erfolgreich waren, haben auch auf TikTok eine riesige Anhängerschaft aufgebaut.

Twitch wurde 2011 als Abspaltung von Justin.tv ins Leben gerufen – mit einem speziellen Fokus auf Videospiele und Livestreaming. 2014 wurde Twitch für 970 Millionen US-Dollar von Amazon übernommen.

- Die Plattform entwickelte sich zu einem dominierenden Anbieter im Bereich des Livestreamings, insbesondere für Gaming, aber auch für andere Inhalte wie Musik, Kunst und Talkshows.
- Twitch besitzt, speziell unter Gamern, eine wachsende Fangemeinde in Deutschland.
- Große deutsche Streamer wie MontanaBlack oder Trymacs haben auf Twitch große Communities aufgebaut. Auch E-Sport-Veranstaltungen und Gaming-Turniere sind auf der Plattform sehr beliebt.

Je nach Inhalt deiner Videos solltest du deine Plattform wählen. Möchtest du eher viel und spontanen Alltags-Content erstellen, ist TikTok oder Instagram deine Adresse. Wenn du es lieber magst, Videos durchzuplanen und dafür seltener Content hochzuladen, ist es vielleicht YouTube. Oder du willst live und in Farbe einfach drauflosquatschen oder Computerspiele zocken, dann schau doch mal auf Twitch vorbei. Am wichtigsten ist aber: Wo fühlst du dich am wohlsten? Wo schaust du deine Videos? Welche Plattform entspricht am ehesten dir? Wenn du das für dich beantworten kannst: Voilà – da ist deine Plattform, hier kannst du starten und dich präsentieren. Gefällt es dir und anderen Usern dort, kannst du dein Zuhause auf die anderen Plattformen erweitern. So vertiefst du die Bindung zu deinen bisherigen Fans und erreichst noch mehr Zuschauerinnen und Zuschauer.

In dieser Masse liegt auch die Chance in den sozialen Medien. Viele Menschen träumen davon, ein erfolgreicher Video-Star zu werden, wie beispielsweise Kevin Andreas Teller. Besser bekannt als »Papaplatte«, ist er der erfolgreichste deutsche Streamer auf Twitch. Er hat es geschafft und erhielt Auszeichnungen bei den deutschen Stream Awards. Das Wort »papatastisch« war 2021 sogar das Jugendwort des Jahres (Abbildung 1.4).

Auch Younes Zarou hat mit seinen ausgefallenen Videos einen Nerv getroffen. Im März 2020 hat er einen gesamten Monat live und ohne Unterbrechungen gestreamt. Für ihn hat es sich gelohnt: Er ist der größte TikToker Deutschlands, er hat über 54 Millionen Follower. 2021 hat er den »Nickelodeon Kids' Choice Awards« in der Kategorie »Lieblings-Social-Media-Star« für die deutschsprachigen Länder verliehen bekommen (Abbildung 1.5).

Viele denken, es brauche erst einmal »nur« eine zündende Idee, damit man anfangen kann, aber so ist es nicht. Es ist eigentlich ein Gesamtkonstrukt aus jeder Menge Faktoren, die zusammenkommen müssen, in erster Linie aber die eigene Persönlichkeit. In diesem Buch zeige ich dir die ersten Schritte, die du gehen musst.

Wie wird man zum Video-Creator und schafft es, von mehreren Tausend Menschen gesehen zu werden? Das gelingt nur, wenn man sein Handwerk täglich ausübt und es schließlich aus dem Effeff beherrscht.

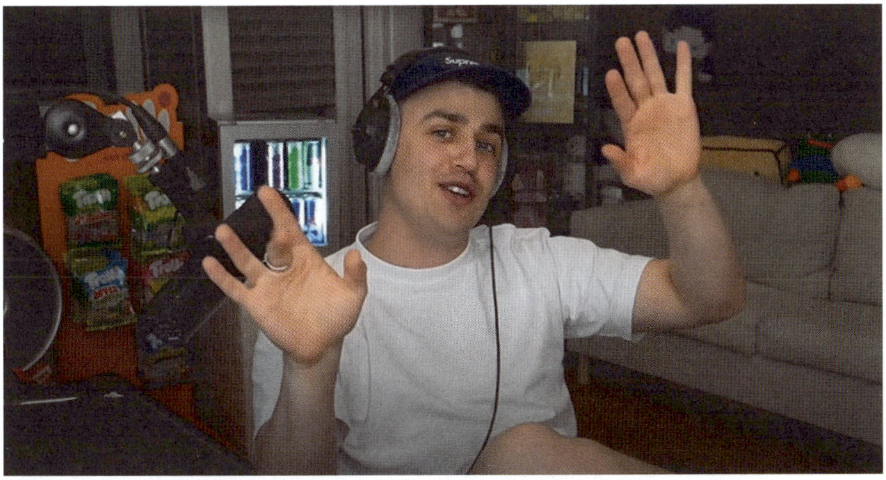

Abbildung 1.4 Papaplatte ist bereits eine Twitch-Legende (*https://www.youtube.com/papaplatte*).

Abbildung 1.5 Younes Zarou (*https://www.instagram.com/youneszarou*)

Ein bekannter Video-Creator ist noch lange kein Video-Star. Das schaffen nur die wenigsten. Die Stars und Sternchen, die in der höchsten Liga mitspielen, sind lediglich die Spitze des Eisbergs – ähnlich wie im Musik- oder Schauspielbusiness. Und mittlerweile hat sich der einstige Mikrokosmos zu einer vielfältigen Content-Welt entwickelt. Der Sprung der Bekanntheit über die Grenzen der sozialen Medien hinaus ist geglückt. Heute treten Video-Stars auf den roten Teppichen und den Bühnen dieser Welt auf, eine einst nur online wahrgenommene Gruppe ist nun auch offline bekannt. In Deutschland beispielsweise touren mittlerweile viele Video-Creators musikalisch durch die Gegend, auch wenn sie nicht rein musikalisch angefangen haben – das gehört heute irgendwie dazu und sorgt für eine noch größere Fanbase. Positiv betrachtet, fördert dies massiv die deutsche Musikkultur, denn so funktioniert heutzutage das Musikbusiness – für diejenigen mit einer musikalischen Ader eine gute Nachricht. Auch Content-Events wie die StreamerAwards oder die Gamescom erfreuen sich großer Beliebtheit (Abbildung 1.6).

Abbildung 1.6 Auf der Gamescom erlebt man die Lieblingsstars aus Twitch, YouTube, Instagram und TikTok hautnah (*https://www.youtube.com/watch?v=pzR9p-vmVRY*).

Kennst du Justin Bieber? Klar, wer kennt ihn nicht! Er ist als kleiner Junge auch über YouTube bekannt geworden. Nur mit der Absicht, ein paar Songs aufzunehmen und auf YouTube hochzuladen. Mehr wollte er eigentlich nicht. Er hat mit seinen ersten Videos aus 2008 erst ein paar Hundert, dann Tausende, dann Zehntausende Klicks erhalten und machte dann einfach weiter.

In Abbildung 1.7 siehst du Justin als Zwölfjährigen einen Song von Chris Brown performen, was sich über 60 Millionen Menschen angeschaut haben.

Er zeigt in diesem Video seine Leidenschaft für Musik und dass er sich traut, für andere Menschen zu singen. Das deutsche Pendant zu dieser musikalischen Erfolgsstory ist wohl Cro, der mit seinem Hit »Easy« mehrere Millionen Menschen spontan begeistert hat, was seine Karriere als Musiker enorm pushte (Abbildung 1.8). Das YouTube-Video verzeichnet mittlerweile über 65 Millionen Aufrufe.

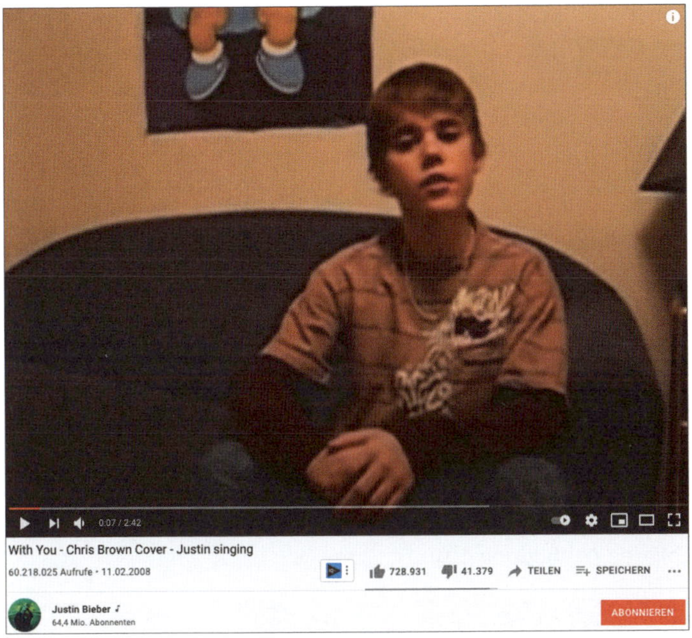

Abbildung 1.7 Justin Bieber als Zwölfjähriger mit einem »Homemade Video«, das seine Karriere ins Rollen brachte (*www.youtube.com/watch?v=eQOFRZ1wNLw*)

Abbildung 1.8 Alles »Easy« auf YouTube gelaufen für Cro (*www.youtube.com/watch?v=4wOoLLDXbDY*)

Selbst Cro sagt dazu, dass er nicht weiß, warum der Song so groß wurde: »Schönes Video, schöner Song, dann hat sich das hochgeschaukelt.« Toll, wenn das so einfach funktioniert.

Also: Ein bekannter Video-Creator ist noch kein Video-Star. Das ist man, wenn man es durch Fleiß schafft, die meisten Views oder Abonnenten in dem jeweiligen Land oder weltweit zu generieren – und nicht, wenn man lediglich ein Video besitzt, das ein viraler Durchschlag war. Heißt in diesem Fall, dass Cro eher eine erfolgreiche Eintagsfliege auf YouTube war und Justin Bieber schon mehr ein »echter« YouTuber, da er langfristig viele Videos hochgeladen hat und es auch heute noch tut – mit seinem Spezialthema Musik.

Einer der bekanntesten Video-Creators weltweit und damit ein Star ist auf jeden Fall PewDiePie. Er bietet auf seinem YouTube-Kanal viel mehr an als »nur« Musik. Zu seinem Repertoire gehören vor allem Games und Comedy. Mit »Let's Plays« für das Computerspiel »Amnesia: The Dark Descent« hat er angefangen und ist damit berühmt geworden. Auch sein komödiantisches Talent hat er dabei untergebracht, indem er zum Beispiel in seinem Video mit seiner Stimme arbeitet und diese in verschiedenen Lagen einsetzt. So hatte er in kurzer Zeit unglaublich viele Abonnenten gewonnen und konnte seinen Channel zusätzlich als *Vlog* (Wortneuschöpfung aus *Video* und *Blog*) etablieren (Abbildung 1.9).

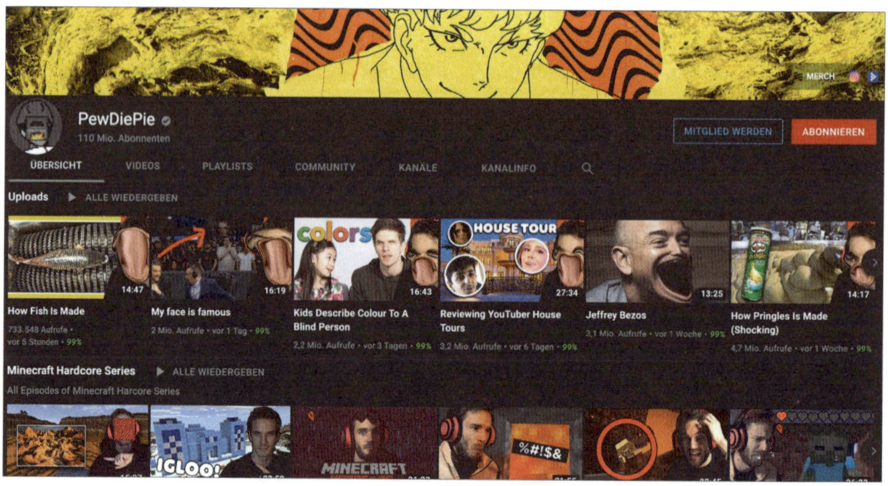

Abbildung 1.9 YouTube-Channel von PewDiePie (*www.youtube.com/user/PewDiePie*)

Inzwischen produziert der gebürtige Schwede für seine 110 Millionen YouTube-Abonnenten verschiedenste Inhalte in englischer Sprache, wie etwa Challenges, also Herausforderungen an andere oder an sich selbst, Comedy und natürlich nach wie vor seine Meinung zu den neuesten Games. Mach dir selbst ein Bild von seinem Kanal!

PewDiePie hat sich also mittlerweile eine weltweite Meinungsführerschaft aufgebaut, und seine Fans interessieren sich für sein komplettes Leben. Er ist ein Promi geworden, allerdings trägt man damit auch eine sehr große Verantwortung. In 2016 flog er damit auf, dass er sich für *Product-Placement* (Produktplatzierung) bezahlen ließ, ohne es in seinen Videos zu kennzeichnen. Damit löste er einen seiner ersten Skandale aus und verbreitete schlechte Stimmung in seiner Community, denn schließlich halten seine Fans große Stücke auf seine Meinung und Beurteilung von Games oder Filmen. Aber er steht einfach drüber, auch über weiteren Skandalen, die er ausgelöst hat – und seine Fans anscheinend auch.

Sollte man sich also an ihm orientieren? Schwierige Frage, da für jeden Geschmack in den sozialen Medien etwas dabei ist und auch in jeglicher Qualität. Der richtige Typ, der authentisch rüberkommt, kann durchaus über Nacht bekannt werden. Man muss aber zur richtigen Zeit mit relevanten Themen eine passende Zielgruppe finden und diese regelmäßig bedienen, dann könnte es klappen. Wie das Ganze aussehen kann, siehst du bei einer der stärksten deutschen Influencer – Leoonie. Sie hat sich eine riesige Community aufgebaut und hat ihre Erfolgsgeschichte jung angefangen – mit zwölf Jahren.

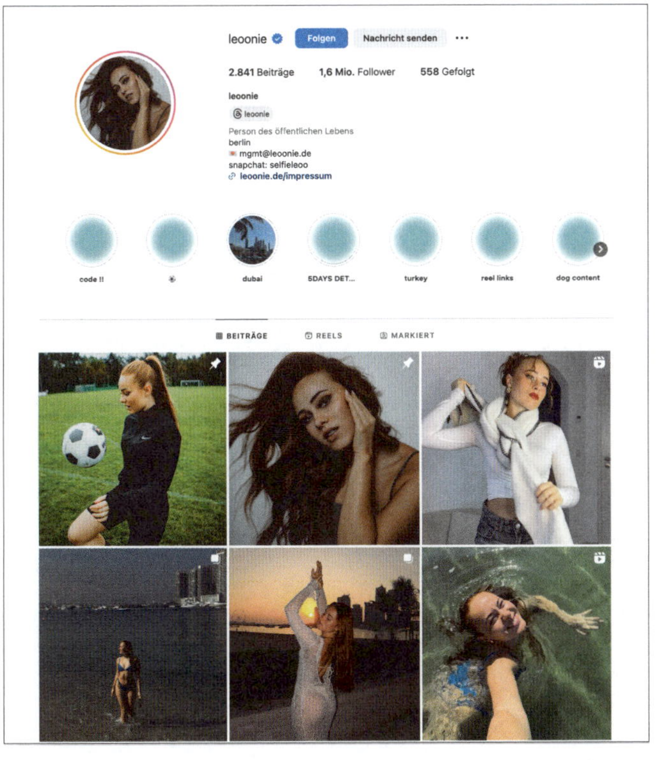

Abbildung 1.10 Leoonies Instagram-Seite, sie ist eine der größten deutschen Influencer (*https://www.instagram.com/leoonie*).

Leoonie ist nicht nur auf einer Plattform bekannt, auch wenn Instagram mit 1,6 Millionen der Follower-stärkste Account ist (Abbildung 1.10). Sie ist auch auf YouTube und TikTok beliebt. 2022 ist sogar ein Dokumentarfilm über sie erschienen. Aber warum ist sie so erfolgreich?

Zum einen ist sie sehr authentisch, und ihre Follower haben sie während ihrer ganzen Jugend aufwachsen sehen. Sie gilt quasi schon als Veteran der Szene, und ihre Fans schenken ihr eine hohe Glaubwürdigkeit. Zum anderen hat sie sehr viele verschiedene Interessen – von Fußball bis Beauty –, die sie auch kombiniert. Dadurch ist ihr Content sehr gefragt und holt viele verschiedene Menschen ab.

Leoonie macht es richtig: Sie bespielt gleich mehrere Plattformen. Gestartet hat sie zwar auf YouTube, aber das war nur der Anfang. Sie ist schnell auf Instagram und TikTok übergegangen und hat sich da etabliert. Mittlerweile ist sie sogar deutlich beliebter auf Instagram und TikTok.

Das Beispiel Leoonie hat die Messlatte bereits ziemlich hochgelegt, aber das ist noch nichts gegen die erste deutsche richtige YouTuberin Bianca »Bibi« Heinicke! Auf ihrem Channel »BibisBeautyPalace« hat sich alles rund um Beauty, Lifestyle, Fashion und um alle Themen rund um Babys gedreht. Sie hatte bei ihrem Peak 5,81 Millionen Abos. Mittlerweile macht sie nach einer längeren Social-Media-Auszeit wieder Content. Den Namen »Bibi« lässt sie dabei hinter sich und tritt als Bianca Heinecke mit neuem Mindset auf. Bekannt geworden ist Bibi mit ihren »10 Arten von«-Aufzählungen zu allen möglichen Alltagsthemen. Außerdem zeigte sie sehr viele Einblicke in ihr Privatleben mit ihrem Freund Julienco, der ebenfalls YouTuber war (Abbildung 1.11).

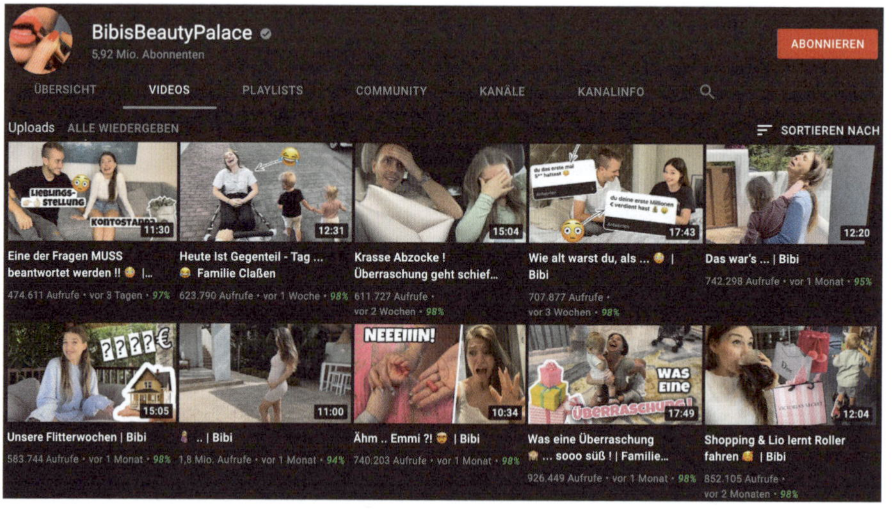

Abbildung 1.11 Bibi und Julienco in gemeinsamen Videos (*www.youtube.com/user/BibisBeautyPalace/videos*)

Und wie viel Geld hat so eine erfolgreiche YouTuberin wie Bibi eigentlich verdient? Monatlich hat sie schätzungsweise ca. 70.000 € durch Klicks auf ihre Videos eingenommen, durch Merchandise und Werbedeals sogar noch mehr. Wenn nun jemand behauptet, mit YouTube könne man kein Geld verdienen, dann wäre das damit entkräftet. Natürlich gehören auch eine ordentliche Portion Glück und Fleiß dazu – ich gebe es ja zu. Bis dahin ist es ein langer Weg, und es gibt noch nicht mal eine Garantie. Deswegen kommt dieses Buch jetzt ins Spiel! Es geht um die Planung einer eigenen Content-Strategie und wie man alle wichtigen Faktoren vorher bedenken kann, um mit Videos erfolgreich zu sein. Aber was muss ein wirklicher Video-Creator draufhaben?

Gehen wir mal die bisher genannten Creators durch: Alle haben mindestens ein Talent oder eine thematische Richtung für sich gefunden, alle sind sehr professionell unterwegs, laden sogar mehrmals wöchentlich Videos hoch, und das in guter Qualität, sie trauen sich alle vor die Kamera und plappern einfach drauflos – alle sind sie auf jeden Fall authentisch. Und sie verdienen alle gutes Geld damit! Der heutige Video-Creator bedient also viele verschiedene Themen, die er seinem Alltag entnimmt.

Hier solltest du dich nun selbst überprüfen und schauen, ob du alle diese Faktoren erfüllen kannst. Was sind deine Themen, was deine Visionen, was ist dir wichtig, was berührt dich? Was hast du an Equipment? Hast du es drauf, zu drehen und zu schneiden? Traust du dir das alles überhaupt zu? Und möchtest du auch dein Privatleben mit der Öffentlichkeit teilen?

Als Ideen- oder Themensprungbrett kann im Grunde alles fungieren, vom Haustier über ein spezielles Hobby bis hin zu sonstigen eigenen Talenten. Auch über die Vernetzung mit bekannten Video-Creators zieht man schnell Leute auf seine eigenen Kanäle. Gerade die vermeintlich unentdeckten Talente haben auf den Plattformen übrigens eine große Chance! Je spezieller, desto besser.

Tipp

Authentizität ist der Türöffner!

1.2 Welche Themen gibt es im Kosmos von YouTube, TikTok, Instagram Reels und Twitch?

Aber wie sieht eigentlich die Content-Welt aus Sicht der Plattformen aus? Welche Themengebiete gibt es – und wo bist du zu Hause?

- **YouTube** ist ein Allrounder mit einem breiten Spektrum an Themen, von tiefgehenden Erklärvideos bis hin zur reinen Unterhaltung.
- **Twitch** konzentriert sich stark auf Gaming und Livestreaming, hat aber auch eine wachsende Community für kreative Inhalte und Musik.
- **Instagram** ist eine visuell ansprechende Plattform, die von Kurzvideos lebt und besonders in den Bereichen Mode, Beauty, Lifestyle und Tanz stark ist.
- **TikTok** ist bekannt für seinen schnellen, viralen Content, der besonders in den Bereichen Tanz, Challenges und Comedy dominiert.

Wir haben in der Studie auch gefragt, welche Themen bei Konsumenten am beliebtesten sind (Abbildung 1.12). Es fällt auf, dass Tutorials, Challenges, Reactions, Gaming, Vlogs und Comedy am beliebtesten sind.

Welche Formate von Inhalten von Influencer:innen schaust du am liebsten? (Zwischen 1 und 3 Antworten möglich)

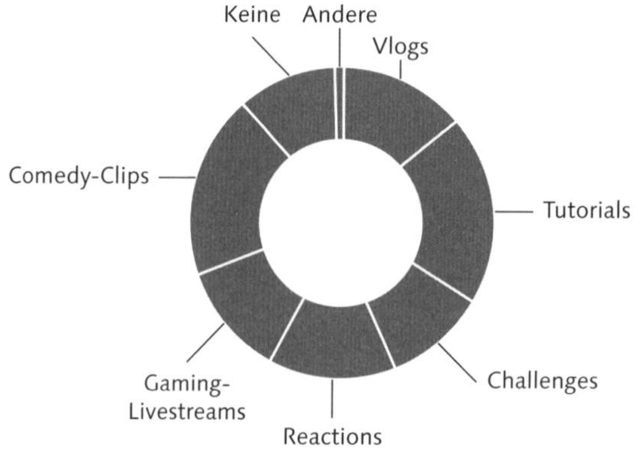

Andere: wissen, »Terra X«-Dokumentationen, Finanzen, Ausschnitt aus TV-Sendungen, spirituelle Inhalte, Kochvideos, Musik, Filmkritiken

Abbildung 1.12 Die beliebtesten Formate von Influencern

Wir schauen noch mal etwas detaillierter darauf, was die verschiedenen Plattformen ausmacht – so kannst du entscheiden, was dir am meisten zusagt und wo dein Online-Zuhause sein soll! Die dazugehörigen Abbildungen zeigen eine grob nach Relevanz geordnete Themenwolke der Themen. An der Größe der Punkte siehst du, welcher Inhalt am relevantesten war und welche Inhalte weniger die breite Masse bedienten, sondern eher gezielt interessierte Zuschauer und Zuschauerinnen ansprachen.

1.2.1 YouTube

- *Musik:* Musikvideos, Karaoke, Coversongs, Musik-Reactions und Musikkanäle.
- *Gaming:* Let's Plays, Walkthroughs, Game Reviews, Speedruns, E-Sport-Highlights.
- *Nachrichten*: Aktuelle Ereignisse, Politik, Tech-News, Kommentarkanäle.
- *Filme & Serien:* Filmkritiken, Trailer-Reactions, Filmanalysen, TV-Serien.
- *Lehrinhalte (Educational):* Tutorials, How-to-Videos, Vorträge, Wissenschaftskanäle.
- *Live:* Livestreams von Events, Q&A-Sessions, Spendenstreams, Gaming-Livestreams.
- *Sport:* Sportnachrichten, Highlights, Liveübertragungen von Spielen, Sportanalyse.

Abbildung 1.13 Themenrelevanz auf YouTube

1.2.2 Twitch

- *Gaming:* Dominierendes Thema auf Twitch. Live-Gameplay, E-Sport-Turniere, Speedruns, Let's Plays.
- *Just Chatting:* Gespräche mit der Community, Q&A, Lifestyle-Themen, Diskussionen.
- *E-Sport:* Professionelle E-Sport-Events, Turniere, Kommentatoren-Livestreams.
- *Kreativ (Creative):* Kunst, Musikproduktion, Kochen, Handwerk, »Makers & Crafters«.

- *Musik:* Live-Musik, DJ-Sets, Musikproduktion, Songwriting-Sessions.
- *Talkshows & Podcasts*: Diskussionen zu aktuellen Themen, Interviews, Comedy.
- *IRL (In Real Life):* Livestreams aus dem Alltag, Reisen, Events, spontane Erlebnisse.
- *Tabletop und Kartenspiele:* »Pen & Paper«-Rollenspiele, Brettspiele, Kartenspiele wie Magic: The Gathering.

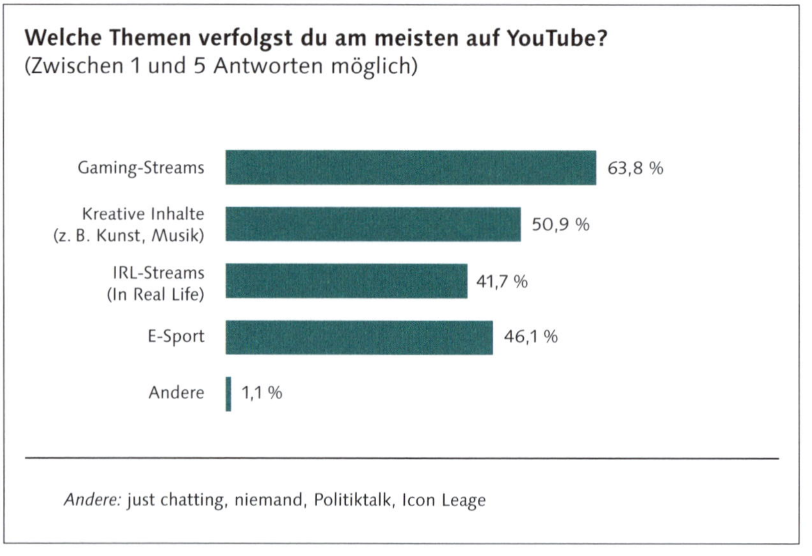

Abbildung 1.14 Themenrelevanz auf Twitch

1.2.3 Instagram

- *Mode & Beauty:* Mode-Hauls, Make-up-Tutorials, Styling-Tipps, Fashion-Trends.
- *Lifestyle & Vlogs:* Alltagseinblicke, Routinen, Fitnessvideos, »Day in the Life«.
- *Reisen:* Kurzvideos von Urlaubsdestinationen, Reisetipps, Abenteuer.
- *Tanz*: Kurzchoreografien, Tanztrends, virale Tanzherausforderungen.
- *Comedy & Sketche:* Kurzsketche, lustige Clips, virale Witze und Pranks.
- *DIY & Handwerk:* Bastelanleitungen, Upcycling-Projekte, kreative Tipps.
- *Essen & Trinken:* Rezeptideen, Kochvideos, Essensbewertungen, kulinarische Trends.
- *Fitness:* Work-out-Routinen, Trainingspläne, Fitnesstipps, Motivation.
- *Musik:* Lipsync-Videos, kurze Musikeinlagen, Instrumentalstücke.
- *Bildung:* Mini-Lektionen, Lernvideos, Tipps und Tricks zu verschiedenen Themen.

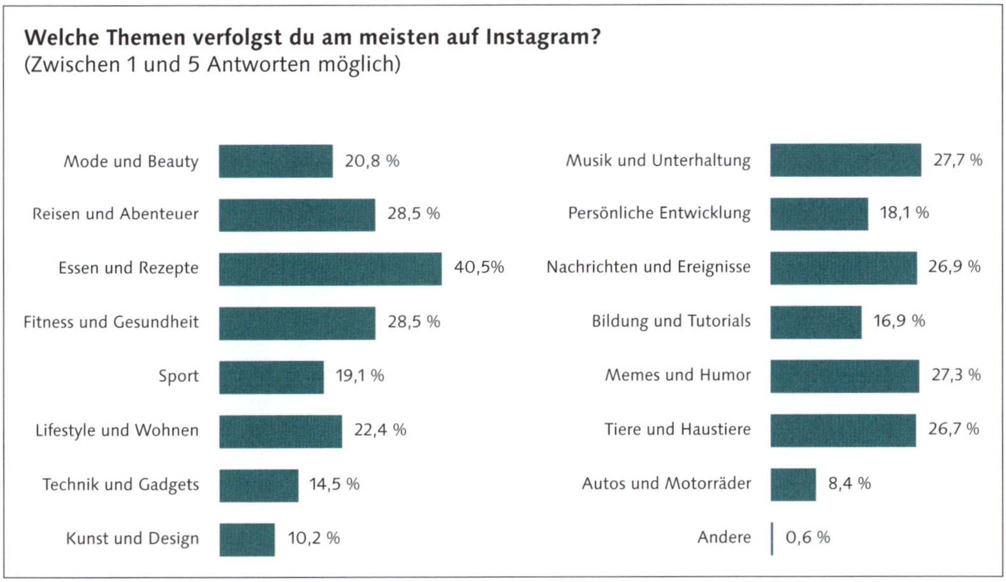

Abbildung 1.15 Themenrelevanz auf Instagram

1.2.4 TikTok

- *Tanz:* Eines der beliebtesten Themen. Choreografien zu aktuellen Songs, Tanztrends.
- *Challenges:* Virale Trends, Herausforderungen, die oft nachgeahmt werden.
- *Comedy:* Sketche, parodische Inhalte, lustige Videos, Witze.
- *Lipsync:* Playback von berühmten Zitaten, Filmdialogen oder Songs.
- *Bildung (Edutainment):* Kurzlektionen, Wissensvermittlung auf unterhaltsame Weise, Life-Hacks.
- *Musik:* Musikclips, kreative Cover, eigene Musikproduktion, Duette.
- *Beauty & Fashion:* Mode, Make-up-Tutorials, Styling, Trends, Produktbewertungen.
- *Lifestyle & Vlogs:* Kurze Einblicke in den Alltag, Mini-Vlogs, Routinen.
- *Essen & Trinken:* Rezepte, Essenszubereitung, ungewöhnliche Lebensmittel, Food-Hacks.
- *Tiere & Haustiere:* Lustige und süße Tiervideos, Tricks, Tierpflegetipps.

Falls du auf den ersten Blick nicht direkt »deine« passenden Themen findest, keine Sorge – natürlich gibt es zu fast allen Aspekten des Lebens Content auf den Plattformen. Es gibt grundsätzlich unglaublich viele Möglichkeiten und Themenrichtungen, über die du deine Videos prominent platzieren kannst. Jetzt musst du nur noch herausfinden, was zu dir passt!

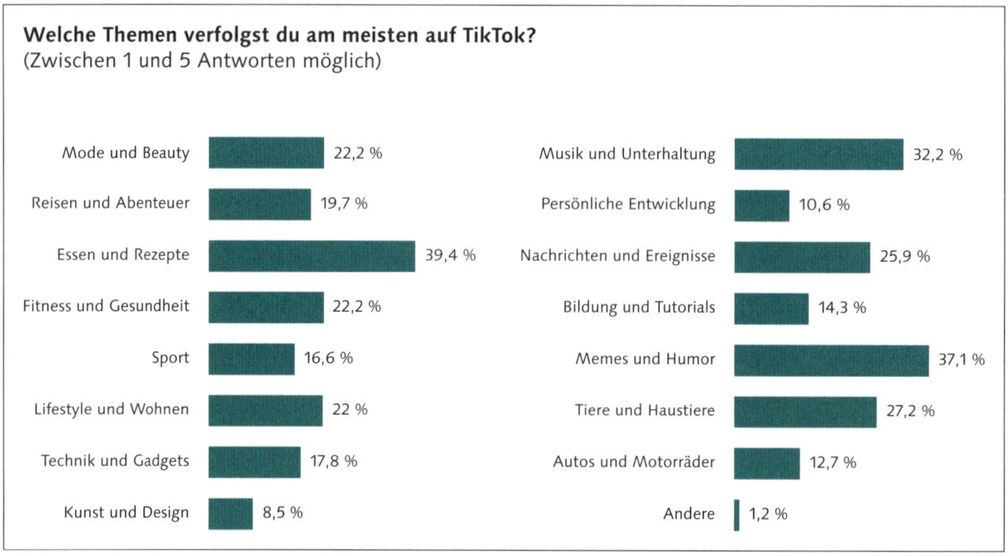

Abbildung 1.16 Themenrelevanz auf TikTok

Tipp

Bei YouTube kannst du in der Leiste links auf Entdecken klicken. Dort kannst du dich inspirieren lassen und gezielt nach Kanälen zu einem bestimmten Thema suchen (Abbildung 1.17).

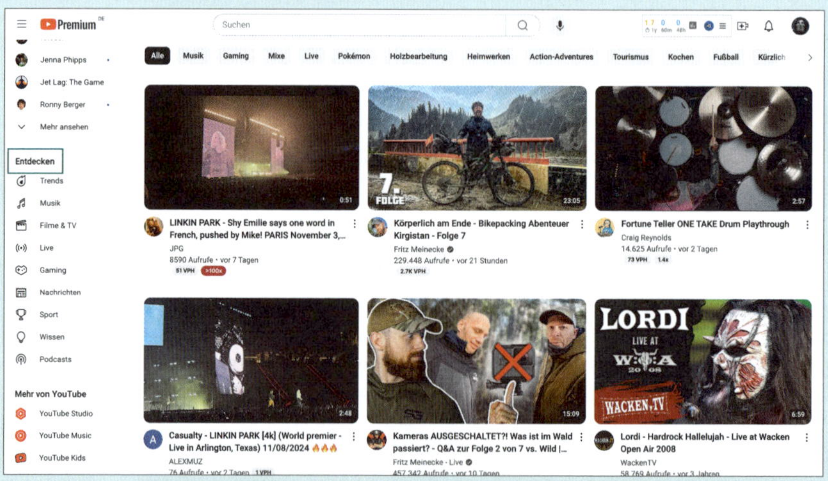

Abbildung 1.17 Im YouTube-Startmenü findest du unter »Entdecken« alle angesagten Videos, Trends und Videokategorien auf YouTube.

Wirf ruhig mal einen Blick in die aktuellen Trends der Plattformen, damit du überhaupt weißt, welche Videos gerade die angesagtesten sind (Abbildung 1.18). Schau, wie diese gestaltet sind, und untersuche, welche Inhalte die Video-Creators auf welche Weise rüberbringen, denn auch wenn der Inhalt dir nicht zusagt, kann die Machart durchaus ein Indiz dafür sein, was momentan gut bei den Usern ankommt. Zum Beispiel wird mittlerweile sehr natürlich und frei heraus drauflosgeplappert, das Ganze durchaus auch mit Fehlern oder harten Schnitten, dabei aber möglichst schnell und knackig.

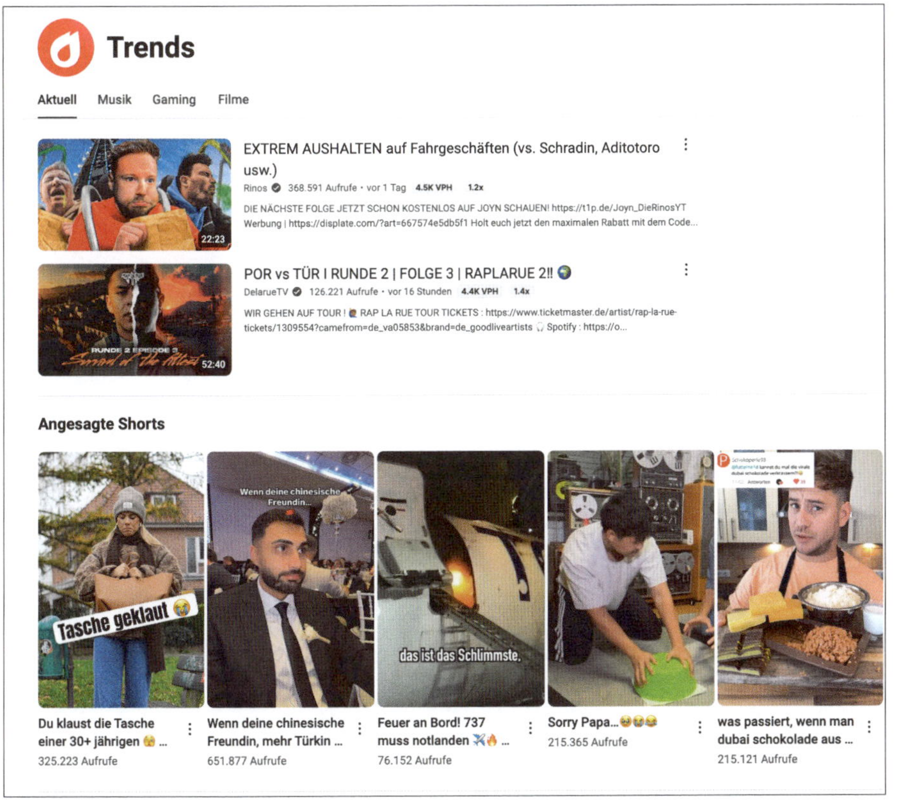

Abbildung 1.18 Aktuelle Trendübersichten gibt es nicht nur bei YouTube, sondern auch bei Twitch und TikTok.

Gibt es noch mehr Themen, die du recherchieren kannst? Welche kommen besonders gut an? Themen wie Let's Plays, Mode, Beauty-Videos, lustige Clips bzw. Comedy, Alltagsvideos oder Nachrichten sowie Erklärvideos für die Schule und Tutorials bzw. DIY-Videos zu sämtlichen Themen, die man sich vorstellen kann, kommen noch durch die jungen Menschen dazu. Es gibt also bereits ungemein viele Möglichkeiten – und jetzt überleg mal, dass es in den sozialen Medien eigentlich nichts gibt, was es nicht gibt! Eins steht fest: Comedy-Inhalte sowie Games, Musik, Filme und alles rund um die Themen Schönheit, Sport und Styling kommen gut bei den Deutschen an. Nicht zu vergessen die Vlogs, die sich ja schließlich auch mit diesen Themen befassen und darüber oder sogar über mehrere Themen gleichzeitig berichten. Auf dem deutschen Markt sind also ähnlich wie auf dem weltweiten Markt Comedians, Gamer und Gamerinnen, Musik- und Filmbegeisterte und Beauty-Experten und -Expertinnen gefragt.

Aber Achtung: Eine Nische kann genauso reizvoll sein wie, die Masse zu bedienen. Die Menschen suchen nach Inhalten zu allem, was man sich vorstellen kann. Deshalb kannst du wunderbar ein Thema besetzen, das vielleicht nicht so stark bedient wird – etwa Angeln –, anstatt dich um den ersten Platz beim Thema Beauty zu streiten. Es geht in der Hauptsache immer um pure Begeisterung und Leidenschaft, denn davon leben Streams, so entwickelt sich Zuschauertreue. Oder warum schaust du dir Sachen im Netz an? Aus Interesse oder aus Spaß? Eben! Jetzt geh in dich und denk nach! Welche Hobbys, Leidenschaften, Ticks usw. hast du? Welches Thema passt am besten zu dir?

Tipp

Den Schlüssel zum Erfolg findest du immer über die Analyse deines eigenen Potenzials.

Jetzt geht es an die Eigenrecherche! Schau dich online um. Welche Videos oder welcher Streaming-Content gefällt dir am besten? Und warum? Weil die Person cool ist oder weil dir der Look gefällt? Lass dich gerne unterhalten, während du dir einen Kanal anschaust, wie er beispielsweise unter dem Thema »360°-Video« angeboten wird. Aber behalte ab jetzt immer im Hinterkopf, ob du selbst für so eine Art von Video-Content infrage kommen könntest und – vor allem – wie du selbst es besser oder anders machen würdest und was du selbst am liebsten der Welt da draußen sagen oder zeigen möchtest. Du kannst gezielt nach Inhalten suchen, natürlich über die Sucheingabe, aber auch nach Kanälen mit ganz bestimmten Inhalten.

Du solltest dir erst mal einen Überblick verschaffen, indem du schaust, ob es in Richtung deiner Talente, Leidenschaften oder geschäftlichen Themen bereits gute Videos oder Streams gibt und wie diese gemacht sind. Dann weißt du, wo du stehst, was du dir bei deinen Mitbewerbern abschauen kannst oder ob du es an anderen Stellen noch viel besser machen könntest.

Diese Fragen könnten dir bei deiner Mini-Konkurrenzanalyse helfen:

- Was gibt es in diesem Themenbereich?
- Welche Channels/Accounts sind die erfolgreichsten?

- Welche Spezialisierung haben sie innerhalb des Themas?
- Welche Channels/Accounts kommen deiner Vorstellung am nächsten?
- Welche Channels/Accounts findest du besonders gelungen?
- Wie hat der Creator eine runde Sache daraus gemacht?

Tipp
Betreibe eigene Recherche und lerne den Content-Kosmos zu verstehen.

Schreibe dein persönliches Ergebnis auf oder speichere dir Links ab.

So, deine stärksten Konkurrenten kennst du jetzt und weißt, in welchem Teich du mitschwimmen möchtest. Nun gilt es zu versuchen, es besser zu machen, natürlich Schritt für Schritt.

Tipp
Tu nicht so, als hättest du keine Lust, sondern nimm die Herausforderung an!

1.3 Dein individueller Masterplan

Wir haben gelernt: Ein Content-Creator zu sein, ist viel Arbeit! Für einen Anfänger bzw. eine Anfängerin, der oder die einem »normalen« Beruf nachgeht, ist ein täglicher Upload oder Stream realistisch. Stell dir diese Fragen: Wie viele Videos möchtest du in der Woche hochladen, oder wie oft möchtest du streamen? Wie viel Zeit brauchst du für Themenrecherche, Videovorbereitung, Dreh, Videoschnitt, Upload und Nachbearbeitung? Die Antworten sind der Anfang deines individuellen Masterplans, für den du dir dann Zeit in der Umsetzung nehmen musst.

Ich kann dir nur aus meiner Erfahrung Tipps geben und Tricks zeigen, aber den Weg musst du selbst gehen. Es hilft dir, einen Masterplan zu erstellen und dir die Fragen, die ich dir in diesem Buch stelle, zu beantworten. Am besten musst du jede Station einmal mit deinem eigenen Content absolvieren, dann hast du den gesamten Überblick über die Materie gewonnen.

Ich habe die Themenwelt dieses Buchs grob in drei Themenblöcke eingeteilt (Abbildung 1.19). In den ersten drei Kapiteln dreht es sich um den Inhalt deines Contents und wie du es schaffst, eine Marke zu definieren und aufzubauen. Hier geht es um das Herausarbeiten deiner Talente und das Finden des richtigen Themas. Nimm dir die Zeit, die du brauchst, um dich zu finden und auszuprobieren. Das wird dich selbstsicherer machen, und du lernst dich besser kennen als jemals zuvor. Deine Person ist die Basis deines Erfolgs, deswegen ist dieser Schritt so wichtig, bevor man Videos und Streams professionell produziert. Wenn du hier zu einem Ergebnis kommst, hast du den Anfängerstatus erreicht, denn du weißt schon mal, wie man ein solches Projekt überhaupt angeht und die Zielgruppe dabei nicht aus den Augen verliert.

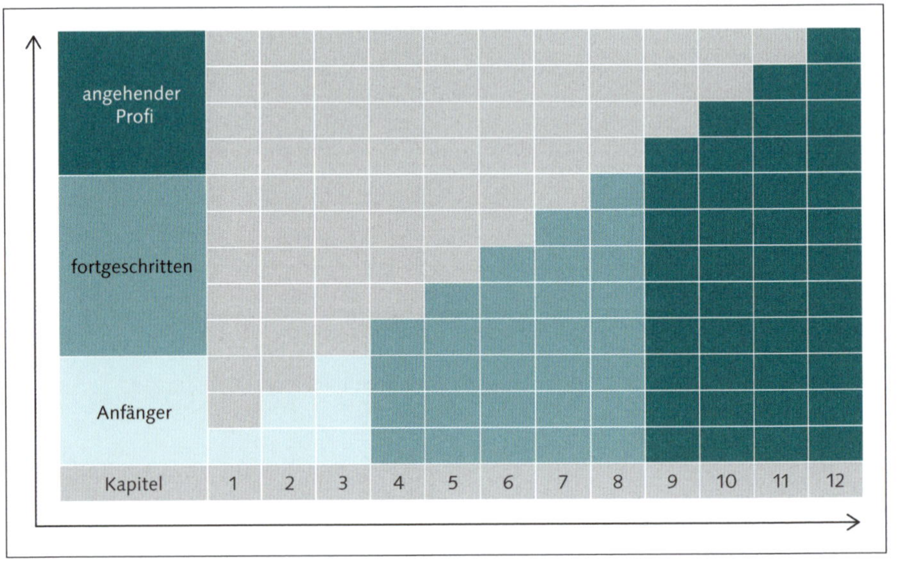

Abbildung 1.19 Stationen des Wissens in diesem Buch

Fortgeschrittenes Wissen hast du erlangt, wenn du Kapitel 4 bis Kapitel 8 abgeschlossen hast. Jetzt weißt du nämlich ganz genau, wie du deine Produktion durchziehen kannst und die Technik richtig anwendest. Du hast erfolgreich deine ersten Accounts aufgebaut, und zwar so, dass du deine Konkurrenz ausstichst, denn du hast ein schönes Zuhause für deinen Content.

Aber du kannst dich nicht verbessern, wenn du deine Inhalte nicht perfekt nachbereitest und analysierst. Dieses Wissen habe ich dir in Kapitel 9 bis Kapitel 12 bereitgestellt. Du musst die Potenziale, auch wenn es ein starres Grundraster ist, komplett ausschöpfen, also versuchen, jede kleine Stellschraube richtig zu drehen, damit du perfekt aufgestellt bist. Und vergiss niemals deine Community! Die Fans sind dein Lebenselixier und wollen unterhalten werden. Du musst dich ganzheitlich im Netz aufstellen und die Masse dort erreichen, wo sie nach dir sucht. Jetzt mach dir erst mal gründlich Gedanken und recherchiere zu deinen Lieblingsthemen. In Kapitel 2, »Wie baue ich meine eigene Marke auf?«, erfährst du dann, wie du dich als Person vermarkten kannst.

Kapitel 2

Wie baue ich meine eigene Marke auf?

Stell dir vor, du wirst durch deine Inhalte so erfolgreich, dass du von Tausenden Menschen am Tag gesehen wirst. Das kannst du schaffen, indem du dein Talent zeigst, unterhaltsame Inhalte bietest und damit die Massen begeisterst. Dieses Kapitel zeigt dir den Weg, auf dem es dir gelingt, mit deinem Content eine Bekanntheit im Internet zu werden. Der Rest ist dann nur noch deine Sache …

Es spielt keine Rolle, ob man Content macht, um damit Geld zu verdienen, oder ob man eine Botschaft verbreiten oder einfach nur andere Menschen unterhalten möchte. Du musst auf jeden Fall authentisch sein und leidenschaftlich für deine Sache brennen. Deine Talente und Interessen entscheiden über den Aufbau deiner Marke. Das betrifft den Charakter, die Darstellung, das Aussehen, die Stimme, das Thema, den Schnitt – eigentlich alles! In Kapitel 1, »Mit welcher Idee werde ich ein Video-Star?«, hast du bereits die möglichen Genres auf den verschiedenen Plattformen kennengelernt, aber es gibt natürlich auch Mischformen, in denen man gleich mehrere Themen bedient. Leg dich also am Anfang nicht für immer fest, sondern bündele deine Talente! Dagi Bee mit ihren knapp vier Millionen Abonnentinnen und Abonnenten auf YouTube und über sechs Millionen auf Instagram ist schon lange eine der größten Video-Creators. Sie widmet sich gleich mehreren Themen – Mode, Kosmetik, Funvideos, Alltag (Abbildung 2.1).

Die zentrale Frage ist jetzt also, wie du ein zu dir passendes Genre findest. Am einfachsten ist es, wenn du von deinen eigenen Interessen ausgehst – stelle deine Leidenschaft in den Mittelpunkt. Mach dir ein grobes Konzept, um deine Marke zum Leben zu erwecken. Wer bist du? Wofür stehst du? Was sind deine Talente? Was kann man bei dir sehen? Was kannst du den Zuschauenden mitgeben, damit sie auch wiederkommen? Du musst dir nun deiner eigenen Stärken sehr klar bewusst werden. Lerne dich besser kennen, um überhaupt eine Marke zu kreieren. In den sozialen Medien geht es nicht nur um den Look oder die Moderation – der Inhalt zählt! Heißt, du brauchst eine grobe thematische Marschrichtung, um überhaupt irgendetwas drehen zu können. Du musst deine Marke auf Basis deiner Talente und Interessen von ganz unten aufbauen und sie wie eine Pflanze gießen und gedeihen lassen. Auf diesem Weg wirst du dir deiner eigenen Talente mit der Zeit sehr genau bewusst und kannst deinen Channel bzw. Account auch gezielt für deinen Erfolg einsetzen.

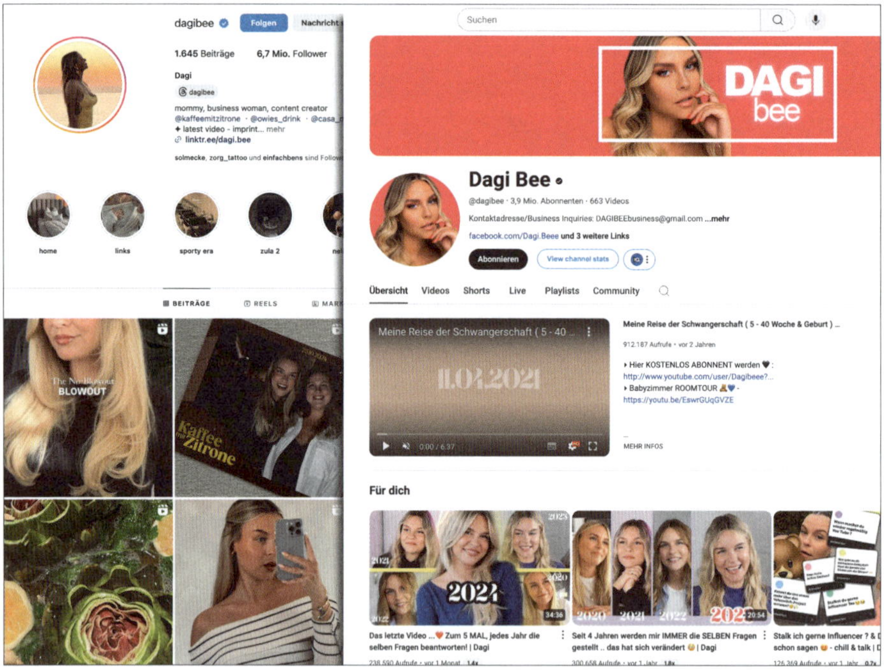

Abbildung 2.1 Der Kanal von Dagi Bee auf YouTube (*https://www.youtube.com/dagibee*) und ihr Profil auf Instagram (*https://www.instagram.com/dagibee*)

Nachdem du dich entschieden hast, welche Plattform am besten zu dir und deinem Content passt, beginne damit, einen Account anzulegen, und mach dich als Person bekannt. Somit entsteht deine »Personenmarke« mit langsam, aber stetig wachsenden Zuschauerzahlen. Du brauchst gute Videoideen, Geduld und Ausdauer sowie das richtige Händchen und vor allem Know-how. Alle diese Punkte zeigt dir dieses Buch auf und dient dir als Anleitung auf dem Weg zum Video-Creator. YouTube, Twitch, Instagram und TikTok bieten dir gern Hilfestellung bei den ersten Schritten. In den sogenannten *Hubs* findest du viele Antworten auf deine Fragen, klick dich dort einfach etwas durch. Du findest dort auch Inspiration und Vernetzung (Abbildung 2.2).

Meine Erfahrung hat gezeigt: Je besser du weißt, wie du dich selbst platzierst und wobei du dich am besten fühlst, desto eher ist auch eine Vernetzung mit anderen

Menschen sinnvoll. Ich bin mit diesem Buch an deiner Seite, um dich dabei zu unterstützen.

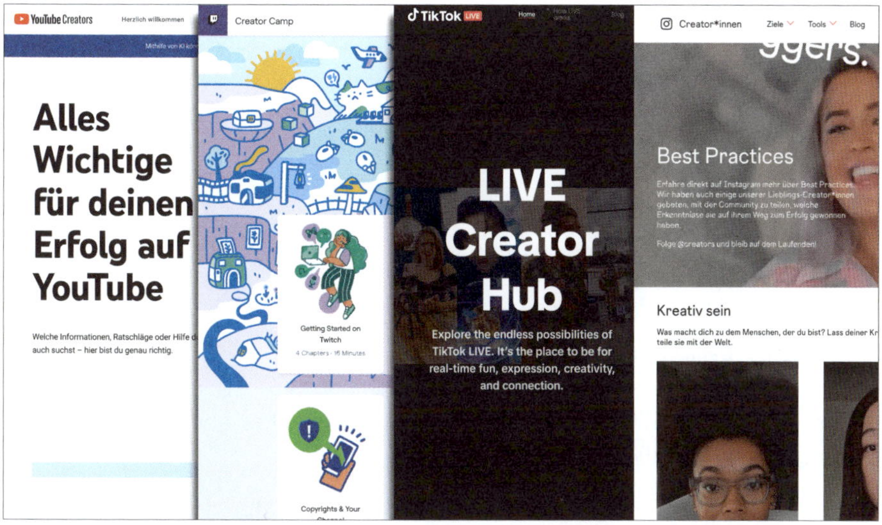

Abbildung 2.2 Die Creator Hubs: YouTube (*https://www.youtube.com/creators*), TikTok (*https://www.tiktok.com/live/creators/en-US*), Twitch (*https://www.twitch.tv/creatorcamp/en*), Instagram *https://creators.instagram.com/best-practices*)

2.1 Wie kann ich selbst eine Marke werden?

Jetzt gehen wir eine Ebene tiefer in dein Innerstes. Klingt schmerzhaft, ist es aber nicht. Um eine Marke zu werden wie die ganzen anderen Creators, die ich dir bis hierhin vorgestellt habe, musst du deine eigene Marke erst einmal definieren. Die verschiedenen Plattformen haben eine riesige Zuschauerschaft. Zeigst du hier dein Gesicht, können dich potenziell Milliarden Menschen pro Monat sehen. Das Besondere an Social-Media-Content ist die Vielfalt an Möglichkeiten, sich selbst zu verwirklichen oder die eigenen Gedanken mit anderen zu teilen. Jeder kann eigene Botschaften in die Welt senden und nicht nur Inhalte von TV, Radio oder anderen Menschen empfangen. Jeder ist sein eigener Fernsehsender und kann das tun, wozu er Lust hat. Klingt doch eigentlich nach absoluter Freiheit! Hab also keine Angst vor dem Anfang, denn wer keine Erfahrungen sammelt, wird nicht besser. Du wirst so oder so in ein paar Jahren über dich selbst sagen, dass du früher peinlich warst. Das Gute dabei ist: Die Communities verzeihen Fehler und stehen eigentlich gerade auf Natürlichkeit und Menschen, die sich selbst nicht zu ernst nehmen und auch mal über sich selbst lachen. Du kannst also nicht wirklich etwas falsch machen – außer nie anzufangen!

Klassisch gesehen, muss eine Marke immer folgende Fragen beantworten können: Was sind meine Kernwerte? Was ist meine Mission? Was ist meine Vision (Abbildung 2.3)?

Abbildung 2.3 Definiere deine Marke.

Auf den ersten Blick hilft dir das sicherlich nicht direkt weiter, aber die Übersetzung lautet ganz einfach folgendermaßen:

1. *Kernwerte:* Beschreibe dich! Welche drei Begriffe könnten deine Persönlichkeit auf den Punkt bringen? Was ist deine Identität?
2. *Mission:* Was machst du? Wofür stehst du? Was ist deine Aufgabe auf dieser Welt?
3. *Vision:* Wo soll die Reise hingehen? Wo siehst du dich in einem Jahr oder in fünf Jahren? Wer willst du dann sein? Was ist dein Ziel?

Ganz salopp gesagt, kann ich dir beispielhaft diese Fragen schnell in Bezug auf mich selbst beantworten, schließlich habe ich mir schon ein paar Gedanken dazu gemacht: Ich koche leidenschaftlich gern, bin absoluter Italienliebhaber und habe immer einen Reisetipp parat, da ich schon oft in dieses Land gereist bin. Also stehe ich, plump formuliert, für Kochen, Italien und Reisen. Das sind meine Kernwerte. Meine Aufgabe, also meine Mission, sehe ich darin, die Menschen gern genau mit diesen Themen bedienen zu wollen. Ich möchte gern wertvolle Tipps geben, Tricks verraten und Leute unterhalten. Und ich habe die Vision, eines Tages einer *der* deutschen Italienkenner zu sein. Wenn ich es also schaffe, mit meinem Content Geld zu verdienen, kann ich mir meinen Traum erfüllen und mir jederzeit Reisen dorthin erlauben oder sogar dort leben, Internet zum Videohochladen gibt es schließlich überall. Damit ist die potenzielle Marke also schon grob definiert. Es bleibt die Frage: Interessiert sich überhaupt jemand da draußen dafür, was ich zu Italien und zum Kochen zu sagen habe?

Du hast auch ein geniales Thema für dich gefunden? Probiere einfach aus, ob es jemandem gefällt! Fang wie schon in Kapitel 1, »Mit welcher Idee werde ich ein Video-Star?«, als es um die Themenfindung ging, erst mal mit einer noch genaueren

Konkurrenzanalyse an. Heißt, schau mal, was es zu deinem Thema oder der Kombination von Themen bereits auf der Plattform deiner Wahl gibt. Und wer bietet ähnliche Themen wie du? Wer ist dabei am erfolgreichsten? Ich suche zum Beispiel nach »Reisen Italien«, »Travel Italia«, »Rezepte Italien«, »Italy Food« usw. Ansonsten suche ich auch einfach mal nach »Reise«, »Kochen« oder »Italien« und schaue jeweils nach den Videos oder Streams, die am besten zu meinen Oberthemen passen. Ich bin mir jetzt schon sicher, dass ich was finden werde. Die Menschen sind alle unterschiedlich und haben alle Fantasien, die sie ausleben.

Tipp

Es gibt nichts, was es nicht gibt!

Vor allem achte ich darauf, was mir selbst gefällt. Was ist cool gemacht? Was habe ich mir bis zum Ende angeschaut? Mit dieser erneuten Konkurrenzanalyse wird dein grobes Konzept mit Oberthemen langsam immer genauer, und es entsteht bald ein klares Bild.

Meine Recherche hat die folgenden besten Ergebnisse für meine Italienliste ergeben: Es gibt wenige deutschsprachige Channels, die sich mit italienischen Kochrezepten befassen. Es gibt auf YouTube immerhin eine Grundschullehrerin mit dem Kanal »Sallys Welt«, die gerne und leidenschaftlich kocht und backt (Abbildung 2.4).

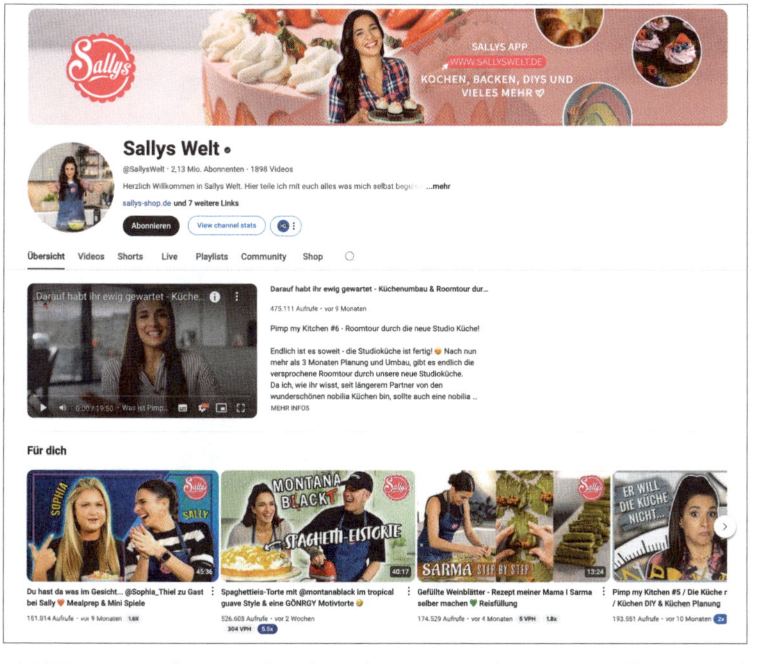

Abbildung 2.4 Sallys YouTube-Channel (*www.youtube.com/user/sallystortenwelt*)

Sie hat es geschafft, in den letzten zehn Jahren auf knapp zwei Millionen Abonnenten auf YouTube zu wachsen, und mittlerweile sogar einen Sendeplatz beim Fernsehen ergattert. Auch schreibt sie ein Blog und hat einen Onlineshop – man sieht also, viel Fleiß bringt viel Aufmerksamkeit. Bei ihren Videos finden sich auch ein paar italienische Rezepte, grundsätzlich ist sie aber eher thematisch mit »Kochen und Backen« beschäftigt. Dort kann ich mir also Tricks dazu abschauen, wie die Reihenfolge bei Rezepten sein könnte und wie lange ich jeden einzelnen Schritt des Kochens filmen muss.

Schauen wir mal auf TikTok! Ausschließlich italienische Rezepte bietet beispielsweise Nonna Pia – eine süße italienische Oma, die liebevoll authentische Rezepte vorkocht! Sie zeigt viele Beiträge zu leckerem italienischem Essen. Ihre Aufrufzahlen sind sehr gut! Jetzt weiß ich auch, dass es Interesse für solche Themen gibt, sonst wären die Aufrufzahlen nicht da (Abbildung 2.5).

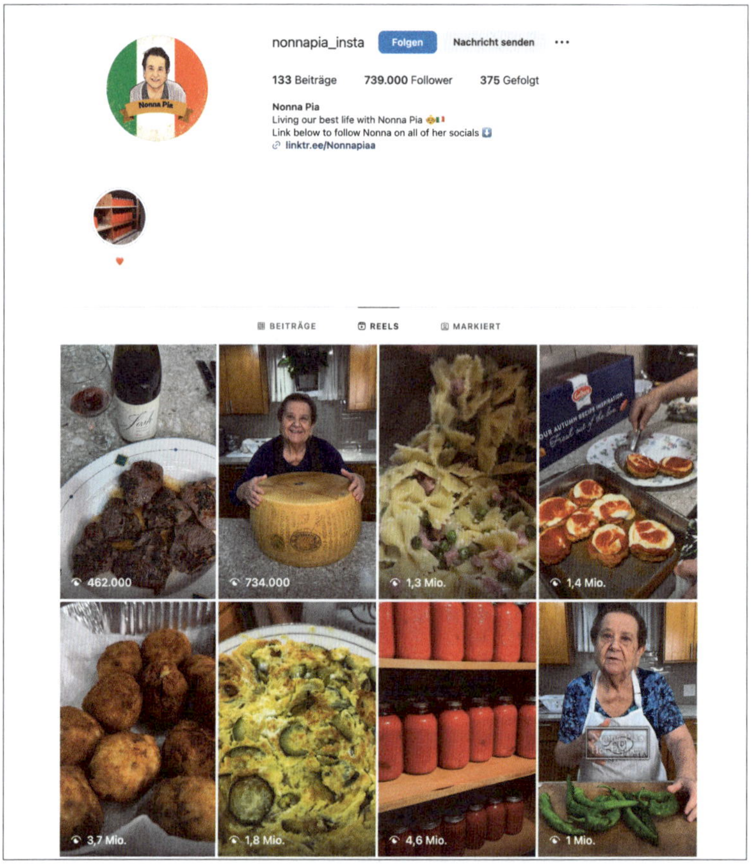

Abbildung 2.5 Der Channel von »Nonna Pia« (*https://www.instagram.com/nonnapia_insta*)

Noch mal Glück gehabt! Die Kombination aus Rezepten und Reiseberichten gibt es für Italien im Speziellen noch nicht – und selbst wenn doch, ist das kein Problem. Wenn deine Analyse für deine Themen ebenso erfolgreich ist wie meine, dann nimm dein Glück jetzt selbst in die Hand. Es gibt viele Statistiken, die aussagen wollen, wie viele Menschen in bestimmten Kategorien unterwegs sind und sich Videos und Streams anschauen. Aber ohne es wirklich selbst auszuprobieren, wirst du es niemals wirklich herausfinden. Also ran an dein eigenes Projekt!

2.2 Was will ich meinen zukünftigen Fans sagen?

Nun geht es eine weitere Ebene tiefer. Die Frage lautet: Was kannst du überhaupt alles erzählen, um deine Marke mit Inhalt zu füllen? Wende Kreativtechniken an! Brainstorming ist wohl die bekannteste. Heißt im Klartext: Alle Ideen rauslassen, die dir in den Kopf kommen. Damit sind auch Assoziationen zu bestimmten Farben, zu Musik usw. gemeint. Schreibe alles auf einen Zettel, was dir zu deinem Hobby, Thema, Leben, deinen Leidenschaften einfällt und was potenzielle Fans ebenso lieben könnten – ganz banal und ohne gleich Dinge auszuschließen! Fange auch schon an, bildlich zu denken! Frage dich zum Beispiel: Welche Hintergründe passen zu meinen Themen? Auch das gehört zum Brainstorming dazu. Grundsätzlich kannst du bei allen Kreativtechniken immer Karteikarten mit Themen, Wörtern, Zeichnungen an die Wand pinnen und in Themengebiete ordnen. Das hilft, den Überblick zu behalten.

Brainstorming ist der Anfang von allem

Mach dir zu Beginn erst einmal eine Liste mit allen möglichen Ideen und Schauplätzen, die dir einfallen. Unterscheide hierbei zwischen Bildern und Inhalten. Erklärst du gerade etwas? Moderierst du etwas an? Oder führst du gerade eine andere Tätigkeit aus? Wie soll jeweils der Hintergrund dabei aussehen? Kombiniere hinterher Bilder und Inhalte. So kannst du kontrollieren, was du in deinen Videos auf keinen Fall vergessen darfst, und du erinnerst dich immer daran, welche Idee dahintersteckt.

Merke: Schreibe alle Ideen IMMER auf, das hilft!

Jetzt solltest du bereits einiges auf dem Zettel stehen haben und kannst dies schließlich deinen Lieblingsthemen zuordnen.

Tipp

Welche Unterthemen kannst du bedienen? Egal was es ist, Hauptsache, deine Begeisterung steckt die Zuschauer an!

Wir bleiben also bei meinem Beispiel Italien. Die Unterthemen sind sozusagen meine Content-Säulen, zu diesen Themen werde ich in Zukunft Inhalte produzieren. Dann habe ich zwar eine Mischform aus Reisen und Kochen, aber das passt schließlich gut zu mir. Content-Säulen bedeutet, dass auf diesen Themensäulen mein ganzer Account aufgebaut ist. Wie bei einem Haus stützen die Säulen meine Marke bzw. meinen Account und geben dem ganzen Halt. Ist dein Account erst einmal etabliert, stehst du für diese Themen, und genau das zieht die Zuschauer und Zuschauerinnen dann zu dir. Das bedeutet nicht, dass Säulen nicht irgendwann ausgetauscht werden oder ganz wegfallen können, aber denk dran, dass du zu jeder Säule fast unendlich viele Möglichkeiten hast, diese umzusetzen. Reisetipps können zum Beispiel direkt vom Reiseort aus gegeben oder später aus deinem Wohnzimmer heraus dann kommentiert dem Zuschauer gezeigt werden. Auf YouTube fasse ich dabei meine Videos thematisch zu Playlists zusammen. Eine Playlist pro Thema, um genau zu sein. Dann wissen die Viewer sofort, was es auf meinem Channel zu sehen gibt. Das betrifft jedoch nur YouTube – wenn du dich für TikTok, Instagram oder Twitch als Onlinezuhause entscheidest, kannst du auch dort deine verschiedenen Themensäulen aufbauen. Anders als bei YouTube sind diese aber nicht in Playlists sortiert, stattdessen ist all dein Content auf deinem Account nach Erstellungsdatum angeordnet. Du kannst aber auf allen vier Plattformen dein Vorschaubild (das Bild, das das Video anzeigt – auch Thumbnail genannt) anpassen. Das heißt, für ein bestimmtes Thema, bei mir »italienisch kochen«, kann ich eine bestimmte Farbe, in diesem Fall vielleicht Rot, für die Textschrift verwenden, und die Zuschauer sehen auf den ersten Blick: »Aha, da gibt's noch mehr italienische Küche!«

Die Themen Kochen, Italien und Reisen hören sich nun noch etwas öde an, dafür brauche ich also jetzt tolle Namen. Es ist an der Zeit, sich auch darüber Gedanken zu machen. Das gilt ebenso für dich! Lustige Namen dürften dabei die Neugierde wecken. Deswegen wähle ich für meine Rezepte Namen aus wie »Mafia Pizza Infernale«, »Sahne-Stiefel-Torte« oder »Pasta di Papa«.

Noch mal zusammengefasst: Finde deine Themen, recherchiere dazu und überlege dir anschließend, welche Inhalte du präsentieren möchtest. Dann mach dir Gedanken darüber, welche originellen Namen du diesen Themenreihen geben möchtest (Abbildung 2.6).

Nach einigem Nachdenken sehen meine Säulen aus wie die in Abbildung 2.6. Und wie sehen deine nun aus? Nimm dir alle Zeit der Welt, um dich zu definieren. Deine Marke und deine Botschaft müssen klipp und klar sein. Dies nimmt nämlich maßgeblich Einfluss auf deinen Content. Ideen für den Look oder Gags kannst du jetzt bereits im Hinterkopf behalten, aber diese entwickeln sich meistens auch, wenn du mit dem Dreh bzw. Stream anfängst oder am Schnitt sitzt. Erst dann musst du nämlich mit den realen Gegebenheiten und dem Videomaterial arbeiten und daraus tatsächlich einen Clip produzieren. Zunächst schaffst du dein theoretisches Konstrukt, das dem Bild einen Rahmen gibt, und dann malst du es sozusagen aus. Ausprobieren lautet jetzt die Devise!

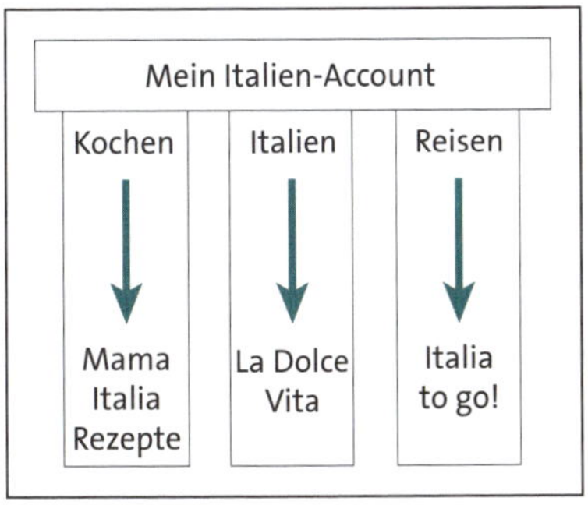

Abbildung 2.6 Meine Content-Säulen

Ich persönlich stelle mir den Inhalt des Channels immer als leckere Eistüte vor. Die Waffel ist das Oberthema (Italien, Reisen, Kochen), und hinein gehören noch ein paar schmackhafte Eiskugeln, die meine Persönlichkeit zeigen. Es sollten möglichst unterschiedliche Geschmackssorten sein – und gut schmecken (Abbildung 2.7). Sorge immer für Nachschub, also leckeres Eis: unterschiedliche Inhalte, die Emotionen wecken und deine Persönlichkeit zum Ausdruck bringen. Dann wird dies bald ein sehr, sehr, sehr leckeres Eis!

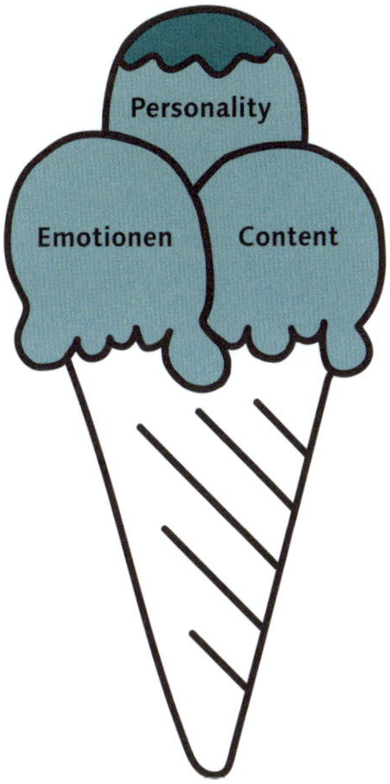

Abbildung 2.7 Mein Content als Eiswaffel

Dein Eis muss deinen Fans schmecken, und daher kannst du nicht immer nur Zitrone anbieten, also beispielsweise immer nur Reiseberichte aus Neapel, sondern auch mal aus anderen Städten in Italien. Biete bewusst mehrere Eissorten an, damit für jeden Geschmack etwas dabei ist. Saisonal tauschst du Sorten aus, statt Erdbeereis (Reiseberichte aus dem Sommerurlaub) gibt es mal Lebkucheneis im Winter (italienische Restaurants in Deutschland im Geschmackstest). Deine Dauerbrennersorte ist dann vielleicht Vanille (handgemachte Pasta aus deiner Küche zum Nachmachen) oder Schokolade (italienische Süßspeisen, am heimischen Herd gefilmt).

Und das Eis muss es auch auf andere Plattformen schaffen, um neue Fans zu erreichen – also muss deine Eisfiliale einen neuen Standort eröffnen. Mach dich erst mal in deinem Online-Zuhause bekannt, schaffe Kundschaft für dein Eis ran und erweitere dich dann! Schau mal, wie andere Plattformen funktionieren und wie du deinen Content dafür anpassen musst. Wenn du dich auf andere Plattformen ausweitest, wird neue Kundschaft hinzukommen!

Versuche auch vorauszuplanen: Wenn ich es schaffe, zweimal im Jahr in Italien zu sein, kann ich dort viel im Voraus filmen, damit ich genug Material für einige Videos zusammenbekomme. Ansonsten filme ich Clips in meiner italienisch dekorierten Küche und drehe einmal in der Woche ein Koch-Tutorial, das kann man das ganze Jahr über prima in der eigenen Wohnung machen. Es gibt schließlich auch genügend Reisemuffel oder Menschen, die nicht viel Urlaub haben, und die können sich dann mit meinen Clips entspannt das Dolce Vita in ihre Küche nach Hause holen.

Grundsätzlich sind deiner Fantasie in Bezug auf Content keine Grenzen gesetzt – gib dir aber genug Raum zum Ausprobieren. Dann macht es erst richtig Spaß und geht fast von allein. Und jetzt leg los! Einfach anfangen und sich selbst dabei filmen. Wenn du zu Hause ein paar »Trockenübungen« machst, kannst du dich hinterher schon mal selbst überprüfen: Redest du zu schnell? Zu lange? Wie wirkst du vor der Kamera? Zu steif? Sympathisch? Lustig? Schau dich an und sei ehrlich dir selbst gegenüber! Es ist eigentlich wie beim Kochen – wenn du aus Versehen Zucker statt Salz nimmst und es plötzlich noch besser schmeckt.

Wenn du besonders fancy und individuell sein möchtest, dann pack auch noch eine Portion Persönlichkeit und Emotionen dazu. Keiner will heutzutage Perfektion sehen – Authentizität zählt und hält die Zuschauer bei der Stange. Du solltest grundsätzlich ein gewisses Talent als Unterhaltungskünstler oder -künstlerin mitbringen oder zumindest nicht kamerascheu sein. Das bedeutet im Klartext: Sei du selbst. Deine Eigenarten sind quasi das, woran sich die Menschen nach deinem Video oder Stream erinnern. Es gibt nichts Schlimmeres als Content langweiliger Menschen! Trau dich also auch, zu dir selbst zu stehen. Versuch mal, deine guten Eigenschaften auf den Punkt zu bringen. Sei laut, frech, unbedacht und spontan und geh später an den Feinschliff. Dazu schreibst du dir deinen Text in wenigen

Stichworten auf, damit du nicht zwischendurch die Hälfte vergisst. Du kannst deine selbst ausgedachten Moderationen vor dem Spiegel üben und dich analysieren. Oder nimm ein Probevideo auf und schau es dir an. Immer und immer wieder machst du das, bis du dich sicher fühlst. Als Content-Creator ist vor allem eine natürliche Persönlichkeit gefragt – dazu gehören auch mal Versprecher oder Lacher und Eigenarten. Wiedererkennbarkeit ist wichtiger als eine glatte Oberfläche, es sei denn, man möchte im Beauty-Genre erfolgreich sein – dort hilft Perfektion natürlich ein wenig.

Jeder Mensch ist da anders, und am besten findet man selbst heraus, wo es hakt, bevor die Community es später entdeckt. Selbstüberprüfung ist ein wesentlicher Bestandteil deiner Content-Strategie, sonst kannst du dich nie verbessern. Und bitte denk dran, dass deine Inhalte nicht zu lang sein sollten, wenn nichts Besonderes darin passiert. Kein User sollte vor Langeweile sterben. Wenn du also deine Reise zum Ich abgeschlossen hast, lass die Zuschauer und Zuschauerinnen an aufregenden Momenten in deinem Leben teilhaben. Jetzt weißt du ja, was du mit deinen Talenten anfangen kannst, du hast nun die Basis deiner eigenen Marke kreiert. Glückwunsch! Nimm dich dabei übrigens nicht allzu ernst. So, bald ist dein Account auch inhaltlich top aufgestellt – in diesem Sinne fröhliches Eismachen!

2.3 Ohne Inhalte keine Fans! Ohne Entertainment keine bleibenden Fans!

Ohne Content keine Fans. Eigentlich logisch, aber was steckt wirklich hinter dieser Aussage? Ohne Content keine Fans und ohne Fans kein erfolgreicher Account. Das ist näher an der Wahrheit. Am Ende geht es also immer um Reichweite und darum, möglichst viele Menschen mit guten Inhalten, also gutem Content, zu erreichen. Das oberste Ziel lautet somit stets: viele Fans ansprechen und diese glücklich machen. Auf verschiedenen Events hat es sich mittlerweile sogar etabliert, die Fans mit einer persönlichen Begegnung zu beglücken.

Es gibt im Netz viele verschiedene Definitionen von *Fans* oder der *Fanbase*. Aber meiner Meinung nach stammt die treffendste aus dem Urban Dictionary, so was Ähnlichem wie der Wikipedia, jedoch für umgangssprachliche Ausdrücke. Demnach ist die Fanbase der beste und schlimmste Teil, wenn man in irgendeiner Form im Internet bekannt ist. Fanbase fasst alle Fans zusammen, die guten, die schlechten und all die anderen möglichen Fans. Soll heißen: Die Summe aller Fans ist Fluch und Segen zugleich. Das trifft es ziemlich auf den Punkt. Ohne Fans hast du keine Zuschauer und kannst auch nicht bekannt werden und mit deinem Content Geld verdienen. Mit Fans hingegen hast du unter anderem Anhänger mit ständiger Erwartungshaltung an deinen Account und ebenso viele Kritiker. Und die wollen im Grunde alle regelmäßig bespaßt werden. Na dann, Prost Mahlzeit! Es geht aber eben nicht ohne.

Deine Fans sind deine Multiplikatoren

Dein Publikum sorgt für deinen Erfolg. Vergiss das nie! Deine Audience ist die Basis, die dich liebt und dafür sorgt, dass deine Clips noch mehr Menschen erreichen. Jeder einzelne Fan kann ein Multiplikator für dich sein. Lerne, deine Fans glücklich zu machen, und du wirst ernten, was du gesät hast.

Deine Fanbase ist also quasi das Schmiermittel, ohne Crowd kannst du im Content-Kosmos nichts werden. Stell dir vor, du stündest auf dem roten Teppich, aber links und rechts gäbe es weder Fans noch Paparazzi. So kann es nichts werden mit Bekanntheit und Reichtum, so kannst du keine Botschaft in der Welt verkünden! Nimm zum Beispiel LuciNana. Sie ist eine Streamerin bei Twitch. Sie hat zwar keine riesige Community, aber eine sehr starke. Die GTA-Liebhaberin streamt mehrmals die Woche und hat sich eine echte Fanbase aufgebaut. Am Ende des Buchs erzählt sie in einem Interview, welche Rolle ihre Community spielt und wie sie damit umgeht. Ihre Fans spenden ihr regelmäßig Geld, weshalb sie alle ihre Ausgaben an Technik komplett refinanzieren kann.

Die Fans sind also extrem wichtig, aber die Fanbase muss immer gehegt und gepflegt werden. Du kannst dich nicht darauf ausruhen, dass du bereits 1.000 Fans hast. Viele Stars sind auf diese Weise schon »abgestürzt«. Beliebt zu sein, erfordert einfach die Einhaltung gewisser Regeln. Berühmtheit kann man auf unterschiedliche Art erreichen, aber am Ende hat es immer etwas mit den Fans zu tun, die einen lieben und deswegen in allem unterstützen. Kim Kardashian und Paris Hilton sind immer und überall, aber eigentlich haben sie keinen wirklichen Beruf. Nix geleistet, aber viele Fans, wenn man es frech ausdrücken möchte. Fakt ist, sie sind Superstars, teilen ihr Leben mehrmals täglich mit ihren Millionen Fans, und Paris Hilton hat sich sogar den Begriff »That's hot!« sichern lassen. Verrückte Welt, aber es ist eben auch ein Job, sich täglich mit seiner Community auszutauschen und somit eine gute Währung als Star zu haben. Denn wie entscheidet man, ob jemand als öffentliche Person Relevanz hat? Na, am einfachsten anhand der Anzahl der Fans. Das meine ich mit Währung: viele Fans – viel Wert als Promi!

Dein zukünftiges Publikum ist deine Zielgruppe. Eigentlich ist es wie bei einer Sendung im Fernsehen. Dort überlegt sich der Programmchef auch, welche Menschen er zu welcher Uhrzeit mit welcher Sendung begeistern möchte. So kannst du ebenfalls optimal festlegen, wen du da draußen gern erreichen würdest. Im besten Fall schalten deine Zuschauerinnen und Zuschauer jeden Tag ein, und du erreichst die richtigen, eben diejenigen mit ähnlichen Interessen. Und keine Sorge, du triffst ganz sicher Menschen, die wie du denken, sonst hättest du dich selbst ja auch nicht schon auf den ganzen Plattformen getummelt. Traumhaft wäre es, wenn du irgendwann so viele Views hättest, dass du einen ganzen Kinosaal füllen kannst. Und das Tolle ist, dein digitales Kino, also deinen Kanal, gibt es nun bald virtuell!

Tipp

Mach dir schon jetzt Gedanken über deine potenzielle Zielgruppe. Wen sollen deine Videos interessieren? Bedenke die Nische dabei ebenso wie die Masse.

Jetzt stellt sich noch die Frage: Welche Sprache sprechen die User deiner Videos eigentlich? Das meine ich auf zwei Ebenen: Verstehen sie Deutsch, Englisch oder Italienisch? Welche Sprachen sprichst du überhaupt? Und der andere Punkt ist: Sprechen sie lässige Umgangssprache oder eher höflich und diplomatisch? Du kannst einfach vom größten gemeinsamen Nenner ausgehen und dann schauen, ob jemand hinten runterfällt. Wenn du selbst Deutsch sprichst und dazu zum Beispiel ein wenig Spanisch kombinierst, ist die Hauptsprache deines Accounts eben Deutsch, doch könntest du dann theoretisch Zuschauer in Deutschland und Spanien mit deinen Clips unterhalten. Bedenke dabei aber immer, dass du dementsprechend Untertitel einfügen müsstest, wenn du eine internationale Zielgruppe ansprechen möchtest, also in diesem Fall deutsche Sprache mit spanischen Untertiteln.

Entgegen einigen Vorurteilen tummeln sich in den sozialen Medien nicht mehr nur Teenager. Die Vielfalt ist sehr groß geworden, und du kannst ein Teil dieser Community werden. Natürlich gibt es Inhalte, die eher Männer oder eher Frauen ansprechen, aber insgesamt kann man sagen, dass sich vom Teenager bis zum »Silver Surfer« ab ca. 55 Jahren alle in der Online-Welt wohlfühlen und sich aktiv den Content aussuchen, den sie konsumieren wollen. Laut unserer Studie schauen sich 27,7 % der deutschen User in der Altersgruppe zwischen 55 und 65 einmal oder sogar mehrmals pro Tag Content auf den Plattformen Twitch, TikTok, YouTube oder Instagram an (Abbildung 2.8).

Etwa 60 % aller User weltweit sind männliche Zuschauende. Also sind 40 % weiblich, und davon ist mindestens die Hälfte an allen Themen rund um Beauty interessiert. Zu den favorisierten Themen zählt ebenso Musik, auch Tiere stehen hoch im Kurs, speziell Hunde. Die männlichen Zuschauer präferieren allerdings eindeutig Fußball, Games bis zum Abwinken und dann noch Software und Bodybuilding. Man gerät bei solchen Zahlen leicht in die Gefahr, in Stereotypen zu denken. Doch auch die vermeintlichen Nischenthemen locken Interessierte an. Beispiel: Der Essenstester »Holle21614« auf Twitch ist ein erfolgreicher kleiner Account. Er hat zwar »nur« knapp 70.000 Follower auf Twitch, ist aber auch viel auf Instagram, TikTok und YouTube unterwegs. Er ist ein gutes Beispiel, wenn es darum geht, den eigenen Content auf viele Plattformen auszuweiten (Abbildung 2.9).

Wie häufig nutzt du die folgenden Plattformen?

Angezeigt werden Werte für die Bottom 2 Antwortoptionen:
- Mehrmals am Tag
- Einmal am Tag

Mittelwert | Top 1 Box | Top 2 Box | Bottom 1 Box | Bottom 2 Box

	Gesamt	16–24 Jährige	25–34 Jährige	35–44 Jährige	45–54 Jährige	55–65 Jährige
YouTube	55.6 %	68.4 %	67.6 %	57.1 %	51.3 %	39.0 %
TikTok	42.4 %	66.2 %	49.6 %	42.9 %	36.8 %	24.5 %
Instagram	62.5 %	81.4 %	73.4 %	66.8 %	57.9 %	40.0 %
Facebook	55.3 %	35.1 %	54.7 %	64.3 %	62.4 %	52.9 %
Twitch	18.3 %	30.7 %	26.3 %	21.7 %	10.8 %	7.4 %
LinkedIn	17.2 %	23.4 %	25.2 %	21.4 %	12.4 %	7.1 %

Abbildung 2.8 Nutzung von Social-Media-Plattformen nach Alter

Abbildung 2.9 Holger Schwietering aka Holle21614 testet deutschlandweit Döner (*https://www.tiktok.com/@holle21614*).

Auf YouTube, Twitch, Instagram und TikTok können auch Nischenvideos langfristig Erfolg haben. Zwar produziert man dabei für eine kleinere Zielgruppe, aber diese kann dafür treu und ebenso lukrativ sein, da es hier wenige bis gar keine anderen Angebote für Interessierte gibt. Hier noch ein schönes Beispiel für unentdeckte Möglichkeiten: Auch wenn bei Frauen der Konsum von Tiervideos sehr ausgeprägt ist, sollte man die Männer nicht vergessen. Etwa die 100 erfolgreichsten YouTube-Channels weltweit für Haustiere und Tiere werden von beiden Geschlechtern fast gleich gern geschaut. Man sollte also nicht von vornherein nur ein Geschlecht ansprechen, wenn beide möglich sind. Aber natürlich gibt es auch Channels, die extra für Frauen oder extra für Männer gemacht sind. Diese haben ihre Strategie dann genau auf ihre spezielle Zielgruppe hin geplant. Ich habe in der morefire-Umfrage auch nach den speziellen Interessen von Frauen und Männern gefragt (Abbildung 2.10).

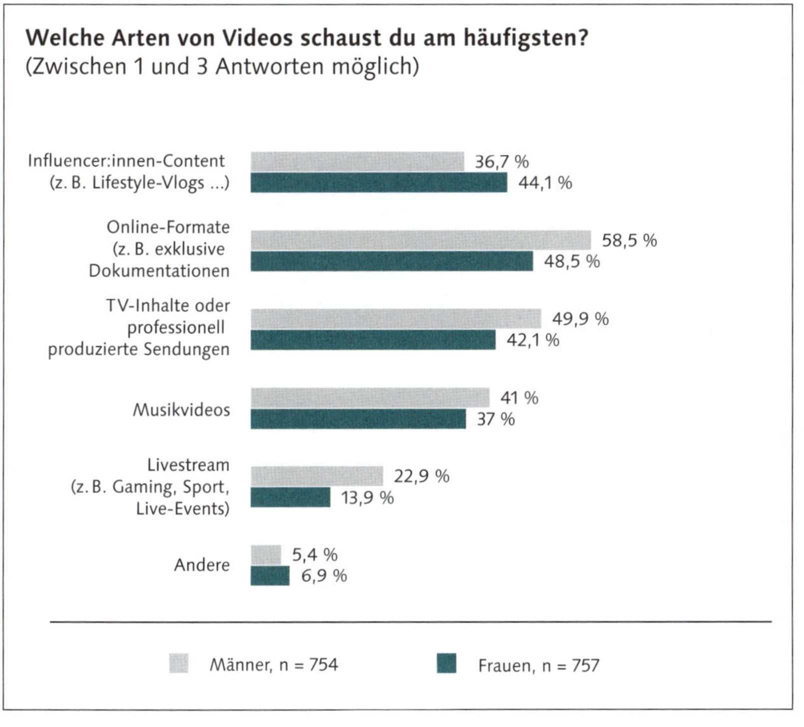

Abbildung 2.10 Übersicht zu den Präferenzen von Männern und Frauen beim Videokonsum

Grundsätzlich kann man also in jedem Alter und mit jedem Thema Zuschauerinnen und Zuschauer für eine geeignete und lukrative Reichweite finden. Die Chancen auf dem deutschen Markt sind natürlich kleiner als bei einer weltweiten Ansprache durch Videos, aber du hast dafür auch die wahre Chance, den gesamten deutschen Markt zu erobern und damit vielleicht Geld zu verdienen.

Steckt in dir also vielleicht ein Gamer wie Gronkh, eine Beauty-Expertin, eine Musikerin, ein Tierliebhaber oder Entertainer? Und sprichst du gut Englisch oder hast Lust auf Untertitel? Dann los, lies weiter und habe Erfolg! Doch wenn nicht, genauso gut. Lies trotzdem weiter! Jetzt kennst du zumindest die Tendenzen auf den Videoplattformen und kannst das in deiner Planung ganz gut berücksichtigen.

So, wir bauen jetzt beispielhaft eine Zielgruppe zusammen auf. Im Grunde kannst du dir einfach eine typische Person, die deine Inhalte anschauen würde, bis ins kleinste Detail in Gedanken vorstellen. Das macht man in fast allen Branchen so, da nennt man sie Persona. Fang beim Herkunftsland an, es kann auch ein Bundesland oder eine bestimmte Stadt sein. Alter und Geschlecht fügst du hinzu, dann die Interessen und ob es stereotypische Merkmale dieser Person gibt, wie beim Publikum von Knossi beispielsweise. Er hat 2,4 Millionen Follower bei Twitch, und seine Zielgruppe kann man ganz gut als Beispiel nehmen (Abbildung 2.11).

Abbildung 2.11 Twitch-Stream von Jens »Knossi« Knossalla (*https://www.twitch.tv/therealknossi*)

Die meisten Fans von Knossi sind Jugendliche und junge Erwachsene mit Interesse an bekannten Videospielen. Viele Zuschauende sind männlich – da Knossi aber auch seine Freundin in seinen Content einbezieht, finden Frauen die Pärchenstreams ebenfalls gut. Das sieht man auch an seiner Fanpost. Die User fahren auf seine verrückte und spontane Art ab, sie lieben seinen Humor und die interaktiven Videoformate. Die meisten stammen aus Deutschland, Österreich und der Schweiz.

Das reicht eigentlich schon, um eine Zielgruppe grob zu definieren und sich jemanden vorzustellen, den du dann immer gedanklich anspielen kannst, sobald du drehst. Wenn du also definierst, welche Fans du später einmal haben möchtest, kannst du darauf deine Marke und deine Ansprache aufbauen. Um einen Account anzulegen und aufzubauen, solltest du grundsätzlich wissen, was du eigentlich sagen willst und wen du ansprechen möchtest.

Mit einer ausgearbeiteten Persona könntest du auf diese »Wen«-Frage eine vorläufige Antwort finden. Du weißt außerdem, in welcher Sprache du die Menschen erreichen möchtest. Deine Oberthemen stehen ebenfalls fest. Mittlerweile solltest du dir auch Gedanken über deinen Account-Namen gemacht haben. Am besten ist es, wenn du dir einen internationalen Namen ausdenkst, da deine Zuschauenden eventuell auch international sind. Sobald du deinen Account-Namen gefunden hast, kannst du eigentlich schon damit starten, den Channel anzulegen.

Tipp
Verliere nie die Vogelperspektive und nie den Spaß!

2.4 Ohne Ziele kein Erfolg!

Steck dir Ziele, die du realistisch erreichen kannst. Viele der erfolgreichsten YouTuber und YouTuberinnen beispielsweise haben in den ersten zwei bis drei Jahren die Marke von 100.000 Abonnenten erreichen können. Bei Instagram und TikTok, die sich ja mehr auf die Views als auf die Abonnenten fokussieren, können 100.000 Views schneller passieren. Da postest du ein Video, das den Nerv trifft – und zack, du gehst viral. Bei einigen funktioniert das schneller, und bei manchen dauert es eben länger. Je nach Thema, Zeitgeist und Charisma springt das Publikum unterschiedlich auf Videoinhalte an. Rechne als Einzelperson zunächst mit mehr Zeitaufwand, denn Ideen, Drehbücher sowie die Dramaturgie, das Drehen, der Schnitt und der Upload bis hin zur Verbreitung von Video-Content bedürfen der richtigen Planung und Ausführung, wenn man keine Erfahrung darin hat. Mit der Zeit wird man darin natürlich schneller, und die Digital Natives sind per se damit aufgewachsen. Für ein Unternehmen bedeutet dies, dass man Strukturen zur Ideenfindung, zur redaktionellen Betreuung, für die Produktion von Videos bzw. Streams und deren Schnitt schaffen und gleichzeitig ein Umdenken in den Abteilungen anregen muss, damit diese mehr zusammenarbeiten, sich abstimmen und gemeinsam Kampagnen und Inhalte planen bzw. verknüpfen. Wenn man nach »außen« kommunizieren möchte, dann muss auch »innen« mehr vernetzt und Ressourcen müssen gebündelt werden. Anders geht es leider nicht.

Wechseln wir aber wieder von der Unternehmensbrille zur Ich-Perspektive. Auf den Plattformen tummeln sich Unternehmen und Menschen, hier gibt es Unterschiede im Account-Auftritt und in der Ansprache über den Content, aber am Ende müssen alle einfach gute Videos abliefern, um überzeugen zu können. Leidenschaft ist ein Schlüssel dazu und Wissen ein weiterer. Erstere musst du aufbringen, bei dem zweiten Schlüssel kann dir dieses Buch weiterhelfen. Ohne Ziel kein Erfolg, ohne Leidenschaft keine Nähe! Dir fehlen also noch Ziele. Das grundsätzliche Ziel sollte lauten: »Ich möchte gute Inhalte verbreiten und Menschen begeistern!« Viele weitere Fragen solltest du ebenso klären, bevor du noch mehr Ziele festlegst:

- Warum möchtest du Videos produzieren? Was ist deine Antriebskraft?
- Welche Chancen siehst du darin?
- Wie viel Zeit kannst du dafür pro Woche investieren?
- Hast du Geld für das Equipment?
- Traust du dir zu, vor der Kamera zu stehen?
- Was macht dir grundsätzlich Spaß, was sind deine Talente?
- Wo liegen deine Stärken?
- Welche Themen könntest du somit bedienen?
- Was machen die anderen, die dieses Thema bedienen? Recherche!
- Kannst du einen anderen Mehrwert als die anderen Channels bieten?
- Arbeitest du mithilfe eines Teams?
- Wie willst du das umsetzen? Hast du bereits Ideenansätze?
- Wie stellst du dir das Look-and-feel vor?
- Bist du technikaffin? Wer hilft dir bei Schnitt und Upload?
- Hast du Lust, Social Media zu »machen«? Hast du dafür Zeit?
- Kannst du ein wenig Geld in die Hand nehmen, um deinen Channel anschließend zu bewerben?
- Kannst du deine Videos mehrmals in der Woche, wöchentlich, monatlich oder als Staffelproduktion produzieren?
- Kannst du Kritik vertragen (denn die wird so oder so kommen)?
- Wenn du anfängst, ziehst du es dann auch durch?

Diese ganzen Fragen solltest du dir zunächst selbst beantworten und bei allen offenen Punkten erst mal Lösungen finden. Dieses Buch wird dir sicherlich auch ein paar Antworten liefern, um weitere Ziele für deinen Erfolg zu definieren.

Tipp

Komplexität zu reduzieren, schafft Klarheit.

Alle müssen irgendwo anfangen – und das ist meistens das Schwerste. Also: Für den Start kann ich dir ja mal folgende Ziele vorschlagen:

YouTube

1. Ein Video-Upload pro Woche: Starte mit einem regelmäßigen Upload-Zeitplan, um in Routine zu kommen.
2. Knacke 100 Abonnenten: Nutze deinen Freundes- und Bekanntenkreis und frag nach Unterstützung in Form eines Abos!
3. Monatlich 20 neue Fans gewinnen: Versuche Monat für Monat mindestens 20 neue Follower durch Interaktionen zu gewinnen!
4. Innerhalb von einem Jahr auf deinem Kanal drei verschiedene Arten von Videoreihen produziert haben: Versuche nicht nur eine Art von Video hochzuladen. Teste aus und schau, was deinen Abonnenten am besten gefällt.
5. Innerhalb von einem Jahr weitere Accounts aufbauen: Versuche im ersten Jahr noch einen weiteren Account wie Instagram oder TikTok zu eröffnen und somit dein Content-Netzwerk zu erweitern!

Twitch

1. Ein Livestream pro Woche: Starte mit einem regelmäßigen Streaming-Zeitplan, um eine Routine aufzubauen und dein Publikum kontinuierlich anzusprechen.
2. Erreiche 100 Follower: Nutze deinen Freundes- und Bekanntenkreis, um die ersten 100 Follower zu gewinnen. Bitte sie, dich zu unterstützen und deinen Kanal zu teilen.
3. Monatlich 20 neue Follower gewinnen: Setze dir das Ziel, jeden Monat mindestens 20 neue Follower durch Networking, Interaktionen im Chat und Social Media zu gewinnen.
4. Innerhalb von einem Jahr drei verschiedene Arten von Content streamen: Experimentiere mit verschiedenen Inhalten wie Gaming, »Just Chatting« und kreativen Streams (z. B. Musik oder Kunst), um herauszufinden, was dein Publikum am meisten anspricht.
5. Innerhalb von einem Jahr eine Präsenz auf Discord und in Social Media aufbauen: Erstelle einen Discord-Server, um deine Community außerhalb von Twitch zu pflegen, und sei auf Plattformen wie X (ehemals Twitter) und Instagram aktiv, um deine Streams zu bewerben und mit deinem Publikum zu interagieren.

Infobox

Einen Discord-Server ergänzend zum Twitch-Profil einzurichten, ist für Twitch-Streamer essenziell, da dies eine kontinuierliche Interaktion mit der Community außerhalb der Streams ermöglicht. Es bietet Tools zur Organisation und Moderation sowie für exklusive Inhalte, wodurch die Bindung der User gestärkt und das Engagement gefördert wird. Durch die Integration von Bots und Rollen gestaltet sich Discord eine flexible, anpassbare Plattform, die das Community-Building und die Zuschauerbindung effektiv unterstützt.

TikTok

1. Zwei Videos pro Woche posten: Beginne mit dem regelmäßigen Posten von mindestens zwei Videos pro Woche, um eine konstante Präsenz aufzubauen.
2. Erreiche 100 Follower: Nutze deinen Freundes- und Bekanntenkreis, um die ersten 100 Follower zu sammeln. Ermutige sie, deine Videos zu teilen.
3. Monatlich 50 neue Follower gewinnen: Setze dir das Ziel, jeden Monat 50 neue Follower durch virale Trends, Hashtags und Kollaborationen mit anderen Creators zu gewinnen.
4. Innerhalb von einem Jahr drei verschiedene Content-Formate ausprobieren: Experimentiere mit verschiedenen Formaten wie Tanzvideos, Comedy-Sketches und Tutorials, um zu sehen, welche Art von Content bei deinem Publikum am besten ankommt.
5. Innerhalb von einem Jahr ein einheitliches Markenbild auf TikTok und Instagram aufbauen: Sorge dafür, dass deine TikTok-Inhalte auch auf Instagram Reels geteilt werden, und baue eine visuelle und thematische Konsistenz zwischen den Plattformen auf.

Instagram

1. Drei Posts pro Woche, einschließlich Reels und Stories: Poste regelmäßig, einschließlich mindestens eines Reels und einer Story pro Woche, um deine Reichweite zu erhöhen.
2. Erreiche 100 Follower: Nutze deinen Freundes- und Bekanntenkreis, um die ersten 100 Follower zu sammeln. Bitte sie, deine Inhalte zu liken und zu teilen.
3. Monatlich 30 neue Follower gewinnen: Arbeite daran, jeden Monat 30 neue Follower durch Hashtags, Kooperationen und das Posten von trendigem Content zu gewinnen.
4. Innerhalb von einem Jahr drei verschiedene Arten von Content-Serien erstellen: Entwickle verschiedene Serien, z. B. Fashion-Tipps, tägliche Motivationszitate oder Fitness-Challenges, um dein Publikum kontinuierlich zu beschäftigen.

5. Innerhalb eines Jahres eine starke Cross-Promotion zwischen Instagram und Facebook aufbauen: Verbinde dein Instagram-Konto mit Facebook, um Inhalte nahtlos zwischen den Plattformen zu teilen und ein breiteres Publikum zu erreichen. Nutze Instagram Stories und Facebook Stories, um deine Inhalte zu bewerben.

Diese Ziele reichen erst mal für den Anfang. Jetzt stehen deine Ziele, deine Zielgruppe, die potenzielle Marke, deine Themen und dein Account-Name (und bei YouTube deine Playlist-Namen) fest. Nun musst du dir weitere Gedanken um den Inhalt deiner Videos und Streams machen. Es ist so weit, es folgt dein erstes (Live-) Video! Und vergiss dabei nicht diesen einen Satz: »Ich möchte gute Inhalte verbreiten und Menschen begeistern!«

Kapitel 3

Was möchte ich für meine zukünftigen Fans drehen? – Stichwort Storytelling!

Deine Fans wollen dir nah sein und an deiner Welt teilhaben. Dabei wollen sie begeistert werden und vielleicht auch etwas lernen. Durch Videos oder Streams ist das schnell getan! Aber eine gute Geschichte muss auch gut erzählt werden. Sie muss spannend, unterhaltsam und kurzweilig sein! Erstelle nun dein eigenes Drehbuch und lerne dabei, wie du strukturiert vorgehst.

Du fragst dich bestimmt gerade: »Wie fange ich an?« Um zu üben, kannst du natürlich erst mal Probevideos drehen, nur für dich. Irgendwann musst du aber den Absprung schaffen und den POSTEN-Button drücken – auch wenn das vielleicht Überwindung kostet. Du schaffst das! Je nach Plattform schlage ich dir eine andere Strategie vor, damit du die ersten Schritte nicht mit offenen Schuhen läufst. Generell solltest du bei deinem ersten (Live-)Video – und allen, die folgen – beachten, dass du dich am sogenannten AIDA-Modell orientierst.

AIDA-Modell zur Bindung potenzieller Fans

Attention: Aufmerksamkeit des Users erregen

Interest: Interesse des Users wecken

Desire: Wunsch nach mehr auslösen

Action: Handlung beim User bewirken

Es geht darum, zunächst die Aufmerksamkeit eines Users zu bekommen, dann das tiefergehende Interesse zu wecken und dadurch den Wunsch auszulösen, mehr von dir zu sehen. Damit hast du das Ziel des Modells erreicht, denn wenn der Zuschauende am Ende deines Videos oder Streams einen weiteren Clip von dir anwählt oder auf den ABONNIEREN-Button klickt, hat er eine aktive Handlung vollzogen, um in deinem Kosmos zu bleiben.

3.1 Aber zuerst: Welche Formate gibt es?

Du musst wissen, was du deinem Publikum zeigen willst – aber natürlich auch auf welche Weise! Denn die vier Plattformen YouTube, Twitch, Instagram und TikTok haben verschiedene Content-Formate, hier kannst du dir schon einen ersten Überblick verschaffen. Sie alle haben jeweils eine eigene Zielsetzung und Ausrichtung, die von der Länge über die Interaktivität bis hin zur Format- und Inhaltsgestaltung reicht. Kurzformate (wie Shorts, Reels und Stories) sind ideal für schnelle, unterhaltsame Inhalte, während Langformate (wie YouTube-Videos, Twitch-Streams und Podcasts) für tiefgehenden Content und eine intensivere Bindung zum Publikum genutzt werden.

YouTube-Shorts

- *Länge:* Bis zu 60 Sekunden.
- *Format:* Hochformat (9:16), meistens auf dem Handy.
- *Charakteristik:* Kurz, schnell und auf den Punkt, oft für Trends oder humorvolle Inhalte. Sie erinnern an TikTok-Videos. Diese Art von Content eignet sich gut für kurze Tipps, Trends, Life-Hacks oder Highlights.
- *Zielgruppe:* Menschen, die schnell unterhalten werden wollen, insbesondere junge Leute.

Abbildung 3.1 HandOfBlood aka Hänno aka Maximilian Knabe zeigt seine Dancemoves im YouTube-Short-Format (*https://www.youtube.com/HandOfBlood*).

YouTube-Videos (klassische YouTube-Videos)

- *Länge:* Variiert, meist ab einer Minute bis zu Stunden – acht Minuten beträgt mittlerweile eine durchschnittliche Länge.
- *Format:* Querformat (16:9).
- *Charakteristik:* Typische YouTube-Videos bieten vielfältige Inhalte: Tutorials, Vlogs, Reviews, Unboxings, Gaming-Inhalte oder Dokumentationen. Im Vergleich zu Shorts haben sie eine längere Laufzeit und lassen mehr Raum für Storytelling und Vertiefung.
- *Zielgruppe:* Zuschauende, die länger auf der Plattform bleiben und auch längere Videos ansehen möchten.

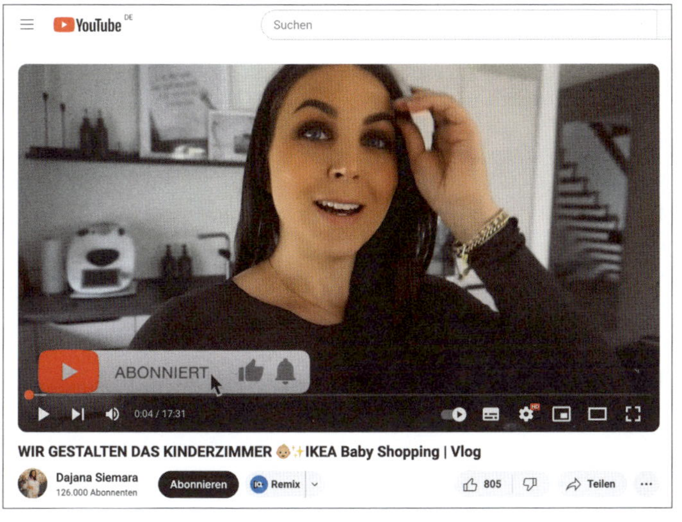

Abbildung 3.2 Dajana Siemara in einem klassischen YouTube-Video (*https://www.youtube.com/watch?v=XV8k4idDNrw*)

Twitch-Streams

- *Länge:* Kann von Minuten bis zu mehreren Stunden dauern; es gibt keine Begrenzung.
- *Format:* Querformat (16:9).
- *Charakteristik:* Live-Übertragung mit Interaktionen in Echtzeit über den Chat. Besonders beliebt für Gaming-Content, aber auch für *Just Chatting*, Talkshows, Musik, kreative Inhalte und *In-Real-Life-Streams* (IRL). Die Interaktivität und die sofortige Rückmeldung des Publikums sind das Herzstück dieser Streams.
- *Zielgruppe:* Menschen, die interaktive Live-Erlebnisse schätzen und sich auf die Dynamik von Live-Kommentaren sowie ungeschnittene, authentische Momente einlassen wollen.

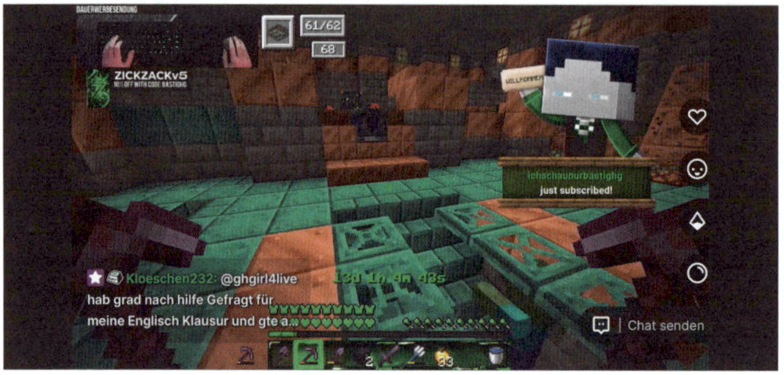

Abbildung 3.3 Twitch-Stream von BastiGHG (*https://www.twitch.tv/bastighg*)

Instagram Reels

- *Länge:* Bis zu 90 Sekunden.
- *Format:* Hochformat (9:16).
- *Charakteristik:* Sehr ähnlich zu YouTube-Shorts und TikTok; die Inhalte sind dynamisch und häufig musikalisch untermalt. Reels sind ideal für virale Trends, Challenges und kreative, schnelle Präsentationen.
- *Zielgruppe:* User, die durch kurze Clips Unterhaltung, Inspiration und Trends konsumieren möchten.

Abbildung 3.4 Instagram Reel von Milena Krais
(*https://www.instagram.com/reel/DCyc7wNtAYW/?hl=de*)

Instagram Stories

- *Länge:* Jede Story ist 60 Sekunden lang, aber man kann mehrere Story-Sequenzen hintereinander hochladen.
- *Format:* Hochformat (9:16).
- *Charakteristik:* Temporärer Content (verschwindet nach 24 Stunden). Stories sind weniger kuratiert und daher authentischer und spontaner. Sie sind ideal, um tägliche Updates, Events, Ankündigungen, Umfragen und interaktive Inhalte zu teilen.
- *Zielgruppe:* User, die häufig auf Updates zugreifen und die sich für Einblicke in den Alltag oder exklusive Infos interessieren.

Abbildung 3.5 Instagram Story von Yvonne Pferrer (*https://www.instagram.com/yvonnepferrer/*)

TikTok-Videos

- *Länge:* 15 Sekunden bis maximal zehn Minuten, wobei die meisten viralen Videos zwischen 15 Sekunden und drei Minuten lang sind. Kürzere Videos performen oft besser, weil die Aufmerksamkeitsspanne häufig nicht sehr groß ist.
- *Format:* Hochformat (9:16), speziell für Handys optimiert.

- *Charakteristik:* Trendbasierte, kreative Kurzvideos mit hohem Unterhaltungswert. TikTok-Videos setzen oft auf Musik, Voice-overs, Effekte und Filter, um die Aufmerksamkeit zu maximieren. Die Inhalte sind sehr vielfältig und reichen von Comedy und Challenges über Tänze und Storytelling bis hin zu Tutorials und kurzen informativen Inhalten. TikTok lebt von schnellen, zugänglichen und oft humorvollen oder inspirierenden Inhalten, die sich gut in den Alltag integrieren lassen.
- *Zielgruppe:* Vor allem eine junge, trendaffine Zielgruppe, die kurze, prägnante Inhalte bevorzugt und oft von Trends, Challenges und viralen Momenten angezogen wird.

Abbildung 3.6 Couple Content auf TikTok bei Luca♥Alina (*https://www.tiktok.com/@luca_alina*)

TikTok-Livestreams

- *Länge:* In der Regel kürzer als typische Twitch-Streams, oft zwischen 15 Minuten und zwei Stunden, abhängig von Zielgruppe und Inhalt. Es gibt keine feste Begrenzung, aber kürzere, interaktive Streams sind üblich.

- *Format:* Hochformat (9:16).
- *Charakteristik:* Live-Übertragung mit direkter Interaktion über den Chat und speziellen Funktionen wie etwa »Geschenken« (virtuelle Goodies, die Zuschauende kaufen können, um den Creator zu unterstützen). TikTok-Livestreams sind oft interaktiv und trendorientiert, wobei Challenges, Q&A-Sessions, Produktvorstellungen und spontane Unterhaltung im Vordergrund stehen. Die lockere und schnelle Interaktion mit Usern und die Möglichkeit zur Trendintegration machen TikTok-Livestreams besonders dynamisch.
- *Zielgruppe:* Hauptsächlich jüngere User, die schnelle, unterhaltsame Inhalte und spontane Interaktionen mögen.

Tabelle 3.1 zeigt, dass der Aufwand von Format zu Format variiert, wobei Live-Formate und klassische Langvideos am aufwendigsten sind, während kurze, trendorientierte Formate wie TikToks, Shorts und Reels weniger Zeit beanspruchen.

Format	Was das Format ausmacht	Aufwand	Vorbereitung/Equipment
YouTube-Shorts	Kurze Videos bis 60 Sekunden, trendbasierte Inhalte.	gering bis mittel	Smartphone, einfache Bearbeitung und Ideenfindung
YouTube-Langvideos	Längere, tiefgehende Inhalte wie Tutorials, Vlogs.	hoch	Konzept, Kamera, Schnittsoftware, Storytelling
YouTube-Livestreams	Live-Inhalte mit Echtzeitinteraktion, ideal für Events und Q&A.	mittel bis hoch	Kamera, Mikrofon, stabile Internetverbindung, Live-Moderation
Instagram Reels	Kurze Videos bis 90 Sekunden, trend- und musikbasiert.	mittel	Smartphone, Trendbeobachtung, Bearbeitung in der App
Instagram Stories	Temporäre Inhalte, spontane Updates und Interaktion durch Umfragen usw.	gering bis mittel	Smartphone, schnelle Updates
YouTube-Videos (klassische)	Vielseitige Inhalte in Langformat, Tutorials, Vlogs und Reviews.	hoch	Konzept, hochwertige Ausstattung, Bearbeitung, SEO-Optimierung
Twitch-Streams	Livestreams mit Echtzeitinteraktion, ideal für Gaming und Talk-Sessions.	hoch	Streaming-Ausrüstung, gute Internetverbindung, hohe Ausdauer
TikTok	Kurze, dynamische Videos, trend- und musikbasiert, oft humorvoll und kreativ.	gering bis mittel	Smartphone, Bearbeitung in der App, regelmäßige Trendanpassung

Tabelle 3.1 Im Überblick: Der Aufwand für verschiedene Veröffentlichungsformate

3.2 Mein erstes Mal posten – wie mach ich das?

3.2.1 YouTube

Du kannst dich als Erstes an ein Channel-Introvideo wagen. Dies ist das Hauptvideo auf deiner Startseite auf YouTube. Dort solltest du am besten dich und das, was man von dir erwarten kann, sympathisch auf den Punkt bringen. Das ist nämlich deine Visitenkarte auf YouTube, und damit vermittelst du der Öffentlichkeit direkt den Mehrwert deines Channels. Dieses Video ist oft das am meisten geschaute Video auf allen Channels, da es immer sofort startet, sobald man auf den Kanal gelangt. Der YouTuberin Julia Libertyhorses hat zum Beispiel ein Best-of-Video inklusive Hoftour als Kanaltrailer hochgeladen. Viele Ausschnitte aus alten Videos sind zu sehen – quasi als Vorgeschmack – und zum Schluss eine Aufforderung zum Anschauen ihrer anderen Videos. Dieser Kanaltrailer hat schon rund 210.000 Views (Abbildung 3.7). Viele andere YouTuber und YouTuberinnen verwenden dagegen meistens als Intro eines ihrer aktuellen Videos, da sie sowieso ständig produzieren.

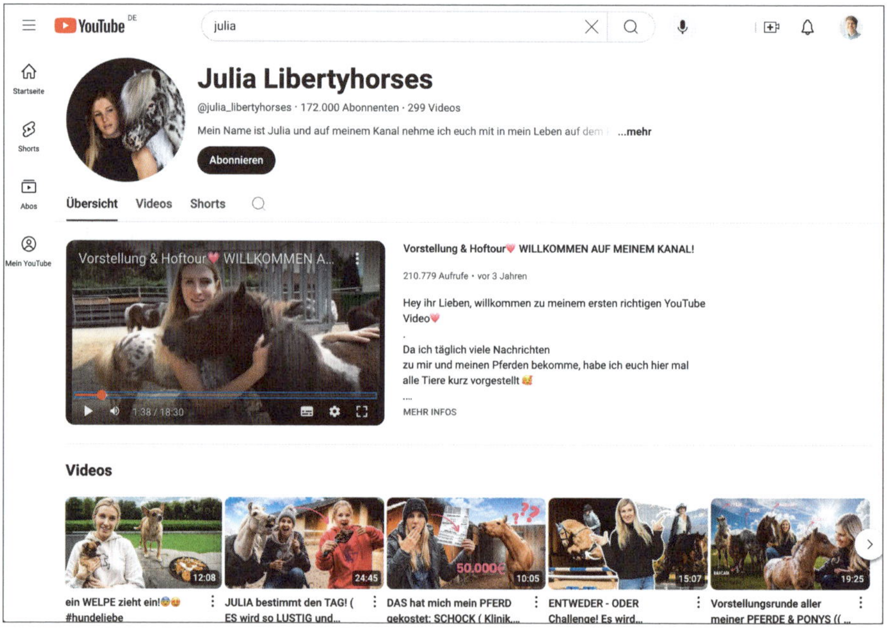

Abbildung 3.7 Channel-Introclip von Julia Libertyhorses (*https://www.youtube.com/@julia_libertyhorses*)

Das muss alles in deinen Introtrailer rein:

Grundsätzlich fängt man stets mit einer Zusammenfassung an, damit der oder die Zuschauende weiß, wovon das Video handelt. Dann sollte man sofort knackig am Ball bleiben und zum Hauptthema kommen, sodass der Zuschauer gar nicht erst auf den Gedanken kommt, auf Stopp zu drücken. Überleg mal, wie schnell du einige Dinge langweilig findest, weil sie dich nicht catchen ... Das heißt, du musst relativ schnell und auf den Punkt die Infos raushauen, dabei noch die Spannung hochhalten – und das Ganze bitte immer nur in der besten Qualität. Falls sich nämlich jemand das Video auf einem großen Flatscreen anschauen möchte, sollte das auch möglich sein (Abbildung 3.8). Und: In der Kürze liegt die Würze, eineinhalb Minuten ist eine gute Zeit für das Video.

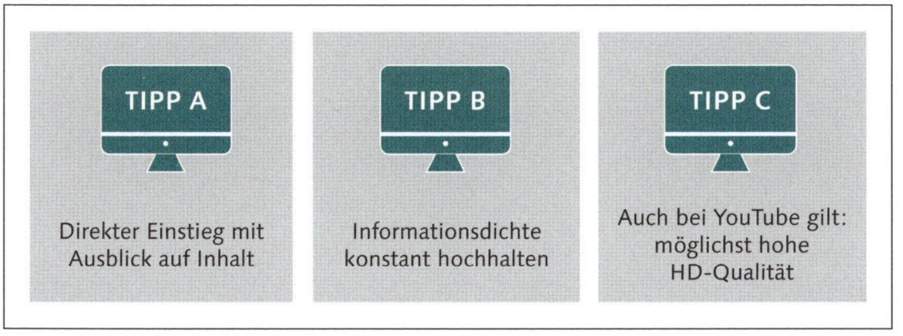

Abbildung 3.8 Drei Tipps zum Aufbau von Onlinevideos

3.2.2 Instagram und TikTok

Diese beiden Plattformen ähneln sich. Es gibt nämlich gar keinen Kanaltrailer. Du kannst aber bis zu drei Videos anpinnen, und so erscheint das Video immer ganz oben auf deinem Account. Wenn also ein User auf dein Profil geht, werden angepinnte Videos als erstes angezeigt. Die meisten User pinnen jedoch keine Vorstellungsvideos an, sondern eher besonders repräsentative für diesen Account oder bei TikTok auch Clips mit sehr vielen Aufrufen! Anders als bei YouTube kannst du auf diesen Plattformen aber direkt loslegen und musst nicht so viel planen. Instagram und TikTok leben von ihrer Spontanität und Authentizität! Also: Nimm deine Idee und mach ein Video dazu. Da deine Reichweite und die Distribution von Inhalten auf diesen Plattformen eher an die Beliebtheit des jeweiligen Beitrags gekoppelt sind – also deine Follower da nicht wichtige erste Zuschauende für deinen neuen Inhalt sind wie beispielsweise bei YouTube –, geht es viel mehr um konstanten Content! Da muss man einfach raushauen – wenn du coole, neue, spannende Themen hast, werden die schon viral gehen! Und je öfter du viral gehst, desto mehr Menschen klicken auf deine Videos, und es wird wahrscheinlicher, dass du noch viele Aufrufe bekommst. Also: Let's go!

3.2.3 Twitch

Einen Kanaltrailer gibt es bei Twitch nicht im klassischen Sinn. Hier greift eine andere Funktion in Form eines Videofensters, das im Titelbild deines Channels angezeigt wird. In diesem Bereich wird das letzte VOD (Video-on-Demand) angezeigt, also die Aufzeichnung der letzten Übertragung, die auf dem Kanal stattgefunden hat. Besucher können daher an dieser Stelle die letzte Übertragung sofort anschauen. Auch hier gilt: Du musst direkt anfangen, on air zu gehen – dann wird sich nach und nach deine Community bilden!

Infobox VOD

Ein *VOD* (Video-on-Demand) bezeichnet bei Plattformen wie Twitch eine aufgezeichnete und gespeicherte Übertragung, die User zu einem späteren Zeitpunkt ansehen können. Im Gegensatz zu Livestreams, die in Echtzeit stattfinden, ermöglicht ein Video-on-Demand, Inhalte jederzeit nachträglich abzurufen. Auf Twitch können VODs beispielsweise frühere Streams, Highlights oder bestimmte Clips sein, die vom Streamer gespeichert wurden.

3.3 Let the Storytelling begin

Kommen wir nun erst mal zum Inhalt. Welche Stories willst du zukünftig erzählen? Was bedeutet überhaupt Storytelling? Einfach deine Story erzählen? Finde deinen eigenen Stil. Geschichtenerzähler sind alle unterschiedlich, ähnlich wie Schauspieler und Schauspielerinnen. Alle interpretieren eine Geschichte auf eigene Art und Weise. Und diese Art gilt es herauszubilden. Sie steckt in dir drin, du musst sie bloß freilegen. Du musst grundsätzlich für deine eigenen Interessen und deine eigenen Stories zum Geschichtenerzähler oder zur Geschichtenerzählerin werden! Geschichten erzählen, die uns bewegen. Geschichten, die Emotionen bei uns hervorrufen. So wie wir früher den Geschichten unseres Opas im Ohrensessel lauschten. Heute gibt es diese Version vom Opa kaum noch, denn wir wohnen alle weit verstreut wegen des Jobs oder der Liebe, aber dafür gibt es die sozialen Medien. Dort werden uns heutzutage die Geschichten erzählt – und bald auch von dir. Alles kann interessant sein, also lass deiner Fantasie freien Lauf! Was kannst du alles auf deinem Weg durch Italien im Detail drehen? Du fragst dich, warum das cool und wichtig ist? Das beeinflusst, wie du dich in deinen Videos und Streams gibst. Weil jedes fertige Video im Grunde aus vielen verschiedenen schönen Bildern mit interessanten Infos besteht. Diese werden dann in einer knackigen Struktur miteinander verknüpft und ergeben deinen eigenen interessanten Clip. Das kann man als allgemeine Regel so stehen lassen. Und du willst ja Fans gewinnen und willst auch, dass sie bleiben, oder?

Also versuche, dich noch tiefer darin hineinzuversetzen, was du deinem Publikum in Zukunft mitgeben möchtest. Halte dich dabei an die sechs Regeln des Storytellings, dann kannst du eigentlich nur gewinnen.

Storytelling-Regeln

1. Erzähle detaillierte Geschichten
2. mit einem großen Unterhaltungswert,
3. die Aufmerksamkeit erregen und Emotionen freisetzen und
4. die bewirken, dass Menschen zu Fans werden.
5. Deine Geschichten sollten schnell im Gedächtnis bleiben
6. und somit sehr einfach weitererzählt oder geteilt werden können.

Deine Geschichten, und damit meine ich deine Inhalte, sollten informieren und dabei unterhaltsam und leicht verständlich sein. On top noch eine packende Handlung, die schnell erzählt ist und Gefühle auslöst, dann kriegst du sie alle!

So, jetzt stell dir einmal vor, du drehst im Urlaub ganz viele Clips. Am Ende gefällt dir das geschnittene Video aber nicht, weil die Bilder zwar schön sind, aber irgendwie alles doch ein wenig langweilig ist. Auch Musik macht es nicht viel besser. Wenn dir für die Dramaturgie etwas fehlt, beispielsweise ein Spannungsbogen im gesamten Video, kannst du es nicht mal eben nachdrehen, wenn du wieder zu Hause bist. Am besten stellst du dir also deine Filme vor dem Drehen schon mal bis ins Detail gedanklich vor. Überleg auch selbst, was dich reizt, manche Videos bis ganz zum Ende anzuschauen. Bei TikTok oder Instagram ist es oft so, dass Creators am Anfang des Videos einen »Neugierigmacher«, einen sogenannten Türöffner, einbauen. Bei TikTok gibt es nämlich auf der ForYou-Page oder im Reel-Feed kein Thumbnail wie bei YouTube, mit dessen Hilfe man durch ein aufregendes Design und einen spannenden Titel Klicks auf sich ziehen kann. Bei dieser Plattform geht es um die ersten Sekunden – in denen ein User entscheidet, ob er dein TikTok anschauen will oder lieber weiterscrollt. Ein ausgedachtes Beispiel: ein Video, in dem ein Creator einen Cent hat und ihn so lange tauscht, bis er etwas Wertvolles erhält. Er tauscht das Ein-Cent-Stück gegen einen Gegenstand im Wert von 50 Cent, dann den 50-Cent-Gegenstand gegen etwas im Wert von zwei Euro und so weiter. Ein dramaturgisch kluger Einstieg wäre: »Ich habe dieses Ein-Cent-Stück gegen ein Auto hochgetauscht?!« – Das wäre so ein »Neugierigmacher«, man will ja wissen, wie das funktioniert hat und was für ein Auto das ist – auch wenn das Auto dann nur ein Bobbycar ist.

3.4 Welche Story will ich erzählen?

Am besten stellst du dir also deinen Content vor dem Drehen erst mal detailreich gedanklich vor und fängst mit der Storyline an. Das Folgende bezieht sich zwar mehr auf Inhalte für YouTube, Instagram und TikTok, weil bei Twitch der Content viel spontaner entsteht, aber jedes Video von dir sollte immer eine übergreifende Storyline haben, auch wenn du zu Hause filmst. Vergiss nicht, dass sich eigentlich überall Geschichten finden lassen, es bleibt nur die Frage, wie lang oder wie kurz man sie erzählt, je nachdem, wie viel man erzählen möchte. Und wie bei jeder Geschichte sollte es einen spannenden Anfang geben, einen unterhaltsamen Mittelteil und ein bombastisches Ende.

Ganz am Anfang ist ein Türöffner cool. Das bedeutet, dass man mit einem Move oder einer Animation oder einem Witz aufmacht, also anfängt. Dies kann alles Mögliche sein, es muss nur einen Wiedererkennungswert besitzen. Im Grunde musst du also wissen, welche Elemente in deinem Video immer vorkommen müssen. Natürlich ist die Begrüßung zu Anfang sehr wichtig. PewDiePie beispielsweise sagte jahrelang zu Beginn immer seinen Namen in übertrieben niedlicher Form. Solche Wiedererkennungsmerkmale solltest du in deine Videos einbauen.

Es gibt auf TikTok beispielsweise eine Creatorin namens Katharina Handmade, eine Miniaturkünstlerin. Sie macht Videos, in denen sie beispielsweise klitzekleine Bäckereien bastelt. Sie begrüßt ihre Zuschauenden in jedem Video mit: »Hi, ich heiße Katharina und ich bin Miniaturkünstlerin, und heute mach ich …« Ein simples Beispiel, ja, aber es ist effektiv. Wir wissen direkt, wer sie ist, was sie macht, und wir erkennen sie so auch wieder – alles richtig gemacht! Ein solches Wiedererkennungsmerkmal kannst du am Anfang bei der Begrüßung einbauen oder auch einen Rausschmeißer am Ende bei der Verabschiedung. Eine Verabschiedung muss auf jeden Fall sein, am besten mit dem Aufruf zu abonnieren oder zu kommentieren. Es sollte immer einen *Call-to-Action* geben, denn so bekommt dein Account mehr Aufmerksamkeit. Bei einer TV-Serie ist die grundsätzliche Abfolge immer gleich. Es beginnt mit einem animierten Clip, der mit der Serienmusik unterlegt ist, und zum Schluss während des Abspanns ertönt ebenfalls Musik. Denk mal daran, wie sehr du selbst dich freust, sobald du die Musik hörst, weil die neue Folge deiner Lieblingsserie endlich da ist. So müssen deine Zuschauer auch denken!

Vorhin schon unter dem Begriff *Neugierigmacher* erklärt, nennen viele Creators in ihren YouTube-Clips, TikToks oder auch Instavideos am Anfang eine These oder eine Schlagzeile. Dann weiß man direkt, worum es geht, und die Spannung ist da, denn diese These gilt es in dem Video zu bestätigen. In Abbildung 3.9 siehst du einen YouTube-Kanaltrailer von »Das schaffst du nie!«, der von FUNK produziert wird. Sofort ist klar, dass es sich um eine Challenge ähnlich einer Mutprobe handelt, die nicht gut endet bzw. mit vielen Qualen verbunden ist, um Schadenfreude auszulösen, damit du amüsiert am Ball bleibst. Die schnellen Schnitte ermöglichen einen Ausblick auf die krassen Videos, und man hat sofort Lust, mehr zu sehen. Das ist doch ein guter Start, um selbst Abonnent zu werden!

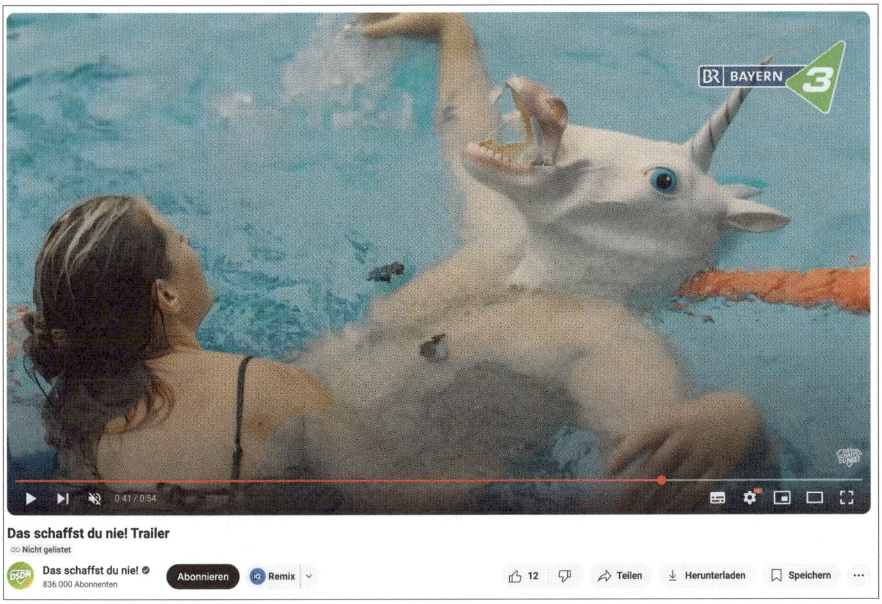

Abbildung 3.9 »Das schaffst du nie!«-Kanaltrailer (*https://www.youtube.com/watch?v=v0eG_JSNs3Y*)

Um Storytelling in visueller Form zu betreiben, brauchst du ein Storyboard. Wörtlich übersetzt bedeutet es »Geschichtentafel«. Im Grunde ist das gar nicht so verkehrt. Es ist quasi eine Tafel, auf der du die einzelnen Etappen deiner Geschichte aufzeichnest. Und ebenso ist ein Storyboard eine Kreativtechnik, die dir hilft, deinen Clip »bildlich« vorauszuplanen. Jeder Film, der gut ist, hat ein Storyboard. Warum dein Content nicht auch? In der Filmwelt wird das Storyboard verwendet, um die einzelnen Drehszenen mit Skizzen zu visualisieren und bereits festgelegte Dinge wie etwa Perspektive, Blickwinkel und Einstellungsgröße zu beachten und zu durchdenken. Ein Storyboard bedeutet, dass du jede Szene, jedes einzelne Bild aufzeichnest, damit du die gesamte Produktion auf einen Blick erfassen kannst und nichts vergisst. Abbildung 3.10 zeigt ein Beispiel, das ich im Internet gefunden habe. Diese Technik kommt zwar aus der Film- und Fotowelt, aber auch auf YouTube, Instagram und TikTok brauchst du sie – wenn auch im kleinen Format. Da Twitch live ist, klammern wir das erst mal aus. Klar, dort brauchst du auch einen groben Plan, aber der Content passiert, sobald die Kamera an ist.

Einige Content-Creators drehen trotzdem einfach drauflos. Gerade bei TikToks, Instagram-Stories und auch bei YouTube unter den »Let's Plays« ist das sehr verbreitet. Die meisten überlegen sich jedoch in der Regel sehr genau, wie der Inhalt aussehen soll. Vergiss nicht, die Videos müssen spannend, unterhaltsam und kurzweilig sein. Dies gilt für den Inhalt, die Bilder und für die Struktur der Clips.

Hinzu kommt auch noch deine Moderation – und nicht zu vergessen Schlagzeile, These und das Ende. All das will bedacht und eingebaut werden. Theoretisch muss jedes einzelne Video auf deinem Account diesen Anforderungen genügen. Somit ergibt es Sinn, wenn du dir das von Anfang an vornimmst und dann deinen eigenen Stil daraus weiterentwickelst.

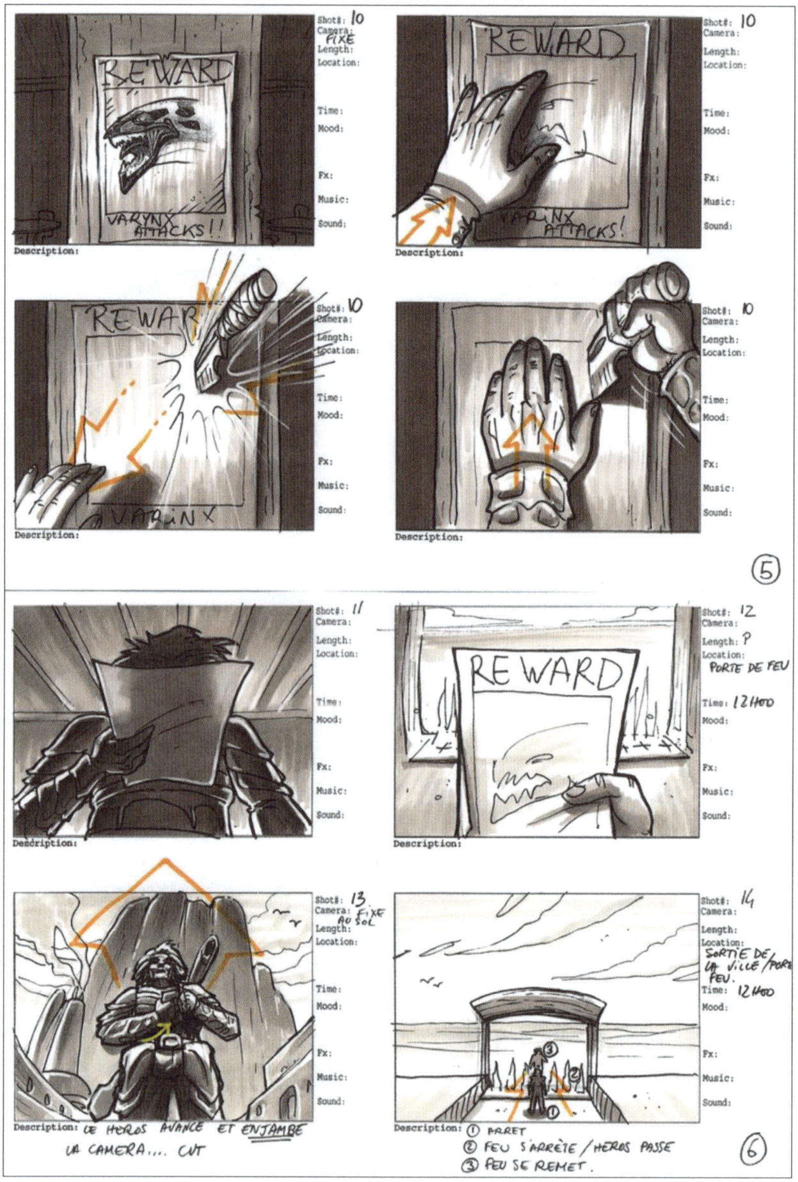

Abbildung 3.10 Storyboard-Beispiel auf Wikipedia (*https://de.m.wikipedia.org/wiki/Storyboard#/media/Datei%3AStoryboard_for_The_Radio_Adventures_of_Dr._Floyd.jpg*)

Also: Im Grunde malst du Beispielbilder auf und schreibst Dialoge/Monologe bzw. Moderationen, Anweisungen und Emotionen dazu – alles, was dir zu den Bildern einfällt. Die eigentliche Lektion ist jedoch, dass du selbst dein Video planen, inszenieren und spannend machen musst, damit es Erfolg hat!

Da ich selbst nicht gut zeichnen kann, ist ein Storyboard für mich keine gute Idee, aber auch ein Drehbuch kann helfen. Darin kann man alle Moderationen niederschreiben und Regieanweisungen sowie Anmerkungen zu den Bildern oder für die Requisite hinterlegen. Dein erstes Drehbuch sollte damit eigentlich schon stehen, wenn du beides kombiniert in einem Dokument festhältst – jeder macht das, wie es ihm am leichtesten von der Hand geht. Eine kleine Hilfestellung: Du kannst alles ganz penibel als Sprachaufnahme festhalten oder auch komplett niederschreiben. In dem Fall hast du deine Storyline quasi schon fast als klassisches Drehbuch festgehalten (Abbildung 3.10).

Du kannst, wie bereits gesagt, alle Szenen als Comic zeichnen, wie in Abbildung 3.10 zu sehen, und somit ein Storyboard zur Planung nutzen. Oder du zeichnest alles vorab als Video auf – einfach drauflos – und schaust hinterher, welche Parts du besonders gut gemacht hast und in welcher Reihenfolge du diese anordnen möchtest. Ein professionelles Drehbuch sieht natürlich etwas anders aus (Abbildung 3.11).

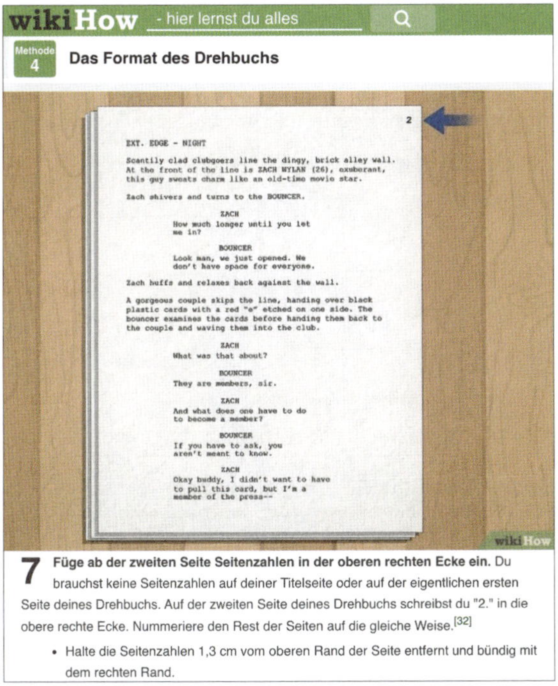

Abbildung 3.11 Drehbuch für einen Film (*https://de.wikihow.com/Ein-Drehbuch-schreiben*)

Abbildung 3.12 präsentiert ein Beispiel aus dem Netz aus Claus Wolfgramms Blog. Es ist eine Drehbuchvorlage für ein Video-Tutorial, in der alle Szenen schon mal geplant sind. Falls man noch Animationen oder weiteres digitales Material einplant, sind diese in der Spalte *Datei* vermerkt. Die Angabe zum jeweiligen Format darf natürlich auch nicht fehlen. Was genau in diesen Szenen passiert, wird in der Spalte *Aktion* beschrieben, und die Länge wird in der Spalte *Zeit* festgehalten. Alle zusätzlichen nützlichen Infos mit Relevanz können in einer Spalte *Bemerkung* hinterlegt werden.

Vorlage und Muster für ein Video Tutorial Drehbuch – Claus Wolfgramm

Szene/Kapitel	Datei	Aktion	Zeit	Format	Bemerkung
Name der Szene oder des Kapitels eingeben	*Dateinamen eingeben*	*Einblenden, Ausblenden …*	*Dauer oder von…bis eingeben*		*sinnvolle Bemerkung eingeben*
Video Titel beginnen	Titel-1.png Hintergrund-Sound.mp3	Einblendung	20 Sek.	Grafik Audio	Titel Grafik und Hintergrund-Musik langsam einblenden
Video Titel	ipf-animation.mp4	Einblendung	30 Sek.	Video	Video-Animation der einzelnen Drucker
Video Titel	In diesem Video lernen Sie.png	Einblendung	3 Sek.	Grafik	Grafik
Video Titel	Animation-Titel.mp4	Einblendung	12 Sek.	Video	Video-Animation der einzelnen Themen
Video Titel beenden	Hintergrund-Sound.mp3 Animation-Titel.mp4	Ausblendung Ausblendung	–	Audio Video	Hintergrund-Musik ausblenden Video Animation ausblenden
Pause	–	Audio-Pause	2 Sek.	–	2 Sekunden Pause, Übergang zum ersten Kapitel
Kapitel Tintenpatrone einsetzen	Tintenpatrone Austauschen.png Boing-Kapiteltrenner.wav	Einblendung	3 Sek.	Grafik Audio	Titelgrafik und akustischer Trenner der Kapitel
Kapitel Tintenpatrone einsetzen	T01-Tintenpatrone Auspacken.mov Hintergrund-Sound.mp3	Einblendung und Übergang	24 Sek.	Video Audio	Hintergrund-Musik einblenden
Kapitel Tintenpatrone einsetzen Kapitel beenden	T02-Tintenpatrone Wechseln.mov Hintergrund-Sound.mp3	Einblendung und Ausblendung	28 Sek.	Video Audio	Hintergrund-Musik ausblenden

Abbildung 3.12 Drehbuchvorlage für ein Video-Tutorial (*https://wolfgrammservices.wordpress.com/2016/03/11/vorlage-und-muster-fuer-ein-drehbuch*)

Jetzt hast du dir bereits über den grundsätzlichen Inhalt und die allgemeinen Bilder Gedanken gemacht. Deine Storyline und dein Storyboard stehen fest. Du hast natürlich einen Anfang und ein Ende für deinen Clip. Und so kommt endlich Struktur in die ganze Sache! Man muss sich den Clip ganz simpel vorstellen und mit einzelnen Leckerbissen füllen. Schau selbst, wie einfach es ist. Das wird nämlich dein erster ganz schlichter Drehplan auf Basis deines Drehbuchs, damit du nichts Wichtiges vergisst. Wie erwähnt, so was ist vor allem bei YouTube wichtig, die anderen Plattformen sind da etwas spontaner – aber ein Skript solltest du zumindest schon haben! Bei einem Kanaltrailer auf YouTube ist detailliertes Planen aber essenziell. In Tabelle 3.1 siehst du, was ich meine. Diese Tabelle kannst du beliebig um weitere Positionen erweitern. Nimm dir auch hier ein Beispiel an dem Drehbuch aus Abbildung 3.12, dann fügst du noch Tag, Uhrzeit und Location hinzu, und der Drehplan ist vollständig. Aber fangen wir erst mal klein an, und du machst es so wie in Tabelle 3.2.

Abschnitte des Introvideos	Zeit
1 Intro (Grafik)	3 Sek.
2 Begrüßung (Moderation)	5 Sek.
3 Vorstellung deiner Person (Moderation)	10 Sek.
4 Drei Säulen, die du kurz anreißt (Moderation)	15 Sek.
5 Verabschiedung (Moderation)	5 Sek.
6 Outro (Grafik)	3 Sek.

Tabelle 3.2 Die Stationen des Channel-Trailers

An dieser Stelle erkläre ich dir, wie du ein Video spannend aufbaust. Schon bevor das Video losgeht, wird eine Spannungskurve aufgebaut, weil man die Headline liest und das Vorschaubild (Thumbnail) sieht. Bei Videos, die sofort starten, zählen die ersten Momente als Teaser. Dieser Vorgeschmack lässt den Zuschauenden einen Eindruck gewinnen, damit er entscheiden kann, ob er bleibt oder weiterscrollt. Er tauscht seine Lebenszeit gegen einen schönen Moment, und diese Entscheidung muss reiflich überlegt werden. Denn man entscheidet beim Surfen im Netz pro Tag bis zu 350 Mal, ob man bleibt oder weiterzieht. Sobald man in die zweite Phase eintritt, in die ersten fünf Sekunden des Anschauens, wird klar, ob der Teaser sein Versprechen hält und der Ausblick, der gegeben wurde, auch wirklich Bestandteil des Videos ist. Dann wird in der dritten Phase des Anschauens des Videos genauer geprüft, ob der Inhalt gefällt, die Ansprache ansprechend ist, inhaltliche Pausen ausbleiben, bei dem der User abschalten könnte, und ob es auch nirgendwo langweilig wird. All das könnten Ausstiegspunkte sein. Das gilt übrigens bei zehnsekündigen TikToks genauso wie bei zweiminütigen Reels oder YouTube-Videos. Der Einstieg ist das Wichtigste, dann die Verweildauer. Das ergibt in Summe die Zuschauerbindung. Wer das Video fast oder vollständig bis zum Ende schaut, erfüllt die beste Zuschauerbindung, und das macht dann dem Algorithmus Spaß. So verbreitet sich ein Video schneller, und das ist ein direktes Signal an den Plattformbetreiber, dass dieses Video bis zum Schluss spannend gemacht ist (Abbildung 3.13).

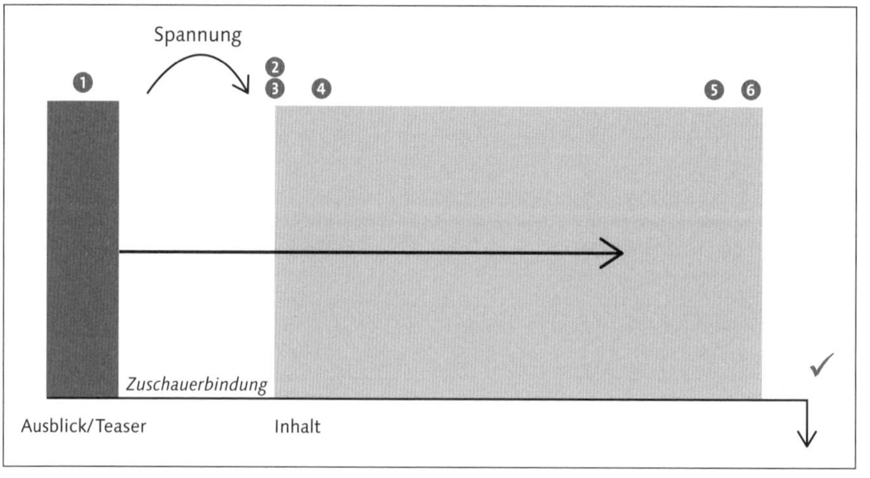

Abbildung 3.13 Aufbau einer idealen Zuschauerbindung

Um das ein wenig greifbarer zu machen, zeige ich dir diesen Spannungsaufbau exemplarisch anhand deines YouTube-Kanaltrailers. Er ist quasi wie ein Schokoriegel: Es fängt mit einem knisternden Öffnen der Verpackung an – das ist dein Türöffner, der sich in allen Videos stets wiederholt. Der kann pro Rubrik sogar unterschiedlich sein, damit man diese immer direkt wiedererkennt – dein spezielles Intro ❶. Schnitt. Dann folgt der erste Bissen, der besonders lecker sein muss: also kurz und knackig Hallo sagen und deine Person vorstellen ❷ + ❸. Dabei kannst du gern einen Witz einbauen oder was sonst zu dir passt. Dann zählst du deine Unterthemen schnell auf – beispielsweise geht es beim Italien-Channel um Reisetipps, Kochrezepte und um Land und Leute ❹. Erklär hier auch kurz noch, warum überhaupt Italien dein Thema ist. Jetzt weiß der Zuschauer grob Bescheid und ist gespannt auf mehr. Schnitt. Schließlich folgt die Verabschiedung ❺. Baue hier in jedem Fall eine Aktivierung der Fans ein. Das heißt, dass du die Menschen dazu aufforderst, deinen Channel zu abonnieren, zu kommentieren oder ihm einen »Daumen hoch« zu geben. Außerdem kannst du auch auf weitere Videos im Channel aufmerksam machen oder sagen, was die Zuschauer in der nächsten Folge erwartet. Denk an deine Lieblingsserie und halte Spannung und Geschwindigkeit stets hoch. Schnitt. Das Outro ❻ kann beispielsweise nur die Verabschiedung oder ein Gag oder auch ein kurzer musikalischer und/oder animierter Rausschmeißer sein. Auch hier wäre eine Wiedererkennbarkeit nicht schlecht. Schnitt. Und ein Happs – 30 bis 40 Sekunden später sollte maximal Schluss mit dem Vergnügen sein, genau wie beim

Schokoriegelnaschen. Dann ist dein Channel-Introvideo perfekt. Nun hast du ein starkes Startvideo, das dich perfekt repräsentiert!

Du kannst dir ganz grob ein Beispiel an dem Video in Abbildung 3.14 nehmen. Das ist das Channel-Intro von THORA & REXHA. Die beiden Yogalehrerinnen erzählen über sich selbst, was sie motiviert, was man bei ihnen zu sehen bekommt und wer Teil des Teams ist. Eigentlich alles drin, was man in den ersten Sekunden wissen muss, nur dass es hier 55 Sekunden dauert. Seien wir mal ehrlich, meistens haben ein solches Introvideo natürlich die YouTuber und YouTuberinnen, die nicht sehr bekannt sind, damit mögliche Fans direkt verstehen, worum es dort geht.

Abbildung 3.14 Kanaltrailer von »THORA & REXHA« (*www.youtube.com/watch?v=AE2ja3wxJRE*)

Wenn du nun alle kleinen Krümel des Schokoriegels betrachtest, wird dir klar, dass die YouTuber ihre Videos nicht »einfach so« täglich drehen. Schau dir ruhig noch ein paar mehr Videos an. Und setze dabei deine neue Strukturbrille auf und überprüfe die Videos auf ihre Dramaturgie. Die meisten folgen einer klaren Struktur. Ist auch logisch, denn so kann eine Botschaft am besten rübergebracht werden. Wenn du dann das Storyboard und dein Storytelling pro Videosäule aufbaust, kann auch die Struktur immer gleich sein, weil es ja immer um das gleiche Oberthema geht. Mach dich mit deinem Videoaufbau einzigartig, denn so bekommst du viele Fans! Mit einem besonders witzigen, überraschenden Plot erringst du die Meisterklasse. Verwende wiederkehrende Elemente oder Running Gags als perfektes Hilfsmittel zur Fanbindung. Halt dich an diese ganzen Tipps von mir, und du wirst Erfolg haben – ich mach dich reich, Baby!

Behalte den Überblick!

1. Brainstorming und potenzielle Materialsammlung.
2. Einfache Storyline und Storyboards des Channel-Introvideos und jeder Säule bzw. Videoreihe definieren.
3. Drehpläne erstellen.

Bei den anderen Plattformen ist dieser Spannungsaufbau natürlich ebenso von Bedeutung. Langweilige Clips will niemand sehen! Bei Instagram und TikTok ist es auch sehr wichtig, Untertitel und Schriften einzubauen (Abbildung 3.15, Abbildung 3.16). Das hilft zum einen, wie bereits erwähnt, zur Kategorisierung bei den Thumbnails – damit man weiß, was im Video zu sehen ist. Aber nicht nur das: Untertitel einzubauen, ist wichtig, weil viele User Videos ohne Ton ansehen, insbesondere in öffentlichen oder lauten Umgebungen. Untertitel sorgen dafür, dass die Inhalte trotzdem verständlich sind und die Botschaft des Videos klar vermittelt wird. Außerdem steigern sie die Zugänglichkeit für Menschen mit einer Beeinträchtigung des Hörvermögens und verbessern das Nutzererlebnis insgesamt. Dadurch erhöhen Untertitel die Wahrscheinlichkeit, dass das Video vollständig angesehen und gegebenenfalls geteilt wird.

Abbildung 3.15 Instagram Reel mit Texteinblendung von megconnolly (*https://www.instagram.com/reel/DCz--sWOXgM*)

Abbildung 3.16 Rezeptvideo bei TikTok mit Schrift-Overlay von hassan_der_foodie (*https://vm.tiktok.com/ZGdj7JeXY*)

3.5 Weitere angesagte Videoarten

In den sozialen Medien haben sich mittlerweile ganz prägnante Arten weiterer Videostories entwickelt. Alle können mitmachen – wie damals bei der Ice-Bucket-Challenge oder heute bei den Tanz-Challenges auf TikTok.

Warnung!

Es gibt auf TikTok gefährliche Challenges, die viele (vor allem junge) Zuschauer und Zuschauerinnen blind befolgen. Achtet immer auf euch und nehmt nicht an Challenges teil, bei denen ihr ein komisches Bauchgefühl habt, und auch nicht, um euren Mut zu beweisen.

Es gibt Videotrends, die mittlerweile schon zu Evergreens geworden sind. Das bedeutet, dass sie eigentlich immer »in« sind und somit auch von dir gedreht werden könnten. Bei vielen Accounts zu sehen sind Pranks, also Streiche, die besonders beliebt sind. Auch zur Vernetzung können diese nützlich sein, denn schließlich braucht man dafür ja einen Gegenpart, den man auf den Arm nehmen kann. In

Abbildung 3.17 siehst du, wie Nicolas Stemmler und Chefstrobel Trymacs pranken, indem sie das Auto von Trymacs voller Chipstüten packen!

Abbildung 3.17 Prank an Trymacs von seinem Bruder Nicolas Stemmler und Chefstrobel (*https://www.youtube.com/watch?v=kyHU_EA8quc*)

Bei allen Fashion- und Beauty-Begeisterten kommt das Format *Shopping Haul* sehr gut an. Dabei zeigt man dem Publikum, was man alles eingekauft hat, und erklärt die Produkte dazu. Also ein Style-Überraschungsei mit Review in einem Video. Sonny Loops hat einen klassischen Haul hochgeladen, der mindestens zehn Minuten lang ist (Abbildung 3.18).

Abbildung 3.18 Shopping Haul von »Sonny Loops« (*https://www.youtube.com/watch?v=KH8LXn_sbC0*)

Eine beliebte Rubrik ist das sogenannte Get-Ready-With-Me, kurz *GRWM* (Abbildung 3.19). Auf Deutsch heißt das so was wie »Bereite dich mit mir vor«. Video-Creators zeigen, wie sie sich schick machen, also wie sie sich anziehen und vor allem wie sie sich schminken! Betonung beim Ganzen liegt auf »with me«, es geht darum, wirklich dabei zu sein und eine enge Verbindung mit den Zuschauenden herzustellen. Es soll wirken wie eine Art Videocall mit Freunden, während man sich so nebenbei stylt. Manchmal gehen Creators dann noch zusätzlich auf Fragen ein oder erzählen eine spannende Geschichte oder erklären, für welchen Anlass sie sich fertig machen und welche Produkte sie für ihr Styling verwenden.

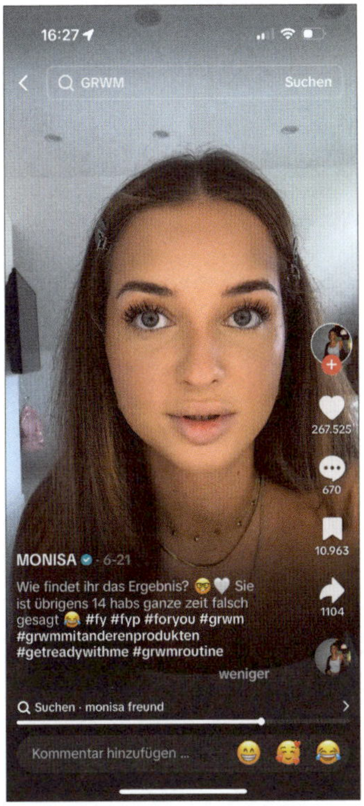

Abbildung 3.19 Get Ready With Me von MONISA (*https://vm.tiktok.com/ZGdjcxU6K*)

Wer kennt sie nicht, die Tutorials? Vom Gitarrespielenlernen über Beauty und Kochen bis hin zum Basteln gibt es natürlich ganz verschiedene, und dies sind auch ewige Dauerbrenner. Eigentlich sehr positiv, das zeigt, dass sich die Menschen mithilfe sozialer Medien gern weiterentwickeln – hier als Beispiel mal ein Gitarren-Tutorial. Im YouTube-Channel »Fingerfux« lernst du spielend leicht alles, was man rund um das Instrument Gitarre wissen muss (Abbildung 3.20).

Ähnlich sieht es beim Bastel-Tutorial aus, etwa bei Kerstin Mariten (Abbildung 3.21). Meist hat sie eine Idee im Kopf und erklärt dann alle Schritte anhand von kurzen Clips, die sie vorher beim Basteln gedreht hat. Manchmal sieht man zu Beginn direkt das Endresultat – so weiß man genau, was einen gleich für ein schöne Bastelanleitung erwartet.

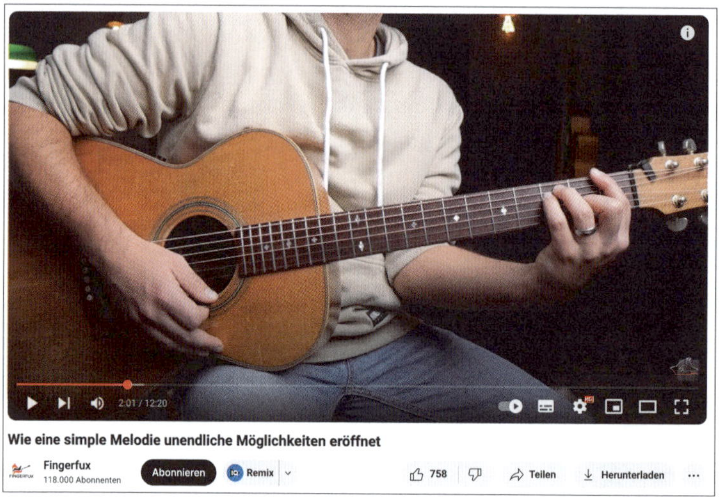

Abbildung 3.20 Andreas Januschke aka Fingerfux zeigt in seinen Tutorials, wie man lernt, Gitarre zu spielen (*https://www.youtube.com/watch?v=xyHyDQuvFJY*).

Abbildung 3.21 Kerstin Mariten befasst sich mit dem Hobby Basteln (*https://www.youtube.com/watch?v=JHIY8QWx78c*).

Ganz groß rausgekommen ist Sascha Huber mit seinen Fitness-Challenges, bei denen er sich extremen körperlichen oder mentalen Aufgaben stellt, oft inspiriert von seinen Fans oder aktuellen Trends (Abbildung 3.22). Besonders beliebt sind Titel wie »Die meisten Liegestütze in 30 Sekunden (Weltrekord)« oder »Das härteste SIXPACK WORKOUT«. Mittlerweile haben viele Fitness-YouTuber dieses Konzept übernommen, und Sascha hat auf seinem Kanal sogar eine ganze Playlist mit solchen körperlichen Herausforderungen erstellt, die seine Community begeistert verfolgen kann.

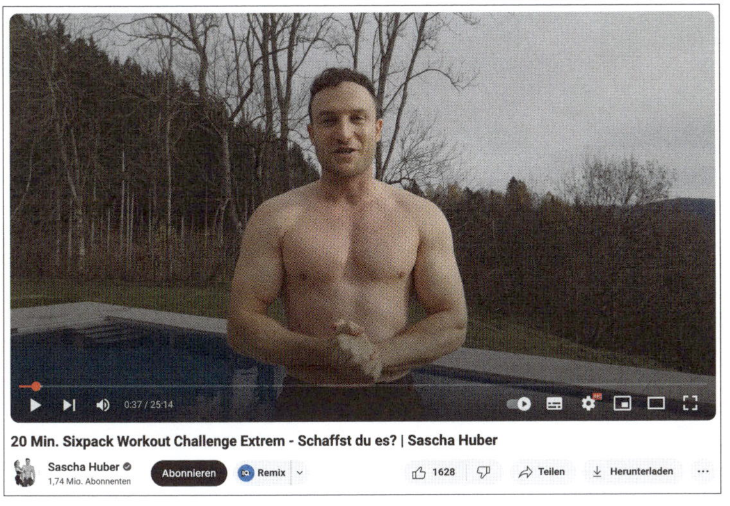

Abbildung 3.22 »FITNESS CHALLENGES« von Sascha Huber (*https://www.youtube.com/playlist?list=PLKOPQ9xtFeT5xnYtkbm8VzLLYzLeFZTP5*)

DIYs – DIY ist die englische Abkürzung für »Do It Yourself«, zu Deutsch »Mach es selbst« – sind auch schon immer auf YouTube vertreten. Jeder will sein Umfeld, seine Wohnung, sein Büro, sein Leben verbessern oder es einfach nur schöner gestalten. Und dafür gibt es genug Videos auf YouTube! Eva und Felix haben einen ganzen Kanal nur für »DIY Inspiration«, den sie mit viel Fantasie rund um dieses Thema befüllen (Abbildung 3.23).

Herr Anwalt ist der Meister der Aufklärung in Rechtsfragen. In seinen Videos nimmt er aktuelle rechtliche Themen oder populäre Missverständnisse humorvoll und verständlich auseinander (Abbildung 3.24). Gern beginnt er mit einer spannenden oder oft übertriebenen Frage wie »Darf die Polizei das wirklich?« und löst das Ganze dann Schritt für Schritt fachkundig auf. Dabei bringt er nicht nur rechtliche Klarheit, sondern lässt auch einen charmanten Hauch von Ironie einfließen. Er weiß genau, dass seine Videos Diskussionen und Aha-Momente in den Kommentaren anstoßen – und er liebt es, auf Augenhöhe mit seiner Community zu interagieren. Cool, clever und auf den Punkt.

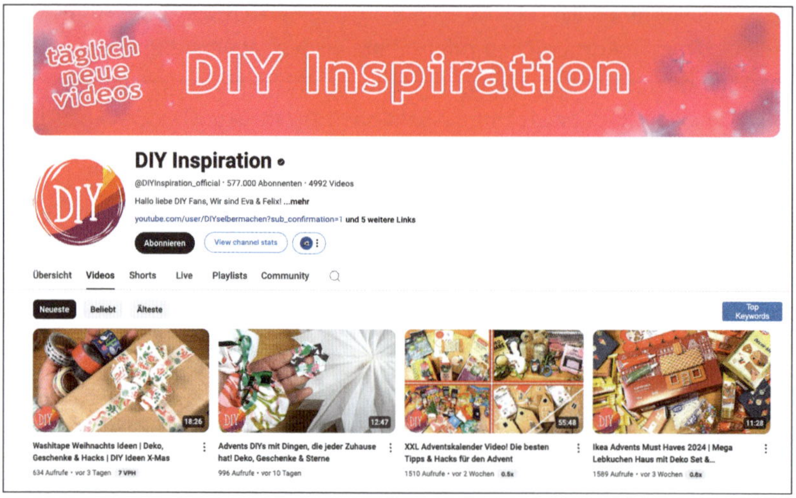

Abbildung 3.23 »DYI Inspiration« von Eva und Felix (*https://www.youtube.com/@DIYInspiration_official*)

Abbildung 3.24 Herr Anwalt gibt auf TikTok regelmäßig Rechtstipps (*https://vm.tiktok.com/ZGdj3XbwQ*).

Und Unboxing darf nicht unerwähnt bleiben! Der Inhalt eines solchen Videos besteht aus dem Auspacken eines Gegenstands – quasi aus der Box. Dies funktioniert am besten mit außergewöhnlichen Inhalten, aber grundsätzlich geht es dabei auch um die Freude, die man teilt, wenn man ein Päckchen bekommt und es endlich öffnen darf. Klassisches Unboxing funktioniert aber meistens mit einem besonderen Teil – einer Konsole, einem neuen Handy oder bestimmten Schuhen, die endlich mit der Post angekommen sind und dann langsam ausgepackt werden.

Ach, TikTok und seine Universen! Bei TikTok gibt es ganz viele verschiedene Themenbereiche – beispielsweise BookTok, ein Phänomen für sich, bei dem viele verschiedene Creators Bücher bewerten und teilen. So entstehen echte Trends in den Verlagshäusern. Bei @readwithbeggy so, dass sie im Format »Ja/Nein/Vielleicht« Bücherempfehlungen gibt. In vielen Büchereien gibt es sogar BookTok-Stände, in denen die viralsten Romane ausliegen.

Auch CleanTok gibt es, hier werden Putzvideos und Tipps geteilt! Bei TikTok gibt es wirklich alles – also finde deine Nische, du wirst dich bestimmt wohlfühlen.

Twitch ist natürlich zuallererst für die Let's Plays bekannt! Streamer wie LuciNana spielen Videospiele und kommentieren dabei live ihr Gameplay (Abbildung 3.25). Hierbei geht es oft um Unterhaltung, Humor und das Teilen der Spielerfahrung mit der Community. Speedrunning ist dabei eine Unterkategorie, in der Streamer und Streamerinnen versuchen, ein Spiel so schnell es geht durchzuspielen. Wie LuciNana ihre Nische auf Twitch gefunden hat und was sie vor allem jungen Content-Creators rät, das erfährst du in Kapitel 14 in einem Interview mit der Streamerin. Die Games beziehen sich übrigens nicht nur auf Computerspiele, es gibt auch Brettspielstreams.

Abbildung 3.25 Twitch-Stream von LuciNana (*https://www.twitch.tv/lucinana*)

Ein weiteres Format bei Twitch sind IRL-Streams (In-Real-Life-Streams). Sie sollen das echte Leben der Streamenden zeigen. Bekannt dafür ist Speed, er läuft zum Beispiel umher, geht was essen und streamt von unterwegs! Das kann grundsätzlich von Alltagserlebnissen bis hin zu besonderen Aktivitäten reichen, etwa Reisen, Events oder einfach nur das Plaudern mit der Community. Wie bei Just-Chatting-Streams – hier geht es um Interaktionen mit der Community ohne spezifisches Gameplay oder eine Aktivität im Hintergrund. Oft sind Just-Chatting-Streams sehr beliebt, weil das Publikum direkt mit den Streamern kommunizieren und Fragen stellen kann. Genauso gibt es Cooking-Streams, Art-&-Creative Streams, Music-Streams (live gespielte Musik, DJ-Sessions, Gesangsauftritte oder sogar die Produktion von Musik), Fitness- und Workout-Streams oder auch ASMR-Streams, bei denen beruhigende Geräusche, sanftes Flüstern oder bestimmte Trigger-Sounds ein entspannendes Erlebnis schaffen sollen. Wichtig sind auch Reaction-Streams – da reagieren Creators live auf andere Inhalte, z. B. auf YouTube-Videos, Memes, Trailer oder virale Clips (Abbildung 3.26). Die Reaktionen sind oft humorvoll und unterhaltsam, und die Zuschauenden können Vorschläge dazu machen, worauf der Streamer als Nächstes reagieren soll. Darüber hinaus gibt es Educational Streams, die sich auf das Erlernen bestimmter Fähigkeiten oder Themen wie Programmieren, Sprachunterricht, Wissenschaft oder Mathematik konzentrieren.

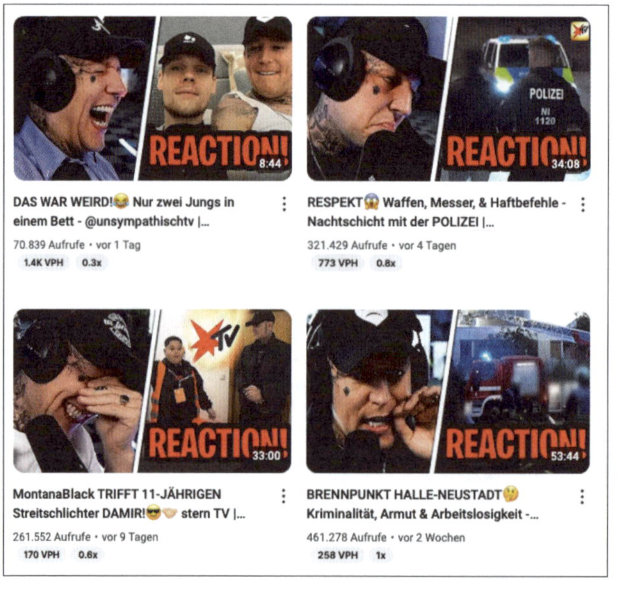

Abbildung 3.26 MontanaBlack präsentiert auf seinem YouTube Kanal »Die Crew« regelmäßig Reaction-Stream-Aufzeichnungen von Twitch (*https://www.youtube.com/@DieCrew*).

Das sind also die Videoarten, auch Formate genannt, die aktuell und schon fast immer auf den verschiedenen Plattformen zu finden sind und wahrscheinlich für immer und ewig sein werden. Jetzt bist du dran! Such dir was aus! Erzähl deine eigene Story!

Kapitel 4

Meine ersten eigenen Video-Accounts!

Die Basis deines Surfens im Social-Media-Kosmos ist natürlich dein eigener Video-Account – er ist sozusagen deine Bühne. Baust du dir diesen optimal auf, sind deine Videos gut sortiert auffindbar, und du kannst dein Talent bewusst nach außen präsentieren!

In diesem Kapitel geht es um den Aufbau deines eigenen Accounts auf YouTube, Twitch, Instagram oder auch TikTok. Er ist das Zuhause deiner Videos! Richte dein Zuhause erst mal ein und mach es schön. Dann kannst du Besuch empfangen, sobald du Videos zum Präsentieren hast. Und das ist auch gut so, denn Videos werden heutzutage immer wichtiger. Sie übertragen mehr Emotionen als Texte oder Fotos. Sie sind schneller wahrnehmbar und hinterlassen einen ganzheitlichen Eindruck. Und sie können auf allen Geräten angeschaut werden. Wie oft stehst du an der Bahn und willst auf dem Handy noch kurz was checken? Wie oft sitzt du mit Freunden zusammen, und plötzlich geht ein lustiger Clip durch die Runde? Ich schätze oft. Mittlerweile ist dies überall möglich. Fast jede Website und die meisten Social-Media-Kanäle arbeiten mit Videos. In der digitalen Welt ist Video das Kommunikationsmittel schlechthin geworden. Es wird Zeit, dass auch deine Videos jederzeit und international erreichbar sind.

Wenn dein Account aufgebaut ist, können deine Videos und Streams unterwegs, zu Hause oder im Urlaub angeschaut werden – genau wie der YouTube-Channel von Fritz Meinecke beispielsweise (Abbildung 4.1). Dort verweist er auch auf seine anderen Kanäle wie Twitch und Instagram. Und jetzt überleg mal, dass das sogar auf ganz unterschiedlichen Geräten passiert. Das Teilen von Videos über das Handy ist mittlerweile längst normal geworden. Deine Freundin schaut gern YouTube am Rechner in der Mittagspause bei der Arbeit. Du surfst am liebsten gemütlich zu Hause am Handy und schaust bei Instagram und TikTok vorbei. Wieder andere gucken gern Twitch-Livestreams auf ihrem Tablet oder Smart-TV. Damit habe ich schon allein vier Geräte aufgezählt, auf denen deine Videos angeschaut werden könnten. Jetzt musst du nur noch deinen Account schön einrichten, ein paar Informationen über dich reinsetzen und fertig. Mach dir schon mal ein paar Gedanken, wie du dich gern vorstellen möchtest, den Rest zeige ich dir in diesem Kapitel.

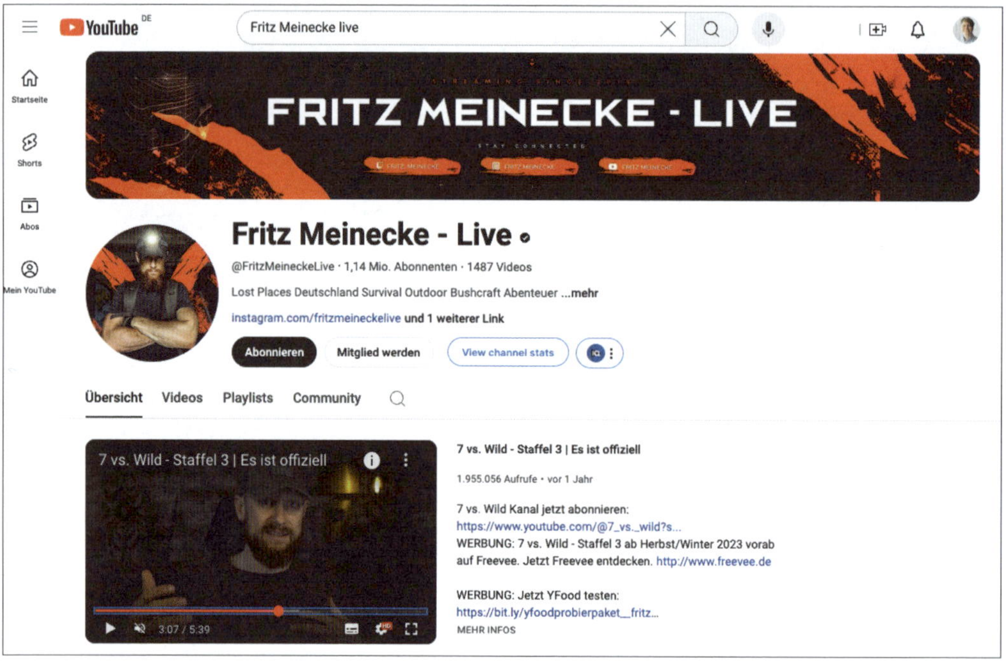

Abbildung 4.1 Einer der YouTube-Channels von Fritz Meinecke (*https://www.youtube.com/@FritzMeineckeLive*)

4.1 Channels richtig anlegen

Beachte die Reihenfolge der nachfolgenden Tipps zum Anlegen deiner Kanäle. Damit der Channel-Aufbau gelingt, ist es wichtig, vorab zu definieren, was das Ziel und der Name deines jeweiligen Kanals sein wird, da eine Anpassung im Nachhinein nicht immer so leicht möglich ist.

4.1.1 YouTube

Lege deinen nagelneuen Kanal auf YouTube an – kostenlos. Jeder oder jede Internetnutzende kann beliebig viele YouTube-Channels anlegen. Im Folgenden zeige ich dir, wie du dabei vorgehst.

Zuerst: dein Google-Account

Der Schlüssel zu deinem ersten YouTube-Kanal ist ein Google-Account. Der ist notwendig, da bei YouTube alles über den Mutterkonzern Google läuft. Damit du auf die Produkte, die Google anbietet (wie zum Beispiel auch YouTube), zugreifen kannst, benötigst du zunächst dein eigenes, persönliches Google-Benutzerkonto.

Falls du nicht eh schon einen Google-Account besitzt, kannst du dir unter *https://accounts.google.com/SignUp* einfach ein neues Personenprofil zulegen. Damit bist du in der Lage, Google-Dienstleistungen wie Gmail, den Google Kalender oder eben auch YouTube zu nutzen. Mit deinem Google-Profil wirst du jetzt zum Inhaber oder zur Inhaberin deines YouTube-Channels und kannst weitere Personen, die ein Google-Profil besitzen, zu Admins in deinem Kanal machen.

Dein YouTube-Kanal – so klappt's

Logge dich zuerst mit deinem Google-Account ein. Rufe dann *www.YouTube.com* auf, um einen neuen Channel anzulegen. Hast du noch keinen Kanal, wirst du automatisch gefragt, ob du einen anlegen möchtest. Falls du schon einen Kanal hast und einen weiteren anlegen möchtest, gehst du einen anderen Weg. Navigiere über diesen Link zur Übersicht deiner vorhandenen YouTube-Channels: *www.youtube.com/channel_switcher*. Klicke auf + KANAL ERSTELLEN, und schon geht's los! Du solltest in beiden Fällen ein Pop-up-Fenster sehen (Abbildung 4.2).

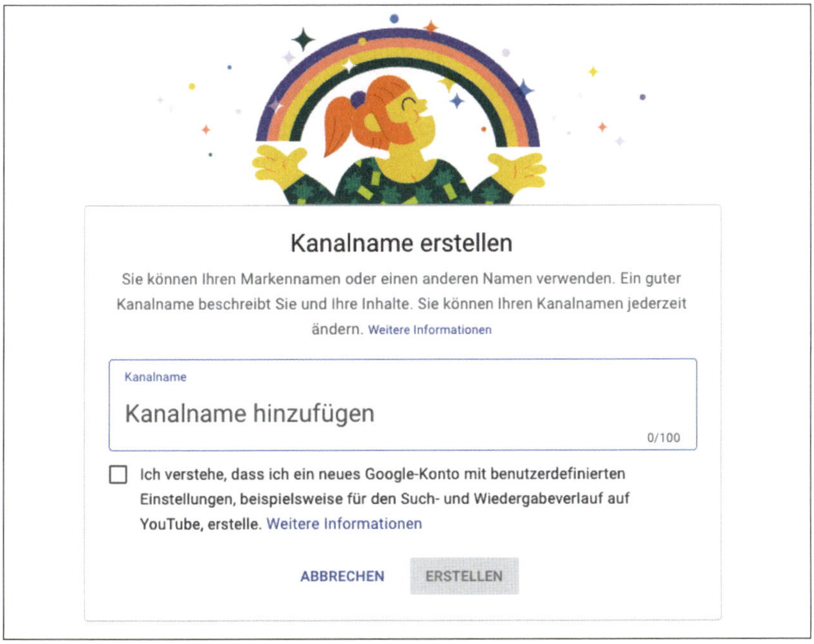

Abbildung 4.2 Channel-Name auswählen

Gib dem Kind einen Namen! Es ist so weit, du legst deinen Channel-Namen fest. Am besten überlegst du an dieser Stelle besser zweimal, wie du dich nennen möchtest. Womit möchtest du bekannt werden? Überlege genau – aber Achtung: Deine Vanity-URL (siehe nächste Seite) und dein Channel-Name sollten gleich lauten. Du verwirrst deine User nur, wenn sie beispielsweise über die Adresse »youtube.com/@CologneHipster« zu dir gelangen und der Channel-Name dann ganz anders heißt, etwa »DIY-Werkstatt«. Das Problem: Du kannst deinen Channel-Namen zwar jederzeit ändern, aber deine Vanity-URL bleibt immer gleich. Es ist also nicht möglich, einfach nach drei Monaten schon wieder auf einen anderen Namen umzuschwenken, da es in YouTube nicht erlaubt ist, die Kanal-URL später noch einmal zu wechseln. Außerdem sind bei mehreren Millionen registrierten YouTube-Nutzenden schon viele der beliebtesten Namen vergeben. Such dir dennoch etwas Individuelles aus.

Bei der Namenswahl entscheidet sich auch, welche Kanalart du dir zulegst: Zum einen kannst du einen privaten, personenbezogenen Channel mit deinem Vor- und Nachnamen anlegen und zum anderen einen Brand-Channel mit einem frei erfundenen Markennamen. Ich empfehle dir, direkt einen Unternehmenskanal anzulegen, denn damit hast du mehr Freiheiten und Möglichkeiten. Die Vorteile sind zum Beispiel die freie Namenswahl und die Vergabe von Admin-Rechten für weitere Mitarbeitende an deinem Kanal. Das kann echt praktisch sein.

Weitere Vorteile eines Brand-Channels sind, dass du die Möglichkeit hast, für deine Mitarbeiterinnen und Mitarbeiter unterschiedliche Rechte am Kanal zu definieren. Du und andere können so deinen Channel pflegen und benötigen dazu keinen separaten Nutzernamen oder irgendwelche Passwörter. Ein normaler Admin kann z. B. Videos hochladen, den Analytics-Bereich einsehen oder den Kanal bearbeiten, hat aber nicht die hundertprozentige Kontrolle über den Kanal. Nur der Inhaber kann weitere Admins einladen oder den Kanal löschen. Die Rolle des Kommunikationsmanagers darf recht wenig, daher empfehle ich dir, alle mitarbeitenden Personen neben dir als dem primären Inhaber oder der primären Inhaberin direkt als Administratoren einzuladen.

Du kannst deinen Channel auch nachträglich in einen Brand-Channel umwandeln. Dies funktioniert in den Einstellungen unter KONTO • KANAL ÜBERTRAGEN (Abbildung 4.3).

Besonders praktisch und cool für deine Promo ist es, einen eigenen Kurzlink zum Channel zu haben. Zu Beginn bekommst du erst mal eine Webadresse mit deiner Kanal-ID zugewiesen. Der Link zu deinem Channel sieht dann z. B. so aus: *https://www.youtube.com/channel/UCwcuGPYb0l9JwRKqHf1RB7w*. Diese Adresse ist natürlich völlig unpraktisch. Lauter Zahlen und Buchstaben, die sich niemand merken kann. Daher schaffst du am besten Abhilfe, indem du dir eine kurze, knackige Webadresse als Zugang für deinen Channel besorgst. Es ist nämlich definitiv sinnvoll, deinen Kanalnamen auch in der Webadresse deines Kanals (auch Channel-URL oder Vanity-URL genannt) zu nutzen. Im Prinzip zeigst du deinen Namen ab jetzt überall, wo es geht, also nicht nur im Channel-Titel, sondern auch über den grafischen Weg im Profil- und Headerbild und eben in der Channel-URL. Bereits von anderen Channels genutzte Namen kannst du für deine Vanity-URL nicht auswählen. Recherchiere daher vorher sorgfältig, welche Namen noch frei sind. Darüber hinaus kannst du eine Vanity-URL nicht einfach so festlegen, du musst warten, bis du von YouTube eine E-Mail-Bestätigung dafür bekommst, dass du jetzt eine Vanity-URL anlegen darfst. Die E-Mail erhältst du, wenn du dich qualifiziert und die Voraussetzungen dafür erfüllt hast, ein paar Wochen später. Dann wird beispielsweise zu unserer fiktiven Webseite *www.Bellaitaliamama.de* die passende Vanity-URL *youtube.com/@bellaitaliamamaDE* existieren.

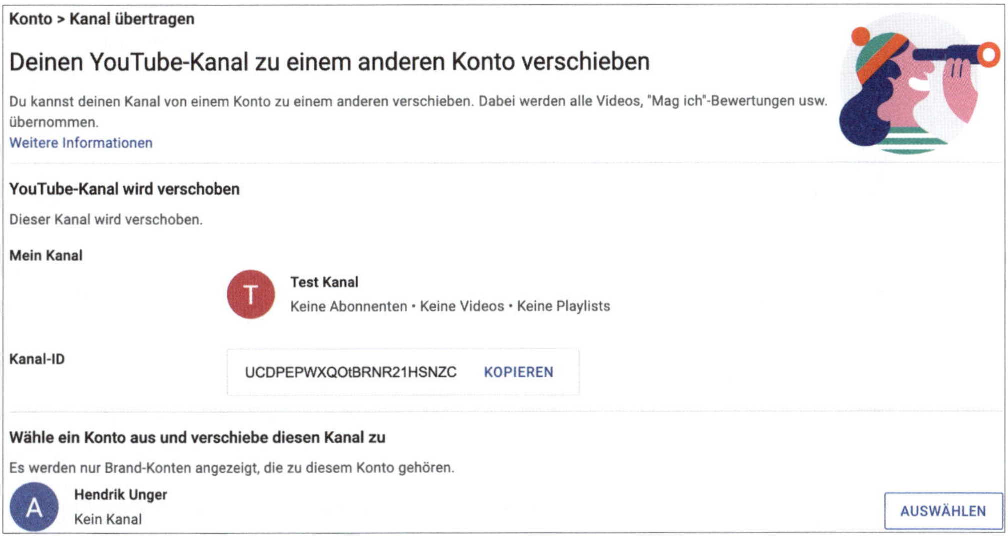

Abbildung 4.3 YouTube-Kanal in Brand-Channel umwandeln

Voraussetzungen, um eine Vanity-URL zu erhalten

Folgende Bedingungen müssen für eine Vanity-URL erfüllt sein:

1. Dein Channel muss sich in einwandfreiem Zustand befinden.
2. Dein Channel muss mindestens 100 Abonnenten haben.
3. Dein Channel muss mindestens 30 Tage alt sein.
4. Dein Channel muss über ein hochgeladenes Foto als Kanalsymbol verfügen.
5. Dein Channel muss über hochgeladene Kanalbilder verfügen.

Tipp

Überlege dir genau, wie das Konzept und der dazu passende Name deines Channels aussehen sollen, da du deine Vanity-URL nur einmal auswählen kannst.

Nun hast du den ersten Schritt in Richtung eines eigenen YouTube-Channels erfolgreich getan, jetzt muss das Ganze noch mit Leben gefüllt werden, indem deine Oberthemen durch Videos lebendig werden.

4.1.2 Twitch

First Things First: Schauen wir uns Streaming-Software an.

Damit du auf Twitch überhaupt streamen kannst, brauchst du eine sogenannte Streaming-Software. Diese ist dazu da, dass dein Video aus der Webcam auch aus dem Internet zum Twitch-Kanal übertragen wird und dann von Zuschauenden gestreamt werden kann. Dafür empfiehlt Twitch selbst die Software OBS-Studio, Streamlabs, OBS-Studio oder XSplit: *https://help.twitch.tv/s/article/recommended-software-for-broadcasting?language=de*.

Eins dieser Programme solltest du dir downloaden und installieren, falls noch nicht geschehen.

OBS-Studio-Beispiel:

- Öffne OBS-Studio und füge deine Quellen hinzu (z. B. Spielaufnahme, Webcam usw.).
- Gehe zu EINSTELLUNGEN und klicke auf STREAM.
- Wähle TWITCH als Streaming-Dienst und füge deinen Stream-Schlüssel ein (diesen findest du im Twitch-Dashboard unter EINSTELLUNGEN • STREAM).

Neben Twitch kannst du mit OBS-Studio (kurz OBS) auch auf folgenden Plattformen livestreamen:

- *YouTube*: OBS-Studio unterstützt das Streaming auf YouTube. Du kannst deinen Stream-Schlüssel von YouTube in OBS eingeben, um live zu gehen.
- *TikTok*: Es ist möglich, mit OBS-Studio auf TikTok zu streamen. Dazu benötigst du einen Stream-Schlüssel von TikTok, den du in OBS einfügst. Beachte, dass TikTok vertikale Videos bevorzugt. Es gibt Plug-ins wie *Aitum Vertical*, die es ermöglichen, vertikale Inhalte in OBS zu erstellen und zu streamen.
- *Instagram*: Das direkte Streamen auf Instagram mit OBS ist komplizierter, da Instagram offiziell kein Streaming von externen Softwarelösungen unterstützt. Es gibt jedoch inoffizielle Methoden und Tools, die dies ermöglichen, allerdings können diese gegen die Nutzungsbedingungen von Instagram verstoßen.

Weitere Plattformen:

- *Facebook Live*: OBS-Studio kann mit Facebook Live verwendet werden, indem du den Stream-Schlüssel von Facebook in OBS eingibst.

- *StreamYard*: Eine browserbasierte Plattform, die es ermöglicht, auf mehrere Plattformen gleichzeitig zu streamen. Du kannst OBS als Videoquelle für StreamYard verwenden.
- *Streamlabs*: Eine auf OBS basierende Software mit zusätzlichen Funktionen, die das Streaming auf verschiedenen Plattformen wie YouTube, Facebook und mehr unterstützt.

Beachte, dass für einige Plattformen spezielle Voraussetzungen oder zusätzliche Software erforderlich sein können. Es ist ratsam, die jeweiligen Richtlinien und Anforderungen der Plattformen zu überprüfen, bevor du mit dem Streaming beginnst.

Dein eigentlicher Twitch-Kanal

So, die Software ist geschafft! Jetzt registriere dich unter twitch.tv, um deinen Kanal anzulegen. Jeder oder jede Internetnutzende kann hier kostenlos einen Account anlegen. Damit kannst du Streams anschauen, kommentieren und dich frei auf Twitch bewegen.

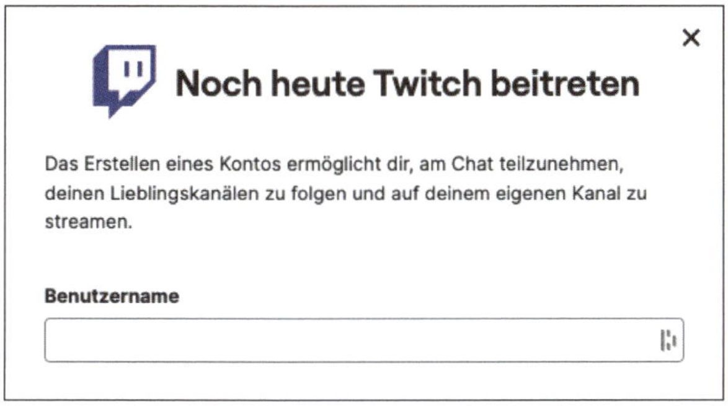

Abbildung 4.4 Registriere dich kostenlos bei Twitch.tv.

Damit du aber mit deinem eigenen Stream auf Twitch stattfinden kannst, brauchst du noch einen Kanal (Abbildung 4.4). Dazu wechselst du von der normalen Twitch-Plattform zum sogenannten Creator-Dashboard (Abbildung 4.5). Über einen Klick auf dein Twitch-Profilbild gelangst du dorthin – wähle dazu Creator-Dashboard aus: *https://dashboard.twitch.tv*. Dort wird dir alles erklärt, was du beachten musst. Unter Einstellungen • Kanal kannst du einen Benutzernamen auswählen. Diesen kannst du nach dem Aussuchen erst nach zwei Monaten wieder ändern. Zudem kannst du den Namen, der den anderen Usern angezeigt wird, wählen und eine Biografie oder auch beliebige Infos zu deiner Person und Social-Media-Links hinzufügen! So lernen dich deine Zuschauenden besser kennen und können dich auf anderen Plattformen finden – das ist natürlich wichtig für deine Strategie, nach und nach immer mehr Kanäle zu bespielen. Darüber hinaus kannst du dich in den Einstellungen zu Themen wie MODERATION, COMMUNITY und INHALT einmal durchklicken und alles ausfüllen. Voilà – da ist dein eigener Twitch-Account!

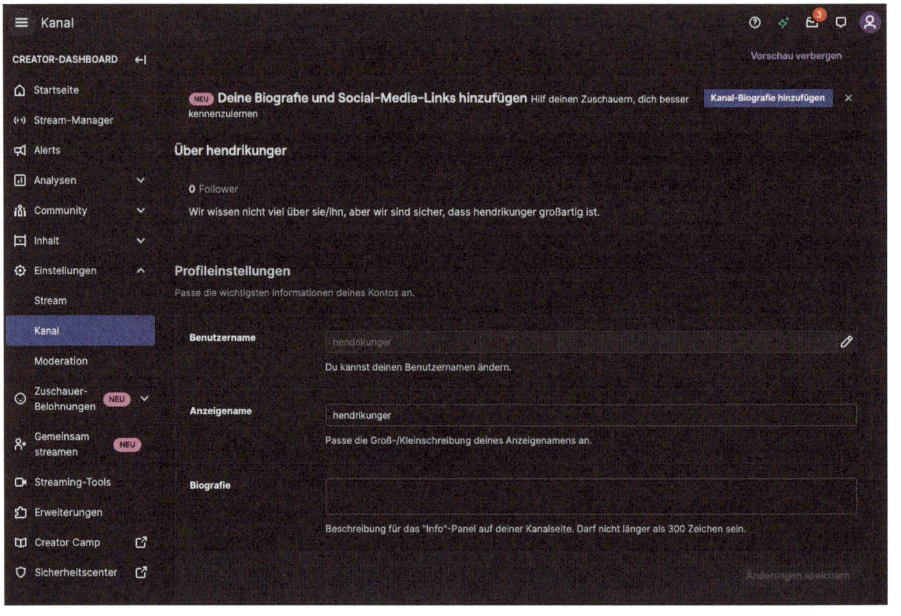

Abbildung 4.5 Creator-Dashboard von Twitch zum Einrichten deines Accounts

4.1.3 Instagram

Jedes Instagram-Profil beginnt erst mal als privates Profil, auch wenn es für ein Unternehmen gedacht ist. Wenn du Influencer werden willst und später Geld mit deiner Reichweite verdienen möchtest, brauchst du einen Business-Account. Das hat mehrere Gründe. Zum Beispiel kannst du damit Werbeanzeigen schalten. Generell kommt dein Account auch glaubwürdiger rüber, und das ist sinnvoll, wenn du bezahlte Kooperationen eingehen möchtest. Auch kannst du deine Business-Mail verknüpfen, und damit bist du für Kunden per E-Mail erreichbar. Ab 10.000 Followern bekommst du die Swipe-up-Funktion – damit kannst du externe Links (zu Produkten beispielsweise) in Stories einfügen. Dir stehen auch Planungs- und Creator-Tools zur Verfügung, die dir das Erstellen von Content erleichtern sollen. Den größten Vorteil bieten aber die Insights zum Nutzerverhalten und zur Performance deiner Inhalte. Damit kann man dann genauer den eigenen Content in Blick halten und die Zahlen messen.

Falls du einen Account haben willst, um deinen Content nicht mit der ganzen Welt, sondern nur mit deinen Freunden zu teilen, brauchst du zwei Konten. Dann hast du eins für dein Influencer-Dasein und ein zweites Konto nur für dich und deine

Freunde! Die Businessprofile entstehen aber so oder so durch die Umwandlung eines privaten Profils. Instagram-Profile lassen sich nur über die Smartphone-App vollständig verwalten, nicht über den Internetbrowser.

Lege zuerst deinen Account an

Bevor du mit deinem Business-Account richtig loslegst, musst du dir natürlich erst die Instagram-App herunterladen. Wähle einen Nutzernamen aus, der zu deiner Marke passt (hier kann es immer vorkommen, dass der Name schon vergeben ist, checke, ob es eine Variation gibt, vielleicht mit einem »official« davor). Danach kannst du dein individuelles Profilbild und eine Kurzbeschreibung hinzufügen. Da kannst du auch auf deine anderen Accounts auf anderen Plattformen verweisen! Standardmäßig ist das Profil privat, du kannst es aber in Nullkommanichts in ein Businessprofil umwandeln.

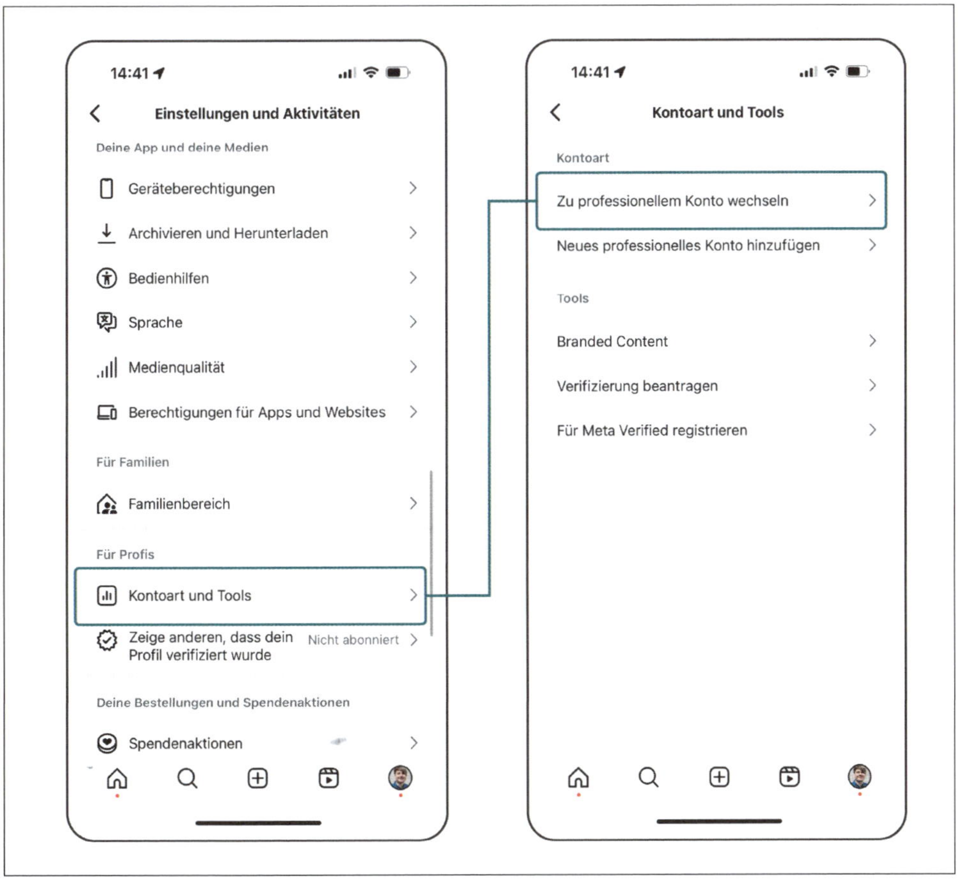

Abbildung 4.6 Den Instagram-Account in ein professionelles Konto umwandeln

Aus privat mach Business:

1. Öffne dein Instagram-Profil und tippe oben rechts auf die drei Striche.
2. Wähle EINSTELLUNGEN und gehe zum Abschnitt KONTO.
3. Scrolle nach unten und tippe auf ZU PROFESSIONELLEM KONTO WECHSELN.
4. Instagram zeigt dir dann die Vorteile des Businesskontos – einfach auf WEITER klicken.
5. Wähle eine Kategorie, die deinen Content am besten beschreibt (z. B. Koch, Komiker oder auch Künstler).
6. Vervollständige dein Profil mit deinen Kontaktinformationen und einem Website-Link, mit dem du auf deine eigene Website verweist (Abbildung 4.6).

Infobox

Instagram gehört seit 2012 zu Facebook (jetzt Meta), was bedeutet, dass viele der Funktionen von Instagram mit Facebook verbunden sind. Aus diesem Grund sind einige Werbe- und Verwaltungstools, wie das Schalten von Anzeigen oder detaillierte Statistiken, nur über das Facebook-Werbekonto (mehr dazu siehe Kapitel 11, »Gewusst wie! – Tricks für mehr Sichtbarkeit«) und den Facebook Business Manager zugänglich. Dies liegt daran, dass Meta (die Muttergesellschaft) ihre Plattformen integriert hat, um Werbetreibenden die Verwaltung von Kampagnen über beide Plattformen hinweg zu erleichtern. Dadurch können Unternehmen zielgerichtete Werbeanzeigen auf Instagram und Facebook gleichzeitig schalten und ihre Zielgruppen besser steuern.

4.1.4 TikTok

Bei TikTok ist alles quasi wie bei Instagram: Du startest, indem du einen privaten Account anlegst, wandelst ihn dann um in einen Business-Account und kannst so Geld auf der Plattform verdienen. Im Gegensatz zu Instagram hast du aber den Vorteil, dass du jederzeit zwischen einem persönlichen TikTok-Konto und einem offiziellen TikTok-Businesskonto wechseln kannst. Beide bleiben erhalten – das ist eigentlich ganz cool. Wie bei Insta hat ein Business-Account viele Vorteile für dein Vorhaben, ein Content-Star zu werden. Auch hier bekommst du erweiterte Analytics, also Zugriff auf detaillierte Statistiken zur Leistung deiner Inhalte und zum Nutzerverhalten. Und natürlich gibt es ebenfalls die Möglichkeit, Geld zu verdienen durch Werbeanzeigen und den Zugriff auf den TikTok Ads Manager. Und auch hier kannst du deine Kontaktinformationen hinterlegen und dich mit deiner Zielgruppe vernetzen. Außerdem hast du Zugang zu speziellen Tools zur Planung und Verwaltung von Inhalten.

Bei null anfangen: dein persönliches TikTok-Konto erstellen

Schritt 1: Installiere zuerst die TikTok-App und öffne sie. Dort kannst du dich direkt mit einem vorhandenen Facebook- oder Instagram-Account anmelden. Falls du deine Konten nicht verknüpfen möchtest, kannst du dir auch einen neuen Benutzernamen sowie ein Passwort erstellen und dich per Telefonnummer oder Mail registrieren. Du musst dann noch dein Geburtsdatum eingeben und auf WEITER tippen. Danach musst du jeweils deine Mail oder deine Telefonnummer mit einem Bestätigungscode verifizieren. Dann kannst du dein Profil bearbeiten: also ein Profilfoto hochladen, eine Biografie hinzufügen und gegebenenfalls andere Social-Media-Links einfügen.

Schritt 2: Wechsle zum TikTok-Businesskonto.

1. Tippe auf die drei Streifen oben rechts und wähle EINSTELLUNGEN • DATENSCHUTZ.
2. Wähle unter KONTO die Option ZUM BUSINESS-KONTO WECHSELN (Abbildung 4.7).

Abbildung 4.7 Den TikTok-Account in ein Businesskonto umwandeln

3. Wähle eine passende Kategorie aus (z. B. Sport, Fitness und Natur).
4. Passe Profilfoto und Biografie an.

Mal so nebenbei: Diese Unternehmensregistrierung hat nichts mit dem blauen Haken zu tun, den nur sehr bekannte Nutzer wie Prominente und große Marken erhalten.

4.2 Vorhang auf! – Glänze mit deinem Design

Um deine Onlinebühne optimal vorzubereiten, musst du grafische und technische Maßnahmen treffen. Du musst das Zuhause deiner Videos so schön gestalten, dass deine Haustür als einladende Visitenkarte funktioniert. Vor allem die Bilder spielen dabei eine große Rolle. Ganz am Anfang sieht es auf allen Plattformen noch ziemlich trostlos aus (Abbildung 4.8). Deine Accounts müssen erst mal schick eingerichtet werden, ganz nach deinem Geschmack. Lass deinen Ideen freien Lauf und zeige deinen Style.

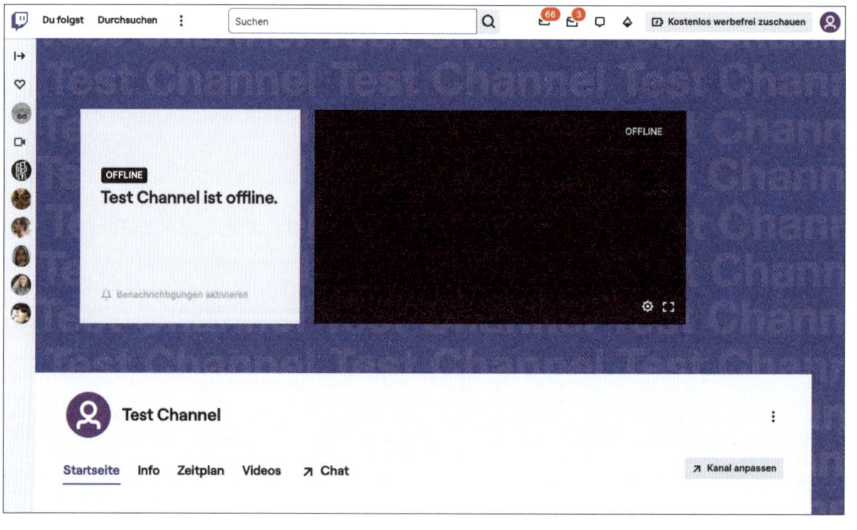

Abbildung 4.8 Dein Channel im Rohzustand – hier am Beispiel von Twitch

Frag dich doch mal: Wie will ich nach außen auftreten? Welche Farben und Formen passen zu mir? Damit Leben in deine Accounts kommt, musst du zunächst Grafiken anlegen. Beginne mit dem Profilbild, um deinen Style auszudrücken. Dein Profilbild ist dein Erkennungszeichen! Auf allen Plattformen wird es direkt angezeigt. Überall dort, wo deine Videos abgespielt werden, sieht man auch deinen Namen in Verbindung mit deinem Profilbild. Grundsätzlich sollte man dein Profilbild sofort deinem Account zuordnen können. Wähle also entweder ein Porträt von dir, wenn du die Hauptrolle in deinen Videos spielst, oder dein Logo, falls du eines hast. Ansonsten mach dir eins! Zudem ist klar, dass keine Channel-Grafiken hochgeladen werden dürfen, die die Community-Richtlinien der jeweiligen Plattform (z. B. keine Nacktheit, kein Spam und keine Selbstverletzung) verletzen.

Tipps zum Channel-Design

Folgende Tipps solltest du bei deinem Channel-Design beachten:

1. Halte dein Channel-Design stets übersichtlich.
2. Nutze die Flächen, um dich zu präsentieren.
3. Setze individuelle Grafiken ein, die deinen Style repräsentieren.
4. Zeige, warum die Zuschauenden dich abonnieren sollen.

Überlege dir, welcher Stil zu deiner Marke passen könnte. Wenn du ein Beauty-Blog hast, wähle eher ein edles oder schickes Design. Solltest du dich mit Tieren beschäftigen, kann es auch ruhig bunt und verspielt sein. Brennst du für Fußball? Dann sollte dein Design dies ebenfalls über die Gestaltung widerspiegeln, indem du zum Beispiel Rasen, ein Tor oder einen Fußball in deinen Look mit einbeziehst. Schau auch mal in andere Profile rein, um zu sehen, wie die es gemacht haben, und hole dir dort Inspirationen. Wichtig ist, dass du dein eigenes Design entwickelst und nicht irgendein anderes kopierst.

Am besten machst du dir am Anfang eine grobe Skizze, damit du schon verschiedene Ideen schnell durchprobieren kannst. Vielleicht sticht hierbei ein Design bereits besonders hervor. Dabei wird gern auch mit Bildmaterial gearbeitet. Es gibt unzählige Möglichkeiten, die das Internet dir bietet, um an coole Bilder heranzukommen. Du darfst jedoch nicht einfach Bilder aus dem Web »klauen«, damit würdest du dich strafbar machen. Alle Bilder, die du nicht selbst gemacht hast oder für die du keine Urheberrechte besitzt, kannst du nicht verwenden. Kostenloses Bildmaterial, das du benutzen kannst, findest du zum Beispiel bei *www.unsplash.com*. Es gibt weitere Plattformen, auf denen du umsonst oder für ein paar Euro Bilder einkaufen kannst.

Bildarchive

www.pixabay.com (kostenfrei)

www.unsplash.com (kostenfrei)

www.stocksnap.io (kostenfrei)

www.stock.adobe.com (kostenpflichtig)

www.shutterstock.com (kostenpflichtig)

www.istockphoto.com (kostenpflichtig)

Vielleicht hast du schon Erfahrungen mit Photoshop gemacht, zum Beispiel durch dein Hobby? Mit diesem Programm fertigst du deine Grafiken perfekt für deinen Channel an. Doch keine Angst, auch wenn du vorher noch nie mit Grafikprogrammen gearbeitet hast, kannst du wunderschöne Grafiken zaubern. Falls du nicht der Design-Crack bist, gibt es die folgende tolle Lösung.

Layouts ganz einfach erstellen

Mit dem kostenlosen Tool Canva (*www.canva.com*), für das du dich ganz unkompliziert mit deiner E-Mail-Adresse anmeldest, kannst du mit zahlreichen kostenlosen Grafiken, Bildern und Schriften wirklich tolle Designs erstellen. Dieses Programm gibt es leider nur auf Englisch, deswegen musst du dafür auf deine Englischkenntnisse zurückgreifen. Dort kannst du aus vielen Vorlagen direkt die richtige für deine Plattform wählen.

Jede Plattform hat eine eigene Bildsprache, im Folgenden zeige ich dir, wie du auf jeder Plattform dich und deine Persönlichkeit schon auf den ersten Blick zeigen kannst!

4.2.1 YouTube

Frage dich: Was soll für alle potenziellen YouTube-Zuschauenden sichtbar sein? Vor allem dein Profilbild oder auch das Channel-Banner (auch Titelbild genannt)? Eigentlich sind dir keine Grenzen gesetzt. Schau mal, wie unterschiedlich die Titelbilder von World Wide Wohnzimmer und Aditotoro im Vergleich aussehen (Abbildung 4.9, Abbildung 4.10). Überlege, was du deinen Usern unbedingt sagen willst. Wenn du einen coolen Spruch hast, der gut beschreibt, was in deinem Channel passiert, solltest du diesen vielleicht auch auf deinem Banner platzieren. Zähle den Zuschauenden auf, warum sie deinen Kanal anschauen oder vielleicht sogar abonnieren sollten.

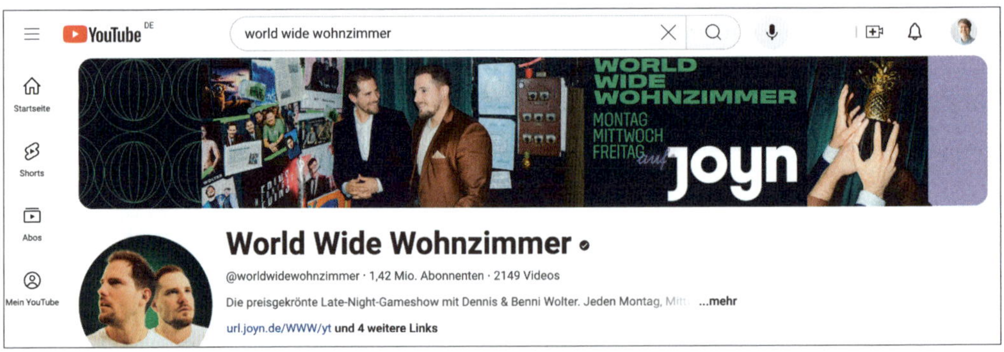

Abbildung 4.9 Channel-Banner von World Wide Wohnzimmer (*https://www.youtube.com/@worldwidewohnzimmer*)

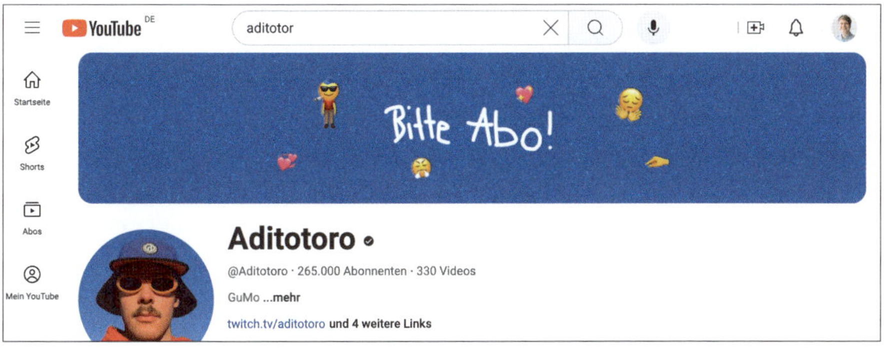

Abbildung 4.10 Channel-Banner von Auditoro *https://www.youtube.com/@Aditotoro*

Für die Gestaltung der YouTube-Grafiken für deinen Channel musst du spezielle Regeln der Plattform beachten. Du erstellst die Grafik nämlich größer, als sie eigentlich angezeigt wird. Das heißt, YouTube zeigt am Ende nur einen Ausschnitt deines Designs. Hier solltest du aufpassen, dass die Schrift immer gut lesbar ist und keine wichtigen Details verloren gehen.

Es wird deshalb lediglich ein Ausschnitt gezeigt, da die Grafik für verschiedene Displaygrößen genutzt wird. Dabei wird letztlich immer der passende Bereich ausgewählt (Abbildung 4.11).

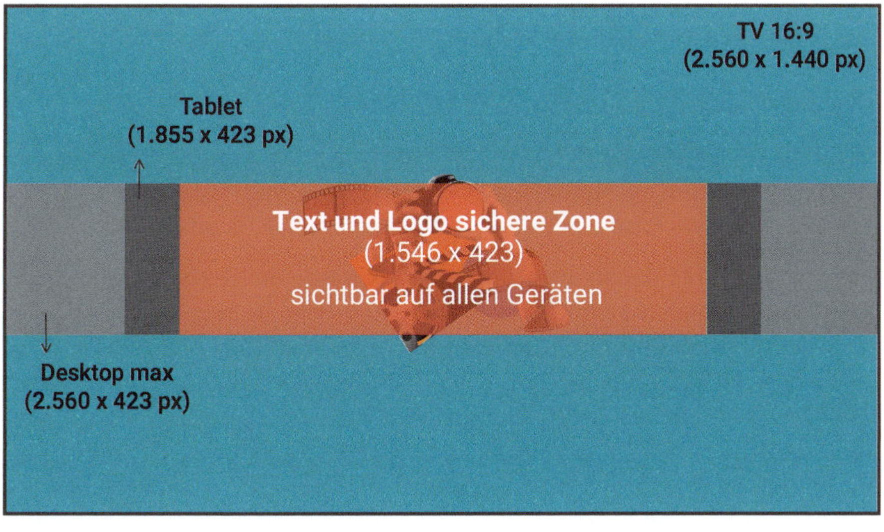

Abbildung 4.11 Gesamtes Channel-Banner

So wird auf einem Fernseher das ganze Bild angezeigt und auf dem Computerbildschirm ein etwas kleinerer Teil. Noch kleiner wird es dann auf dem Smartphone. Es gibt Bereiche, die du mit den wichtigsten Informationen bestücken solltest, damit diese auf allen Geräten gut wahrgenommen werden können. Wenn sich alle deine wichtigen Informationen im mittleren Drittel (der sogenannten Safe-Area) deiner Grafik befinden, musst du nicht befürchten, dass etwas schiefgeht. Für alle, die stets die genauen technischen Details kennen wollen: Das Channel-Banner ist 2.560 × 1.440 Pixel groß und sollte eine Auflösung von 72 dpi haben. Speichere das Titelbild am besten im Format JPEG oder PNG ab und achte auf die maximale Größe von 6 MB.

In der YouTube-Hilfe kannst du noch mal alle wichtigen Richtlinien zur Channel-Banner-Erstellung nachlesen:

https://support.google.com/youtube/answer/10456525?hl=de

Deine Channel-Startseite ist deine Bühne! Nutze deine Stage für deinen Auftritt. Bereite alles optimal vor, damit du deine Videos im besten Scheinwerferlicht präsentieren kannst. Das Profilbild wird direkt auf deinem Titelbild dargestellt. Im Gegensatz zum Channel-Banner wird dein Profilbild aber auch außerhalb des Channels angezeigt, nur relativ klein als Absender eines Kommentars oder eben als Uploader eines Videoclips. Das musst du immer bedenken. Deswegen solltest du darauf achten, dass man alles gut erkennen kann. Benutze keine zu kleinteiligen Schriften oder Grafiken, da sonst die Gefahr besteht, dass man sie eventuell nicht erkennen kann. Eine große Rolle spielt dabei deine Channel-Startseite selbst.

Hier kannst du deinen Channel in Abschnitten organisieren und zum Beispiel einrichten, dass du neue Besucherinnen und Besucher über einen Kanaltrailer ansprichst (Abbildung 4.12).

Damit dein Publikum auch weiß, was es in deinem Kanal erwartet, musst du entsprechende Infos auf der Startseite abbilden. Hast du bereits einen Channel, kannst du die Gelegenheit nutzen und einen Frühjahrsputz auf der Startseite vornehmen.

Die Abschnitte sind flexible Bereiche in deinem Kanal, mit denen du deine Startseite inhaltlich gliedern kannst. Ganz oben bietet sich dir die Möglichkeit, als ersten Abschnitt ein Kanal-Intro anzulegen. Hier unterscheidet YouTube zwischen dem Videotrailer für neu ankommende potenzielle Abonnentinnen und Abonnenten und für bestehende Subscriber. Zu empfehlen ist es, im Channel-Trailer für neue Besucher deinen Kanal in ca. 30 Sekunden kurz vorzustellen und klarzumachen, was für coole Inhalte du in den nächsten Wochen anbieten wirst. Sobald du die ersten Videos hochgeladen hast, kannst du die Abschnitte damit befüllen. So erzielst du zum Beispiel mit Playlists eine thematische Übersicht. Das erleichtert deinem Publikum den Überblick über deine Kategorien und Neuigkeiten.

Damit deine Zuschauenden nicht nur unter deinen Videos, sondern auch auf deinem Channel selbst kommentieren können, musst du Diskussionen zulassen. Auf der Startseite deines Channels kannst du das Einstellungsmenü öffnen und den Tab DISKUSSION aktivieren. Hierbei solltest du als zusätzlichen Sicherheitsmechanismus eine vorherige Freigabe aller Diskussionsbeiträge einstellen (Abbildung 4.13), so bist du erst mal auf der sicheren Seite! Wähle dazu ALLE KOMMENTARE ÜBERPRÜFEN. Bevor jemand einen Kommentar auf deinem Kanal veröffentlicht, kannst du ihn dir erst mal in Ruhe durchlesen und freigeben. So verhinderst du, dass jemand Spam, Quatsch oder Beleidigungen auf deinem Kanal postet.

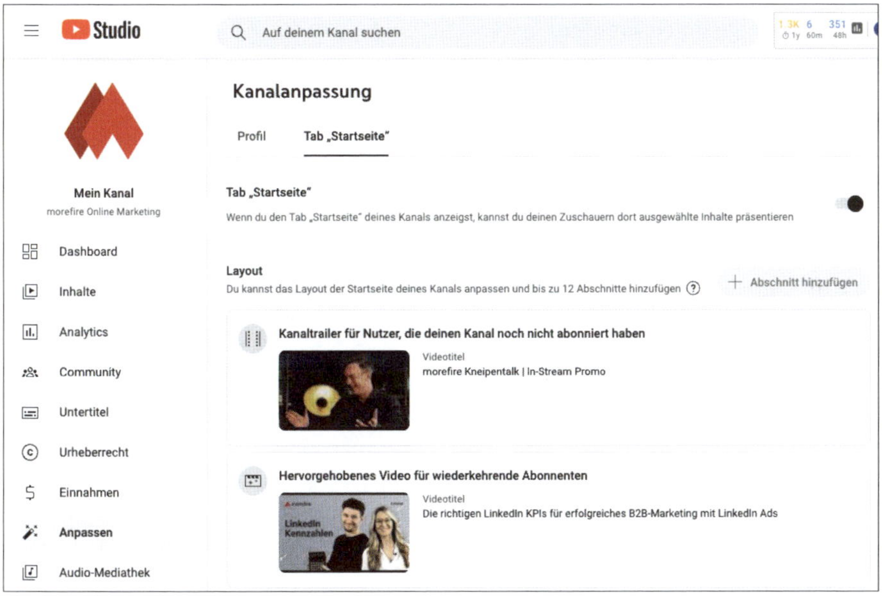

Abbildung 4.12 Channel-Startseite mit individuellem Layout versehen

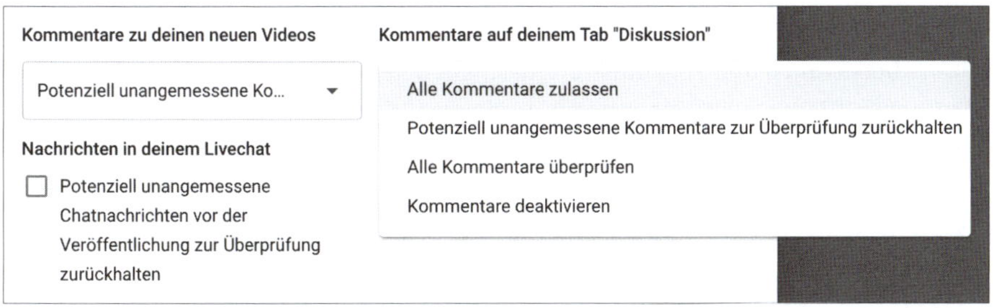

Abbildung 4.13 Genehmigung für Channel-Kommentare

Sobald du mit deinem Channel Geld verdienen möchtest, benötigst du ein offizielles Impressum. In Deutschland gelten auch die deutschen Gesetze. Ich habe dazu den Mainzer Anwalt Niklas Plutte befragt, lies in Kapitel 13, »Sichere dich ab! – Rechtliche FAQs für Video-Creators«, was du rechtlich beachten musst.

Das Impressum muss also auch in deine Kanalinfo! Als Nächstes geht es darum, immer erreichbar zu sein und sich selbst kurz zu charakterisieren, damit die Zuschauenden einen ersten schnellen Eindruck erhalten. Dafür füllst du nun deine Kanalinfo aus. Diese Kanalbeschreibung sollte die User über den Haupt-Content deines Channels informieren. Und auf den ersten Blick sollte direkt deutlich werden, was der Mehrwert deines Kanals ist. Dabei geht es nicht darum, ausschließlich Werbung für deine eigene Sache zu machen – du musst dich auch selbst vorstellen und von dir erzählen! Die Bearbeitung der Kanalinfo kann durch Klick auf den Stift ganz einfach geändert werden.

Beispiel einer Kanalinfo

Benvenuto bei Mama Jenny Italia!

Italia Rezepte Reisetipps Genuss

Ich bin Jenny – eine Genießerin und Weltenbummlerin, und Italien ist meine große Liebe.

Ich berichte gern von meinen Reisen und gebe euch einen Einblick in das Land und die Kultur, die wunderbaren, mit viel Liebe handgemachten Rezepte und die kleinen, feinen versteckten Geheimplätze Italiens!

Mehr Infos über mich findet ihr auch hier:

1. Social-Media-Links von dir
2. Webseite oder Blog von dir

Ich freue mich über eure Likes ☺ und werde euch stets mit leckeren Filmchen versorgen!

Arrivederci, eure Jenny

Die ersten Zeilen aus der Channel-Beschreibung werden in der Suche bei YouTube ebenfalls angezeigt – deswegen sind diese so wichtig! Wenn die User dann schließlich auf die Startseite deines Channels gelangen, solltest du dort auch deine Videos schön übersichtlich und zum direkten Anschauen geordnet haben. Für den Start deines Channels ist es am besten, wenn du deine Videos nach Inhalten sortierst, also nach Unterthemen wie Reisetipps, Kochrezepte, Land und Leute (Abbildung 4.14).

Abbildung 4.14 Aufteilung der Themenreihen in Playlists

4.2.2 Twitch

Kommen wir zu Twitch – auch hier ist es wichtig, alles schön einzurichten für ein Zuhause, in dem sich jeder wohlfühlt. Und auch hier ist es wichtig, ein Profilbild zu haben. Das muss im Format JPEG, PNG oder auch GIF vorliegen, und die Datei darf nicht größer als 10 MB sein. Das kannst du in den Einstellungen unter MARKE ändern. Dort kannst du auch die Akzentfarbe für dein Profil anpassen, diese Farbe wird dann beispielsweise als Rahmen für deine Streams genutzt. Achte erneut auf ein harmonisches Ganzes, das dich und deine Videos widerspiegelt. Außerdem kannst du einstellen, ob du deinen Account im hellen oder im dunklen Modus nutzen willst – also ob der Hintergrund weiß ist oder schwarz (Abbildung 4.15). Wie bei YouTube gibt es einen Titelbanner. Wichtig ist nur: Das Dateiformat sollte auch hier JPEG, PNG oder GIF sein, und eine empfohlene Größe ist 1.200 × 480 Pixel mit maximal 10 MB. Bei Twitch gibt es als Besonderheit noch ein Video-Player-Banner. Dieses wird im Player angezeigt, wenn dein Kanal offline ist. Halte dich für die Datei an die gleichen Datenformatregeln wie für dein Titelbanner. Deine Kreativität sind wieder keine Grenzen gesetzt – probiere dich mit den verschiedenen Websites aus! Keine Sorge, du kannst das Bild immer ändern – es muss nicht direkt perfekt sein.

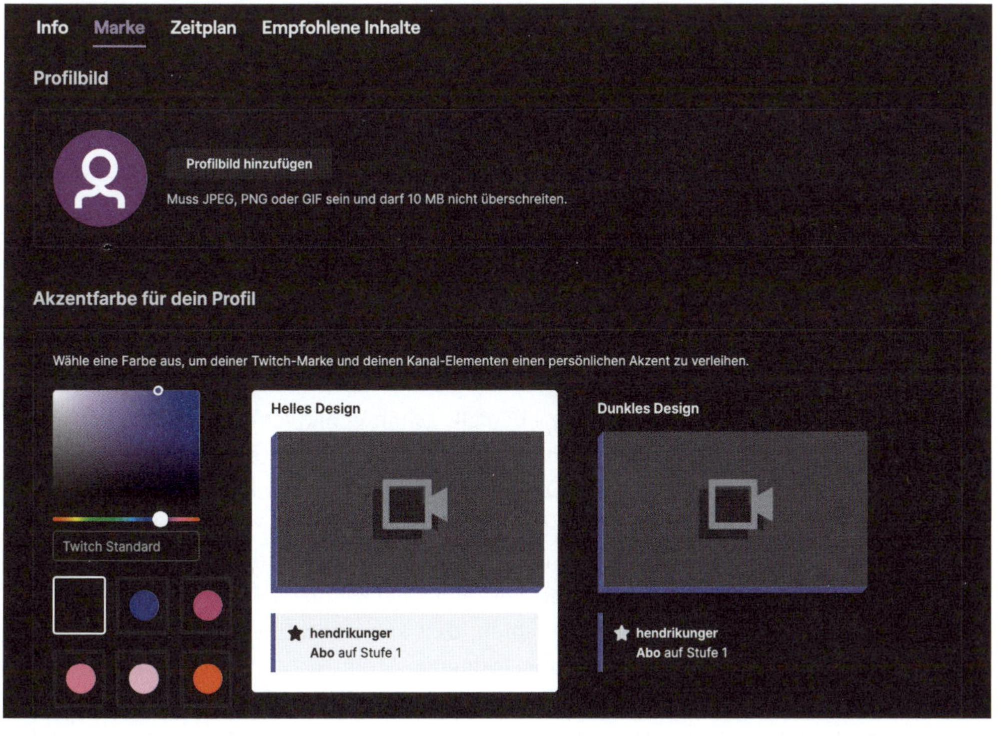

Abbildung 4.15 Gestalte deinen Twitch-Channel.

Dein Twitch-Profil ist aber noch nicht fertig, wenn du deine Bilder eingesetzt hast. Es gibt einige Einstellungen, mit denen du dein Profil individuell auf deine Bedürfnisse zuschneiden kannst: beispielsweise den Benutzernamen, deinen Anzeigenamen und auch deine Biografie (für die du maximal 300 Zeichen Platz hast). Es gibt auch noch Prime-Einstellungen – dafür muss man allerdings zahlen. Dann bekommt man ein kostenloses Abo für Twitch.tv, kann eine beliebige Chatfarbe wählen und hat Zugriff auf zwei zusätzliche Emote-Sets (spezielle Emojis). Die brauchst du aber nicht wirklich, das ist eher ein schönes Gimmick, wenn du wirklich Geld verdienen willst. Du kannst dein Twitch-Konto in deinen Einstellungen auch mit deinen anderen Accounts wie YouTube und Steam verknüpfen. So kannst du deine Inhalte mit deiner Community auf den unterschiedlichsten Plattformen teilen. Fahre einfach mit dem Cursor über das ausgegraute Häkchen, bis du VERBINDEN siehst. Fahre fort, um die jeweiligen Konten zu verbinden. Wenn du die Konten erfolgreich verbunden hast, wird dir das mit einem grünen Häkchen angezeigt (Abbildung 4.16).

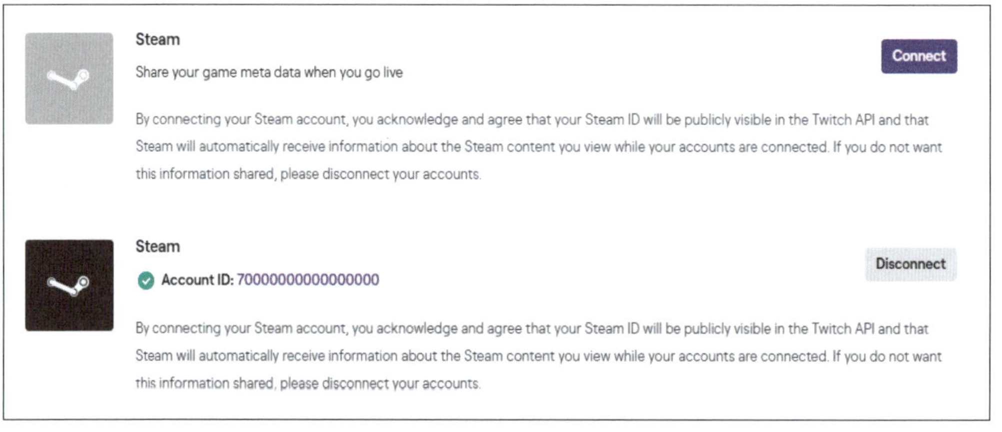

Abbildung 4.16 Verbindung deines Twitch-Accounts mit Steam

4.2.3 Instagram

Dein Instagram-Account sollte ebenfalls schön gemütlich und einladend wirken, deswegen ist es auch hier wichtig, dass du einiges beachtest, damit sich viele auf deinem Account wohlfühlen. Das Instagram-Profilbild wird im Verhältnis 1:1, also quadratisch, hochgeladen. Es muss mindestens 150 × 150 Pixel groß sein, gern auch mehr. Da Instagram das Profilbild rund darstellt, werden die Bildecken in vielen Darstellungen ausgeblendet. Besonders bei Schriftzügen oder Logos im Profilbild solltest du deshalb darauf achten, dass keine wichtigen Infos verloren gehen. Viel Potenzial steckt auch in den Instagram-Story-Highlights und ihren Coverbildern. Das sind die Sammlungen von Instagram Stories, die dauerhaft auf deinem Profil angezeigt werden, auch nachdem die ursprünglichen Stories nach 24 Stunden verschwunden sind. Dort kannst du also besondere Momente oder wichtige Infos in Highlights kategorisieren. Damit hebst du Wichtiges hervor und gibst deinen Usern einen schnellen Überblick. Die Coverbilder sind die kleinen Grafiken, die die Highlights repräsentieren. Sie erscheinen in einem Kreis über deinem Feed und geben einen ersten Eindruck von dem Inhalt des jeweiligen Highlights (Abbildung 4.17). Schön ist es, wenn diese Coverbilder einheitlich sind und auch zum Gesamtbild passen, also zu deinem Profilbild und der Biografie.

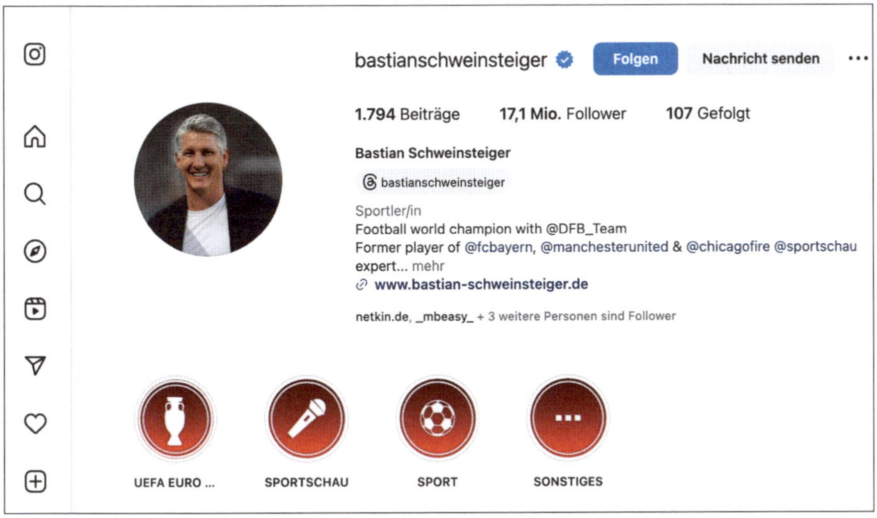

Abbildung 4.17 Instagram-Seite von Bastian Schweinsteiger mit ausgefüllter Bio und individualisierten Highlight-Covern (*https://www.instagram.com/bastianschweinsteiger*)

Aber warum ist eine einheitliche Gestaltung wichtig? – Fragst du dich gerade womöglich. Zum einen Markenidentität, soll heißen: Einheitliche Coverbilder und Designs stärken deine Markenidentität und helfen, einen professionellen Eindruck zu hinterlassen. Außerdem ist es für Follower leichter die Inhalte dir zuzuordnen. Es ist auch einfach ansprechender und übersichtlicher, wenn ein harmonisches Gesamtbild entsteht. Die Instagram-Bio ist der Abschnitt unter dem Nutzernamen, in dem du dich in maximal 150 Zeichen beschreiben kannst. Füge hier Links, Emojis und Hashtags ein – zeige dich! Um die Bio zu erstellen oder zu ändern, gehe auf PROFIL BEARBEITEN. Da kannst du dann beispielsweise Hashtags einfügen, damit kannst du deine Reichweite erhöhen. Schreibe auch klare Handlungsaufforderungen (Call-to-Actions) wie »Abonniere für italienische Rezepte und Reisetipps« und vergiss nicht die Links zu deinen anderen Accounts! Natürlich kannst du Emojis verwenden – Farbe ist immer schön! Schreibe, wer du bist und wofür du stehst und verwende relevante Keywords für bessere Auffindbarkeit – also so was wie »italienische Rezepte«. Du kannst auch verschiedene Schriftarten einsetzen.

4.2.4 TikTok

TikTok zu einem einladenden Wohnzimmer umzugestalten, ist etwas schwerer als auf den anderen Plattformen, denn man kann hier sehr wenig anpassen – es ist also eher ein Airbnb als eine eigene Wohnung. Mehr als das Profilbild und eine kurze Beschreibung kann man hier nicht wirklich ändern. So fügst du ein TikTok-Profilfoto hinzu oder änderst es:

1. Tippe in der TikTok-App unten auf PROFIL.
2. Tippe auf PROFIL BEARBEITEN.
3. Tippe auf FOTO ÄNDERN.
4. Wähle FOTO AUFNEHMEN oder FOTO HOCHLADEN VON DEINEM GERÄT aus.
5. Schneide dein ausgewähltes Foto oder Video zu und tippe dann auf SPEICHERN.

Profilfotos sind auf deinem Profil nicht mehr zu sehen, wenn ein Profilvideo festgelegt wurde. Die Fotos müssen mindestens 20 × 20 Pixel groß sein, um hochgeladen zu werden. Es sollte aber mindestens 200 × 200 Pixel haben, denn sonst sieht's merkwürdig aus. Halte dich auch daran, ein einheitliches Bild bei all deinen Profilen zu nutzen! Und so kannst du deine Kurzbeschreibung anpassen:

1. Tippe in der TikTok-App unten auf PROFIL.
2. Tippe auf PROFIL BEARBEITEN.
3. Tippe auf BIOGRAFIE ÄNDERN.
4. Schreibe das Wichtigste, was dich und deinen Content zusammenfasst, und klicke dann auf SPEICHERN.

Füge in deine Biografie Links, Emojis und Hashtags bzw. Keywords ein! Call-to-Actions wie »Abonniere für italienische Rezepte und Reisetipps« nicht vergessen! Verwende Emojis, wenn du magst – Farbe ist immer schön. Du kannst in den Einstellungen unter SOZIALES auch deine anderen Accounts verknüpfen, dann sind die User mit einem Klick beispielsweise auf deinem Instagram-Profil.

4.3 Multi-Channel-Strategie

Wie schon ein paarmal angedeutet, ist es super wichtig in der heutigen Zeit, dass du nicht nur eine Plattform wie Twitch bespielst, sondern noch weitere. Deswegen solltest du deine anderen Accounts immer auf jeden deiner Profile verlinken – so ist es für deine User viel leichter, dich zu verfolgen.

4.3.1 Warum das Ganze?

Du fragst dich vielleicht: Warum ist ein einheitlicher Auftritt sinnvoll? Das hat mehrere Gründe. Zum einen der *Wiedererkennungswert*: Ein einheitlicher Auftritt sorgt dafür, dass dein Publikum dich auf verschiedenen Plattformen sofort wiedererkennt. Das stärkt deine Marke und baut Vertrauen auf. Dafür ist es wichtig, dass du eine gewisse Einheitlichkeit bewahrst – gleicher Name, gleiche Profilbilder etc. Nicht zu unterschätzen ist die *Markenkonsistenz*: Ein konsistenter Stil vermittelt Professionalität und zeigt, dass du eine klare Identität hast. Dies ist besonders wichtig, wenn du langfristig eine Community aufbauen möchtest. Es geht natürlich ebenso um die Klicks, professionell auch als Synergieeffekt bekannt. Wenn du auf mehreren Plattformen präsent bist und diese miteinander verlinkst, kannst du eine größere Reichweite erzielen. User, die dir auf einer Plattform folgen, werden neugierig und schauen auch auf anderen Plattformen vorbei. Außerdem ist es für dich leichter – Stichwort *effiziente Content-Produktion*: Durch einen einheitlichen Stil und abgestimmte Inhalte kannst du Inhalte leichter wiederverwenden und so Zeit sparen. Klar, wenn du dich nicht jedes Mal in einen komplett anderen Stil einarbeiten musst, geht es schneller!

4.3.2 So klappt's!

Um deine Kanäle effektiv miteinander zu verlinken und dein Publikum von einer Plattform auf die andere zu leiten, kannst du folgende Strategien nutzen. Zum einen *Cross-Promotion*: Erwähne in deinen Videos auf YouTube, dass du auf Instagram Behind-the-Scenes-Inhalte teilst, oder weise in deinen Instagram Stories auf deinen Twitch-Stream hin. Auf TikTok könntest du kurze Clips von deinen YouTube-Videos oder Twitch-Streams posten und in der Beschreibung den kompletten Content auf den anderen Plattformen bewerben. Verwende auch plattformspezifische Links: Nutze in deiner Instagram-Bio einen Linktree oder eine ähnliche Lösung, die alle deine Social-Media-Profile verlinkt. Auf YouTube kannst du in der Videobeschreibung Links zu deinen anderen Kanälen einfügen. Wie es auf Twitch läuft, haben wir ja schon besprochen! Auch das Folgende habe ich bereits erwähnt, es ist aber nicht unwichtiger: *Call-to-Actions* (CTAs). Heißt im Klartext: Platziere in deine Inhalte klare Handlungsaufforderungen wie »Folge mir auf Instagram für mehr kurze Updates« oder »Schau dir das komplette Video auf YouTube an«.

4.3.3 Ein Du – ein Stil

Dich gibt es nur einmal, und dein Profil sollte das auch ausstrahlen. Achte darauf, dass all deine Plattformen ein harmonisches Bild ausstrahlen. Beachte dafür die *visuelle Identität*. Also: Verwende ein einheitliches Farbkonzept sowie die gleichen

Logos und Schriftarten auf allen Plattformen. Dies kann z. B. durch einen Branding-Guide unterstützt werden, der festlegt, welche Farben, Filter und Schriften du verwendest. Zwar unterscheiden sich die Plattformen etwas in ihrer Zuschauerschaft, aber Ton und Sprache sollten sich nicht allzu sehr unterscheiden. Wenn du auf einer Plattform humorvoll bist, sollte das auf den anderen Plattformen ebenfalls durchscheinen. Nützlich sind auch wiederkehrende Elemente: Nutze Formate, Rubriken oder Charaktere, die auf allen Plattformen vorkommen, um einen roten Faden zu schaffen. Und vergiss nicht die Planung und deine Strategie. Erstelle dafür einen Content-Plan, der dir hilft, deine Inhalte aufeinander abzustimmen und sicherzustellen, dass sie auf allen Plattformen konsistent sind.

Ein einheitlicher Auftritt auf verschiedenen Plattformen stärkt deine Marke, erhöht den Wiedererkennungswert und ermöglicht eine effiziente Nutzung deiner Inhalte. Durch Cross-Promotion und plattformgerechte Inhalte kannst du eine größere Reichweite erzielen, während ein harmonischer Stil Professionalität vermittelt und die Bindung zu deiner Community stärkt. Das sind Ziele, die du auf lange Sicht erreichen willst. Fang erst mal in deinem Onlinezuhause an und strecke dann deine Fühler aus. Wenn du auf YouTube startest, beginne damit, Ausschnitte auf Instagram oder TikTok zu posten! Oder wenn du bei Twitch zu Hause bist, lade deine Streams doch auch bei YouTube hoch.

4.3.4 Fazit

Jetzt weißt du schon mal, wie das Grundgerüst aussieht. Wie du Videos nun perfekt hochlädst, das zeige ich dir in Kapitel 8, »Zeig es der Welt! – Der erste perfekte Video-Upload«. Mit den ersten Videoinhalten erweckst du deine Channels dann tatsächlich zum Leben. Erfahre in Kapitel 9, »Pimp deinen Content für mehr Reichweite«, was Thumbnails und Endcards sind und wie du deinen Content damit richtig gut individualisieren kannst, wie du ihn nachbearbeitest und wie du dein Channel-Grundraster befüllst. Denn erst der Feinschliff am Ende macht die Sache rund!

Nun geht es aber in Kapitel 5, »Content drehen leicht gemacht!«, endlich los mit der Produktion von Videos und Streams, damit du deinen Followern konstant neue Inhalte präsentieren kannst. Sei dir aber auch darüber im Klaren, dass die Pflanze, sobald du aufhörst, sie zu gießen, auch aufhört zu wachsen und sogar gänzlich vertrocknet. Bleib also stets am Ball!

Kapitel 5

Content drehen leicht gemacht!

Lerne die richtige Technik für coolen Content kennen. So produzierst du ganz einfach gute Videos und Streams mit einem professionellen Look.

Ein Videoprofi fällt nicht einfach so vom Himmel – das wirst du sicher auch schnell merken. Du brauchst ein gutes Gespür für schöne Motive, aber noch viel wichtiger ist das Know-how, wie man gute Videos oder Streams dreht. Um dir einen tieferen Einblick in die Materie zu geben, lassen wir dich hinter die Kulissen bei morefire blicken – der Agentur, in der ich arbeite. Seit Jahren entwickeln wir erfolgreich Marketingvideos, Kampagnenclips, Kurzvideos und Imagefilme, die wir für unsere Kunden auf den großen Social-Media-Plattformen präsentieren. Wenn dein Content später viele Views erreicht, kannst du dir Unterstützung von unserem morefire-Videoteam holen, das sich um die Produktion kümmert. Aber bevor es so weit ist, versorgen wir dich zunächst mit wertvollen Tipps direkt von unseren Experten. Eines kann ich dir versprechen – unser Team weiß genau, was es tut, und hat einige Tricks im Repertoire (Abbildung 5.1).

Abbildung 5.1 Hinter den Kulissen von Videoproduktionen bei morefire

Videoproduktion mit den Profis der Kölner Agentur morefire

An alle, die schon immer mal ein heißes Ding drehen wollten: Wir möchten dir kurz erklären, was in diesem Kapitel besprochen werden soll. Wie du sicherlich gemerkt hast, geht es hier um den Videodreh bzw. das Streaming-Setup und darum, welches Equipment du brauchst, wo es am besten eingesetzt und wie es benutzt wird. Findest du auch, dass es nichts Cooleres gibt, als seinen Mitmenschen an den eigenen Ideen, Erfahrungen und Geschichten teilhaben zu lassen – völlig losgelöst von Raum und Zeit? Etwas zu bewegen, Videos bzw. bewegte Bilder als Tool zu nutzen, um seine Visionen zum Leben zu erwecken und anderen Menschen eine Freude zu bereiten oder eine Botschaft zu verbreiten? Nur reicht es in der Regel nicht, eine gute Idee zu haben, man sollte auch wissen, wie man diese filmisch am besten rüberbringt. Und darauf gehen wir in diesem Kapitel noch genauer ein. Unsere Expertise ist über die Jahre mit uns gewachsen – dabei haben wir früh erkannt, wie kraftvoll visuelle Medien für die Markenbotschaft und -bindung sein können. Egal ob Imagevideos, Kampagnen für Social Media oder detaillierte Produktvideos, wir haben nicht nur das richtige Equipment, sondern auch das Wissen, wie man Ideen zum Leben erweckt. In unserem modernen Videostudio in den Agenturräumen von morefire Köln können wir flexible Settings aufbauen, um ganz unterschiedliche visuelle Geschichten zu erzählen – ob in 4K, mit Slow Motion oder durch kreative Licht- und Soundeffekte.

Und nicht nur das: Unser hauseigenes Podcast-Studio bietet ebenfalls alles, was man für eine professionelle Audioproduktion braucht. Die Kombination aus Audio- und Videoproduktion ermöglicht uns und unseren Kunden, spannende Cross-Media-Konzepte zu realisieren und so ihre Inhalte auf unterschiedlichen Plattformen in die Welt zu tragen.

Unsere Geschichte begann – wie viele erfolgreiche Projekte – aus einer Leidenschaft heraus für alles, was die digitale Welt und Onlinemarketing umfasst. Wir haben ein Team aus talentierten Fachleuten aufgebaut, die ihre Begeisterung für digitales Marketing, Content Creation und die digitale Kommunikation in professionelle Ergebnisse umsetzen. Durch kontinuierliche Weiterentwicklung und die Verfeinerung unserer Fähigkeiten liefern wir nicht nur beeindruckende Ergebnisse für unsere Kunden, sondern fördern auch eine starke Reichweite und hohe Interaktion. Wenn du also bereit bist, dein nächstes Onlineprojekt zu starten, dann achte gut auf das folgende Kapitel, in dem wir dir einige wertvolle Einblicke geben und aus dem Nähkästchen plaudern.

5.1 Read before use

Die Erfahrung zeigt, dass für guten Content die Idee oder Vision zwar eine große Rolle spielt, die Technik und die Erfahrung aber schlussendlich den Unterschied machen. Im Optimalfall ist es so, dass du das Medium auch für deine Botschaften vollkommen ausschöpfen kannst. Ganz entscheidend ist ebenfalls, dass man den Mut hat, es einfach zu machen. Was hast du schon zu verlieren? Im schlechtesten Fall ist man am Ende trotzdem um eine Erfahrung reicher. Content zu machen, heißt, Initiative zu ergreifen! Let's go and Action (Abbildung 5.2)! Jetzt bekommst du das kleine Einmaleins der Content-Produktion an die Hand. Vielleicht hast du ja schneller den Dreh raus, als du es dir jetzt vorstellen kannst. Wir stellen natürlich auch viele Produkte vor, die du kaufen kannst. Überlege dir aber vorher gut, welche Produkte du wirklich brauchst, und kaufe nicht alles auf einmal. Taste dich erst einmal langsam ran!

Abbildung 5.2 Behind the Scenes bei einem unserer Videodrehs

Erst mal ganz wichtig und generell: Hier sind einige Tipps für den Dreh von Videos oder für das Streaming, die jeder kennen sollte:

1. *Halte die Kameralinse sauber:* Staub, Fingerabdrücke oder andere Verschmutzungen auf der Linse können die Bildqualität erheblich beeinträchtigen. Wische die Linse vor jedem Dreh mit einem Mikrofasertuch ab, um klare Aufnahmen zu gewährleisten.
2. *Benutze immer zwei Hände:* Ob Kamera oder Smartphone, nutze beide Hände, um ein Verwackeln zu vermeiden. Dadurch bleibt die Kamera stabiler, und du erzielst professionellere, ruhigere Aufnahmen.
3. *Stelle sicher, dass du genug Speicherplatz hast:* Überprüfe vor dem Dreh, ob genügend Speicher auf deinem Gerät oder der Speicherkarte für die Kamera verfügbar ist, um lange Aufnahmen zu machen, ohne dass die Aufnahme mittendrin gestoppt wird.
4. *Richte den Horizont gerade aus:* Achte darauf, dass der Horizont in deinen Aufnahmen immer gerade ist. Ein schiefer Horizont kann unprofessionell wirken und das Bild unangenehm für die Zuschauenden machen.

5. *Nutze das Licht:* Beleuchtung ist entscheidend für gute Videoqualität. Achte darauf, dass du natürliches Licht oder eine zusätzliche Lichtquelle verwendest, um Schatten zu vermeiden und deine Aufnahme klar und ansprechend zu gestalten.
6. *Nutze Hilfsmittel wie Objektive, Stativ, Gimbal:* Verwende zusätzliches Equipment wie Objektive für dein Smartphone, ein Stativ für Stabilität und ein Gimbal für flüssige Bewegungen. Diese Hilfsmittel verbessern die Bildqualität und machen deine Aufnahmen professioneller.
7. *Hochformat vs. Querformat:* Überlege dir, welches Format am besten für dein Video passt. Für Social-Media-Plattformen wie Instagram Stories oder TikTok eignet sich das Hochformat, während YouTube und Facebook besser im Querformat wirken. Achte darauf, das richtige Format für deine Plattform zu wählen.

Jetzt starten wir mal gemeinsam rein! Dieses Kapitel ist unterteilt in drei Bereiche: Kamera, Handy und Streaming. Je nach Plattform, auf der du postest, solltest du natürlich deine Technik wählen! Wenn du bei Twitch streamst, ist natürlich Abschnitt 5.4, »Dein Streaming-Setup«, am wichtigsten. Für TikTok und Instagram fokussiere dich eher auf Abschnitt 5.3, »Mit dem Handy viral gehen« und für YouTube auf Abschnitt 5.2, »Kameras – hohe Qualität für kleines Geld«. Aber ganz wichtig: Du kannst genauso gut für YouTube mit dem Smartphone produzieren oder auch für TikTok und Instagram mit richtigen Kameras. Natürlich ist das im Regelfall wie oben erklärt aufgeteilt, aber du musst es von deinem Content abhängig machen. Es gibt viele YouTuber, die mit ihren iPhones Vlogs drehen, oder TikToker, die mit großen Spiegelreflexkameras aufwendige Clips filmen. Im besten Fall solltest du natürlich sowieso für mehrere Plattformen produzieren, deswegen kann ich dir nur raten, alle Unterkapitel durchzulesen. Es ist einfach alles nicht so trennscharf und vermischt sich in der großen Content-Welt. Ohnehin solltest du dir das Kamera-Kapitel durchlesen, da ich dir dort noch mal ausführlich erkläre, wie du dein Bild gestalten solltest inklusive Lichtstellung und Goldenen Schnitts. Starten wir da doch mal direkt rein.

5.2 Kameras – hohe Qualität für kleines Geld

Du musst nicht viel Geld ausgeben, um einen professionellen Look deiner Videos zu erzeugen. Ein paar grundlegende Technik-Gadgets sind jedoch elementar wichtig. Ich zeige dir, worauf du bei deiner Ausstattung achten musst. Du kannst auch erst mal klein anfangen und dein Equipment später ausbauen. Selbst mit der teuersten Technik produzierst du nicht automatisch perfekte Videos. Wichtiger sind Übung und das Wissen, wie du selbst mit günstiger Technik vernünftig umgehst (Abbildung 5.3).

Abbildung 5.3 Videodreh mit Smartphone und Selfiestick (Foto: © Stephan Müller/pexels)

Erst einmal schauen wir uns an, welches Equipment du unbedingt brauchst, und dann zeige ich dir, wie du das bestmögliche Ergebnis aus dieser Technik herausholst. Die Technik zum Videodrehen lässt sich in drei Bereiche aufteilen: *Kamera*, *Licht* und *Ton*.

Die Kamera ist dabei dein wichtigstes Utensil. Es gibt eine Vielzahl an verschiedenen Herstellern und Modellen. Die Auswahl deiner Cams solltest du dir im Vorfeld genau überlegen. Es gibt für jedes Einsatzfeld unterschiedliche Kameras, die sich jeweils für einen bestimmten Zweck besonders gut eignen. Hier erhältst du eine Liste mit Kompaktkameras sowie Spiegelreflexkameras (DSLR) und Systemkameras (DSLM), die du kennen solltest:

Kompaktkameras

- Panasonic Lumix DC-FZ1000 II: Nach wie vor eine starke Bridgekamera mit großem Zoom und guter Bildqualität.
- Panasonic Lumix DMC-TZ81: Ein solides Reisezoommodell, aber mittlerweile gibt es neuere Alternativen, wie die Panasonic Lumix TZ95, die einen besseren Bildstabilisator und mehr Funktionen bietet.
- Sony Cyber-shot DSC-RX100 VII: Immer noch eine der besten Kompaktkameras mit exzellenter Video- und Bildqualität, besonders für Vlogger.
- Canon PowerShot G7X Mark III: Die G7X Mark III bietet gegenüber dem Vorgänger (Mark II) bessere Video- und Streaming-Funktionen und ist daher besonders für YouTuber und Livestreaming geeignet.

Systemkameras (DSLM)

- Sony Alpha 7 IV: Der Nachfolger der Alpha 7 III mit besseren Videofunktionen und einer höheren Auflösung.

- Sony Alpha 7S III: Speziell für Videografen, bietet erstklassige 4K-Videofunktionen und hervorragende Low-Light-Leistung.
- Blackmagic Pocket Cinema Camera 6K Pro: Eine technisch hoch entwickelte Digitalfilmkamera für Freihandaufnahmen mit anpassbarem HDR-Touchscreen, integriertem ND-Filter und einem größeren Akku für längere Betriebszeiten – also ideal für Content-Creator!
- Sony Alpha 6700: Der Nachfolger der Alpha 6500 bietet verbesserte Autofokus- und Videoleistungen, ideal für Content-Creator.
- Panasonic Lumix GH6: Nachfolger der GH5, mit verbesserter Videoqualität und mehr Optionen für professionelle Filmemacher (Abbildung 5.4).

Abbildung 5.4 Gute DSLM-Einsteigerkamera für YouTube, TikTok oder Instagram: Panasonic Lumix DC-GH6

- Panasonic Lumix G9 II: Eine aktuelle und leistungsstarke Alternative zur GX9 mit exzellenter Foto- und Videoleistung.
- Canon EOS R6 Mark II: Der Nachfolger der R6 mit noch besserer Videoleistung und Bildstabilisierung.

Spiegelreflexkameras (DSLR)

- Canon EOS 5D Mark IV: Immer noch eine ganz gute Wahl für Profis, auch wenn viele auf spiegellose Modelle umsteigen.
- Canon EOS 90D: Der Nachfolger der 80D mit besserer Videoauflösung (4K) und höherer Bildqualität, sehr geeignet für Vlogger.
- Nikon D850: Eine exzellente DSLR für Foto- und Videoaufnahmen, nach wie vor eine der besten im Nikon-Sortiment.
- Nikon D780: Eine DSLR, die viele spiegellose Funktionen integriert hat und besonders im Videobereich stark verbessert wurde.
- Nikon D5600: Nach wie vor eine gute Einsteiger-DSLR, auch wenn viele heute auf spiegellose Alternativen umsteigen.

Abbildung 5.5 Nicht mehr überall zu bekommen, aber wenn sie zu ergattern ist, nach wie vor eine sehr gute DSLM-Einsteigerkameras für Onlinevideos: Canon EOS R10

> **Tipp**
>
> Wenn du eine Blackmagic-Kamera kaufst, bekommst du eine Vollversion des Programms *Resolve* gratis mit dazu. Es ist gut für Einsteiger und Einsteigerinnen und bildet zusammen mit der Kamera eine super günstige Kombi. Ich erkläre dir *Resolve* in Kapitel 6, »Ab in den Videoschnitt«, etwas näher.

Actioncams

Die folgenden Actioncams helfen dir, besonders dynamische Filme zu drehen etwa bei einer Biketour, beim Sport etc.:

- GoPro HERO13 Black (Abbildung 5.6)
- DJI Osmo Action 5
- Insta360-Actionkamera

Abbildung 5.6 Actionkamera, zum Beispiel für Sportaufnahmen: GoPro HERO13 Black Creator Edition

Die besten Kameramodelle, bezogen auf das Preis-Leistungs-Verhältnis, bieten dir die DSLRs (digitale Spiegelreflexkameras) und die DSLMs (Systemkameras). Für den Anfang empfehle ich dir, sich erst einmal ein älteres Modell zu besorgen, z. B. eine günstigere DSLR wie die Canon 650D oder eine günstige DSLM wie die Sony Alpha 6500. Nicht zur unterschätzen sind auch Gebrauchtmärkte wie eBay. Sie sind eine gute Möglichkeit, an solche Modelle zu kommen. Viele Menschen verkaufen günstig ältere DSLRs. Unter 1.000 € bekommst du dort schon eine gute Kamera mit Standardobjektiv und verschiedenen Video-Settings. Die Unterschiede in der Qualität sind nicht riesig, sodass es sich zu Beginn der Creator-Karriere nicht lohnt, viel Geld, etwa für eine Sony Alpha 7s III (4.199 €), auszugeben. Auf eine Sache solltest du aber achten: Die Kamera sollte über ein schwenkbares Display verfügen. So kannst du dich selbst filmen und hast den Bildausschnitt dabei immer im Blick. Das hilft dir ungemein!

Tipp

Neben der Kamera solltest du mindestens einen zusätzlichen Akku (nicht von Fremdherstellern, da diese schnell ihre Leistung verlieren) und ein bis zwei SD-Karten mit 64 GB und bis 128 GB parat haben!

Die DSLRs und DSLMs haben einen sehr großen Vorteil gegenüber Smartphones, Actioncams und vielen anderen günstigen Kameras: Das Objektiv kann gewechselt werden. So kannst du deine Kamera den verschiedenen Ansprüchen anpassen. Mehr dazu im Folgenden.

Tipp

Kaufe dir besser eine günstige Einsteigerkamera und investiere dafür in ein bis zwei Linsen. Dann bist du flexibel und kannst schöne unterschiedliche Aufnahmen machen.

5.2.1 Objektive

So, jetzt zur Technik der Objektive – es gibt zwei wichtige Zahlen: *Blende* und *Brennweite*. Die Blende, oder auch Lichtstärke, ist die Größe der Öffnung, durch die das Licht in die Kamera gelangt. Je niedriger die Zahl, desto größer die Öffnung – und desto mehr Licht kommt dann zum Sensor. Das beeinflusst wiederum, wie hell dein Bild ist und wie scharf. Eine Blende von 2.8 ist bei Nahaufnahmen von Menschen eine gute Wahl, um eine Unschärfe im Hintergrund hinzubekommen. Solltest du jedoch die Kamera viel bewegen, fährst du mit einer hohen Blendenzahl besser, da dann auch der Schärfebereich größer ist.

Die Brennweite hingegen ist immer in Millimetern angegeben und zeigt, wie groß oder klein der Bildausschnitt ist (Abbildung 5.7).

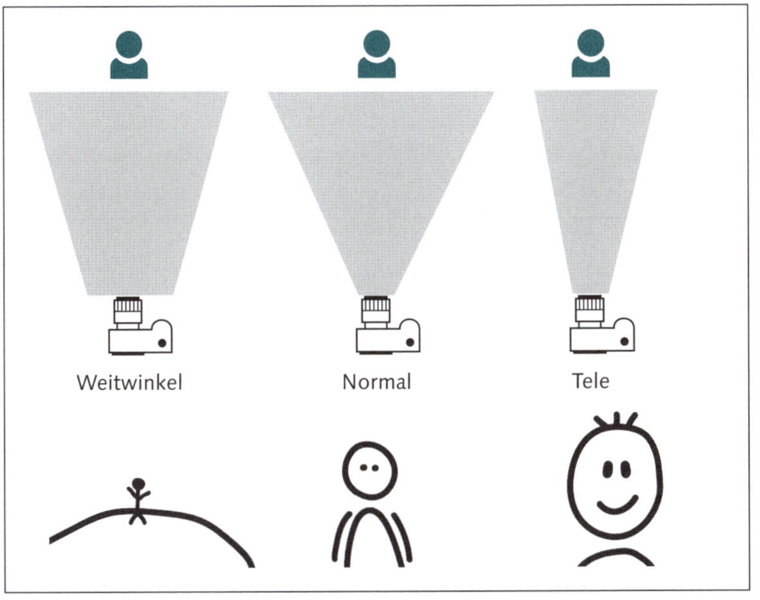

Abbildung 5.7 Wie wirkt sich die Brennweite auf die Bildgestaltung aus?

Beim Kauf musst du auf beide Zahlen achten. Für die Brennweite gibt es eine Zoomoptik und eine Festbrennweite. Festbrennweiten sind für gewöhnlich lichtstärker und schärfer, man büßt aber an Flexibilität ein, da man nicht optisch zoomen kann. Deswegen ist es für den Anfang besser, sich für ein Zoomobjektiv zu entscheiden, um variable Bildausschnitte zu haben! Aber Zoomobjektiv ist nicht gleich Zoomobjektiv. Willst du viele weitwinklige Gimbal-Shots oder Aufnahmen machen? Oder willst du die Kamera direkt vor deinem Gesicht zum Vloggen haben und trotzdem einiges vom Hintergrund sehen? Dann lohnt sich eine Linse mit einer Brennweite im Bereich von 16 bis 35 mm. Willst du viel Flexibilität und auch mal näher ran an dein Objekt? Dann bietet sich eine 24–70-mm-Zoomoptik an. Das kennst du bestimmt von deinem Handy, mit diesem kannst du ja auch zoomen mit 0,5×-/1×-/2×-Zoom (Abbildung 5.8).

Die Blende erkennst du beim Kauf immer am »F« vor der Angabe. Auch hier hast du die Wahl zwischen einer festen und einer variablen Blende. Willst du bei der Änderung der Einstellungsgröße die gleiche Blende haben und auch mit vollem Zoom bei schlechteren Lichtverhältnissen gute Aufnahmen erzeugen, kaufe eine Zoomlinse mit durchgehender Blende, beispielsweise F2.8 (durchgehend). Wenn du flexibel sein möchtest und willst die Blende selbst einstellen, wäre zum Beispiel eine Blende mit F2.4–5.6 (variable Blende) geeignet.

Und noch etwas mehr Kamerawissen: Für Creator, wie Fotografen, Videografinnen und Designerinnen, ist die Anwendung des sogenannten Goldenen Schnitts eine wichtige Technik, um ihre Werke visuell ansprechend zu gestalten. Es hilft, den Blick des Betrachters auf eine natürliche, harmonische Weise zu lenken. Aber was ist das überhaupt? Der Goldene Schnitt ist ein Prinzip aus Mathematik und Kunst, das ein besonders ästhetisches Verhältnis beschreibt. Es wird in der Kunst, der Architektur und in der Fotografie verwendet, um eine visuell ansprechende Komposition zu schaffen. Beim Videodreh spricht man von der daraus abgeleiteten Drittelregel (Abbildung 5.9).

Abbildung 5.8 Sehr gut veranschaulicht wird die Auswirkung der Brennweite in diesem Video (*https://www.youtube.com/watch?v=QlENWjCg1Ks*).

Abbildung 5.9 Platzierung von Pfanne und Teller im Goldenen Schnitt (Foto: © Randy Tarampi/unsplash)

Leonardo da Vinci ist berühmt dafür, dieses Prinzip in seiner Kunst angewandt zu haben, insbesondere in Werken wie dem »vitruvianischen Menschen«, bei dem er den Goldenen Schnitt verwendete, um Proportionen des menschlichen Körpers zu bestimmen. Da Vinci spielte also eine Schlüsselrolle in der frühen Popularisierung dieses Konzepts in der westlichen Kunst und Wissenschaft.

Insgesamt solltest du als Content-Creator den Goldenen Schnitt kennen, weil er dir hilft, deine Arbeiten ästhetisch ansprechend zu gestalten. Aber denke immer daran – Regeln dürfen auch mal gebrochen werden!

5.2.2 Stative

Stative sind sehr praktisch, weil sie die Kamera stabilisieren und verhindern, dass Bilder oder Videos verwackeln. Ohne ein Stativ muss man die Kamera die ganze Zeit in der Hand halten, was selbst bei ruhigen Händen zu unscharfen Aufnahmen führen kann. Ein Stativ sorgt dafür, dass die Kamera immer stabil steht, sodass du klare, scharfe Bilder und ruhige Videos bekommst. Besonders nützlich ist es bei Langzeitbelichtungen oder bei schlechten Lichtverhältnissen, weil die Kamera während der Aufnahme nicht bewegt wird. Ein weiteres Plus: Mit einem Stativ kannst du ruhige Schwenks und Zooms durchführen, ohne dass die Kamera springt oder ruckelt. Dies ist besonders hilfreich, wenn du Videos mit flüssigen Bewegungen aufnehmen möchtest. Außerdem ermöglichen Stative dir, dass du dich selbst filmen kannst, ohne dass jemand anderes die Kamera halten muss. Natürlich kannst du auch eine Konstruktion aus Büchern und Stühlen bauen, aber auf lange Sicht ist ein richtiges Stativ sicherer und auch professioneller. Je nach Content kommt es natürlich auch vor, dass man keine Bücher und Stühle in der Nähe sind :). Hier ein paar Vorschläge aus verschiedenen Preisklassen:

Anfänger

1. AmazonBasics-Stativ – Einfach, stabil und erschwinglich für Einsteiger und Einsteigerinnen (Abbildung 5.10).

Abbildung 5.10 AmazonBasics-Stativ (Amazon.com)

2. Manfrotto-PIXI-Mini-Stativ – Kompakt und praktisch für einfache Aufnahmen.
3. Neewer-Stativ – Ein weiteres kostengünstiges, aber funktionales Stativ, das gut für Anfänger und Anfängerinnen geeignet ist.

Mittelklasse

1. Joby GorillaPod 3K – Sehr flexibel, ideal für kleinere Kameras, da es sich um ein flexibles Stativ handelt, das sich an unterschiedliche Oberflächen anpassen lässt.
2. Benro T880EX – Ein gutes Stativ für den Mittelklassebereich, stabil und mit einer besseren Bauqualität im Vergleich zu Einsteigermodellen.
3. Velbon EX-640 – Ein robustes Stativ mit einer höheren Tragfähigkeit und vielseitigen Einsatzmöglichkeiten (Abbildung 5.11).

Abbildung 5.11 Velbon EX-640

Profi

1. Manfrotto 190XPRO3 – Ein Premium-Stativ, das für anspruchsvollere Video- und Fotoaufnahmen konzipiert ist.
2. Gitzo GT1545T – Sehr leicht und stabil, ideal für Profis, die ein kompaktes und starkes Stativ suchen.
3. Sachtler Ace M – Ein hochwertiges Stativ speziell für Videoaufnahmen, das hervorragende Stabilität und Flexibilität bietet.

5.2.3 Einstellungsgrößen

Hast du dir eine Kamera angeschafft, lies erst mal das Benutzerhandbuch! Klingt öde, hilft dir aber, dein neues Technik-Gadget zu verstehen. Bei einem Smartphone brauchst du vielleicht keine Anleitung zu lesen und bedienst das Gerät intuitiv, aber bei Kameras ist das anders. Du bist nicht mehr sicher, was Zebras und Verschlusszeiten sind oder wo du die Werte einstellen kannst? Dann solltest du vor dem ersten Gebrauch der Cam mal in die Bedienungsanleitung schauen und dich dann langsam mit dem Gerät vertraut machen.

Damit dir der Einstieg leichter fällt, gebe ich dir ein paar Tipps für die idealen Kameraeinstellungen: Die vierfache Full-HD-Auflösung (3.840 × 2.160 Pixel), auch 4K genannt, ist heutzutage der Standard für die Aufnahme hochwertiger Videos, für die man allerdings auch einen sehr guten Schnittrechner und viel Speicherplatz benötigt. Am Ende wird das Video meistens nach wie vor auf Full HD exportiert. In der Regel ist die Full-HD-Auflösung (1.920 × 1.080 Pixel) optimal und wird meistens mit 25 fps (frames per second – Bilder in der Sekunde) gedreht. Das kannst du auch bei deiner Kamera ganz leicht im Menü einstellen. Die Verschlusszeit wird in der Regel doppelt so hoch wie die fps angegeben, also Verschlusszeit auf 50 bei 25 fps. Bei Sportaufnahmen wird mit 50 fps gedreht, die Verschlusszeit beträgt demnach 100, die schnellen Bewegungen sehen so flüssiger aus.

Wichtig ist auch noch die ISO-Zahl – diese gibt die Lichtempfindlichkeit an! Der Wert sollte so klein wie möglich gewählt werden. Das Problem ist jedoch, dass du eine kleine ISO-Zahl von zum Beispiel 100 nur bei ausreichend Licht verwenden kannst. Dann wird die Qualität deiner Clips besser. Vor allem bei günstigen Kameras mit kleinem Sensor rauscht das Bild ab einer ISO-Zahl von 800 bis 1.600. Wenn du zusätzlich ausleuchtest, sollte es aber kein Problem sein, auch in Innenräumen mit ISO 400 oder weniger zu drehen (Abbildung 5.12).

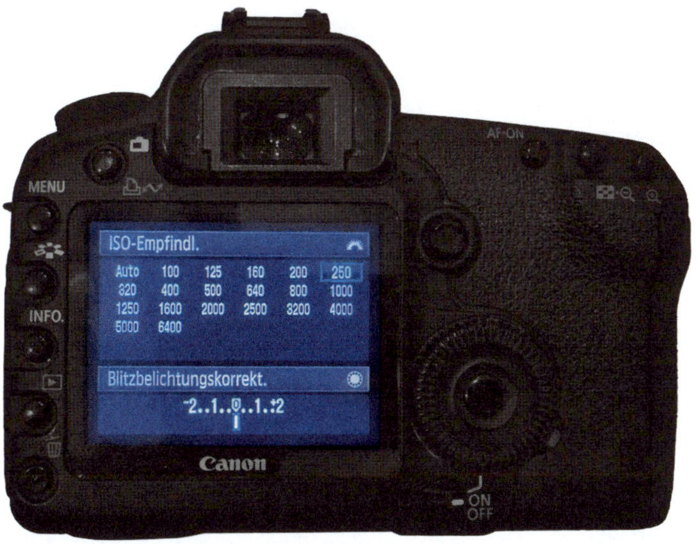

Abbildung 5.12 Einstellen des ISO-Werts

Noch ein Satz zu Bildprofilen: Du wirst wahrscheinlich schon gehört haben, dass man das Bild so flach wie möglich aufnehmen sollte. Das bedeutet, das Bild soll von der Belichtung kontrastarm sein und bei den Farben eine geringe Sättigung aufweisen. Das wird gemacht, damit du den größtmöglichen Spielraum in der Farbkorrektur hast. Das stimmt bei teuren Kinokameras, da diese die Bilder unkomprimiert speichern. Bei den meisten DSLRs und DSLMs wird das aufgenommene Bild allerdings zum Speichern stark komprimiert, und es gehen Informationen verloren. Deswegen solltest du das Bildprofil so einstellen, dass es nahe am gewünschten Endergebnis liegt. In der Farbkorrektur solltest du dann nur noch minimale Änderungen vornehmen müssen.

Für Fortgeschrittene:

Viele Kameras ab Mittelklasse bieten die Möglichkeit, in einem sogenannten LOG-Profil aufzunehmen, was den gewünschten »flachen« Look erzeugt, beispielsweise in S-LOG bei Sony-Kameras oder in V-LOG bei Panasonic/Lumix-Kameras. Dieser kann dann in der Postproduktion mithilfe eines LUT (Look Up Table) wieder in den Standard-REC709- (oder einen anderen) Farbraum umgewandelt und anschließend korrigiert werden. Matthias Butz, der auf seinem YouTube-Channel Fotografie unterrichtet, zeigt, was es mit dem LOG-Profil auf sich hat (Abbildung 5.13).

Abbildung 5.13 Nicht wundern! Im LOG-Profil wirkt alles sehr grau (rechter Bildbereich), das kannst du in der Nachproduktion dann anpassen (linker Bildbereich, *https://www.youtube.com/watch?v=iY6CgeG4IPQ*).

Übrigens, du solltest auch darauf achten, dass in der Kamera Uhrzeit und Datum richtig eingestellt sind (während des Setups oder im Nachhinein), sodass du die Clips auch nach Aufnahmedatum sortieren lassen kannst – so für die Ordnung :).

5.2.4 Licht

Ohne Licht kein Bild! So weit, so klar. Du hast dich sicher schon mal gefragt, warum manche Bilder einfach besser aussehen als andere, obwohl sie mit derselben

Kamera gedreht wurden. Eine gute Lichtsetzung ist das A und O, um qualitativ hochwertige Bilder zu bekommen. Nicht umsonst wird beim Film ein Großteil der Zeit darauf verwendet, das Licht zu setzen. Auch hier gibt es verschiedene Lichtquellen. Die schon vorhandenen Lichtquellen bilden das sogenannte Available Light (das verfügbare Licht). Ideal für eine Produktion ist es natürlich, wenn das vorhandene Licht schon zum Drehen ausreicht. Das sieht oft am schönsten aus. Da das allerdings leider selten der Fall ist, solltest du dir bei der Location-Suche schon Gedanken darüber machen, wie du das vorhandene Licht gut nutzt und welche Lichtquellen zur Unterstützung mitgebracht werden müssen. Gibt es zum Beispiel ein großes Fenster, das als Hauptlichtquelle dienen kann? Dann reicht es, die Schattenseiten mit LED-Panels aufzuhellen. Ist das nicht der Fall, muss mehr Licht eingeplant werden. Am besten besorgst du dir sogenannte Bi-Color-LED-Panels. Mit drei davon können die meisten Situationen gut ausgeleuchtet werden. Mehr zu dieser sogenannten Drei-Punkt-Ausleuchtung liest du gleich.

Die Lichtqualität unterscheidet sich je nach Situation. Man kann bei der Lichtqualität grundsätzlich zwischen hartem und weichem Licht unterscheiden. Dabei wirft hartes Licht auch harte Schatten und weiches Licht weiche Schatten. Die meisten Lichtquellen strahlen hartes Licht aus. Wenn du das Licht weicher machen möchtest, bieten sich verschiedene Lösungen an:

Setze eine Diffusionsfolie ein. Diese streut das Licht und wird vor die Lichtquelle montiert.

- Nutze das Licht einer weißen Wand oder eines Reflektors, der das Licht zurückwirft.
- In der Regel ist es fast immer richtig, Menschen mit weichem Licht auszuleuchten, da sie so am vorteilhaftesten rüberkommen.

Die Farbtemperatur ist ein weiterer Parameter des Lichts. Sie wird in der Einheit Kelvin angegeben. Dabei hat warmes Licht einen niedrigen und kaltes Licht einen hohen Kelvin-Wert. Anhand der Farbtemperatur kannst du den Weißabgleich in der Kamera einstellen. Im Benutzerhandbuch solltest du unter dem Stichwort »Weißabgleich« nachlesen können, wo du ihn bei deiner Kamera einstellen kannst. Der Weißabgleich kann zwar auch auf Automatik gestellt werden, das wird aber spätestens dann zum Problem, wenn sich etwa bei einem Schwenk die Farbtemperatur ändert und die Automatik dann auch den Weißabgleich anpasst (Abbildung 5.14). Die Folge ist, dass sich die Farben verändern. Das führt später in der Farbbearbeitung zu großen Problemen und kann mit einer manuellen Einstellung verhindert werden.

Um Farbverfälschungen zu vermeiden, sollten alle Lichtquellen die gleiche Farbtemperatur haben. Bei Bi-Color-Panels kann diese eingestellt werden. Wenn du

Lichtquellen mit verschiedenen Farbtemperaturen hast, achte darauf, dass der Weißabgleich auf die Hauptlichtquelle eingestellt wird.

Abbildung 5.14 Farbtemperatur in der Kamera einstellen

Lichtquelle	Kelvin-Wert
Kerzenlicht	1.500 K
Glühlampe 40 W>	2.600 K
Glühlampe 60 W	2.700 K
Glühlampe 100 W	2.800 K
Glühlampe 200 W	3.000 K
Spätabendsonne	3.400 K
Leuchtstofflampe (Neutralweiß)	4.000 K
Vormittags- und Nachmittagssonne	5.500 K
Mittagssonne, Bewölkung	5.500–5.800 K
bedeckter Himmel	6.500–7.500 K

Tabelle 5.1 Lichtquellen und ihr Kelvin-Wert (*https://de.wikipedia.org/wiki/Farbtemperatur*)

Als Content-Creator wirst du dich sehr häufig in deinem Zimmer vor dem Computer filmen, während du in die Kamera sprichst. Eine schöne Drei-Punkt-Ausleuchtung lässt dich dabei immer im besten Licht erscheinen (Abbildung 5.15).

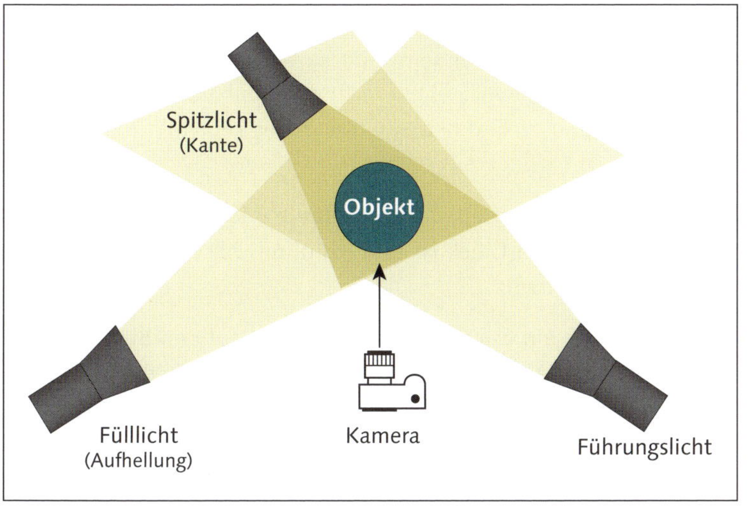

Abbildung 5.15 Schema einer Drei-Punkt-Ausleuchtung

Als Erstes wird das Hauptlicht, auch Führung genannt, gesetzt. Das Führungslicht sollte knapp über der Augenhöhe liegen und von vorne, leicht schräg versetzt, das Gesicht anstrahlen. Dadurch entstehen Schatten auf der anderen Seite des Gesichts. Diese Schatten werden dann als Nächstes mit der sogenannten Aufhellung, im Bild Fülllicht genannt, aufgehellt. Das Licht der Aufhellung ist dabei schwächer als das Hauptlicht und wird durch Diffusionsfolien weicher gemacht. Diese beiden Lichtquellen reichen schon aus, um dich gut in Szene zu setzen. Wenn du dem Ganzen noch die Krone aufsetzen möchtest, kannst du ein Spitzlicht und ein Dekolicht aufbauen. Das Spitzlicht wird gegenüber der Führung aufgestellt und von weit oben auf den Kopf und die Schultern gerichtet. Das Ziel ist dabei, die Person vor der Kamera vom Hintergrund abzuheben, indem ein Lichtschein auf die Haare und die Schultern geworfen wird. Das Spitzlicht ist heller als die Führung und ein sogenanntes hartes Licht, das heißt, es wird keine Diffusionsfolie verwendet. Als Letztes kann im Hintergrund noch ein Dekolicht platziert werden. Ein Spot, der schräg auf die Wand gerichtet wird, sorgt für Abwechslung und gibt dem Bild zusätzlich Tiefe.

Die Drei-Punkt-Ausleuchtung ist die Basis der Lichtsetzung und wird in der Regel immer genutzt, um Menschen auszuleuchten. Wenn du mit der Drei-Punkt-Ausleuchtung Erfahrung gesammelt hast, kannst du auch gern ein wenig experimentieren: zum Beispiel den Winkel der Führung verändern und die Aufhellung noch schwächer machen, um eine dramatische Wirkung zu erzielen. Der Kreativität sind hier nur wenige Grenzen gesetzt. Eine goldene Regel habe ich dennoch: Das Licht sollte immer zur Stimmung des Videos passen: zum Beispiel helles und weiches Licht für eine gute Stimmung oder nur ein starkes, hartes Hauptlicht, um eine gruselige Stimmung zu schaffen.

5.2.5 Ton

Wie wichtig guter Ton ist, wird leider immer wieder unterschätzt. Die kamerainternen Mikrofone liefern zwar mittlerweile einen recht annehmbaren Ton, aber wenn du das Beste herausholen und dich abheben willst, ist es sinnvoll, in gutes Tonequipment zu investieren.

Das Thema Ton ist für sich so umfassend, dass es mehrere Bücher benötigen würde, um es im Detail zu erklären. Zum Glück ist es auch ohne viel Vorwissen nicht so schwierig, guten Ton aufzunehmen.

Eine günstige Lösung ist, sich ein Mikrofon zu kaufen, das auf den Blitzschuh der Kamera gesteckt werden kann (Abbildung 5.16). Der Ton wird dann direkt mit dem Bild zusammen in der Kamera aufgezeichnet. Das Rode VideoMic Rycote liefert zum Beispiel schon gute Ergebnisse zu einem kleinen Preis und eignet sich sowohl für Outdoor- als auch für Indoor-Aufnahmen, ist also der perfekte Allrounder. Wenn dir gute Tonqualität besonders wichtig ist, lohnt es sich, in das Richtmikrofon Sennheiser MKE 400 zu investieren.

Abbildung 5.16 Kamera mit auf Blitzschuh montiertem Mikrofon (*https://www.sennheiser.com/de-de/catalog/products/mikrofon/mke-400/mke-400-508898*)

Es gibt auch sogenannte Zoomgeräte, das Modell Zoom H6 beispielsweise. Dies sind externe Audiorekorder, die in Verbindung mit einem Richtmikrofon noch mal deutlich besseren Ton ermöglichen (Abbildung 5.17). Sobald aber etwas nicht direkt in die Kamera aufgezeichnet wird, sondern durch externe Audiorekorder, sollte man mittels Timecode oder »Klatschen« die beiden Spuren für die spätere Syncro vorbereiten.

Abbildung 5.17 Zoom H6
(*https://zoomcorp.com/de/de/handy-recorder/handheld-recorders/h6-audio-recorder*)

Etwas kostengünstiger ist ein simples Ansteckmikrofon (Abbildung 5.18). Einfach an dein T-Shirt oder an einen Kragen clippen, und schon geht's los. Man sollte es nur nicht zu auffällig befestigen. Vorteil ist, dass kein großes Mikrofon im Bild zu sehen ist. Ein Mikrofon zum Anstecken ist aufgrund der geringen Größe qualitativ nicht so hochwertig wie zum Beispiel ein großes Richtmikrofon, jedoch ist es viel dezenter. Drehst du viel draußen, benötigst du auf jeden Fall noch einen Windschutz, und zwar unabhängig davon, welches Mikrofon du einsetzt. Du solltest auch darauf achten, dass die Ansteckmikrofone nicht zu nah an Kleidung, Schal etc. liegen, um Störgeräusche zu vermeiden. Grundsätzlich gilt bei Audio: Lieber clean aufnehmen, denn es ist immer schwieriger, den Ton im Nachhinein zu retten. Kabelgebundene Ansteckmikros steckt man direkt in die Kamera oder in ein Aufnahmegerät wie das Zoom H6. Viele professionelle Content-Creator verwenden ein Mikro ohne Kabel mit einer Funkstrecke. So ist man nicht von der Länge des Kabels abhängig und kann beliebig weit von der Kamera weg sein (in Maßen natürlich, meist bis zu 100 Meter). Direkt kombiniert, bekommst du das Funkmikro mit Sender und Empfänger von der Marke DJI (Abbildung 5.19).

Abbildung 5.18 Ansteckmikrofon, auch als Lavalier-Mikrofon bekannt

Abbildung 5.19 Mehr Freiheit durch ein Funkmikrofon ohne Kabel wie das DJI Mic mit Sender und Empfänger (*https://www.dji.com/de/mic*)

5.3 Mit dem Handy viral gehen

Mit einem modernen Smartphone Videos zu drehen, ist super praktisch, weil fast alles drinsteckt. Die Kamera macht scharfe, schöne Bilder, und das Handy hilft automatisch dabei, dass das Licht und die Farben gut aussehen. Außerdem kannst du das Video direkt auf dem Handy schneiden und sogar sofort online stellen. Es ist wie eine kleine Filmkamera und ein Computer zusammen in deiner Hosentasche! Gratis-Apps wie *Blackmagic Camera* (mehr dazu in Kapitel 6, »Ab in den Videoschnitt«) sorgen dafür, dass du aus deinem iPhone wirklich viel herausholen und professionelle Einstellungen vornehmen kannst – ISO, Blende, LOG-Aufnahme etc. Wenn man kein Geld hat für Kamera, SD-Karten etc. – warum nicht mit der Kamera anfangen, die man ohnehin schon in der Hosentasche hat? Außerdem sind für die Plattformen TikTok und Instagram (manchmal sogar auch YouTube) die Aufnahmen und das Format eines Handyvideos sowieso die Sehgewohnheit. Schicker geht aber immer, und du kannst deinen Handybildern mit zusätzlichen Tools einen noch professionelleren Look verpassen!

Möchtest du mit einem Handy deinen Content produzieren, solltest du ein paar Dinge beachten, wenn du dich für ein bestimmtes Handy entscheidest. Das ist dann auch das Mindeste, was dein Handy können sollte – darunter hast du dann keinen Spaß :) Mehr geht natürlich immer. Die Kamera des Handys sollte natürlich eine hohe Auflösung haben (48 MP oder mehr) sowie einen guten Sensor und eine optische Bildstabilisierung (OIS oder EIS) für scharfe, ruckelfreie Videos mitbringen. 4K ist der Standard, aber 8K kann für besonders hochauflösende Inhalte vorteilhaft sein. Wenn du Slow-Motion-Aufnahmen machen möchtest, schau auch, ob das Handy Optionen wie 60 fps oder 120 fps hat. Und mehr ist natürlich mehr: Wenn dein Handy zusätzliche Kameramodi hat, schadet das nie – etwa Ultraweitwinkel- und Teleobjektive für kreative Perspektiven, Makrolinsen für Nahaufnahmen. Besitzt das Modell deiner Wahl den Pro-Modus, hast du die manuelle Kontrolle über Belichtung, Fokus, Weißabgleich und mehr – das ist natürlich super! Genauso die RAW-Videoaufnahme, sie ist ideal für Profis, die Videos in der Postproduktion bearbeiten möchten, denn damit ist die Videodatei roh – also unbearbeitet. Achte beim Kauf auch auf den Akku und die Ladegeschwindigkeit: 4.500 mAh oder mehr sind optimal, damit du lange Videos drehen kannst, und das Handy sollte Schnellladung können! Natürlich sollte das Handy auch kompatibel mit Mikrofonen und Gimbals sein.

So, das ist ja alles schön und gut – aber welches Handy soll es werden? Ich mache dir hier ein paar Vorschläge, am Ende ist es aber natürlich deine Entscheidung! Dies sind Modelle, die gerade aktuell sind – das ändert sich natürlich immer schnell, aber diese reichen völlig aus!

Optionen für den kleinen Geldbeutel

- *Samsung Galaxy A54:* Solide Kamera für den Preis. Gute Stabilisierung und 4K-Videoaufnahme für Plattformen wie YouTube. Langlebiger Akku.
- *OnePlus Nord 3:* Starke Leistung in der Mittelklasse. Gute Farbwiedergabe und Videostabilisierung.

Mittleres Preisbudget

- *Google Pixel 8 Pro*: Außergewöhnliche Softwareoptimierung und automatische Videobearbeitungsfunktionen. Magic Eraser und Tone Mapping für Anpassungen in der Postproduktion direkt auf dem Handy. 4K-Videos mit solider Stabilisierung.
- *Xiaomi 13 Pro*: Leica-Optik für beeindruckende Bildqualität. Manuelle Kontrolle für Profis. Hervorragende Low-Light-Aufnahmen.

Für den dicken Geldbeutel

- *Apple iPhone 16 Pro/16 Pro Max:* Beste Videofunktionen mit ProRes-Videoaufnahme (4K, 60 fps). Cinematic Mode für Tiefeneffekte. Super Retina-XDR-Display als Sucher und für die Bearbeitung. Nahtlose Integration mit Bearbeitungs-Apps wie iMovie und Final Cut Pro. Dolby Vision HDR.
- *Samsung Galaxy S23 Ultra:* 8K-Videofähigkeit bei 30 fps, 4K in HDR10+. Ultraweitwinkel- und Teleobjektive (100×-Zoom). Exzellente Stabilisierung (Super Steady Mode). Große Akkulaufzeit und S-Pen für Storyboarding oder Schnitt.

5.3.1 Einstellungen

Wie bei den Kameras kannst du auch viel an deinem Handy einstellen, um die beste Videoauflösung zu bekommen (Abbildung 5.20):

- Wähle in der Kamera-App deines Smartphones die maximale Auflösung, z. B. 4K (3.840 × 2.160 Pixel), wenn verfügbar. Diese Option liefert die schärfsten und detailliertesten Videos.
- Für flüssige Bewegungen wähle 30 fps oder 60 fps, abhängig von deinem Aufnahmeziel. Höhere Bildraten wie 60 fps eignen sich besser für schnelle Szenen oder Slow-Motion-Aufnahmen.
- Falls dein Smartphone HDR (High Dynamic Range) unterstützt, schalte es ein, um mehr Details in hellen und dunklen Bereichen zu erfassen.
- Nutze ein modernes, effizientes Format wie HEVC/H.265, das hochwertige Videos speichert, ohne zu viel Speicherplatz zu beanspruchen.

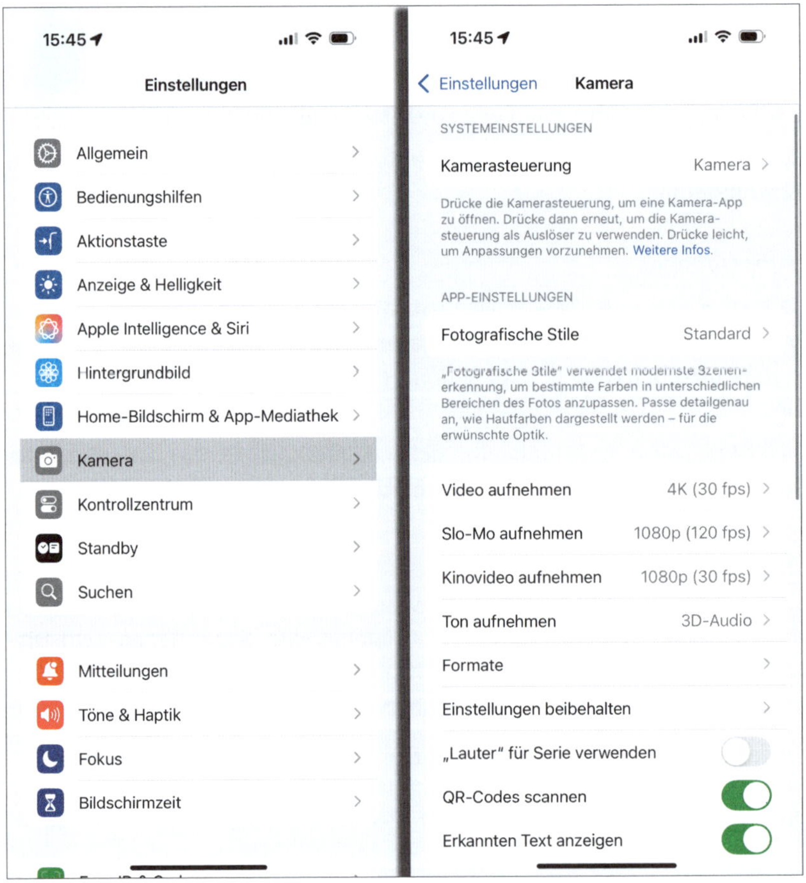

Abbildung 5.20 Kameraeinstellungen auf deinem Smartphone ändern

Und noch ein paar Basic-Einstellungen, die du beim Filmen einsetzen kannst:

- Nutze den optischen Zoom anstelle des digitalen Zooms, um Qualitätsverluste zu vermeiden.
- Profitipp: Für Nahaufnahmen oder kreative Perspektiven bietet ein externes Teleobjektiv bessere Ergebnisse.
- Viele Smartphones bieten integrierte Filter oder Farbmodi, die du vor der Aufnahme anwenden kannst.
- Experimentiere mit neutralen oder warmen Tönen, um deinem Video eine spezifische Stimmung zu verleihen.
- Verwende den Blitz gezielt, z. B. bei Aufnahmen in schwach beleuchteten Umgebungen. Beachte, dass sich der Blitz bei Videoaufnahmen nicht immer verwenden lässt, da er eigentlich für Fotos gedacht ist.
- Aktiviere den Pro-Modus, die elektronische (EIS) oder optische Bildstabilisierung (OIS), wenn es sie gibt! Dann hast du keine verwackelten Bilder, die du danach wie etwa den Weißabgleich manuell anpassen musst.

Und auch für mehr Speicherplatz solltest du Vorkehrungen treffen. Denn eine Minute 4K-Video bei 30 fps kann etwa 300 MB bis 500 MB beanspruchen. Bei 60 fps steigt der Speicherbedarf noch weiter an. Wenn du häufig in 4K aufnimmst, solltest du regelmäßig Videos auf eine externe Festplatte oder in die Cloud übertragen, um Platz auf deinem Gerät zu sparen.

- Effiziente Formate wie HEVC können Speicherplatz sparen, aber ältere Geräte oder Programme unterstützen sie vielleicht nicht vollständig.
- Viele Android-Smartphones unterstützen microSD-Karten, auf denen Videos gespeichert werden können. Das ist eine großartige Möglichkeit, den internen Speicher zu entlasten.
- Stelle in den Kameraeinstellungen sicher, dass die SD-Karte als Standardspeicherort für Videos ausgewählt ist.
- Apple iPhones bieten keine microSD-Unterstützung. Hier helfen Cloud-Speicherlösungen oder externe Speichergeräte.

5.3.2 Stative

Ähnlich wie bei richtigen Kameras sind Stative sehr praktisch, weil sie verhindern, dass Bilder oder Videos verwackeln. Klar, so ein Handy ist etwas leichter, und man kann es dadurch ruhiger halten, aber selbst bei ruhigen Händen kann es auf Dauer zu verwackelten Aufnahmen kommen. Ein Stativ sorgt dafür, dass dein Handy stabil steht! Außerdem ist es praktisch, da du so die Höhe des Smartphones variieren kannst. Und du kannst dich selbst filmen und brauchst niemanden, der dich filmt!

Es gibt Tischstative (ideal für stationäre Aufnahmen auf flachen Oberflächen oder für Vlogs, da sie leicht zu transportieren sind) und kompakte Reisestative. Diese bieten mehr Höhe und Flexibilität, sind aber immer noch leicht und mobil, wodurch sie sich besonders für Outdoor-Shootings eignen. Hier ein paar Vorschläge für geeignete Stative: Das Stativ Manfrotto Compact Action Smart mit spezieller Halterung für Smartphones wiegt gerade mal 1,2 kg und lässt sich mit einem Packmaß von 45 cm schnell verstauen. Manfrotto ist eine solide Marke am Markt, aber es tut auch ein günstigeres Modell. Schau dich am besten mal in einem Fotofachmarkt um und probiere aus, was für deine Ansprüche am besten passt (Abbildung 5.21).

Abbildung 5.21 Das Stativ Manfrotto Compact Action Smart

Das Joby GorillaPod 325 ist ein besonders kompaktes Stativ für Smartphones, das so gut wie überall mitgenommen werden kann. Mit einer maximalen Höhe von 17 cm eignet es sich hauptsächlich für Aufnahmen in Bodennähe. Dank seiner flexiblen Beine lässt sich das Stativ jedoch auch an kleinen Stangen oder Ästen befestigen, was zusätzliche Einsatzmöglichkeiten bietet (Abbildung 5.22).

Ein DJI-Osmo-Gimbal bietet ähnliche Vorteile, jedoch mit der zusätzlichen Funktion der aktiven Stabilisierung. Es gleicht Bewegungen automatisch aus, sodass deine Aufnahmen immer ruhig und professionell aussehen, selbst wenn du dich bewegst. Diese Stabilisierungstechnologie ist besonders hilfreich, wenn du gehst oder läufst, während du filmst, was ein Stativ nicht leisten kann. Gimbals bieten also eine noch stabilere und flexiblere Lösung für Videoaufnahmen, die viel Bewegung erfordern. Quasi ein Premium-Selfiestick (Abbildung 5.23)!

Abbildung 5.22 Joby GorillaPod 325

Abbildung 5.23 DJI-Osmo-Gimbal (*https://www.dji.com/de/osmo-mobile-6*)

Außerdem gibt es sogenannte Rigs (Abbildung 5.24). Ein Mini-Rig, also eine kompakte, handliche Ausstattungsbasis, wird verwendet, um das Smartphone stabil zu halten und eine bessere Handhabung zu ermöglichen. Dieses Rig kann zusätzlich verschiedene Zubehörteile wie ein Stativ, Lichter oder ein externes Mikrofon aufnehmen.

Abbildung 5.24 Mini-Rig für das Smartphone (*https://de.neewer.com/collections/phone-rigs*)

5.3.3 Licht

Kleine Lampen, die man auf die Handykamera clippt, sind vor allem für die Verbesserung der Beleuchtung bei Selfies oder Videos gedacht. Sie ermöglichen zusätzliches Licht, um Gesichter oder Objekte heller und klarer zu machen, insbesondere in dunklen Umgebungen. Solche Lampen sind oft LED-basiert und bieten unterschiedliche Helligkeitseinstellungen, sodass du die Lichtintensität nach Bedarf anpassen kannst. Sie verhindern, dass dein Bild oder Video unterbelichtet wird, wenn das Umgebungslicht zu schwach ist. Besonders bei Nahaufnahmen von Gesichtern oder Details hilft zusätzliches Licht, Schatten zu minimieren und die Farben klarer darzustellen. Sie sind zudem total praktisch: Sie sind klein, leicht und einfach zu transportieren. Achte aber darauf, wie lange die Lampe mit einer vollen Ladung oder den verwendeten Batterien funktioniert. Bei längeren Aufnahmesessions kann eine kurze Laufzeit störend sein. Die Lampe sollte mehrere Helligkeitseinstellungen und idealerweise auch eine einstellbare Farbtemperatur bieten (warm bis kalt), um das Licht an die jeweilige Situation anzupassen. Überprüfe, ob die Lampe gut mit deinem Handymodell zusammenarbeitet und leicht zu befestigen ist, ohne das Smartphone oder die Kamera zu blockieren. Achte auch darauf, dass die Lampe nicht zu heiß wird, besonders bei längerer Nutzung, um Überhitzung zu vermeiden. Diese kleinen Lichtquellen sind also eine praktische Möglichkeit, Videos und Fotos mit besserer Beleuchtung zu erstellen, besonders bei schlechten Lichtverhältnissen. Sie können ein einfacher, aber sehr effektiver Zusatz zu deinem Setup sein (Abbildung 5.25).

Abbildung 5.25 Clip-on-Licht für Smartphones, z. B. das Walimex pro LED Foto Video 144 Bi Color

5.3.4 Ton

Natürlich haben Handys mittlerweile einen eingebauten Ton, der ganz okay ist. Allerdings macht es vor allem unterwegs und auf Distanz einen erheblichen Qualitätsunterschied, wenn du dich für ein externes Mikrofon entscheidest. Dafür gibt es welche mit Kabel – da hast du aber wieder das »Problem« mit der Distanz –, oder du entscheidest dich für ein kabelloses Mikrofon. Diese werden über einen Adapter mit dem Smartphone verbunden. Dadurch wird der Ton klarer und professioneller, insbesondere bei lauteren Umgebungsgeräuschen. Hier kannst du zu Modellen greifen wie dem DJI Mic inklusive Sender und Empfänger.

5.4 Dein Streaming-Setup

Kommen wir nun zum Equipment, das du brauchst, wenn du bei Twitch zu Hause bist und dort streamst. Es unterscheidet sich in gewisser Weise von den vorherigen beiden Abschnitten, denn hier geht es nicht darum, dass du mit Kamera oder Handy drehst, sondern dass du eine Kamera positionierst und dann live hineinquatschst! (Ausnahme ist der IRL-Stream, auf den wir noch zu sprechen kommen.) Ich zeige dir jetzt, was du beim Streamen beachten solltest, damit der Technik nichts im Wege steht. Viele Produkte wie Licht und Kameramodelle wiederholen sich hier natürlich.

Das Streaming-Setup für den Schreibtisch wird oft als Desk-Setup oder Schreibtisch-Streaming-Setup bezeichnet. Das ist die Anordnung von Technik, die ein Streamer verwendet. Der Vorteil dabei ist die einfache Zugänglichkeit und Flexibilität. Das ist für dich besonders nützlich, wenn du Gaming oder Interaktionen mit dem Publikum von einem festen Arbeitsplatz aus durchführen willst. Du kannst entweder ein kleines oder ein großes Setup aufbauen. Das ist abhängig von deinem Content, deiner Reichweite und – nun ja – auch von deinem Geldbeutel. Ich zeige dir beide, für den Anfang empfehle ich aber das kleine Setup.

Wenn du ein kompaktes und kostengünstiges Setup suchst, bietet sich der Einsatz deines Handys als Kamera an. Mit Apps wie *Camo* oder *OBS* kann dein iPhone oder Android-Smartphone problemlos als Webcam eingesetzt werden. Diese Kameras bieten bereits eine beeindruckende Bildqualität, die für den Einstieg oder mobile Streams völlig ausreichend ist. Oder du besorgst dir eine kleine Webcam, die günstige Modelle fangen hier bereits bei 50 € an. Beispielsweise die Logitech C920s HD Pro Webcam– diese gilt als sehr beliebtes Einsteigermodell und erfüllt mit dem schnellen Autofokus und einer Auflösung von bis zu 1080p erst mal die Basisanforderungen (Abbildung 5.26).

Abbildung 5.26 Logitech C920s HD Pro Webcam

Manchmal ist eine Kamera ja bereits in deinem Laptop integriert, aber die hat oft eine nicht so gute Qualität und ist nicht wirklich flexibel. Um die Qualität deiner Aufnahme noch zu steigern, kannst du für besseres Licht ein Ringlicht oder ein kleines LED-Licht verwenden. Vor allem wenn du beim Streaming in einem kleinen Setup-Rahmen nur eine Lichtquelle einsetzt, würde ich dir ein Ringlicht empfehlen. Das sorgt für gleichmäßige Beleuchtung und hilft, Schatten zu minimieren. Günstige Ringlichter gibt es zum Beispiel schon für weniger als 20 € von Gator Frameworks, darf es etwas mehr kosten, dann ist ein El-Gato-Ringlicht (Abbildung 5.28) für 200 € ein sehr beliebtes Modell unter Streamenden. Auch ein einfaches USB-Mikrofon oder ein Ansteckmikrofon für besseren Sound kann integriert werden, wobei du auch das Smartphone als Audioquelle nutzen kannst. Hier eignet sich z. B. das Kondensatormikrofon Razer Seiren Mini USB, und es ist mit 45 € erschwinglicher als die Geräte großer Marken am Markt (Abbildung 5.27).

Abbildung 5.27 Kondensatormikrofon Razer Seiren Mini USB

Ein einfacher PC oder Laptop mit der App *OBS* sorgt für die softwareseitige Steuerung des Streams. Optional kannst du auch mit einem sogenannten Elgato-Stream-Deck bequem zwischen Szenen wechseln, beispielsweise von einer Kameraperspektive auf einen *BRB-Screen (Be Right Back)*, oder mit anderen individuellen Übergängen spielen. Dies sorgt für eine bessere Kontrolle während des Streams.

Abbildung 5.28 Kleines Streaming-Setup, bestehend aus einem Licht, einem oder zwei Bildschirmen, einer einfachen Webcam, PC und einem Streaming-Deck (*https://www.elgato.com/de/de*)

Ein größeres und hochwertigeres Streaming-Setup ist für diejenigen gedacht, die eine professionelle Produktionsqualität anstreben. In diesem Setup kommen leistungsstarke Kameras und zahlreiche zusätzliche Komponenten zum Einsatz. Für eine Kamera bieten sich die Modelle Canon EOS R50 oder Lumix DC-G9 an, die gestochen scharfe 4K-Aufnahmen liefern. Für gutes Licht sorgen mehrere Softboxen (riesige Lampenschirme) und LED-Panels für eine professionelle Beleuchtung. Das garantiert eine gleichmäßige Ausleuchtung des Streamenden ohne unschöne Schatten. Ich empfehle dir hochwertige Mikrofone, die über Funkstrecken verbunden sind, für einen klaren und störungsfreien Ton. Ein Studiomikrofon ist dabei eine gute Wahl. Das Shure SM 7 B besticht durch sehr gute Stimm- und Instrumentalaufnahmen und wird von den meisten Streamern aktuell eingesetzt. Wie auch von LuciNana – sie wird uns am Ende des Buchs in einem Interview verraten, wie sie ihre Tools am besten einsetzt (Abbildung 5.29). Über den praktischen XLR-Anschluss des Mikros kann mit einem Adapter der Ton direkt in der Kamera aufgenommen werden.

Abbildung 5.29 Streamerin LuciNana nutzt bei ihrem GTA Hardcore Roleplay das Mikrofon Shure SM 7 B.

Du brauchst einen leistungsstarken Gaming-PC vor allem, wenn du Let's Plays machst. Besser sind dann sogar zwei Computer; der eine übernimmt das Spiel, während ein zweiter Streaming-PC den Stream verarbeitet. Der Streaming-PC ist mit einer starken Grafikkarte und einem hochwertigen Prozessor ausgestattet, um Video und Audio gleichzeitig zu streamen, ohne dass die Leistung des Spiels darunter leidet. Schlau ist es auch, mit drei Bildschirmen zu arbeiten, damit du den Stream überwachen, den Chat verfolgen und die Stream-Software bedienen kannst. Das ermöglicht eine komfortable Bedienung ohne Umschalten zwischen verschiedenen Fenstern. In einem professionellen Setup ist oft ein großes Elgato Stream Deck integriert. Mit diesem Gerät können verschiedene Szenen und Übergänge schnell gesteuert werden. So kann der Streamer mit nur einem Knopfdruck auf einen BRB-Screen (Be Right Back = Bin gleich zurück) oder auf Szenenwechsel wie Chat-Ansichten oder Intro umschalten. Ein Beispiel ist das Focusrite Scarlett Solo 3rd Gen (Abbildung 5.30).

Abbildung 5.30 Focusrite Scarlett Solo 3rd Gen (*https://focusrite.com/products/scarlett-solo-3rd-gen*)

Abbildung 5.31 Sehr großes Streaming-Setup bei Trymacs (*https://www.youtube.com/watch?v=3ozX2x2EPfg*)

5.4.1 Greenscreen oder echter Studiohintergrund

Vielleicht hast du schon mal gesehen, dass manche Streamenden eine giftgrüne Wand hinter sich aufstellen. Warum? Ein Greenscreen ist eine große grüne Wand hinter dir. Mit einem Computerprogramm kann die Farbe Grün »unsichtbar« gemacht werden. Dadurch kannst du statt des Grüns ein Bild oder ein Video zeigen, als wärest du an einem anderen Ort – etwa in einem coolen Zimmer oder im Weltraum! Streamer benutzen das, damit es spannender aussieht, wenn sie spielen oder reden. Beim Greenscreen sollte der Hintergrund ausgeleuchtet werden, damit keine Schatten entstehen. Wichtig ist ebenfalls, nichts Grünes anzuziehen, denn sonst verschwindet auch die Kleidung in dieser Farbe, wie es bei Trymacs passiert ist (Abbildung 5.32).

Abbildung 5.32 Greenscreen Fail bei Trymacs

Du kannst dir entweder einen Greenscreen oder einen echten Studiohintergrund einrichten. Stell dir vor, du wärest ein Schauspieler oder eine Schauspielerin in einem Film. Wenn du einen echten Studiohintergrund hast, sieht es aus, als würdest du in einem echten Raum oder an einem echten Ort sein – vielleicht in einem coolen Gaming-Zimmer (Abbildung 5.33).

Abbildung 5.33 Streaming-Raum von EliasN97 – bunt mit vielen LEDs und viel Deko (*https://www.twitch.tv/eliasn97*)

Das macht die Atmosphäre besonders und lässt die Menschen fühlen, wirklich an diesem Ort zu sein. Das machen die meisten Streamer, da die Zuschauenden das Gefühl haben, bei dir zu Hause zu sein – das ist persönlicher. Ein Greenscreen dagegen ist wie ein grünes Tuch, das hinter dir hängt. Alles, was grün ist, wird von der Kamera ausgeblendet, und du kannst dann fast überall sein – im Weltall, auf einem Berg oder in einem Spiel. Die Atmosphäre kann also viel fantasievoller sein, weil du dich in viele verschiedene spannende Welten begeben kannst. Es fühlt sich an, als wärest du in einer Geschichte, die du selbst gestaltest.

5.4.2 Streamen von unterwegs

Du kannst natürlich auch von unterwegs streamen. Das heißt dann: IRL (In Real Life). Content-Creator berichten so live aus ihrem Alltag oder streamen an realen Orten, anstatt vor einer Kamera im Studio zu sitzen. Es geht darum, authentische, ungefilterte Erlebnisse zu teilen, die in der realen Welt stattfinden. Dabei können die Zuschauenden die Erlebnisse des Streamers in Echtzeit verfolgen und sich interaktiv mit dem Streamer austauschen. IRL-Streams sind oft unvorhersehbar und können unerwartete Ereignisse oder interessante Begegnungen mit sich bringen, was sie besonders spannend macht. Möchtest du IRL-Streams machen, brauchst du auch dafür eine gewisse Ausrüstung: einen Streaming-Rucksack – also ein tragbares Setup (Abbildung 5.34).

Abbildung 5.34 IRL-Stream von Adam Wolke in seinem Kanal SkylineTV (*https://www.youtube.com/watch?v=umCEly-B8Qg*)

Außerdem brauchst du natürlich Kameras, die über Funk oder Kabel mit der Streaming-Ausrüstung verbunden sind. Die Kameras sind oft professionell und bieten eine hohe Auflösung, etwa 4K. Für eine stabile Internetverbindung sorgen tragbare Router, die mehrere Mobilfunknetze koppeln, um die nötige Datenrate zu gewährleisten. Dies ist besonders wichtig für Livestreaming, um Aussetzer oder Verzögerungen zu vermeiden. Außerdem solltest du mehrere drahtlose Mikrofone in deinem Rucksack haben sowie eine ausreichende Stromversorgung für längere Streams dabeihaben. Dafür kannst du große Batterien oder tragbare Stromgeneratoren mitnehmen.

Aber Achtung, dabei gilt es einiges zu beachten: Da IRL-Streaming oft in der Öffentlichkeit stattfindet, muss man besonders auf die Privatsphäre von anderen achten. Es können unbeabsichtigt Menschen im Stream auftauchen, die nicht gefilmt werden möchten. Es ist wichtig, dass Streamer keine persönlichen Daten oder Informationen preisgeben, die sie oder andere gefährden könnten. In vielen Ländern gibt es spezielle Regeln dazu, was im öffentlichen Raum gefilmt und gestreamt werden darf. Es ist wichtig, sich an diese Vorschriften zu halten und auf lokale Gesetze zu achten, insbesondere in Bezug auf das Filmen von Personen oder öffentlichen Ereignissen.

5.5 Auf geht's!

So, das war jetzt erst mal viel Input! Und das richtige Equipment macht dich allein nicht zum Profi. Wende daher beim Drehen und Streamen zunächst das Trial-and-Error-Prinzip an. So kommst du stetig weiter, auch wenn es mal nicht so läuft, wie du es dir vorstellst. Das Motto lautet: »Probieren, scheitern, wiederholen und siegen.« Lerne auch von deinen Kolleginnen und Kollegen! Greife auf jahrelanges Wissen von anderen zurück und schaue dir Tutorials an, es hatte sicher schon mal jemand dasselbe Problem wie du! Da sich die Videotechnik sehr schnell weiterentwickelt, musst du immer up to date bleiben. Im Internet findest du viele Seiten mit Informationen, die dir helfen, dein Know-how zu verbessern.

Die richtige Drehlocation

Du hast jetzt das passende Equipment, dein Drehkonzept ist fertig, und du hast dir auch eine Auswahl an passenden Drehlocations überlegt. Der nächste Schritt ist, bei den Betreibern der Locations anzurufen und Termine für eine Besichtigung auszumachen. Wenn du dich im Vorfeld ankündigst, können sich die Betreiber darauf einstellen und planen auch Zeit ein, die du für die Beantwortung deiner Fragen brauchst.

Es gibt eine Reihe von Faktoren, die du beim Location-Check beachten solltest:

- Wie ist die Lichtsituation, bist du zum Beispiel draußen in der Natur? Welche vorhandenen Lichtquellen können genutzt werden? Dementsprechend kann zusätzliches Licht eingeplant werden.
- Gibt es störende Lärmquellen (zum Beispiel stark befahrene Straßen, Klimaanlagen, technische Signale von Computern, die die Tonaufnahme stören könnten, usw.)? Wenn ja, lassen sich diese ausstellen?
- Ist die Location schon »drehfertig«, oder müsste noch viel umgebaut werden?
- Wo liegen die Steckdosen (für Licht, um Akkus zu laden usw.)?
- Ist genügend Platz zum Drehen vorhanden?
- Ist die Location sicher für das Team und das Equipment? Gibt es Gefahrenquellen wie ungesicherte Bauwerke, steile Abhänge oder potenzielle Stolperfallen? Möglicherweise ist eine Sicherheitsprüfung erforderlich.
- Wie sind die Wetterbedingungen vor Ort, insbesondere bei Außenaufnahmen? Kann der Dreh durch Regen, Wind oder extreme Temperaturen beeinträchtigt werden? Muss ein alternativer Drehort für Schlechtwetter geplant werden?
- Wie leicht ist die Location erreichbar? Gibt es ausreichend Parkmöglichkeiten in der Nähe, oder müssen Ausrüstung und Team lange Wege zurücklegen? Ist die Location auch für schweres Equipment zugänglich?
- Logistik für das Team: Gibt es Einrichtungen wie Toiletten, Umkleideräume oder Pausenräume für das Team? Wie ist die Verpflegungssituation vor Ort – sind nahegelegene Restaurants oder Lieferdienste vorhanden, oder muss Catering organisiert werden?
- Welche Maßnahmen gibt es für den Fall eines Notfalls, wie Erste-Hilfe-Stationen oder Evakuierungswege? Gibt es eine Krankenstation oder Notrufmöglichkeiten in der Nähe?

Und noch mehr Tipps für den gelungenen Dreh:

Tricks für schicke Clips

- Orientiere dich mit der Kamera oder dem Handy immer an der Augenhöhe des Motivs: In den meisten Einstellungen wird ein Mensch in der Nahen oder Halbnahen zu sehen sein. Die Linse sollte immer in Augenhöhe des gefilmten Menschen positioniert werden.
- Achte immer auf den Hintergrund! Er sollte nicht zu überladen wirken, und es sollten keine großen Schriften sichtbar sein, die das Publikum unnötig ablenken.

Und der letzte und wertvollste Tipp: Ein Dreh ist lang und anstrengend, also muss das ganze Team versuchen, stets die Stimmung hochzuhalten, denn wenn die Stimmung kippt, kippt auch das Ergebnis des Drehs. Es gibt nichts Besseres als einen unvergesslichen Tag, den man als Videoclip festgehalten hat (Abbildung 5.35). Diese Erfahrung wirst du – hoffentlich – selbst machen!

Abbildung 5.35 Gute Laune ist das Wichtigste bei einem Videodreh.

Tipp

Ganz wichtig: Für genügend gute Laune und die passende Verpflegung sorgen (Abbildung 5.35)! Nichts lässt die Stimmung des Teams schneller kippen als zu wenig oder gar kein Essen und Trinken vor Ort.

Kapitel 6

Ab in den Videoschnitt

Erreiche einen professionellen Look durch gekonnte Videonachbearbeitung. Die Art und Weise, wie du dein Video schneidest, entscheidet über deinen ganz eigenen Stil, ähnlich deiner individuellen Handschrift.

Der Dreh oder Stream ist gut gelaufen, und du hast alles im Kasten. Nun folgt die Videobearbeitung mit einer Schnittsoftware. Hier gibt es wieder viele verschiedene Anbieter und Versionen – von einfachen Freeware-Schnittprogrammen bis hin zur professionellen Schnittsoftware. Die gute Nachricht: Auch mit einfachen Schnittprogrammen lässt sich gut schneiden. Die Software ist für die Qualität des Videos oder der Stream-Aufzeichnung nicht so entscheidend wie die Art und Weise, wie geschnitten wird.

Hier gibt es natürlich große Unterschiede zwischen den verschiedenen Plattformen. So kannst du am Computer und am Handy schneiden. Für YouTube und Twitch bietet es sich meistens an, am Rechner zu schnippeln, aber für TikTok und Instagram verwenden viele ihre Smartphones, da man direkt im richtigen Format »denkt«. Aber auch hier verschwimmen die Grenzen natürlich, und du kannst oder solltest auch mal dein Twitch-Stream, für TikTok beispielsweise, am Handy clippen. Zuerst zeige ich dir den Schnitt an PC und Handy, und danach fahren wir fort mit generellen Regeln und Tipps fürs Content-Schneiden. Am Ende zeige ich dir noch, wie du bei Twitch den Stream starten kannst!

6.1 Schneiden am Computer

Das machst du natürlich vor allem für YouTube. Klar, bei Twitch kannst du im Schnitt die Aufzeichnungen clippen, aber dieses Kapitel ist besonders für rohen Videoschnitt gedacht!

Du findest online Tausende Videos, in denen erklärt wird, wie du beim Schnitt vorgehen musst. Es gibt diverse Tutorials speziell für YouTube und komplette Schritt-für-Schritt-Anleitungen, die zeigen, wie du vorgehen kannst. Ich zeige dir hier die Basics und erkläre dir die grundlegenden Arbeitsschritte. Es schadet aber nicht, parallel beim Lesen auch ein paar How-to-Clips für einzelne Schritte anzuschauen.

Ganz egal, für welches Schnittprogramm du dich am Ende entscheidest, die Funktionen des Programms zu lernen, ist nur der Anfang. Was einen guten Schnitt ausmacht, kann nur durch Übung und Beobachtung gelernt werden.

Bevor es an den eigentlichen Schnitt geht, muss das Projekt gut vorbereitet werden. Eine gute und strukturierte Herangehensweise hilft dir, immer den Überblick zu behalten, und ist sehr wichtig für ein gutes Schnittergebnis. Am besten erstellst du dafür einen eigenen Ordner auf deiner Festplatte, in dem du dann alle Dateien für das Projekt abspeicherst (Abbildung 6.1). In diesem Ordner sollte es einen Unterordner für das Rohmaterial geben, einen für Projektdateien, einen für Grafiken, einen für Ton/Musik/Soundeffekte und einen für den finalen Videoexport.

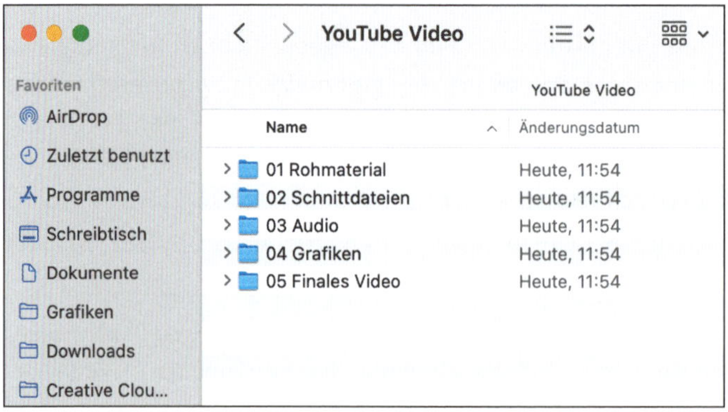

Abbildung 6.1 Ordnung auf deinem Computer durch eine saubere Benennung deines Videoschnittordners

Beachte, dass du die Ordnerstruktur auch im Schnittprogramm aufrechterhältst. Im Schnittprogramm Premiere beispielsweise kann man ebenfalls Ordner erstellen, die du analog zu den Ordnern im File-Explorer benennen kannst. Es wäre ja auch unsinnig, wenn du dir viel Mühe gibt, alles zu ordnen, um im Schnittprogramm dann wieder alles durcheinanderzuwerfen.

Tipp

Viele Kameras ermöglichen es, dass man seinen Videoclips schon in der Kamera einen Namen gibt, das erleichtert auch im Schnitt einiges. So hat man dann statt eines Clipnamens mit irgendwelchen Nummern (z. B. *P1264352.mov*) einen individuellen Dateinamen (z. B. *YT-VIDEO_4_CLIP_3*).

Du solltest immer den Überblick behalten. Es ist sinnvoll, sich für jeden Bearbeitungsschritt eine eigene Timeline bzw. Sequenz anzulegen, wie hier beispielsweise in iMovie (Abbildung 6.2). Das ist das Hauptelement jedes Videoschnittprogramms. Auf der Timeline puzzelst du deine einzelnen Filmschnipsel dann zusammen und legst die Reihenfolge fest. Hier setzt du Effekte, Übergänge und den Sound ein.

Abbildung 6.2 Timeline bzw. Sequenz in iMovie anlegen

Um überhaupt erst einmal eine Struktur in dein gesamtes Material zu bekommen, empfehle ich dir ein bewährtes Vorgehen (Abbildung 6.3): Zuerst fertigst du einen Rohschnitt an, und danach folgt der sogenannte Feinschnitt. Glaub mir, es ist unglaublich hilfreich, in diesen Etappen vorzugehen. So gelangst du leichter und ohne große Mühe Stück für Stück zum fertigen Videoclip.

Abbildung 6.3 Rohschnitt und Feinschnitt

In die erste Sequenz kommt dein gesamtes Rohmaterial. Die Sequenz *1_projektname_rohmaterial* wird nicht weiter bearbeitet und dient dem Überblick (1.). Hier kannst du sehen, wie viel und was du gedreht hast. Als Nächstes kopierst du diese Sequenz und nennst sie um in *2_projektname_rohschnitt_1* (2.). Aus dieser Timeline wird alles herausgeschnitten, was definitiv nicht genutzt wird. Jetzt kannst du beginnen, die Schnipsel in eine sinnvolle Reihenfolge zu bringen. Nach diesem Schritt hast du eine Timeline mit vielen kleinen Filmschnipseln. Diese kopierst du erneut und nennst sie zum Beispiel *3_projektname_rohschnitt_2*. Erst jetzt sind die Details dran, wie zum Beispiel in *3_projektname_feinschnitt_1* (3.). Anschließend folgt etwa das Einfügen von Effekten, Einblendungen und Sound. Das ergibt auch erst jetzt Sinn, denn wenn du schon beim ersten Rohschnitt damit beginnen würdest, stiege der Aufwand für dich unnötig an. Es lohnt sich also am meisten, diese Feinheiten erst ganz zum Schluss umzusetzen. Somit schaffst du es vom Groben ins Feine, ohne komplett verwirrt zu sein und den Überblick zu verlieren.

Welche Software?

Für den Videoschnitt am PC gibt es eine Vielzahl an Programmen. Ich gebe dir hier einen Überblick über die wichtigsten.

Zum einen gibt es vorinstallierte Programme wie:

1. Apple iMovie
2. Microsoft Clipchamp
3. Windows Photos

Die sind kostenlos schon auf deinem Rechner installiert, haben aber wirklich nur die grundlegendsten Funktionen. Dafür lassen sie sich schnell und leicht auch von Laien bedienen. Für den Anfang ist das ausreichend, nur bei größeren Projekten sind andere Programme etwas nützlicher.

Es gibt natürlich auch eine Reihe kostenloser Programme:

1. Lightworks Free
2. DaVinci Resolve Free (das ist eigentlich ein professionelles Programm, hat aber fast alle Funktionen seines bezahlten »Bruders«.)
3. Shotcut
4. HitFilm Express
5. Openshot
6. Kdenlive
7. Kapwing

Diese bieten meist natürlich nicht so viele Funktionen wie bezahlte Programme, sie reichen für den Anfang aber oft aus – vor allem zum Herumprobieren. Für die kostenlosen Editoren gibt es online viele lehrreiche Tutorials, probiere dich da etwas durch :).

Last, but not least folgen noch ein paar professionelle Programme! Hast du vor, langfristig richtig coole YouTube-Videos zu schneiden? Dann sollte dein Ziel sein, dich direkt an die professionellen Programme heranzuwagen. Du wirst früher oder später nicht darum herumkommen, ich spreche hier aus Erfahrung. Es braucht zwar einige Zeit, bis du dich mit einem professionellen Schnittprogramm vertraut gemacht hast, aber die Mühe lohnt sich!

1. Adobe Premiere Pro CC (Abbildung 6.4)
2. DaVinci Resolve Studio
3. Final Cut Pro
4. Magix Video Pro X
5. Sony Vegas Pro 21
6. Corel VideoStudio Ultimate 2023

Abbildung 6.4 Videos schneiden mit Adobe Premiere Pro

Cutter weltweit arbeiten seit Jahren häufig mit dem Schnittprogramm Premiere Pro von Adobe, und es gibt mehrere Gründe, warum dieses Programm besonders empfehlenswert ist. In den letzten Jahren hat Premiere Pro zunehmend an Bedeutung gewonnen und hat Programme wie Final Cut Pro von Apple sowie andere Videobearbeitungssoftware aus dem Consumer- und Prosumer-Bereich weitgehend verdrängt. Heute wird Premiere Pro vor allem von vielen kleinen und mittleren Produktionsfirmen genutzt. Dieser Erfolg lässt sich mit der guten Vernetzung der Programme der Adobe Creative Cloud (CC) erklären. Premiere Pro kannst du hervorragend mit Adobe Photoshop, Adobe After Effects und anderen Programmen aus der CC kombinieren. Erstellte Videos, Grafiken und Fotos müssen nicht mehr exportiert werden, sondern können direkt in Premiere Pro eingesetzt und dort bearbeitet und angepasst werden.

In den letzten Jahren hat jedoch auch DaVinci Resolve enorm an Popularität gewonnen (Abbildung 6.5). Ein Grund ist die Verfügbarkeit einer kostenlosen Version, die bereits sehr umfangreiche Funktionen bietet und besonders für Einsteiger und Indie-Filmemacher attraktiv ist. Die regelmäßigen Updates, mit denen Funktionen für Schnitt, Farbkorrektur, Sound und VFX verbessert wurden, haben Resolve bei Profis an Bedeutung gewinnen lassen. Zudem hat Blackmagic Design in Hardware für die Videoproduktion investiert, was Resolve bei Studios und Profis zur bevorzugten Wahl gemacht hat. Premiere Pro bleibt nach wie vor eines der führenden Schnittprogramme, insbesondere durch seine nahtlose Integration in die Adobe Creative Cloud. Die Cloud-basierte Zusammenarbeit und die regelmäßig hinzugefügten Features für Social-Media-Formate sowie Multicam-Editing und KI-gestützte Bearbeitungsfunktionen wie Auto-Reframe und Audio-Cleaning haben Premiere unter YouTubern und Content-Creators extrem populär gemacht. Allerdings wird Premiere Pro oft als teuer angesehen, was einige User zu DaVinci Resolve wechseln ließ.

Abbildung 6.5 Videos schneiden mit DaVinci Resolve

Tipp: Schnittprogramme im Abo

Für diejenigen, die sich ausschließlich auf Videobearbeitung konzentrieren, reicht das Einzelabo von Adobe Premiere Pro, da es günstiger ist als das Abo der gesamten Suite und alle nötigen Funktionen für professionellen Videoschnitt bereitstellt. Mit ca. 60 € ist es dennoch ganz schön happig. DaVinci Resolve bietet im Unterschied zu vielen anderen Videobearbeitungsprogrammen eine Basisversion, die kostenlos erhältlich ist.

Diese kostenlose Version bietet bereits eine enorme Anzahl an Funktionen, die für die meisten Videoprojekte völlig ausreichen. Für professionelle Anwender gibt es jedoch auch eine bezahlte Version namens DaVinci Resolve Studio für einmalige 355 € inkl. Updates, was bei regelmäßiger Anwendung viel günstiger ist als ein Abo-Modell.

https://creative.adobe.com

https://www.blackmagicdesign.com/de/products/davinciresolve

Tabelle 6.1 vergleicht die beiden Tools.

Kriterium	**Adobe Premiere Pro**	**DaVinci Resolve**
Preis	ca. 25 €/Monat (Einzelabo)	einmaliger Kaufpreis: 355 € (DaVinci Resolve Studio)
Kostenlose Version	Keine kostenlose Version, nur Testversion verfügbar.	Kostenlose Version verfügbar, mit vielen Funktionen.
Benutzeroberfläche	Intuitiv, aber komplex für Anfänger.	Sehr benutzerfreundlich, aber steilere Lernkurve für Anfänger.
Funktionen	Sehr viele professionelle Funktionen, auch für Audio und 3D.	Exzellente Farbkorrektur und fortschrittliche Bearbeitung.
Kompatibilität	Kompatibel mit vielen Formaten und Adobe-Programmen.	Unterstützt eine breite Palette von Formaten, aber weniger Kompatibilität mit Adobe-Software.
Integration mit anderen Programmen	Sehr gute Integration mit der Adobe Creative Cloud (Photoshop, After Effects etc.).	Gute Funktionen, aber weniger Integrationen als Adobe.
Leistung und Stabilität	Relativ stabil, kann aber bei komplexen Projekten ressourcenintensiv sein.	Sehr leistungsstark, besonders bei Farbkorrektur und 3D-Arbeiten.
Community und Tutorials	Riesige Community, viele Tutorials und Ressourcen online.	Sehr gute Community, aber weniger Tutorials im Vergleich zu Adobe.
Regelmäßige Updates	Monatliche Updates mit neuen Funktionen und Verbesserungen.	Große Updates jährlich, aber keine monatlichen Änderungen.
Besondere Stärken	Vielseitigkeit und Anpassungsfähigkeit, besonders für große Teams.	Überlegene Farbkorrektur, kostenloses leistungsstarkes Tool.
Nachteile	Abo-Modell, hohe laufende Kosten.	Weniger Integration mit Drittanbietertools und Plug-ins.

Tabelle 6.1 Vergleich der beiden Tools

6.2 Das Taschenwunder Handy

Auch wenn es klein ist – das Handy ist wirklich ein kleines Wunder. Auf dem kleinen Bildschirm kannst du theoretisch ganze Filme drehen und schneiden! Und im Gegensatz zum Computer ist alles etwas schneller und unvermittelt – schnapp dir dein Handy und fang an! Wirklich viel Vorbereitung brauchst du nicht – klar, zu viele oder lange Clips kannst du sortieren und kürzen, aber das meiste geht dann in den Apps. Ich zeige dir jetzt erst mal, welche Programme sich lohnen: *CapCut* und *Adobe Premiere Rush* sind benutzerfreundliche Apps. CapCut bietet eine breite Palette an Filtern, Effekten, Text- und Musikfunktionen, die auf mobilen Geräten leicht zugänglich sind und kreative Videos für Plattformen wie TikTok und Instagram ermöglichen (Abbildung 6.6).

Abbildung 6.6 CapCut (*https://www.capcut.com/de-de/tools/video-editing-app*)

Vor allem für TikTok gibt es dort kreative Vorlagen für Videos. Adobe Premiere Rush ist eine mobile und eine Desktop-App mit nahtloser Cloud-Integration und grundlegenden Schnittwerkzeugen wie Timeline-Editing, Farbkorrekturen und Audiobearbeitung. Das ist perfekt für dich, wenn du kurze, professionelle Videos machen willst. Im Vergleich zu Programmen wie etwa Adobe Premiere Pro fehlen beiden Programmen jedoch fortgeschrittene Bearbeitungsoptionen wie präzise Farbkorrektur, umfassende Multicam-Tools und erweiterte Effekte für Filmproduktionen. Zudem ist Premiere Pro für Projekte mit höheren Qualitätsansprüchen ausgelegt. CapCut und Rush sind vor allem auf Schnelligkeit und einfache Bedienbarkeit ausgerichtet, und professionelle Programme bleiben für komplexe und qualitativ anspruchsvolle Videoprojekte unverzichtbar.

Weitere mögliche Apps

- *LumaFusion* (iOS) – professionelle App für iPad und iPhone mit Multitrack-Bearbeitung, Farbkorrektur und einer Vielzahl an Effekten; ideal für ambitionierte Projekte. Die App kostet einmalig knapp 10 €.
- *KineMaster* (iOS, Android) – umfassende Funktionen wie Multi-Layer-Bearbeitung, Farbfilter und Echtzeitexport; beliebt bei YouTubern und Content-Creators. Hier gibt es eine kostenlose Version, aber dann sind die Funktionen nur eingeschränkt nutzbar; für mehr Funktion muss man ca. 3,60 € im Monat zahlen.
- *InShot* (iOS, Android) – leicht zu bedienen und mit vielen Bearbeitungsfunktionen wie Musik, Text und Übergängen; besonders gut für Social-Media-Videos geeignet. Genau wie KineMaster kann man InShot for free nutzen, aber auch dann nur mit Einschränkungen – ein Upgrade kostet je nach Abo-Modell zwischen knapp 5 und 40 €.

Infobox KI

Adobe Premiere ist ein großer Vorreiter in Sachen *KI* – mit z. B. generativem Erweitern und vielen weiteren KI-Features. Daher lohnt sich das Programm, schau doch mal rein und probiere es aus!

6.3 Welche Geschichte willst du erzählen?

Jetzt ist es so weit: Der Zeitpunkt im Schnitt, an dem dein Talent als Geschichtenerzähler gefragt ist, ist gekommen! Jetzt gilt es, die Schnipsel in eine Reihenfolge zu bringen. Dabei solltest du dir genau überlegen, wie du die Geschichte erzählen willst. Diejenigen, die noch nicht so viel Erfahrung im Schnitt haben, werden meistens erst mal nur eine Zusammenfassung des Drehmaterials grob zusammenschneiden. Dabei übersehen sie jedoch die Möglichkeiten, die sich ihnen bieten, um eine wirklich spannende Geschichte zu erzählen.

Das Video sollte inhaltlich einem roten Faden folgen, also ein richtig gutes Konzept haben (Abbildung 6.7). Ganz grob lässt sich dein Content in Einleitung, Hauptteil und Schluss unterteilen. Starte direkt zusammen mit der Begrüßung mit einer Einführung in das Thema. Es sollte schnell auf den Punkt gebracht werden, damit dein Publikum nicht gelangweilt das Video wegklickt. Im Hauptteil wird das eigentliche

Thema des Videos behandelt. Handlungsaufforderungen sollten immer in den Schluss, genauso wie die Verlinkungen zu deinen anderen Accounts!

Abbildung 6.7 Schreibe dir dein Konzept.

Als Content-Creator wirst du die meiste Zeit in die Kamera zu deinen Zuschauenden sprechen. Der Trend der letzten Jahre ist, alles Unnötige rauszuschneiden und einfach Jump Cuts (gleiche Einstellung bei den Schnitten) zu setzen. Bei Shorts (Instagram) und TikToks ist das noch viel extremer als bei YouTube. Da schneiden einfach alle immer noch ein bisschen kürzere Clips als die anderen – sogar Atempausen werden zum Teil rausgeschnitten, um den Rhythmus und die Aufmerksamkeit der Zuschauer zu maximieren. Nur die wichtigsten Aussagen ohne Verzögerungen sollten heutzutage aneinandergereiht werden. Dies verkürzt die Videolänge und macht die Inhalte schneller konsumierbar. Zusätzlich wechseln viele Creators zwischen verschiedenen Kameraperspektiven oder setzen Zooms ein, um visuelles Interesse zu erzeugen. Schnitte auf bestimmte Worte oder Schlagworte betonen wichtige Punkte und verstärken den Humor oder die Dramatik einer Aussage. Schließlich nutzen Creators oft kreative Effekte wie Match Cuts (Übergänge einer Bewegung), um flüssige und auffällige Übergänge zu gestalten.

In der morefire-Studie haben wir die Menschen mal gefragt, welche Videolänge sie am liebsten schauen. Am beliebtesten sind mittellange Videos – wie sie oft auf YouTube zu finden sind. Kürze Videos erfreuen sich aber auch großer Popularität (Abbildung 6.8). Dennoch, egal wie lang oder kurz die Videos sein mögen, spannend sollten sie ohnehin sein!

Am Anfang sind schnelle Schnitte der einfachste Weg und sehr praktisch, weil du dich häufiger versprechen wirst (was ganz natürlich ist). Mit zunehmender Erfahrung wirst du immer weniger Jump Cuts einsetzen und länger am Stück erzählen können. Um dein Video abwechslungsreich zu gestalten, ist es wichtig, dich nicht nur beim Erzählen zu zeigen, sondern deine Geschichte mit Fotos und weiteren kleinen Videos zu unterlegen oder zwischendurch auch einfach mal eine Bilderstrecke mit unterlegter Musik einzubauen. Achte nur unbedingt darauf, dass du die Rechte an dem Material hast, also verwende nicht einfach irgendwelche Fotos und Videos aus dem Internet.

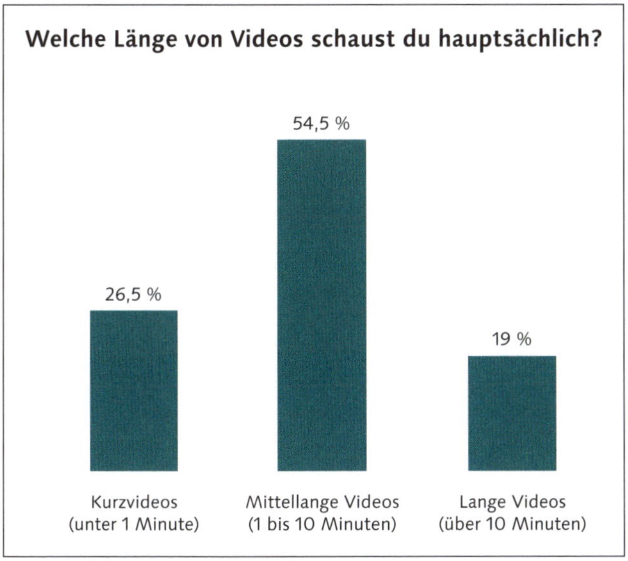

Abbildung 6.8 Beliebte Videolängen

Hinweis

Denk auch daran, dass online teilweise Profis am Werk sind, deren Beruf der Videoschnitt ist und die ein Team dahinter haben. Da können Videos schon mal »perfekt« wirken, aber das kannst du am Anfang als Ein-Personen-Crew nicht alles umsetzen (außerdem ist das auf Social Media auch gar nicht der Normalfall).

Noch etwas Schnitt-Theorie: Wird im Video eine neue Location gezeigt, besteht die normale Herangehensweise darin, dass diese zunächst durch eine Totale eingeführt wird. Danach folgen abwechselnd Halbnah-, Nah- und Detaileinstellungen. Du kannst auch andersherum vorgehen. Manchmal wird mit einer oder mehreren Detaileinstellungen begonnen und dann mit jedem Schnitt ein wenig mehr gezeigt. Dies ist ein guter Weg, um Spannung aufzubauen. Außer bei den Jump Cuts ist es ratsam, keine gleichen oder ähnlichen Einstellungen aneinanderzuschneiden. Solche Schnitte wirken in den meisten Fällen nicht natürlich. Übergänge solltest du gekonnt einsetzen, damit keine Langeweile entsteht. Schnelle Schnitte sorgen für Dynamik und lassen deine Zuschauer aufmerksam bleiben.

Tipp: Vergleiche mit bekannten Influencern anstellen!

Lass dich von anderen Videos inspirieren und suche nach Möglichkeiten, deine eigenen Vorstellungen umzusetzen. So wirst du schnell herausfinden, was momentan »in« ist und was noch fehlt. Vielleicht schaffst du gerade dadurch deinen eigenen Stil und somit auch die Unverwechselbarkeit, die dich besonders macht.

6.4 Der letzte Schliff

Sobald die Reihenfolge deiner Clips feststeht, kopierst du die Timeline wieder. Im nächsten Schritt können nun Musik und Soundeffekte an ausgewählte Stellen gelegt und die Schnipsel an die Musik angepasst werden. Jetzt solltest du deine Anfangsanimation sowie Schriften, Fotos und Grafiken in deinem Video verteilen, gestalte Einblendungen, wie zum Beispiel Überschriften, möglichst plakativ. Idealerweise sind diese auch in der Verkleinerung gut lesbar.

Damit dein Video lebendiger und kurzweiliger wirkt, solltest du dir Gedanken darüber machen, welche Intros, Übergänge usw. du einsetzen möchtest. Um es ganz einfach zu halten, kannst du dir Animationen günstig kaufen oder anfertigen lassen. Nutze die Vielfalt und suche dir zum Beispiel 3D-Animationen oder coole Animationen für dein Logo aus und individualisiere diese nach deinen eigenen Vorstellungen. Wenn du dich mit den gängigen Schnittprogrammen etwas auseinandersetzt, kannst du dir eine Introvorlage kaufen und sie nach deinen Wünschen individualisieren.

Für Faule bieten auf Plattformen wie fiverr.com (Abbildung 6.9) Anbieter ihre Dienste für den gleichen Zweck an und liefern dir das mit deinem Logo bzw. deinem Channel-Namen individualisierte Intro.

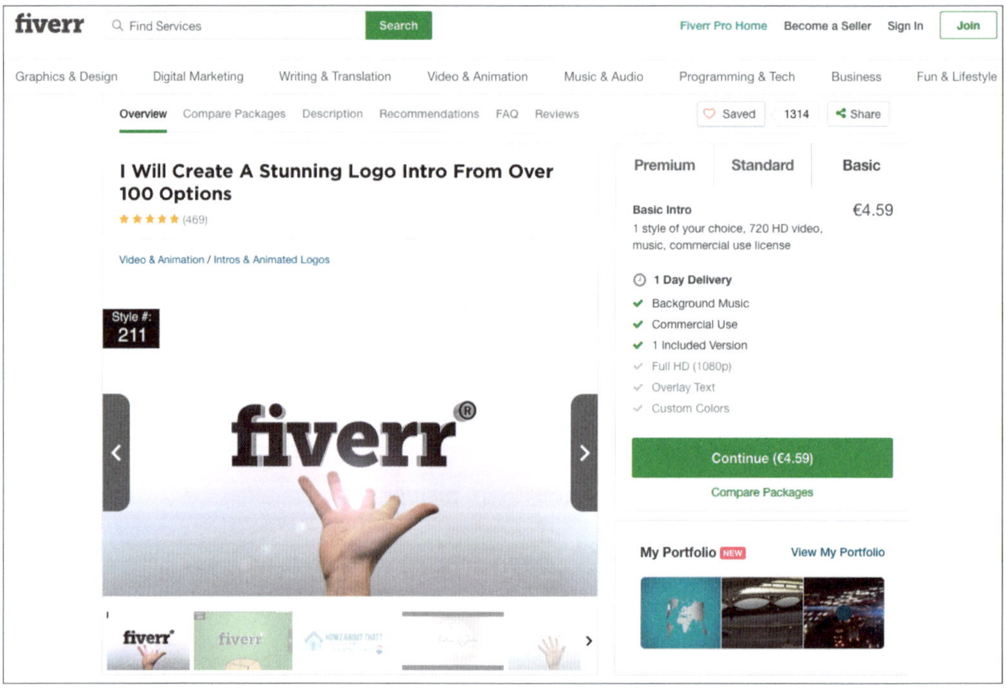

Abbildung 6.9 Videointroanimationen bei fiverr.com

Das Coole: Jeder Auftrag kostet nur 5 US-$! Das heißt, du kannst eine sehr frische Videoanimation für umgerechnet knapp 4,50 € erstehen. Von Angeboten wie »1000 Likes für 5 Dollar« solltest du allerdings die Finger lassen. Diese gibt es ebenfalls auf fiverr. Kleine Animationen kannst du hier jedoch bedenkenlos bestellen. Auch für YouTube kannst du dir hier ein cooles Intro erstellen lassen. Suche einfach nach »YouTube Intro« oder »Video Animation«, und schon erhältst du sehr viele Suchergebnisse von Anbietern für eine Customized Animation. Wähle das passende Angebot für dich aus und übermittle bei der Bestellung dein Logo und deinen Namen. So bekommst du ein individuelles Video zurückgeliefert. Bei vielen ist auch schon Musik mit inbegriffen. Rechne nach der Bestellung ein paar Tage Wartezeit mit ein, bis du deine fertige Animation in den Händen hältst. Das kannst du dann natürlich auch für deine anderen Plattformen verwenden, womöglich brauchst du es aber in einem anderen Format. Das kannst du da aber ebenfalls ohne Probleme bestellen.

Leider musst du hier Intros, Outros, Trenner und Einblendungen getrennt voneinander bestellen.

Tipp

fiverr bietet ganz unterschiedliche Qualitätsstandards, hier musst du wirklich suchen und ein Auge dafür haben. Es gibt aber supergute Sprecherinnen zu unschlagbaren Preisen, Grafikdesigner, die talentiert sind und vergleichsweise günstig – aber eben auch viel Mist. Man sollte von vornherein genau wissen, was man braucht, und sich Referenzen des Anbieters auf fiverr genau anschauen. Viele haben auf fiverr nur ein sehr limitiertes Angebot – heißt, vieles ist wenig individuell, aber wenn man etwas findet, das man will, ist es meist unschlagbar günstig.

Alternativen zu fiverr (ebenfalls günstig):

- *Rask* (rask.ai) – benutzerdefinierte Videoanimationen und visuelle Effekte
- *Fliki* (fliki.ai) – Audio und Voice-overs
- *Soundful* (soundful.com) – maßgeschneiderte Musik für deine Projekte
- *Suno* (suno.ai) – KI-generierte Inhalte und Designs

Die Qualität ist von Anbieter zu Anbieter unterschiedlich und liegt bei fiverr oft deutlicher unter den Möglichkeiten, die du mit einem Template-Bundle von envato erhältst (Abbildung 6.10). Somit rate ich dir langfristig eher zu Templates von envato. Du musst deine Skills, Videos zu schneiden und Animationen zu basteln, sowieso mit Zeit immer weiter ausbauen. Starte vielleicht mit Vorlagen von fiverr, nutze dann die fortgeschrittenere Variante von envato, und als Profi erstellst du deine Animationen komplett selbst! envato hat auch ein Abo-Modell, genannt *envato elements*, das sich für dich erst lohnt, wenn du oft Templates, Musik, Stock Footage usw. brauchst.

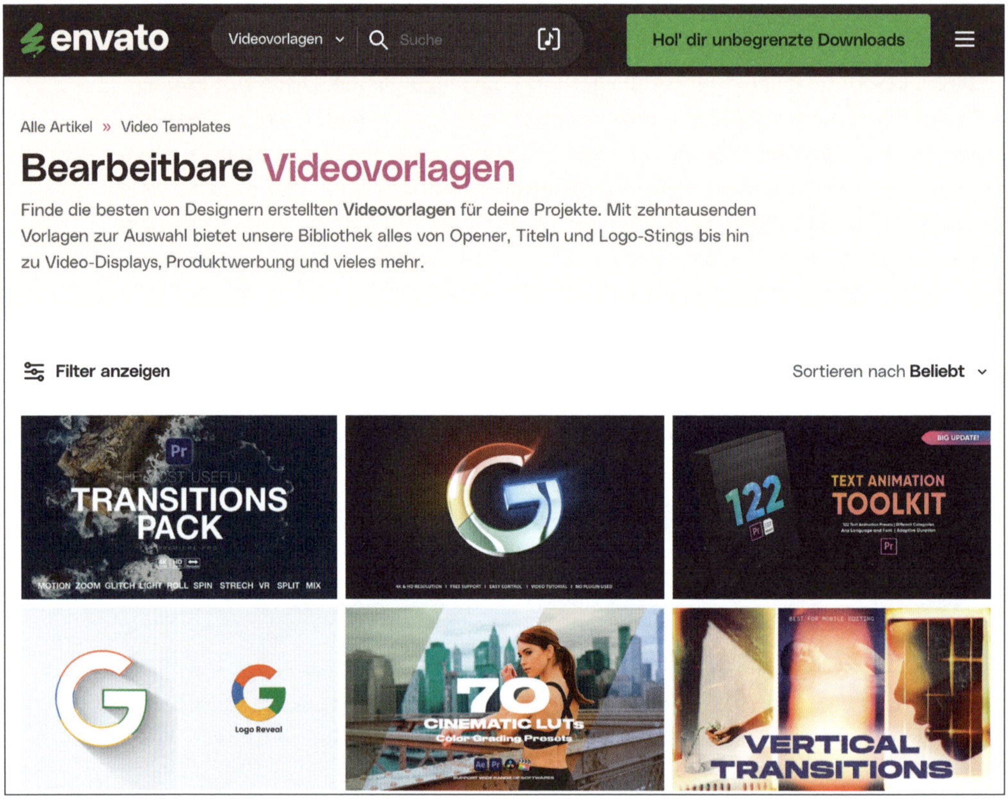

Abbildung 6.10 Templates für Videoverpackungen auf dem Onlinemarktplatz von envato (Quelle: *https://elements.envato.com/de/video-templates*)

Das Video ist so weit fertig, und die Schnitte und die Länge werden nicht mehr verändert. Jetzt kann die Audiospur bearbeitet werden. Die meisten Schnittprogramme bieten für die Audiobearbeitung einige Basiseinstellungen. Wenn diese nicht ausreichen, kann die Tonspur einzeln exportiert und in einem Audioprogramm bearbeitet werden.

Im letzten Schritt folgt nun die Farbkorrektur, auch Colorcorrection genannt, und das Colorgrading. Bei der Colorcorrection korrigierst du den Weißabgleich und passt die Hell-dunkel-Kontraste an. Danach folgt die hohe Kunst des Colorgradings. Jeder hat seine eigene Art und Weise, die Filter und Effekte zu nutzen. Mithilfe von verschiedenen Tools können Hell-dunkel-Kontraste, Farben und die Sättigung nach Belieben angepasst werden. Um einzelne Farben oder Bereiche zu bearbeiten, benutzen Fortgeschrittene verschiedene Masken. In allen gängigen Videobearbeitungsprogrammen kannst du zudem sogenannte LUTs (Lookup Tables) importieren. Diese LUTs lassen sich dann einfach auf einen Clip legen und erzeugen einen vordefinierten und durchgängigen Look. Schau dir viele Tutorials im Internet an und probiere verschiedene Wege aus. Suche auch einfach mal auf Google nach »Video Colorgrading«. Ohne es selbst auszuprobieren, kommst du nicht weiter. Irgendwann wirst du einen Weg finden, der für dich am besten funktioniert. Am Anfang neigen viele noch dazu, ihre Bilder zu stark zu bearbeiten. Jedoch gilt hier der oft zitierte Spruch: Weniger ist mehr! Die Bildbearbeitung sollte am besten unauffällig, aber wirkungsvoll sein. Ausnahmen sollten immer zum Inhalt des Videos passen. Beispiele dafür sind bei Schwarz-Weiß-Bildern hohe Kontraste, wenn eine bedrohliche Situation vorliegt, oder sehr helle, kontrastarme und farbenfrohe Bilder, wenn eine gute Stimmung vermittelt werden soll.

Nun hast du alle Zutaten, um professionelle Videos zu drehen und zu schneiden. Klar, bei TikTok und Instagram ist Colorgrading nicht so typisch, aber du kannst es alternativ auch in den mobilen Apps bearbeiten! Wenn du fertig bist, exportiere deinen finalen Videoclip, damit du ihn hochladen kannst. Beim Computerschnitt ist das etwas komplizierter als bei den Handyschnittprogrammen (da tippst du einfach auf EXPORTIEREN – und zack, da ist die Videodatei), für YouTube gibt es spezielle Exporteinstellungen. Oft gibt es in den gängigen Schnittprogrammen aber ein entsprechendes Export-Preset für YouTube. Das ist perfekt! Du musst dir keine weiteren Gedanken machen (Abbildung 6.11). Je nachdem, wie schnell dein Computer ist und wie lang der Clip, dauert das ein paar Minuten bis maximal ein paar Stunden.

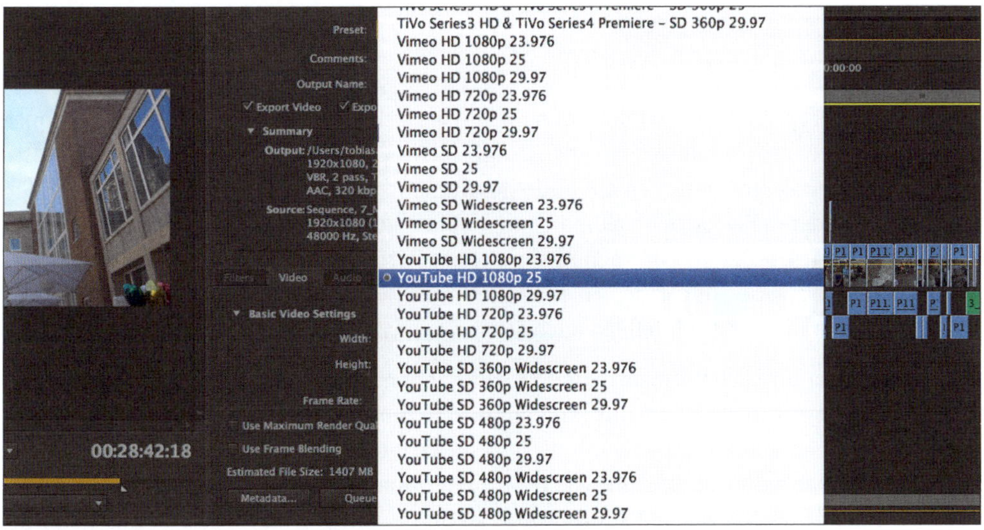

Abbildung 6.11 Beim Videoexport YouTube-Vorgabe wählen

Sollte es in deinem Schnittprogramm kein Speicherprofil für YouTube geben, wähle manuell eines der folgenden Formate aus und achte auf eine Auflösung von mindestens 1.080p. Am gängigsten ist der Videocontainer MP4 mit dem h.264-Codec. Beim Ton empfehle ich dir eine möglichst hohe Samplerate von 48.000 Hz. Wichtig ist, dass du nicht nur auf die Auflösung, sondern auch auf die Bitrate achtest! Die Export-Presets sind okay, aber weit entfernt von der bestmöglichen Qualität für dein Video. Ich empfehle 30 Mbps für Full HD und mindestens 60 bis 80 Mbps für 4K. Auch dies kannst du manuell einstellen. Die großen Videoplattformen akzeptieren folgende Videoformate:

- MOV
- MP4
- AVI
- DNxHR
- ProRes
- HEVC (h265)

Tipp: Sei kreativ und probiere viel aus!
Die meisten Regeln sind nicht in Stein gemeißelt und können variiert und gebrochen werden. Nur dadurch findest du mit der Zeit deinen persönlichen Stil, der dich und deine Videos einzigartig macht. Also trau dir ruhig auch mal zu, andere Wege zu gehen, um deine Kreativität zu erforschen!

6.5 Ab in den Stream

So, jetzt haben wir viel über den Schnitt an sich geredet – aber bei Twitch kannst du (wie auch schon am Anfang gesagt) nicht so viel schneiden, da du ja live bist! Klar, du kannst natürlich am Ende des Streams deinen aufgezeichneten Stream für die anderen Plattformen clippen und sie dann hochladen. Dafür kannst du dann das Wissen aus diesem Kapitel nutzen, weil du jetzt weißt, mit welchem Programm du beispielsweise clippst! Ich zeige dir nun noch, wie du dich auf deinen Stream vorbereiten und ihn schließlich auch starten kannst!

Viele erfolgreiche Streamer und Streamerinnen bereiten sich auf ihre Streams vor. Das ist natürlich kein Muss, so kommt das zum Beispiel bei Streamerin LuciNana (das spannende Interview mit ihr liest du im letzten Kapitel) bewusst nicht vor, da sie Roleplay (Rollenspiele) bei GTA streamt, und da soll alles improvisiert sein. Sie bereitet höchstens eine Ausrede vor, wenn sie einen Urlaub plant – dann kann sie im Spiel sagen, ihr Charakter war im Knast oder hatte einen Krankenhausaufenthalt. Sicher ist die Vorbereitung auch nicht ganz so »stringent« wie bei gedrehten Videos, die für YouTube, TikTok oder Insta vorproduziert werden. Vielleicht hilft es dir aber für den Anfang, eine Art Konzept zu schreiben, das dir Sicherheit gibt. Schreib dir auf, was du auf jeden Fall loswerden möchtest: deine Streaming-Zeiten, welche Tipps du vielleicht verraten willst, lustige Geschichten, die du während des

Spielens erzählen kannst, und so weiter. Ich würde dir aber raten: nur Stichpunkte! Niemand steht auf Abgelesenes – sprich ganz natürlich, das kommt gut an. Der Zettel soll lediglich dein kleiner Helfer sein, vielleicht brauchst du ihn bald auch nicht mehr. Oder mach es wie LuciNana und starte direkt rein. So oder so muss der Stream ja noch gestartet werden. Voraussetzung ist die Kopplung mit der App *OBS*, die wir ja in Kapitel 4, »Meine ersten eigenen Video-Accounts!«, schon ausführlich besprochen haben.

Auf geht's – lass uns mit den Grundlagen starten. Bei OBS musst du zuallererst eine Szene hinzufügen, zum Beispiel GAME CAPTURE (Abbildung 6.12). Das sind dann die Aufnahmen, die deine Zuschauenden sehen. Dann kannst du noch eine Quelle hinzufügen, quasi das Futter für die Szene – das kann je nach Verwendung eine Bildschirmaufnahme sein, wenn du beispielsweise ein Game spielst, oder auch deine Webcam oder ein Mikrofon. Je nachdem, was du vorhast, ist es natürlich ratsam, die Bildschirmaufnahme, aber auch die Webcam parallel zu streamen.

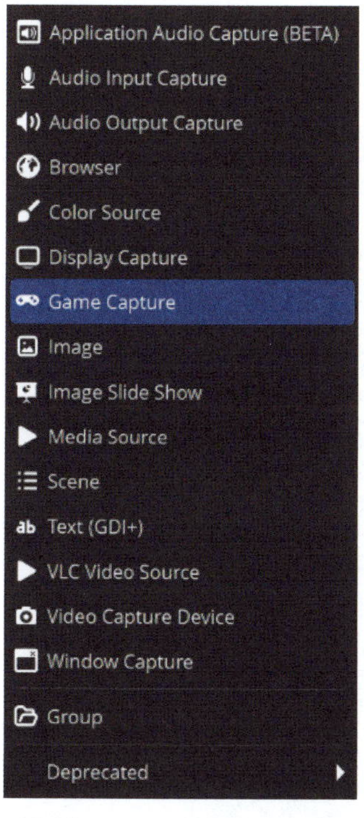

Abbildung 6.12 OBS eine neue Szene hinzufügen (Quelle: *https://obsproject.com*)

Du musst auch an die Einstellungen denken! Stelle sicher, dass dein Mikro funktioniert – das siehst du, sobald ein Ausschlag bei OBS zu sehen ist (Abbildung 6.13). Achte auch auf die Bitrate, die zwischen 2.500 und 6.000 kbps liegen sollte. Die Bildauflösung sollte 1.280 × 720 oder 1.920 × 1.080 Pixel haben!

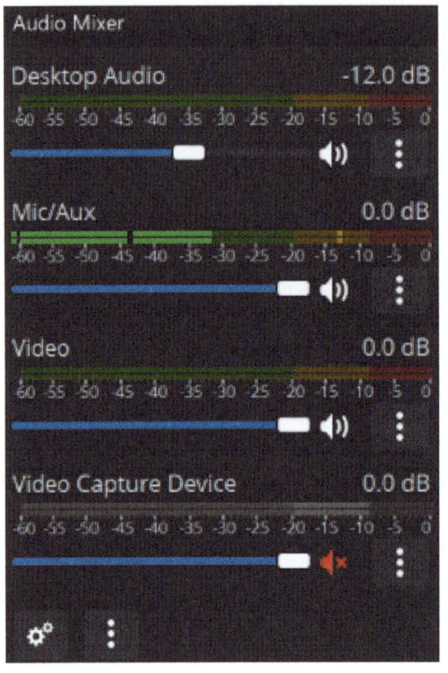

Abbildung 6.13 Mikrocheck bei OBS für Twitch (Quelle: *https://obsproject.com*)

Hast du das geschafft, geht es zum Creator Dashboard bei Twitch – da kannst du den Titel deines Streams, die Kategorie (also beispielsweise den Spielnamen) und auch die Tags bestimmen (Abbildung 6.14).

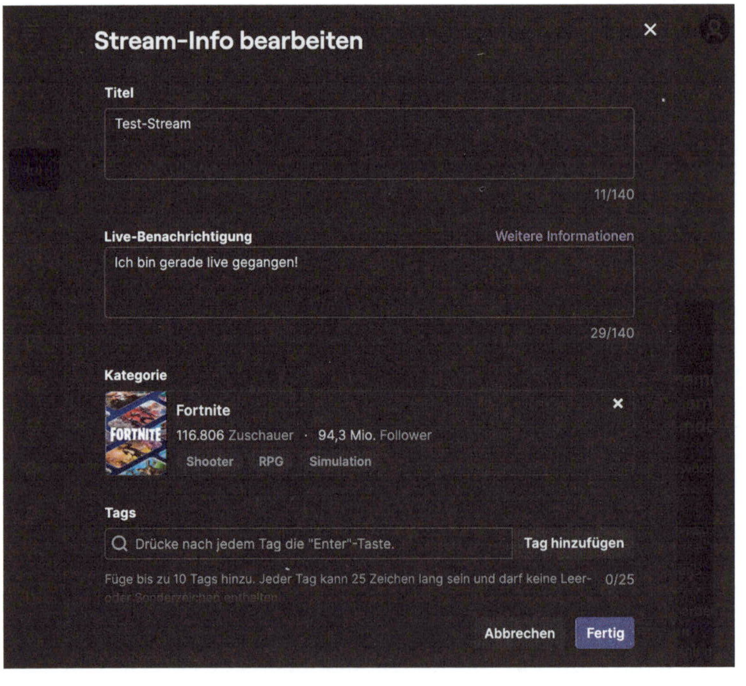

Abbildung 6.14 Twitchs Creator Dashboard

Aktiviere dort ebenfalls deine Benachrichtigung, denn dann bekommen deine Follower eine Meldung darüber, dass du live gehst. (Das solltest du im besten Fall auch schon vorher bei beispielsweise Instagram angekündigt haben, oder?) Und jetzt geht's live – deine OBS ist eingestellt und gestartet. Drücke nun auf START STREAMING. Bei Twitch kannst du dann noch checken, ob du wirklich live bist. Voilà, jetzt bist du bereit – schnapp dir dein Mikro, komm in den Game Mood und lass deinen Stream beginnen! Wenn du mit allem fertig bist, musst du den Stream bei OBS beenden, indem du auf STREAM STOPPEN klickst. Denk auf jeden Fall daran, deinen Stream zu speichern, dazu mehr in Kapitel 8, »Zeig es der Welt! – Der erste perfekte Video-Upload«. Und jetzt – viel Spaß!

Kapitel 7

Tricks für mehr Reichweite

Stell schon vor dem ersten Upload deines Videos alle Ampeln auf Grün! So hast du später ein leichtes Spiel bei der Koordination und der reichweitenstarken Verbreitung deiner Videoclips.

Reichweite ist dein Lebenselixier in den sozialen Medien! Du brauchst sie wie die Luft zum Atmen, um auf der Videoplattform zu überleben. Je mehr Videoklicks und Follower du bekommst, desto stärker wird deine Präsenz. Klicks abzustauben, ähnelt dem Punktesammeln in einem Computerspiel. Du kommst je nach Menge der Klicks in ein höheres Level. Ganz oben angekommen sind Content-Creators wie Dagi Bee, Younes Zarou oder MontanaBlack. Ein Video auf TikTok von Younes hat 122 Millionen Aufrufe (Abbildung 7.1).

Abbildung 7.1 8,4 Millionen Likes und 46.000 Kommentare erhält youneszarou auf ein einzelnes TikTok-Video (*https://www.tiktok.com/@youneszarou/video/7207386634281569541*).

Bis du diese Aufmerksamkeit erreicht hast, musst du dich erst Level für Level hocharbeiten. Nicht alle schaffen es, und es gibt keine Garantien. Daher solltest du alles daransetzen, stets dein Bestes zu geben. Und das beginnt schon vor deinem Video-Upload oder auch Stream, indem du die Weichen perfekt stellst.

Versetz dich mal in dein Publikum hinein: Beim Scrollen online schaut jemand zufällig dein Video an. Und dann? Am besten bleibt es nicht nur bei dem einen! Überzeugst du inhaltlich und gibst einen Ausblick auf deine weiteren Angebote, kannst du die User in deine Welt einladen, und sie werden auch kommen. So gelangst du über kurz oder lang an dein Stammpublikum. Das sind extrem wichtig für das Überleben deines Accounts. Nur dank regelmäßiger Einschaltquoten hältst du deine Position und baust sie beständig aus. Deine Onlinereputation steht und fällt mit wiederkehrenden Usern. Einmalige Besucher sind zwar gut, aber Stammzuschauende sind viel besser! Daher kannst du dir direkt in der Videovorbereitung Gedanken darüber machen, wie genau du das angehen willst. Auch hier funktionieren die Plattformen sehr unterschiedlich, deswegen zeige ich dir noch mal die unterschiedlichen Herangehensweisen.

7.1 Internetvideos – das Rabbit Hole

Ihr kennt das bestimmt auch – eigentlich wolltet ihr nur das eine Video auf YouTube schauen, dann habt ihr euch aber so weit durchgeklickt, dass aus dem einen Katzenvideo ein Mann im Wald wurde, der sich ein Haus nur mit Materialien aus der Natur baut. Oder aus »nur 10 Minuten TikTok« werden zwei Stunden, weil die ForYou-Page unendlich viele Videos bereithält! Dieses Versacken in den Untiefen des YouTube-Kosmos nennt sich auch Rabbit Hole – also Kaninchenbau –, und wie bei Alice im Wunderland kann man darin schon für eine gewisse Zeit verschwinden. Alle Plattformen arbeiten mit ausgetüftelten Mechanismen, die ich dir jetzt zeige:

- **Personalisierte Algorithmen**

  Alle vier Plattformen analysieren das Verhalten der Nutzenden: welche Videos sie anschauen, wie lang sie ein Video ansehen, welche Inhalte sie liken oder kommentieren und auf welche Vorschläge sie klicken. Basierend auf diesen Daten erstellen Algorithmen sehr präzise Empfehlungen, die auf die Vorlieben und Interessen der User zugeschnitten sind. Je mehr ein User die Plattform verwendet, desto genauer wird die Personalisierung, was wiederum die Wahrscheinlichkeit erhöht, dass der User weiterklickt und mehr konsumiert. Also ein endloser Teufelskreis!

- **Endloser Feed (Infinite Scroll)**

  Viele Plattformen nutzen ein endloses Scrollen (z. B. Instagram, TikTok), bei dem neue Inhalte ständig nachgeladen werden, ohne dass aktiv auf etwas wie

»Nächste Seite« geklickt werden muss. Dies sorgt dafür, dass Nutzende leichter in einen kontinuierlichen Fluss von Inhalten geraten. Da wird dann aus den bekannten Minuten gerne mal Stunden – bei so viel Abwechslung wird einem auch nicht langweilig.

- **Autoplay-Funktion**

  Nach jedem Video wird automatisch das nächste abgespielt, oft basierend auf den Interessen der Nutzenden. Das kann man besonders bei YouTube beobachten. Der User muss aktiv eingreifen, um den Konsum zu stoppen, was viele nicht tun, da es natürlich leichter ist, weiterzuschauen.

- **Belohnungssysteme**

  Plattformen nutzen psychologische Belohnungssysteme, die auf dopaminbasiertem Feedback basieren. Wenn ein User ein Video schaut und es gefällt, schüttet das Gehirn Dopamin aus – das Belohnungshormon. Diese Belohnung verleitet dazu, mehr Inhalte zu konsumieren, um diesen positiven Effekt zu wiederholen. Likes, Kommentare und Follower-Zahlen dienen ebenfalls als soziale Bestätigung und Belohnung.

- **Kurzformate und »Snackable Content«**

  Besonders TikTok und Instagram (Reels) setzen auf sehr kurze Videos, die schnell konsumiert werden können. Da jedes Video nur wenige Sekunden dauert, ist die Hemmschwelle, das nächste Video anzuschauen, extrem niedrig. Nutzende haben das Gefühl, »nur noch ein Video« zu schauen, was jedoch zu stundenlangem Konsum führen kann.

- **FOMO-Effekt (Fear of Missing Out)**

  Viele Plattformen und Inhalte spielen mit der Angst der User, etwas zu verpassen. Diesen Eindruck kennt man vielleicht davon, wenn gefühlt alle Freunde den Samstagabend auf einer Party verbringen und man selbst einen Filmabend zu Hause macht. Das passiert auch online: Livestreams auf Twitch, zeitlich begrenzte Stories auf Instagram oder aktuelle Trends auf TikTok schaffen das Gefühl, dass man »jetzt« dabei sein muss, um nichts Wichtiges zu verpassen.

- **Cliffhanger und Neugierde**

  Viele Creators nutzen bewusst Strategien, um Neugier zu wecken und Zuschauer bei der Stange zu halten. Sie nutzen oft Cliffhanger (z. B. »Das wirst du nicht glauben ...«), stellen Fragen oder geben Rätsel auf, die den User motivieren, weiterzuschauen oder auf den nächsten Teil zu warten.

Das heißt: Bei jedem Video, das du schaust, bietet dir YouTube permanent schon den nächsten Content an. TikTok und Instagram fühlen sich endlos an, und bei Twitch habe ich das Gefühl, was zu verpassen, wenn ich einen Livestream nicht anschaue.

Hinweis

KI (künstliche Intelligenz) ist aktuell super präsent und für jeden zugänglich. Auch für Social Media kann damit Content produziert und viel Zeit und Mühe gespart werden, damit es schneller zu vielen Aufrufen kommt! Es ist grundsätzlich ein tolles Tool – aber Vorsicht: Informiere dich darüber, was okay ist und was nicht! Schau dazu bei der jeweiligen Plattform in den Hilfe-Hub – dort steht alles über Kennzeichnung und Verwendung von KI.

7.1.1 YouTube

Bei YouTube werden auch schon während des Schauens permanent Videos neben dem Video angezeigt (Abbildung 7.2) und am Ende in der sogenannten Endcard (Abbildung 7.3), es wird also permanent (durch die Funktionen, die wir gerade besprochen haben) Content vorgeschlagen. Das ist spannend für die User – und sie gehen auf Videos, die sie zwar nie gesucht hätten, aber die sie trotzdem total spannend finden (der Mann im Wald, der sich ein Haus baut, war auch überraschend mitreißend). Das sind aber oft nicht deine Videos. Du musst die User überzeugen, bei dir zu bleiben und tiefer in deine Videowelt einzusteigen. Ich empfehle dir daher vor allem, Handlungsempfehlungen – kennst du bereits als Call-to-Action – in deine Videos zu platzieren. Mach proaktive Vorschläge! Was soll man tun, nachdem dein Video angesehen wurde? Das zeigst du am besten auf einer Endcard.

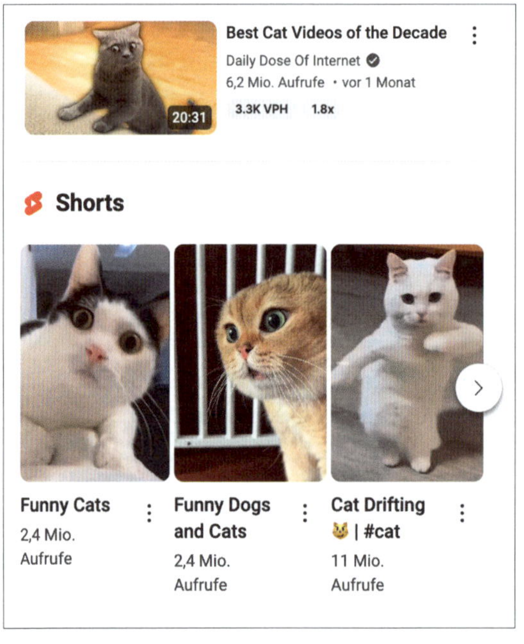

Abbildung 7.2 Videovorschläge auf der YouTube-Wiedergabeseite

Abbildung 7.3 Weitere Videos nach einem YouTube-Video

Du kannst für verschiedene Zwecke jeweils eine eigene Endcard entwickeln. Dazu musst du dir aber vorher überlegen, wohin du dein Publikum lenken möchtest. Biete möglichst mehrere Optionen an!

Die Zuschauenden von Trymacs zum Beispiel schauen aufgrund der Endcard noch viele weitere Videos (Abbildung 7.4), klicken auf seinen Channel oder abonnieren ihn direkt. Das kannst du auch bei deinen Videos umsetzen.

Abbildung 7.4 Mehr Abonnenten durch eine Endcard (*www.youtube.com/watch?v=kDVVL5SIxiw*)

Besonders attraktiv sind weiterführende Video- oder Playlist-Einblendungen. Das heißt, auf der Endcard zeigst du eine Vorschau auf ein oder zwei passende Videos oder Playlists, die für deine User ebenfalls interessant sein können.

Der Name Endcard sagt es ja schon – es ist quasi eine Videovisitenkarte am Ende mit weiteren Infos und Links (Abbildung 7.5). Somit erreichst du auch nur die sehr interessierten Zuschauerinnen und Zuschauer, die von dir zu einer weiterführenden Handlung aufgefordert werden.

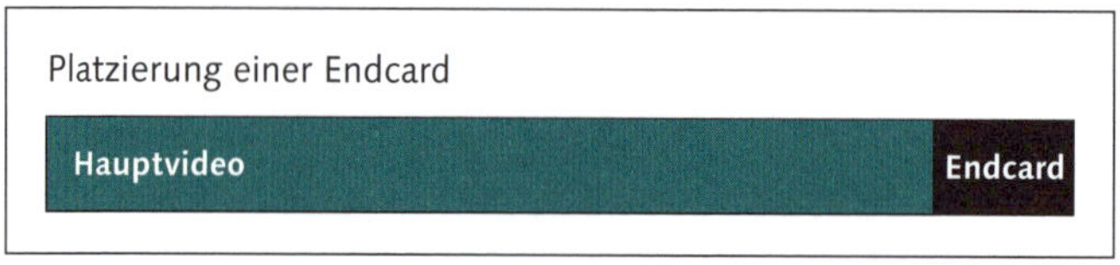

Abbildung 7.5 Einsatz einer Endcard nach Ende des Hauptvideos

Zum Leben erwecken musst du deine Endcard durch einen sogenannten Abspann. Das heißt, du fügst neben den herkömmlichen Kästen, in denen du die Verlinkungen zu deinen Videos hast, Infos zu den Endcard-Elementen sowie eine ansprechende Hintergrundgrafik hinzu. Du kannst entweder an dein eigentliches Hauptvideo eine maximal 20-sekündige Endcard anhängen, oder du integrierst sie bereits beim Videodreh in die Abmoderation (Abbildung 7.6).

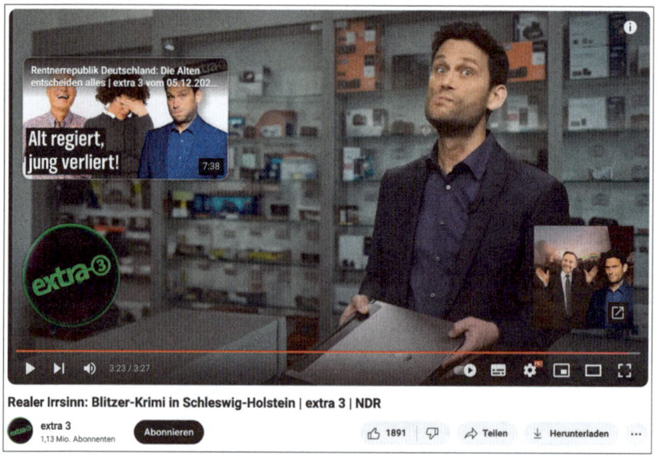

Abbildung 7.6 Video-Endcard mit Moderation von Christian Ehring im YouTube-Channel von »extra3« (*www.youtube.com/watch?v=HBukMorLsUU*)

Durch einen Splitscreen kannst du so zum Beispiel auf der einen Seite in deinem Videofenster Endcard-Informationen zeigen und auf der anderen Seite selbst zu sehen sein. Teste, was das Richtige für dich ist, was dir am meisten liegt und was deine Zuschauenden am Bildschirm halten.

Damit eine Endcard so cool aussieht, wie du es dir wünschst, solltest du diese immer direkt in das Video mit hineinschneiden. Bedenke das also bereits im Schnitt und mach dir vorher Gedanken darüber, was du gern verlinken möchtest!

Was kannst du alles verlinken? Eigentlich kannst du Verlinkungen auf fast alles setzen. Achte aber darauf, dein Publikum nicht zu überfordern. Deine Endcard sollte stets aufgeräumt und nicht zu vollgestopft wirken. Du kannst deine und fremde Videos verlinken, aber auch Playlists, deinen eigenen YouTube-Channel oder deine Website. Playlists sind immer eine schlaue Idee! Dadurch haben die User mehr Möglichkeiten. Statt eines Videos können sie gleich eine ganze Menge weiterer von dir ansehen!

Du kannst auch einen Button einbinden, mit dem die User direkt deinen Channel abonnieren können. Gestalte den Button auffällig: Der Standard-ABONNIEREN-Button zeigt nur das Profilbild deines Kanals, solange man nicht mit dem Mauszeiger darüberfährt. Platziere daher daneben am besten noch einen Hinweis mit dem Wort »Abonnieren« und eventuell einen Pfeil, der darauf zeigt. Wenn du internationale Videos machst, nutze die englische Alternative »Subscribe« ebenfalls.

In deinen Clips kannst du deine Zuschauenden gezielt auffordern, zum Beispiel deinen Merchandise-Shop zu besuchen. Nimm dein Publikum also immer an die Hand, und sie werden dir folgen.

Als berechtigter Creator navigierst du einfach zu YouTube Studio • Inhalte • Dein Video • Abspann • + Element. Dort gibt es dazu den Punkt + Element (Abbildung 7.7). Hier kannst du deine eigene Website eintragen. Gib deine URL ein und klicke auf ÜBERNEHMEN. Du kannst deinen Website-Link später auch noch ändern, eine neue verlinken oder sie entfernen.

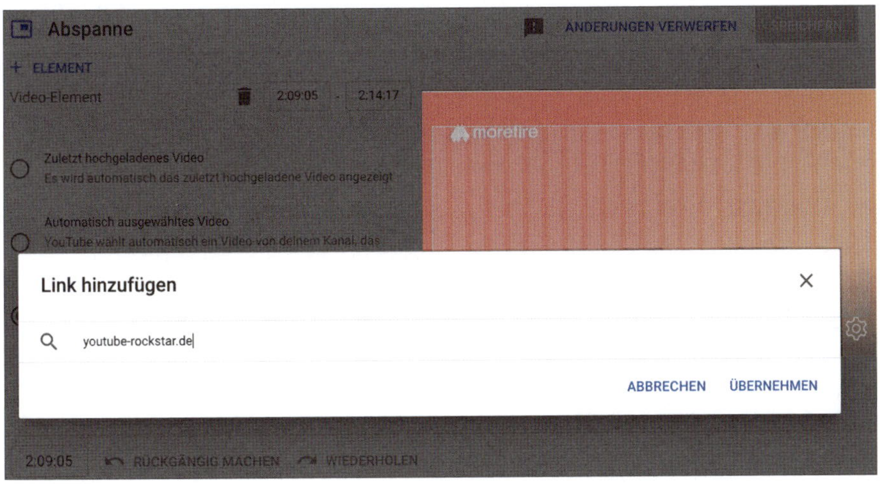

Abbildung 7.7 Einsetzen von Links zu externen Websites aus deinem YouTube-Video heraus

Zusätzlich solltest du alle Endcard-Links noch mal in deine Beschreibung des Videos einfließen lassen. Somit können deine User die Links noch einmal sehen und haben eine weitere Möglichkeit, bereits darauf zuzugreifen, während das Video abläuft.

Tipp: Vermeide Verstöße

Du kannst dein Publikum durch deinen Link in der Endcard auf eine beliebige Website schicken. Von YouTube wird jedoch nicht alles gestattet und im schlimmsten Fall mit der Löschung des betroffenen Videos oder des gesamten Channels bestraft. So sollte klar sein, dass du nicht auf eine Website mit z. B. gewaltverherrlichenden oder gefährlichen Inhalten verweist (Abbildung 7.8).

- **Link:** Wenn du am YouTube-Partnerprogramm teilnimmst, kannst du mithilfe dieser Infokarte auf eine externe Website verlinken, die du mit deinen Zuschauern teilen möchtest. Außerdem kannst du deine Videos mit einem Abspann versehen. **Hinweis:** Deine verknüpfte externe Website muss unseren Community-Richtlinien und unseren Nutzungsbedingungen entsprechen. Verstöße können dazu führen, dass Infokarten oder Links entfernt werden, dein Kanal eine Verwarnung erhält oder dein Google-Konto gekündigt wird.

Abbildung 7.8 Keine Links zu Websites, die gegen Richtlinien verstoßen

Wie du Links und Abspannelemente einfügst, zeige ich dir Schritt für Schritt in Kapitel 9, »Pimp deinen Content für mehr Reichweite«. Jetzt hast du schon mal Infos darüber, was möglich ist und was du in der Vorbereitung deines Videos mit bedenken solltest.

Damit User aber erst mal auf deine Videos klicken, müssen diese in den Suchergebnissen hervorstechen! Nur das attraktivste Suchergebnis hebt sich ab. Suchst du ein Video bei YouTube, wie beispielsweise »Beatboxen für Anfänger«, findest du garantiert Dutzende von Treffern. Alle Videos sind somit potenziell interessant. Die Konkurrenz ist dir also dicht auf den Fersen oder sogar voraus. Dein Video darf nicht untergehen, sonst kriegst du keine Klicks und Fans! Idealerweise sorgst du daher für eine prägnante Darstellung deines Videotreffers in der Suche. Durch individuelle Thumbnails (Videovorschaubilder) und dank Sonderzeichen im Text kannst du mehr auffallen (Abbildung 7.9).

Abbildung 7.9 Thumbnail mit einem Sonderzeichen kombiniert

Normalerweise schlägt dir YouTube nach dem Upload automatisch drei Thumbnails vor. Das sind einfach drei Standbilder, die irgendwo mitten aus deinem Video stammen. Das Problem dabei ist die automatische Auswahl. Es kann dir passieren, dass alle drei Thumbnails unvorteilhaft sind. Daher empfehle ich dir, den perfekten Videoausschnitt herauszusuchen und manuell hochzuladen. Das sogenannte Custom Thumbnail bereitest du am besten vor dem Upload vor.

Anreichern kannst du das Vorschaubild mit grafischen Elementen. Bringe zum Beispiel dein Logo sichtbar in den Vordergrund. Zudem kannst du Beschriftungen hinzufügen. Lass dein Publikum auf den ersten Blick wissen, worum es in deinem Video geht. Nenne die Kategorie, dein Thema oder Schlagwörter direkt im Thumbnail. So hebst du dich von der Masse ab.

Die perfekten Maße für Video-Thumbnails bei YouTube sind 1.280 × 720 Pixel. Mit einem Grafikprogramm kannst du ganz einfach diese Größe anlegen. Achte darauf, die Datei als JPG oder PNG abzuspeichern. So gewährleistest du ein passendes Format mit guter Qualität für dein Vorschaubild.

Überleg dir ein einheitliches Grundraster für die Gestaltung der Thumbnails (Abbildung 7.10). Durch den gleichen Look deiner Vorschaubilder schaffst du ein einheitliches Wiedererkennungszeichen für alle deine Videos.

Abbildung 7.10 Thumbnail des YouTubers »SurvivalMattin« (*https://www.youtube.com/watch?v=UXQWIvnia-Y*)

Möchtest du noch ein i-Tüpfelchen draufsetzen, nutzt du am besten zusätzlich Sonderzeichen oder Emojis. Das sind besondere Highlights, die du in deinem Videotext unterbringen kannst. Eine ganze Reihe von Symbolen eignet sich für diesen Zweck. Nicht alle Sonderzeichen oder Emojis werden in den Suchergebnissen dargestellt. Probiere daher am besten die Symbole im Kasten unten einmal bei dir aus. Ganz zu Beginn kannst du beispielsweise einen Hinweispfeil oder ein Sternchen einsetzen. Dadurch bleibt das Auge des Betrachters beim Lesen eher »hängen«. Falls es passt, kannst du auch eine Musiknote, ein Häkchen oder ein Blümchensymbol platzieren, je nachdem, wie gut die Zeichen zu deinem Inhalt passen. Achte jedoch darauf, sparsam mit den Sonderzeichen umzugehen, damit du den Videotext, der im Suchtreffer angezeigt wird, nicht überfrachtest.

Sonderzeichen für den Videobeschreibungstext

♥ ♡ ♀ ♂ ☺ ❀ ✿ ❁ ✾ ♪ ♫ ♩ ♬ ♭ ★ ☆ ✩ ✯ ☆ ☼ ☀ ☾ ☽ ☂ ❄ ❅ ❆ ✓ ✔ ☑ ☒ ✕ ✖ ✗ ✘ ✂ ✄

✍ ✎ ✏ ✐ ☚ ☛ ☜ ☞ ☝ ☟ ☎ ☏ ✆ → ← ↔ ↑ ↓ ↕ ► ◄ ▲ ▼ ♚ ♛ ♜ ♝ ♞ ♟ ♔ ♕ ♖ ♗ ♘ ♙

♥ ♦ ♣ ♠ ♢ ♤ ☣ ☢ ♨ ✈ ✡ ☨ ✞ † ☥ ☦ ☧ ☩ ☪ ☫ ☬ ☭

7.1.2 Twitch

Auf Twitch gibt es zwar keine direkte Endcard wie auf YouTube, aber hier kommen andere Mechanismen zum Einsatz, um User zum Weiterschauen oder zur Interaktion mit weiteren Inhalten zu animieren – etwa die *Raid*-Funktion. Nach dem Ende eines Livestreams kannst du nämlich deine Zuschauenden zu einem anderen Streamer »raiden«, d. h., du kannst sie aktiv an einen anderen Kanal weiterleiten. Es ist tatsächlich eine große Ehre, wenn ein erfolgreicher Streamer Werbung für einen kleineren Kanal macht, denn der bekommt dadurch richtig viele neue Besucher und Besucherinnen. Dies hält deine Zuschauenden auf der Plattform und bringt sie in neue Livestreams, die sie vielleicht noch nicht kannten. Genauso können andere dann auch auf deinen Kanal landen. Ein ähnlicher Mechanismus wie das Raiden ist das *Hosting*, bei dem du während deines Offlinezustands, also wenn du nicht streamst, einen anderen Stream auf deinem Kanal zeigst. So bleiben die Menschen mit deinen Inhalten verbunden, auch wenn du gerade nicht live bist. Nach dem Ende eines Streams werden auf der Startseite automatisch ähnliche Streams empfohlen, die basierend auf den bisherigen Interessen ausgewählt wurden (Abbildung 7.11).

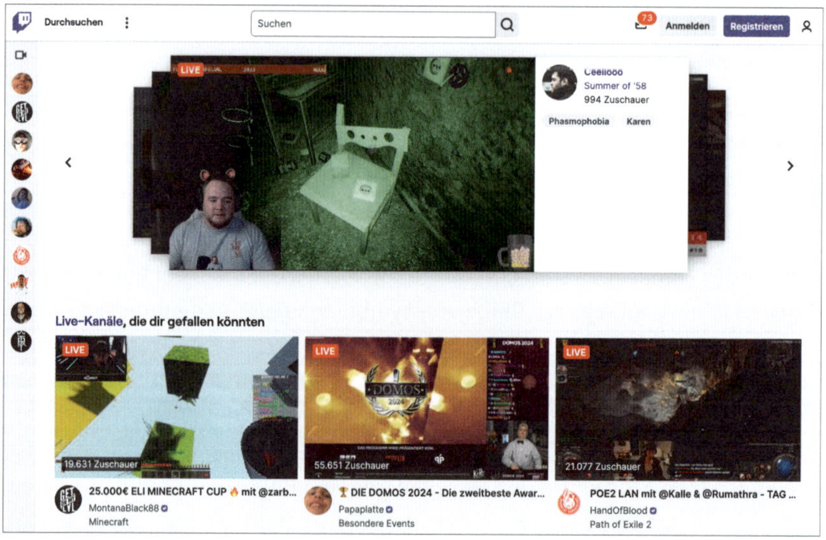

Abbildung 7.11 Twitch-Startseite mit Streamvorschlägen

Außerdem hast du unter deinem Videoplayer auf Twitch sogenannte Panels. Dort kannst du Links zu deinen anderen Social-Media-Kanälen, eventuell einem Merchandise-Shop oder zu weiteren Inhalten einsetzen (Abbildung 7.12). Dies motiviert das Publikum, auch außerhalb von Twitch mit dir in Kontakt zu bleiben. Um die Panels zu bearbeiten, gehst du in die Creator-Dashboard-Einstellungen von Twitch und suchst nach der Option KANAL • EINSTELLUNGEN • PANELS BEARBEITEN. Hier kannst du bestehende Panels anpassen oder neue hinzufügen, indem du Texte, Bilder und Links einfügst. Wenn dein Stream gesponsert war, solltest du das auch nachträglich in der Beschreibung oder den Panels unter dem Video deutlich machen. Falls du Produkte oder Dienstleistungen während des Streams beworben hast, kannst du nachträglich Links der Beschreibung hinzufügen!

Abbildung 7.12 Twitch-Links zu Kanälen/Merchshop

Das sind also Taktiken, um nach dem Stream die User bei deinem Content zu halten. Aber davor kannst du ebenfalls einiges tun, um Aufmerksamkeit auf deine Streams zu lenken. Bei Twitch ist nämlich auch der Titel des Streams entscheidend. Du kannst beispielsweise Sonderzeichen im Titel deines Streams verwenden. Dies kann helfen, deinen Stream von anderen abzuheben. Symbole wie ✓, ★ oder → können genutzt werden, um das Thema deines Streams hervorzuheben oder besondere Aktionen zu promoten. Auch bei den Panels kannst du Symbole verwenden, um den Text übersichtlicher und visuell ansprechender zu gestalten. Pfeile, Checkmarks oder Sterne sind besonders nützlich, um den Fokus auf wichtige Details zu lenken. Nicht zu vernachlässigen sind Emotes. Das ist eine ganz eigene Form von Sonderzeichen. Diese individuellen Symbole oder Emoji-ähnlichen Bilder sind ein fester Bestandteil der Twitch-Kultur und können sowohl im Chat als auch in Titeln oder Beschreibungen eine Rolle spielen (Abbildung 7.13).

Abbildung 7.13 Emotes am Beispiel von zarbex

Viele Streamer und Streamerinnen auf Twitch nutzen Overlays, Alerts und Stream-Labels, um ihren Stream interaktiver und ansprechender zu gestalten. Diese Elemente bieten nicht nur visuelle Reize, sondern fördern auch die Bindung zur Community und verbessern das Zuschauererlebnis.

Overlays beziehen sich auf das individuelle Design der Rahmen, das Chatfenster oder zum Beispiel das Banner deines Streams. Ein gut gestaltetes Overlay kann helfen, den Kanal wiedererkennbar zu machen und das gesamte Erscheinungsbild professioneller wirken zu lassen (Abbildung 7.14).

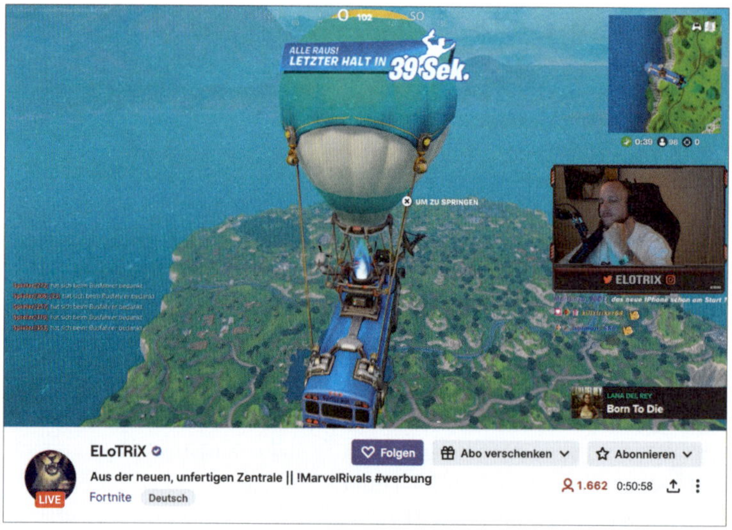

Abbildung 7.14 Overlays und Stream-Labels bei ELoTRiX

Dazu gehören auch Stream-Labels – das sind dynamische Elemente, die aktuelle Informationen über den Stream legen – wie den neuesten Follower, höchste Spenden oder die Anzahl der Abonnenten. Dadurch wissen die Zuschauenden immer, was gerade in deinem Stream passiert, und fühlen sich stärker eingebunden. Diese Labels werden oft automatisch aktualisiert, sodass der Stream immer auf dem neuesten Stand ist. Um ein Overlay zu aktivieren, klicke unten rechts in der Twitch-Studio-App auf EINSTELLUNGEN. Klicke danach auf der linken Seite auf OVERLAY IM SPIEL und dann auf den Schalter für OVERLAY IM SPIEL AKTIVIEREN. Auf diese Weise wird dir eine Reihe von Optionen angezeigt, die du anpassen kannst. Außerdem kannst du eigene Vorlagen dazu hochladen. Du kannst Overlays auch bei der kostenlosen Website canva.com erstellen oder bereits bestehende für deine Zwecke anpassen. Overlays zeugen von deiner Kreativität und Individualität – du kannst wirklich dich und deinen Content damit zeigen. Von witzigen Animationen bis zu benutzerdefinierten Soundeffekten kannst du deinem Kanal mit diesem Werkzeug eine ganz persönliche Note verleihen.

Alerts sind Benachrichtigungen, die z. B. bei neuen Followern, Abonnentinnen oder Spenden eingeblendet werden (Abbildung 7.15). Twitch selbst bezeichnet sie als »das Herz der Streaming-Erfahrung«. Sie fördern die Interaktivität und zeigen deinen Usern, dass ihre Aktionen bemerkt und wertgeschätzt werden. Viele Alerts sind mit Animationen, Soundeffekten und persönlichen Nachrichten versehen, was deinem Publikum das Gefühl gibt, aktiv am Stream teilzunehmen. Du kannst Alerts über die Seite ALERTS im Creator-Dashboard aktivieren. Dort wird dir die Option ALERT-SET ERSTELLEN angezeigt. Mithilfe von Alerts und auch Overlays können Streamende die Zuschauer und Zuschauerinnen zu bestimmten Aktionen anregen, z. B. durch »Follower-Ziele« oder »Top-Spender-Listen«. User werden dadurch motiviert, aktiv teilzunehmen und vielleicht sogar mit anderen in der Community zu konkurrieren. Durch Alerts für Spenden oder Abos kannst du das Engagement der User erhöhen und ihre Monetarisierungsmöglichkeiten fördern (also Geld verdienen, dazu mehr im Kapitel 10, »Money! Money! Money! – So verdienst du mit deinem Content Geld«). Viele User sind eher bereit, zu abonnieren oder zu spenden, wenn sie sehen, dass ihre Unterstützung im Stream sofort sichtbar ist!

Abbildung 7.15 Alerts werden bei zarbex im Stream eingeblendet.

Bei Twitch spielen Regelmäßigkeit und Vorankündigung von Livestreams eine große Rolle. Stelle deswegen sicher, dass du deine Streams vorab in sozialen Netzwerken, auf Discord-Servern oder über eine eigene Webseite ankündigst. Twitch-User folgen oft mehreren Streamenden, daher ist es wichtig, im Voraus einen Hype um deinen Stream zu generieren! Dafür kannst du auch Clips und Highlights aus deinen Streams herausschneiden und sie auf YouTube, Instagram Reels oder TikTok teilen. Diese kurzen, prägnanten Clips können als Teaser dienen und Menschen neugierig auf deine Livestreams machen.

7.1.3 Instagram (Reels und Stories)

Instagram nutzt verschiedene Mechanismen, um Besucherinnen und Besucher nach einem Video oder einer Story auf der Plattform zu halten, zum Beispiel das automatische Weiterschalten bei den Reels und Stories. Ähnlich wie bei TikTok schalten Reels und Stories automatisch weiter, sobald sie enden. User bekommen sofort das nächste Reel oder die nächste Story angezeigt, was das Weiterschauen extrem einfach macht. Außerdem gibt es unter jedem Reel eine Liste mit vorgeschlagenen Reels, die auf den Vorlieben des Besuchers basieren (Abbildung 7.16).

Abbildung 7.16 Vorgeschlagene Reels unter Reels

So werden User ermutigt, auf eines dieser Reels zu klicken, um weiterzuschauen. Reels haben eine starke organische Reichweite, besonders wenn du Trending-

Audios verwendest, und können dein Video schnell sichtbar machen. Teile dein Video oder Highlights daraus auch in den Stories, um deine Follower direkt anzusprechen. In Instagram Stories hast du (wenn du mehr als 10.000 Follower oder ein verifiziertes Konto hast) die Möglichkeit, Links zu anderen Inhalten einzufügen. Das animiert deine Zuschauenden, von deiner Story auf eine externe Seite oder ein anderes Video zu wechseln. Da kannst du dann anderen Content, aber, wie schon besprochen, auch Werbelinks einfügen, für die du Geld bekommst! Generell sind Call-to-Actions in den Stories total wichtig! Nutze Sticker oder Umfragen in Stories, um direkt mit deinen Followern zu interagieren. Bei Instagram Reels und Stories kannst du auch direkt auf reguläre Feed-Posts verlinken (das sind die kachelförmigen Posts, die direkt auf deinem Profil erscheinen, aber nicht Teil des Reel-Feeds oder der Stories sind).

Dies geht auch mit Stickern mit einem direkten Link zu deinem Video, das spielerische Element kann die Interaktion erhöhen. Das ist eine Möglichkeit, dein Publikum auf längere Inhalte aufmerksam zu machen oder sie tiefer in dein Feed zu ziehen. Die Verwendung von Hashtags und das Erscheinen auf der Explore-Seite (Abbildung 7.17) führen User automatisch zu ähnlichen Inhalten oder Trends.

Abbildung 7.17 Insta-Explore-Seite

Wenn ein Nutzer ein bestimmtes Thema oder eine Challenge mag, kann er durch einfaches Anklicken des Hashtags unzählige weitere Videos dazu finden. Nutze auch den Textbereich oder die letzten Sekunden des Videos, um die Zuschauenden zur Interaktion zu animieren, z. B. durch Fragen oder Aufforderungen, zu kommentieren, zu liken oder das Video zu teilen. In Instagram Stories kannst du Umfragen, Quiz oder »Frag mich was«-Sticker hinzufügen, um mehr Engagement zu erzeugen und deine Zuschauer und Zuschauerinnen aktiv einzubinden!

Deswegen ist es wichtig, dass du immer Hashtags verwendest, damit man deine Videos dazu vorgeschlagen bekommt. Wichtig sind ebenfalls die Bildunterschriften, auch Captions genannt (Abbildung 7.18). Das sind kurze Beschreibungen für jeden Post, bzw. jedes Reel, das du absetzt. Instagram erlaubt dafür Sonderzeichen. Symbole wie ✨, ✯, ♥ oder ✓ werden oft genutzt, um Aufmerksamkeit zu erregen oder besondere Informationen hervorzuheben.

Abbildung 7.18 Insta-Captions bei einem Reel von serdar_karibik (*https://www.instagram.com/serdar_karibik*)

Da Captions häufig nur teilweise angezeigt werden, bevor sie ausgeklappt werden, können Symbole am Anfang der Caption besonders wirkungsvoll sein. Du solltest auch den Story-Text nicht außer Acht lassen. Fasse dort die Botschaft deiner Story zusammen oder schreibe etwas, das deine Aussage untermauert. Wenn du in deiner Instagram Story beispielsweise auf deinen neuen YouTube-Upload hinweist mit: »Hey Leute, heute um 16:00 Uhr kommt mein neues YouTube-Video online«, solltest du in den Text noch mal »Neues YouTube-Video«, »Heute 16:00 Uhr« und deinen Kanalnamen bzw. ein Link zum Kanal einfügen. Das untermauert die Aussage und fasst sie zusammen – etwa für Schnell-Klicker oder Leute, die deine Story stumm hören! Dafür kannst du auch Sonderzeichen direkt im Text verwenden, um deine Botschaft aufzupeppen. Symbole wie Pfeile, Sterne oder Herzen können visuell helfen, den Fokus auf bestimmte Teile der Story zu lenken. Solltest du mit anderen Influencern oder Marken zusammenarbeiten, musst du sie auf jeden Fall in deinen Posts erwähnen. Wenn sie dich zurücktaggen oder reposten, erreichst du deren Follower und erhöhst deine Reichweite. Wenn dein Video Produkte zeigt, kannst du diese über Instagram direkt verlinken (vorausgesetzt, dein Konto hat Zugang zu Instagram Shopping). Dies ermöglicht den Zuschauenden, die Produkte direkt über das Video zu kaufen. Wenn du die Swipe-up-Funktion (für Konten mit mehr als 10.000 Followern) oder den Link-Sticker hast, kannst du externe Links zu Websites, Blogposts oder Produkten hinzufügen.

7.1.4 TikTok

Bei TikTok gibt es ebenfalls viele Mechanismen, die du nutzen kannst, um deinen Content unter die Leute zu bringen. Dein größter Freund ist der endlose Feed auf der ForYou-Page. Das ist TikToks Hauptmechanismus, um User zu fesseln – ein endloser Feed, der auf Algorithmen basiert. Nachdem ein Video endet, wird automatisch das nächste Video aus den Empfehlungen abgespielt, ohne dass der Nutzer aktiv etwas tun muss. Dies funktioniert ähnlich wie YouTubes Autoplay, nur viel schneller und nahtloser. Denn wenn ein Video endet, erscheinen ähnliche Videos direkt darunter. Nutzer können einfach nach unten scrollen, um ähnliche Inhalte oder weitere Videos des gleichen Creators zu sehen. Du kannst auch in der Videobeschreibung oder den Kommentaren auf andere Inhalte verweisen, so zum Beispiel: »Part 2 findest du hier« oder »Schau dir mein letztes Video an«. Dies sorgt für eine einfache Navigation zwischen verschiedenen Inhalten. Du kannst auch auf Kommentare mit einem Video antworten – das ist eine gute Taktik! Viele User klicken nämlich in die Kommentare, während sie ein Video schauen, und deine Videoantwort wird ebenfalls direkt anzeigt. So können User dann direkt daraufklicken und bleiben bei dir (Abbildung 7.19).

Abbildung 7.19 TikTok-Videoantwort (*https://www.tiktok.com/@melanzaniie*)

Da TikTok stark auf virale Trends und Challenges setzt, werden User oft von einem Trendvideo zum nächsten geleitet. Sobald sie an einem Trend interessiert sind, sehen sie automatisch mehr Videos desselben Trends. Nimm daher an Trends teil, um mehr Reichweite zu bekommen. Wenn ein bestimmter Sound oder eine Challenge viral geht, spring auf den Zug und finde deine eigene individuelle Herangehensweise, wie du den Trend zu deinem Content passend aufbereiten kannst! Den Beschreibungstext deiner TikTok-Videos solltest du ebenfalls ausnutzen. Das sind kürzere Beschreibungen, in die du eine Zusammenfassung oder Weiterführung deines Inhalts eintippen kannst. Manchmal ist das ganz hilfreich für weiteren Kontext (Abbildung 7.20).

Abbildung 7.20 TikTok-Beschreibungstext bei Anna | Booktok ✨📖 (*https://www.tiktok.com/@annas.books*)

Nutze eventuell Sonderzeichen, um visuell aufzufallen. Symbole wie ★, ✓ oder Pfeile (→) können in der Beschreibung verwendet werden. Auch Hashtags können Aufmerksamkeit auf deine Videos lenken und die Auffindbarkeit erhöhen. Da TikTok-Nutzende oft schnell durch den Feed scrollen, kann ein auffälliger Beschreibungstext die Wahrscheinlichkeit erhöhen, dass sie ein Video stoppen und ihn sich ansehen. Den Text im Video solltest du auf jeden Fall nutzen, um Schlüsselbotschaften zu betonen oder zu visualisieren. Dies kann helfen, den Blick des Publikums zu lenken und wichtige Punkte zu verstärken. Auch hilft das sehr, um für User, die TikTok ohne Ton verwenden, interessant zu bleiben (hier eventuell Untertitel einfügen). Klicke dafür bei der Erstellung deines TikToks auf UNTERTITEL ERZEUGEN, und damit sollten sie automisch erstellt werden. Du kannst den Text auch korrigieren, sollte es Fehler im Transkribieren geben. Wichtig ist auch, dass du die richtige

Sprache einstellst und dass du den Untertitel richtig platzierst, denn die Bildunterschrift sollte den Untertitel nicht verdecken. Schiebe die Schrift am besten auf die untere Drittellinie im TikTok (Abbildung 7.21).

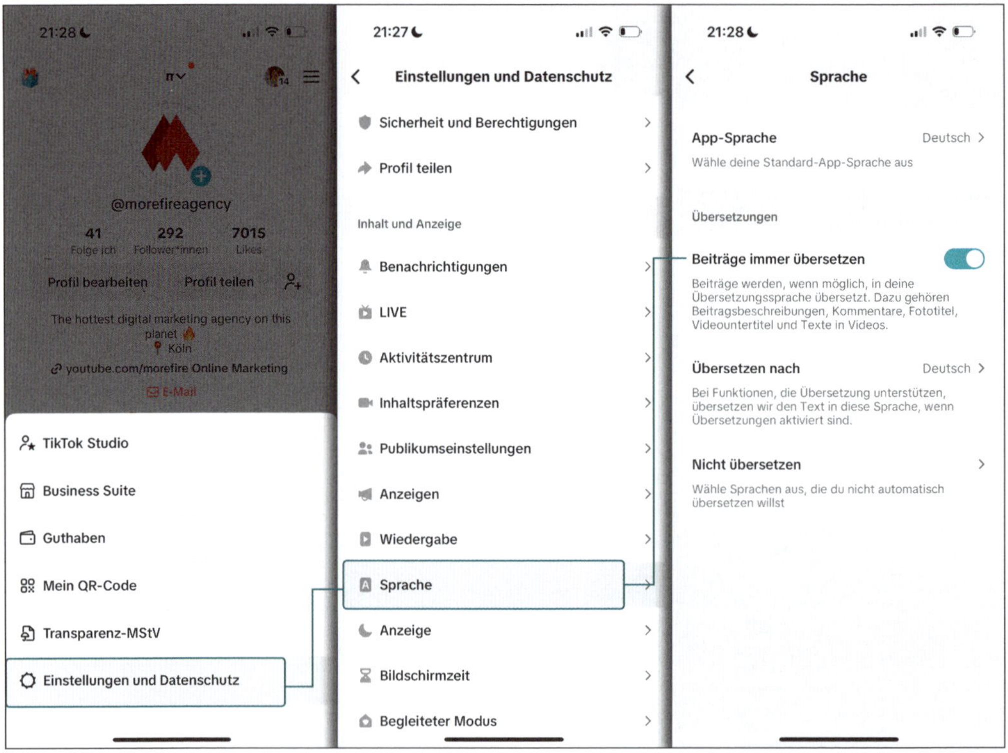

Abbildung 7.21 Untertitel bei TikTok aktivieren

Die Mechanismen von Twitch, TikTok und Instagram, um User zu längerem Verweilen auf der Plattform zu bewegen, ähneln zwar in ihrer Funktion der YouTube-Endcard, sie sind jedoch stärker in die jeweilige Benutzererfahrung eingebettet. Sei es durch automatisches Weiterschalten, personalisierte Empfehlungen oder interaktive Tools, alle diese Plattformen haben ihre eigenen Strategien entwickelt, um die User immer tiefer in den Bann zu ziehen.

7.2 Du hast keinen Plan? – Dann mach dir einen!

Planung ist das halbe Leben. Ein guter Redaktionsplan hilft dir, den Überblick zu behalten (Abbildung 7.22). Er wird in fast allen Redaktionen benutzt, damit es ein Dokument gibt, in dem alle Informationen gesammelt stehen und an dem alle gemeinsam und gleichzeitig arbeiten können. Dieses bewährte Prinzip kannst du nun in reduzierter Form auf deinen Content übertragen. Du hast ja schon gelernt: Pläne schmieden ist gut, an ihnen festzuhalten ist besser! Ob schriftlich oder digital: Mach dir einen Plan, an den du dich idealerweise auch hältst. Auf deinem Schreibtisch sollte immer ein Notizbuch liegen und noch eins für unterwegs. Oder du legst Listen im Handy an. Meistens kommen die besten Ideen, wenn man unterwegs ist, und nicht gerade in dem Moment, in dem man auf dem Stuhl sitzt und auf den Rechner glotzt.

Redaktionsplan YouTube							
Datum	**Anlass**	**Idee**	**Text + Titel**	**Video/Grafik**	**Aufgaben**	**Werbung**	**Freigabe/ Finaler Check**
16.01.							
17.01. **Säule 1**	Internationaler Tag der italienischen Küche	Pasta-Schlacht	Die beste deutsche Pasta-Schlacht! Heute koche ich gegen Cornelia Poletto, die beste Pasta-Köchin Deutschlands. In meiner Küche etc.		Dreh und Schnitt selber mit Stativ in eigener Küche am 05.01.	Anzeigen geschaltet	ERLEDIGT FREIGABE + TEST VIDEO
18.01.							
...							
13.02.							
14.02. **Säule 1**	Valentinstag	Rezept der Verführung	Happy Valentinstag-Pasta-Rezept! Für alle Verliebten da draußen – gibt es das verführerischste Pasta-Rezept zum Selbstkochen!		@Nina macht Logo auf die Grafik @Tom & ich drehen Video mit Rezept	Keine Ads	OFFEN
15.02.							

Abbildung 7.22 Beispiel eines Redaktionsplans für deinen Video-Content

Du kannst und solltest auch direkt die Verbreitung der Videos oder Streams mit einplanen, gerade wenn noch andere Personen an dem Prozess beteiligt sind. Doch bevor wir mit dem Planen des Plans beginnen, möchte ich dir noch ein paar Tipps geben, die dir helfen sollen, als Teilzeit-Content-Creator produktiv zu bleiben und gleichzeitig ein ausgewogenes Leben zu führen!

1. **Prioritäten setzen**
   Es ist wichtig, dass du dich auf die wichtigsten Aufgaben konzentrierst und unwichtige Dinge delegierst oder zu verschiebst. Dadurch bleibt mehr Zeit für die wirklich wichtigen Aspekte deines Content-Creation-Prozesses.
2. **Realistische Ziele setzen**
   Statt sich mit unrealistischen Erwartungen zu überlasten, solltest du dir Ziele setzen, die du in der verfügbaren Zeit auch wirklich erreichen kannst. Kleine, machbare Meilensteine helfen dir, motiviert zu bleiben.

3. **Zeit blockieren**
   Ein effektives Zeitmanagement erfordert, dass man feste Zeitfenster für die Content-Erstellung reserviert. Das könnten beispielsweise feste Stunden am Wochenende oder an bestimmten Abenden sein, um fokussiert an deinen Projekten zu arbeiten.
4. **Automatisierung und Tools nutzen**
   Automatisierungstools wie Social-Media-Planer, E-Mail-Marketing-Plattformen und Content-Management-Tools können den Prozess der Veröffentlichung und Verwaltung von Inhalten deutlich vereinfachen und Zeit sparen.
5. **Pausen und Selbstfürsorge**
   Auch wenn das Zeitmanagement wichtig ist, darf deine persönliche Gesundheit nicht zu kurz kommen. Regelmäßige Pausen und Self-Care sind entscheidend, um langfristig produktiv zu bleiben und Erschöpfung zu vermeiden!

So, auf geht's mit dem Redaktionsplan: Der stellt sich für dich erst mal als gähnend leeres Blatt dar. Es beginnt schon mit der Frage, ob es überhaupt eine Tabelle sein muss oder nicht. Die Antwort lautet wie so häufig: Wie du möchtest! Aber eine Tabelle ist nicht unpraktisch. Und der Anfang ist ganz schnell getan. Schreib das Datum rein, für jeden Monat die einzelnen Tage, und fülle diese vorab mit allen Gedenktagen, Feiertagen, Ferien und besonderen Tagen, die in deinem Leben relevant sind. Denk ebenso daran, welche Tage im Jahr grundsätzlich für deine zukünftigen Fans wichtig sind. Sind es Videos über Italien, sollten zum Beispiel auch italienische Feiertage enthalten sein. Dadurch ergeben sich Postings oft schon ganz von allein. Dein individueller Redaktionsplan wird am Ende den Unterschied machen.

Das Wichtigste zum Posten auf Social Media bzw. Streamen auf Twitch sind erst mal die Tage und deine Basisideen zu den Inhalten sowie zu den dazugehörigen Texten und Verlinkungen. Du planst beispielsweise einen Koch-Tutorial-Clip oder ein Koch-Livestream passend zum Valentinstag. Es gibt ein verführerisches Pasta-Gericht für romantische Stunden. Das Video muss also gedreht, geschnitten und vor dem Upload fertiggestellt werden bzw. geplant werden für den Stream, und der muss ja am 14. Februar stattfinden, da hast du keine andere Wahl! Also muss in den Redaktionsplan auch rein, wer welche Aufgaben übernehmen muss, falls du ein Team hast. Das reicht erst mal. An jedem Tag, an dem du dann einen Post veröffentlichen möchtest oder etwas streamst, trägst du alles Besagte ein. Dann füllt sich dein Redaktionsplan mit der Zeit immer ein wenig mehr!

Das war jetzt nur ein kleines Beispiel. Nimm die Punkte, die du für deinen Content vorbereiten musst, mit in den Plan auf: Location, geplantes Drehdatum, Abnahme durch deinen persönlichen Kontrolleur (Mami, Freund/-in oder dein kritisches Alter Ego) und woran du noch alles denken musst. Auch solltest du jedes Video, das nicht live gestreamt wird, nochmals durch eine Testschleife laufen lassen (für die Streams sollte man vorher alles auf seine Funktionalität testen – wenn die Kamera läuft, dann läuft sie). Die Videos dürfen keine Audio- oder Schnittfehler enthalten – die kannst du nach dem Upload nicht mehr ändern und ebenso wenig den Text. Vor allem geht das dann nicht, wenn du schon ein paar »Daumen hoch« bekommen hast.

Plane ebenfalls deine Multimedia-Strategie. Sobald du weißt, dass du ein Video auf deiner Homebase-Plattform uploaden wirst, solltest du das auch auf den anderen verbreiten. Plane, wie du durch Ankündigungen und Teaser besonders viel Aufmerksamkeit bekommst!

Wie oft sollte man eigentlich Videos hochladen? Das kommt natürlich sehr auf die Plattform an, auf der du deinen Content primär postest. Es gilt aber: Je mehr du postest, desto wahrscheinlicher ist es, dass du schnell Erfolg mit deinen Videos hast. Bei YouTube und Twitch wäre mindestens ein Video oder Stream in der Woche toll, und wenn du richtig gut drauf bist, dann machst du gleich zwei Videos pro Woche. Am besten definierst du bei den Plattformen auch feste Upload-Tage und teilst diese deinen Fans mit. Damit wirst du deine Fans langfristig binden können, denn jeder Mensch ist nun mal ein Gewohnheitstier und kann Vorfreunde empfinden. Bei TikTok und Instagram sind wöchentliche Uploads schon das Minimum, manche empfehlen sogar täglichen Upload für schnellen Erfolg. Aber stresse dich nicht, geh in deinem Tempo, und wenn du wirklich Mühe in deine Videos steckst, wird das erkannt – auch wenn es etwas länger dauert! Denke bei deinem Plan darüber hinaus an Checklisten für deine Drehs: Kamera eingepackt? Akkus geladen?

Halte auch fest, wie deine Videos und Streams ankommen. Füge dafür eine weitere Spalte in den Plan ein und schreibe immer hinein, wie viele Aufrufe, Daumen hoch/runter und Kommentare dein Video nach einem Monat bekommen hat. Dazu liest du im Detail mehr in Kapitel 12, »Durch Kontrolle der Zahlen dauerhaft erfolgreich sein«. Nur wer variabel ist, sich verändert, flexibel auf die Zielgruppe eingeht und sich an Bedürfnisse anpasst, hat langfristigen Erfolg. Wer stehen bleibt, ist raus.

Möchtest du es jetzt ganz perfekt machen und willst die absolute Vogelperspektive à la Superman einnehmen, erstellst du dir noch einen Balkenplan, mit dessen Hilfe du für das gesamte Jahr alle Aufgaben grob monatlich oder tageweise einplanst. Damit macht man sich selbst etwas mehr Druck, weil man sieht, dass es doch ein riesiger Berg ist, der abgearbeitet werden will – jedoch mit genug Zeitpuffer für jede Aufgabe, denn den hast du schließlich auch eingeplant. Ein zeitlicher Balkenplan ist universell einsetzbar. Deine Aktionen, die geplant werden müssen, sind für die kommenden Monate eingeplant. Also werden Aktionen und Zeitraum gegenübergestellt (Abbildung 7.23). Auf der linken Seite stehen kurz und knapp mit einem Wort die Aufgaben, die erledigt werden müssen – von der Planung über die Recherche bis hin zum finalen Akt, dem Upload.

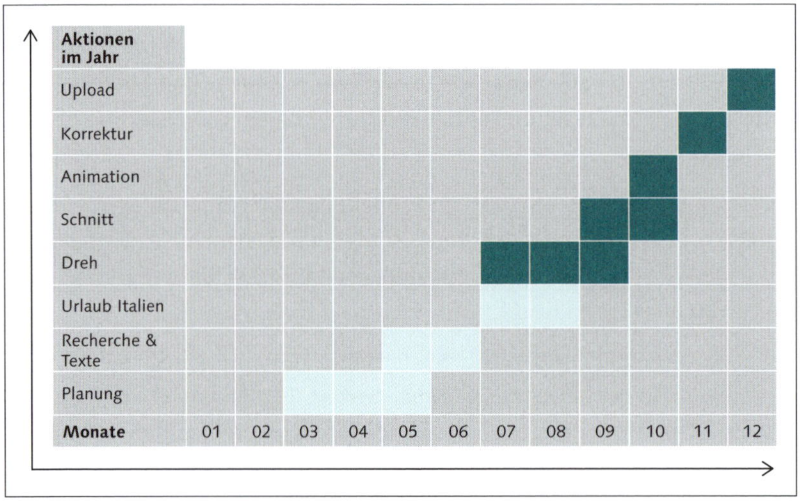

Abbildung 7.23 Dein Balkenzeitplan für deine Aktivitäten

So weißt du immer, welcher Content bereits »ready for take off« bzw. zum Upload zur Verfügung stehen muss. Deine Mama-Italia-Rezepte sendest du beispielsweise das ganze Jahr durchgehend, weil sie einfach zu Hause in deiner Küche schnell produzierbar sind. Also könntest du zum Beispiel eine wöchentliche Produktion in Betracht ziehen und einplanen. Oder du bündelst die Videoproduktion direkt in einer sogenannten Staffelproduktion, in der du in einem bestimmten Zeitraum ganz viele Videos am Stück drehst, damit du dich danach nur noch mit dem Schnitt beschäftigen musst. Für solche Entscheidungen hast du nun die notwendige Vogelperspektive, um deine zukünftigen Videoaktivitäten entspannt und übersichtlich vorauszuplanen (Abbildung 7.24).

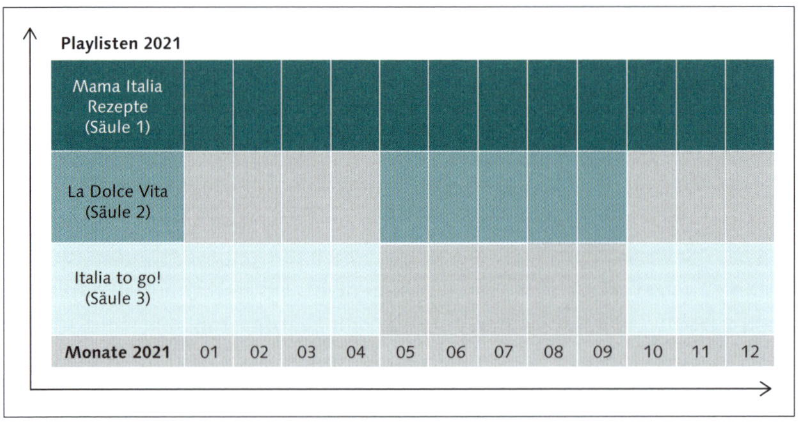

Abbildung 7.24 Dein Balkenzeitplan für deine Playlist-Uploads in den nächsten zwölf Monaten

Glückwunsch! Die Kombination aus der Arbeit mit den Balkenplänen und dem Redaktionsplan wird beim Kampf um die Fans und den Erfolg im Content-Kosmos deine Waffe sein. Jetzt bist du schon mal sehr strukturiert aufgestellt. Und wie sagt man so schön: Vertrauen ist gut, Kontrolle ist besser!

Kapitel 8

Zeig es der Welt! – Der erste perfekte Video-Upload

Dein Video ist fertig gefilmt und geschnitten, oder alles ist parat für den ersten Stream. Jetzt ist es bereit, deinem Publikum präsentiert zu werden. Erfahre, wie der Upload auf YouTube, Twitch, Instagram und TikTok im Handumdrehen gelingt.

Du könntest jetzt denken: »Ach, ein Video-Upload ist doch ganz easy …« Das ist es auch. Tausende Menschen machen das jeden Tag. Einfach auf POSTEN geklickt, und los geht's. Wenn du aber zu den echten Top-Creators gehören möchtest, musst du schon etwas mehr tun als der Durchschnitt. Nur so kannst du aus der Masse herausstechen. Lerne in diesem Kapitel, worauf es bei deinem perfekten Upload ankommt. Idealerweise wird dein Profil direkt nach einem neuen Video-Upload von deinen Fans und von vielen neuen Usern angeschaut (Abbildung 8.1).

Es prasseln hoffentlich sofort Dutzende Kommentare herein, die Nutzer geben dir scharenweise Likes und teilen das Video. So ein Feedback und die hohe Reichweite sind nicht selbstverständlich, sondern bedeuten Arbeit. Es gibt einige Dinge zu beachten, damit du auch wirklich das beste Ergebnis herausholen kannst.

Durchschaust du den Masterplan der Plattformen, verstehst du auch, wie du das System für dich nutzen kannst. Es ist so: Jede will die beste und beliebteste Videoplattform der Welt sein, auch um damit Geld zu verdienen. Damit das klappt, müssen alle Zuschauerinnen und Zuschauer happy sein. Jeder Nutzer bekommt genau das gezeigt, was er gerade am liebsten schauen möchte. Aus glücklichen Zuschauenden werden regelmäßig wiederkehrende Besucherinnen und Besucher. Das macht die Plattform immer größer und beliebter. Dafür sorgt auf jeder Plattform der eigene Algorithmus (Abbildung 8.2). Diese mathematische Formel sorgt dafür, dass die besten Inhalte bevorzugt in den Suchergebnissen angezeigt werden – das hatten wir ja bereits im vorherigen Kapitel besprochen. Daraus ergibt sich dann ein Ranking: Nicht so populäre oder unpassende Filmchen rutschen auf den Suchergebnisseiten weit nach hinten, sehr beliebte Videos werden dagegen bevorzugt und ganz weit vorne in den Suchtreffern angezeigt.

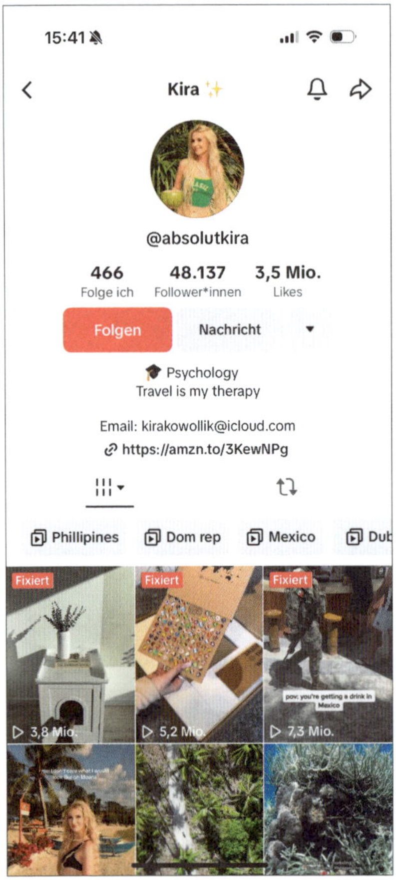

Abbildung 8.1 Aufrufzahlen in Millionenhöhe (*https://www.tiktok.com/@absolutkira*)

Abbildung 8.2 Der Plattformalgorithmus bevorzugt beliebte Inhalte.

Daneben ist die Zuschauerbindung – auch Trust, also Vertrauen, genannt – entscheidend für eine lange Verweildauer, die Interaktionsrate und letztlich Reichweite. Aus dem vorherigen Kapitel kennst du schon die Faktoren, die deine potenzielle Reichweite maximieren können. Jetzt zeige ich dir, welche Kniffe du beim ersten Upload beachten musst, damit deine Videos richtig beliebt werden! Hier gibt es natürlich auch wieder Unterschiede zwischen den Plattformen – deswegen schauen wir uns erst mal allgemein an, was du noch beachten musst, und zeigen dann, wie du es auf deiner Plattform anwenden kannst.

8.1 First Things Frist: Das musst du vor dem Upload wissen

Die ersten drei bis fünf Sekunden deiner Videos (auch Teaser genannt) sind ausschlaggebend (Abbildung 8.3). Denn da entscheidet sich der Zuschauer, ob er dranbleibt oder abspringt. Ein starker Einstieg sollte direkt Interesse wecken, eine klare Richtung zeigen und idealerweise Spannung aufbauen. Die Aufmerksamkeitsspanne der User ist im Onlinebereich extrem kurz – das kennen alle, die jeden Tag auf TikTok unterwegs sind. Wenn die ersten Sekunden langweilig sind oder nicht klar wird, worum es geht, verliert das Video sofort an Publikum (Abbildung 8.4). Die User verlassen das Video, bevor sie überhaupt den eigentlichen Content erfassen können. Deswegen achte darauf, dass die ersten Sekunden total überzeugen! Wenn Zuschauer und Zuschauerinnen nicht verstehen, worum es in deinem Video geht, können sie das Gefühl haben, ihre Zeit zu verschwenden. Das wird auf lange Sicht das Vertrauen in deinen Namen schwächen.

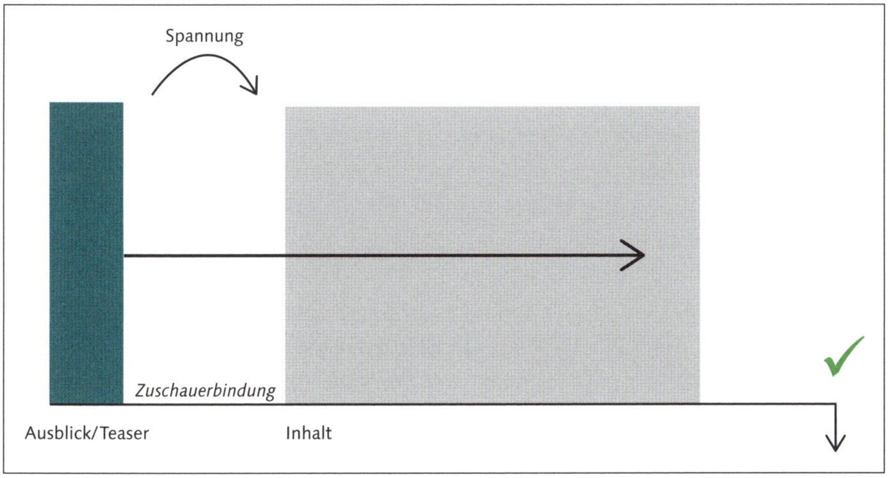

Abbildung 8.3 Der Teaser ist wichtig, um die User an das Video zu binden.

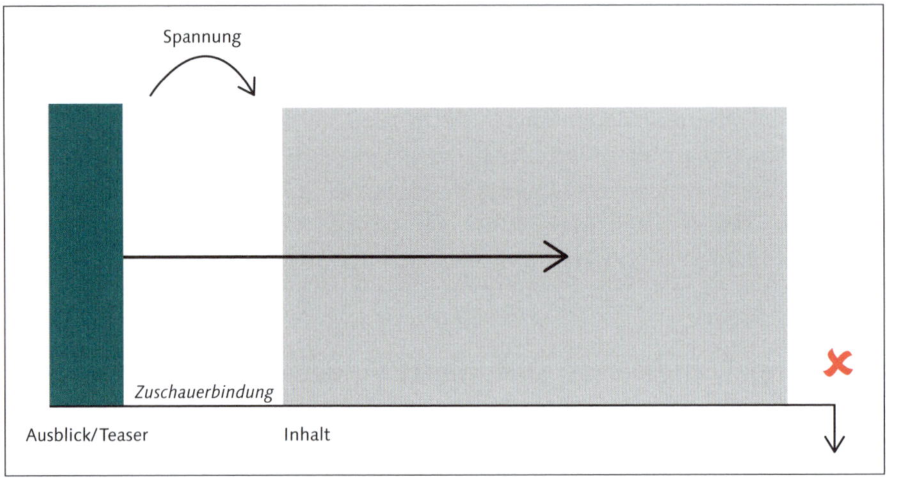

Abbildung 8.4 Wie spannend dein Inhalt ist, entscheidet über die Zuschauerbindung.

Bei YouTube und Twitch ist ein ansprechendes Thumbnail oft der erste Berührungspunkt zwischen dem Video und dem potenziellen Zuschauer. Im Gegensatz zu YouTube – da hast du ein festgelegtes Thumbnail – wird bei Twitch dein Thumbnail alle fünf Minuten automatisch neu generiert, wenn ein User die Seite aktualisiert. Bei VODs (eine Abkürzung für Video-on-Demands, das sind hochgeladene Streams) und Clips kann man wie bei YouTube ein Thumbnail frei festlegen. Auch bei TikTok und Instagram ist das Vorschaubild das, was auf deinem Profil zu sehen ist, und danach entscheidet sich, ob auf das Video geklickt wird. Oft wird es einfach ausgespielt (auf der ForYou-Page oder auch dem Reel-Feed) –, aber wenn User einmal auf deinem Account gelandet sind, ist ein Vorschaubild total entscheidend. Auf allen Plattformen gilt also: Es sollte neugierig machen, eine klare Botschaft vermitteln und optisch herausstechen. Gute Thumbnails nutzen oft Gesichtsausdrücke, kontrastreiche Farben oder Textelemente, um sofortige Aufmerksamkeit zu erzeugen bzw. direkt den Content zu erklären. Wenn das Vorschaubild langweilig, unklar oder nicht relevant ist, wird das potenzielle Publikum es einfach ignorieren. Ein schlechtes Thumbnail kann dazu führen, dass User das Video erst gar nicht anklicken, selbst wenn der Inhalt interessant ist. Das Thumbnail muss also den Inhalt und die Botschaft des Videos auf den Punkt bringen, sonst geht die Chance auf eine hohe Klickrate verloren. Bei TikTok und Instagram wird der Titel nur auf dem Vorschaubild angezeigt, dazu später mehr. Bei YouTube und Twitch kann man einen Titel zusätzlich zum Thumbnail auswählen. Der Titel sollte neugierig machen und gleichzeitig klarmachen, worum es geht. Ein guter Titel ist nicht nur beschreibend, sondern weckt auch Emotionen oder löst eine Frage aus. Wie die Titel und Vorschaubilder am besten aussehen sollten, zeige ich dir im Folgenden für jede der vier Plattformen!

Tipp

Ein sehr wichtiger Faktor in der Content-Welt ist, wie lange ein Video angesehen wird. Der Algorithmus bevorzugt Videos, die hohe »Watch Time« erzielen. Videos oder Streams, die komplett angesehen werden, sowie User, die danach weitere Videos auf YouTube konsumieren, steigern die Chancen, dass das Video häufiger vorgeschlagen wird. Deswegen funktionieren kurze Videos meist auch besser, weil man weniger Zeit investieren muss, um das ganze Video zu sehen. Für dich als Tipp: Versuche dich bei deinen ersten Uploads deswegen erst an kurzen Videos!

8.1.1 Darf ich vorstellen: YouTube und seine Ranking-Faktoren

Bei YouTube gibt es noch mal mehr zu beachten, da dort das *Ranking* sehr wichtig ist. Denn YouTube verwenden viele als Suchmaschine – wenn man beispielsweise nach »Rezeptideen Italien« sucht, werden die Videos von oben bis unten gerankt, also geordnet. Du willst natürlich, dass dein Video ganz oben erscheint und so die meisten User draufklicken. Eine positive Beeinflussung der Auffindbarkeit deiner Videos bei YouTube kannst du ganz leicht selbst vornehmen. Dabei nutzt du den Algorithmus positiv für deine Zwecke. Das System wird durch Ranking-Faktoren bestimmt. Bei geschickter Verwendung können diese dabei helfen, deine Videos groß rauszubringen. Jeder Clip erhält nach dem Upload automatisch eine sogenannte Ranking-Position (also eine Ranglistenposition), vergleichbar mit der Startaufstellung bei der Formel 1. Jeder möchte am liebsten die Poleposition ganz vorne ergattern. Bei YouTube werden alle neu hochgeladenen Videos verglichen und nur die besten ganz weit oben in den Suchergebnissen angezeigt. Genau das muss dein Ziel sein, denn so bekommst du viel mehr Aufrufe.

YouTube scannt pausenlos alle Inhalte und bewertet nicht nur all deine Videos, sondern auch alle anderen Videos auf der gesamten Plattform. Dabei liest YouTube alle Einblendungen und Texte, die in deinem Video auftauchen (Abbildung 8.5).

Abbildung 8.5 YouTube scannt Videos auf zwei Weisen nach Keywords.

So möchte das System besser verstehen, worum es in deinem Video wirklich geht. Sprichst du zum Beispiel über das beliebte Videospiel *Far Cry* und verwendest Begriffe wie Far Cry 5, Far Cry 6 oder Far Cry Soundtrack, weiß YouTube ganz genau, worum es in deinem Video geht – und das wohlgemerkt nur durch das Filtern und Abhören deiner Stimme abseits des Videotitels, den du eingegeben hast. Da alle Suchbegriffe bei YouTube eingeben, kannst du dich so besser auffindbar machen (Abbildung 8.6). Es gibt ganz viele Stellen, an denen YouTube die relevanten Keywords aus deinen Videos auslesen kann. Die Stimme und die Einblendungen sind nur zwei davon. Fokussierst du dich an all diesen Stellen auf ein Keyword oder auf eine Keyword-Gruppe, hast du gute Chancen, für das Thema eine hohe Ranking-Position zu ergattern. Wird dein Video gefunden, muss es dann aber auch gut sein! Wird es gut bewertet, oder kommt es eher langweilig rüber? Das Ergebnis ist entscheidend für deinen Erfolg. YouTube möchte ja keine langweiligen Videos auf der Plattform haben und wird diese immer abwerten. Würde YouTube eine Jury aus echten Mitarbeitenden einstellen, um alle neu hochgeladenen Videos zu bewerten, bräuchte es mehrere 10.000 Angestellte für diese Aufgabe. Das ist total utopisch, und daher haben sich die Plattformbetreiber etwas Schlaues überlegt: Alle Zuschauer und Zuschauerinnen werden einfach, ohne es zu wissen, in eine Jury verwandelt.

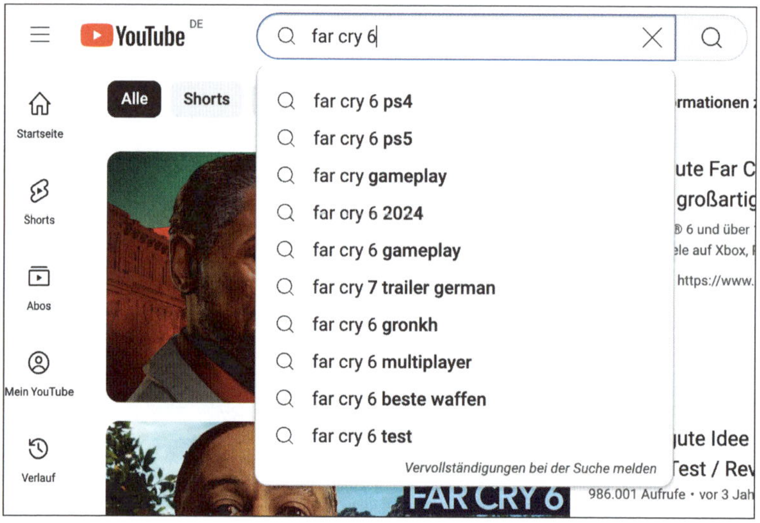

Abbildung 8.6 Verschiedene Suchbegriffe führen zum gleichen Ziel.

Denn YouTube wertet das Sehverhalten beim Abspielen von Videos aus! Es wird gemessen, wie lang ein Video im Durchschnitt angeschaut wird, ob es geteilt wird, ob es viele Kommentare erhält und, vor allem, in welcher Geschwindigkeit Interaktionen entstehen. Selbst wenn dein Video nur halb angeschaut wird, ist das ein eindeutiges Signal des Publikums an YouTube. Daraus ergibt sich dann die Startposition für jeden einzelnen Clip. Liegst du über dem Durchschnitt, hast du gute Karten! Das heißt, es ist unglaublich wichtig, dein Zielpublikum zu begeistern, damit eine Flut von Interessenbekundungen entsteht. Liegen dir deine Fans zu Füßen, bist du auf der gesamten Plattform reichweitenstark sichtbar. Halte dich an die nachfolgenden Ranking-Faktoren und versuche, diese für deinen Channel perfekt umzusetzen. Dann steigst du in der Sichtbarkeit auf YouTube am wahrscheinlichsten ganz nach oben.

Ich habe die Ranking-Faktoren in vier Gruppen unterteilt, damit sie leichter nachvollziehbar sind. Jede einzelne Säule ist wichtig und trägt ihren Teil zu deinem gesamten Erfolg auf YouTube bei (Abbildung 8.7).

Kanal-Trust	Videorelevanz	Nutzer-interaktion	Social Sharing
▪ Frequenz von Video-Uploads ▪ Abonnentenzahl ▪ Gesamt-Klicks ▪ Channel-Alter	▪ Keywords ▪ Video-Thumbnails ▪ Videoqualität ▪ Raw-Dateiname ▪ Videolänge ▪ Videoalter ▪ Transkription	▪ Kommentare ▪ Likes ▪ Dislikes ▪ Absprungrate ▪ Durchschnittliche Zuschauerbindung	▪ Video-Shares auf YouTube, X & Facebook ▪ Backlinks & Einbettungen ▪ Erwähnungen in Playlists

Abbildung 8.7 Ranking-Faktoren bei YouTube

Der Kanal-Trust beschreibt, wie groß und stark dein Channel geworden ist. Etablierte Kanäle, die schon lange existieren und beliebt bei den Fans sind, haben automatisch einen sehr hohen Kanal-Trust – vergleichbar mit einem Ergebnis der Stiftung Warentest, nur eben von YouTube für die einzelnen Channels. Der Kanal-Trust beruht auf der Anzahl der Abonnenten, der Menge an Videos, die hochgeladen wurden, und der Anzahl der gesammelten Klicks (Abbildung 8.8).

Wie relevant ist dein Video für deine Zielgruppe? Um genau diese Frage geht es bei den Ranking-Faktoren, die deine Videorelevanz beeinflussen. Durch die Verwendung der richtigen Keywords (Schlüsselbegriffe) gelangst du bei passenden Suchabfragen in den sichtbaren Bereich. Sucht ein User nach dem Thema, das du in deinem Video besprichst, solltest du dazu idealerweise auf Platz eins gefunden werden. Dafür musst du dein Video gut beschriften, um der Maschine zu sagen, wie sie dein Video einordnen soll. Nähere dich dem Thema also am besten über das, was auch tatsächlich gesucht wird. Dabei werden oft keine kompletten Sätze oder Fragen eingegeben, sondern nur einzelne Begriffe oder Wortgruppen. Das Wichtigste dabei ist, dass du dich immer in die User hineinversetzt. Wonach könnten sie suchen? Wie formulieren sie den Suchbegriff? Wie du dein Video genau benennst, zeige ich dir im nächsten Abschnitt unter »Videobenennung richtig gemacht«. Denn das brauchst du ebenfalls, um bei der Suche ganz oben zu erscheinen.

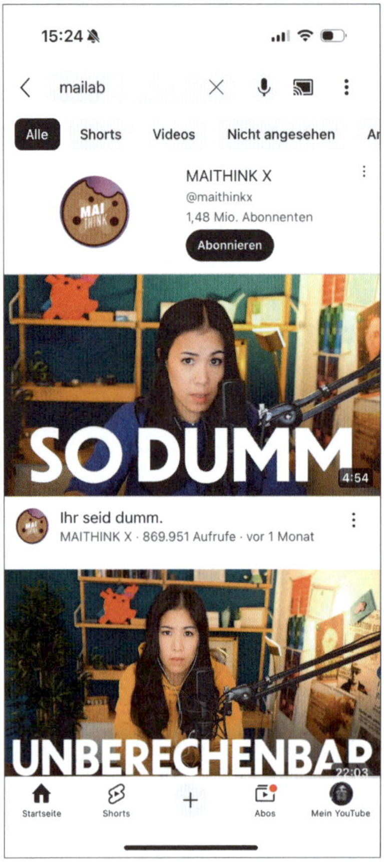

Abbildung 8.8 Der Channel-Trust zeigt sich zum Beispiel in der Anzahl der Videos und Abos (*www.youtube.com/maiLab*).

Und dein Video muss natürlich geklickt werden, dafür muss es attraktiv wirken. Denk immer daran: Dein Video muss das beste und coolste sein! Achtest du auf eine saubere Videoqualität und reicherst du dein Video mit Thumbnails an, hast du bessere Chancen auf ein gutes Ranking. Ältere Videos sind auf YouTube automatisch unbeliebter als neue Videos. Das bedeutet, du musst dich stets mit frischen Inhalten positionieren. Qualität geht hierbei immer vor Quantität. Produziere lieber ein sehr gutes, wohlüberlegtes, perfekt vorbereitetes Video als fünf minderwertige Clips. Du erhältst mehr Reichweite und Klicks, da du eine bessere Ranking-Position hast. Ein Video, für das du dir Zeit nimmst, um ein wirklich tolles Resultat zu erzielen, wird am Ende besser performen als ein Schnellschuss, der ganz fix im unendlichen Videodschungel verschwindet. Achte zudem auf die Länge deiner Videos (Abbildung 8.9).

Abbildung 8.9 Videolänge

Eine Faustregel für die ideale YouTube-Videolänge gibt es nicht. Meine Erfahrungen zeigen jedoch, dass vor allem kurze Videos von unter drei Minuten besser bei der YouTube-Community ankommen. Der Mensch will stets unterhalten werden, und genauso lang darf dein Video dauern. Ob es 30 Sekunden oder drei Minuten werden, hängt ganz vom gewählten Thema und der Dramaturgie ab. Du kannst genau messen, wie lang dein Publikum am Ball bleibt und wann es abspringt (Abbildung 8.10). Dank dieser Messwerte kannst du deine neuen Videos dann optimieren. Entscheidend ist auch, wie viele User aus Langeweile oder Desinteresse das Video verlassen. Ist die durchschnittliche Wiedergabedauer besonders niedrig, bedeutet das nichts Gutes. Es zeigt die fehlende Lust deines Publikums, dein Video bis zum Schluss anzuschauen. In Kapitel 12, »Durch Kontrolle der Zahlen dauerhaft erfolgreich sein«, zeige ich dir, wo du die Messwerte in deinem Channel findest und wie du diese Erkenntnisse nutzen kannst, um besser zu werden.

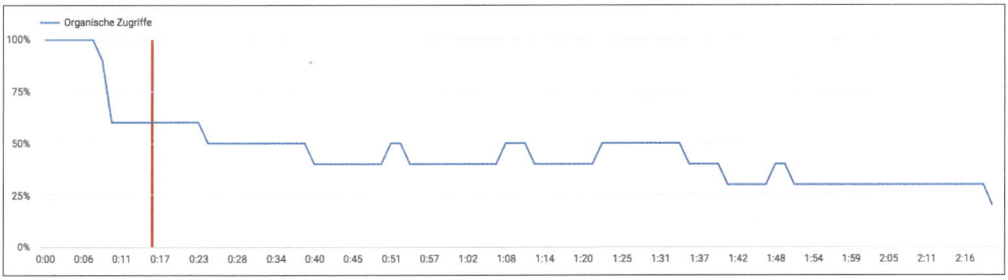

Abbildung 8.10 Zuschauerbindung nach Prozent und Dauer

Hohe Nutzerinteraktionen bedeuten automatisch mehr Sichtbarkeit für dein Video. Die Reaktionen der Zuschauerinnen und Zuschauer auf dein Video sind also grundsätzlich entscheidend für deine Auffindbarkeit in Suchmaschinen wie YouTube oder Google. Ein sehr umfangreiches Feedback erhältst du über die Kommentarfunktion unter deinen Videos. Durch diese direkte Rückmeldung bist du ganz nah an den Gedanken deiner Zuschauenden dran. Du bekommst gespiegelt, was bereits gut ankommt, was das Publikum im nächsten Video von dir erwartet und welche Themen eventuell nicht gut angekommen sind. Und auch hier zählen wieder die

Keywords. YouTube schaut ganz genau darauf, was deine User unter deinem Video für Begriffe verwenden.

Perfekt ist es, wenn dein Publikum passende Begriffe in den Kommentaren aufgreift. Unterhalten sich die Nutzer in den Kommentaren über die gleichen Begriffe wie die aus deinem Videotitel, stärkt dies im Idealfall deine Auffindbarkeit in diesem bestimmten Themengebiet (Abbildung 8.11).

Abbildung 8.11 Kommentare mit Keywords

Jede Form von Nutzerinteraktion ist übrigens hilfreich für dich. Nach dem Motto »Bad news are good news!« tragen selbst negative Bewertungen zu einer gesteigerten Sichtbarkeit bei. Hauptsache, du polarisierst mit deinem Thema. Das beste Beispiel ist Rebecca Black (Abbildung 8.12), die mit ihrem Song »Friday« ordentlich danebengegriffen hat.

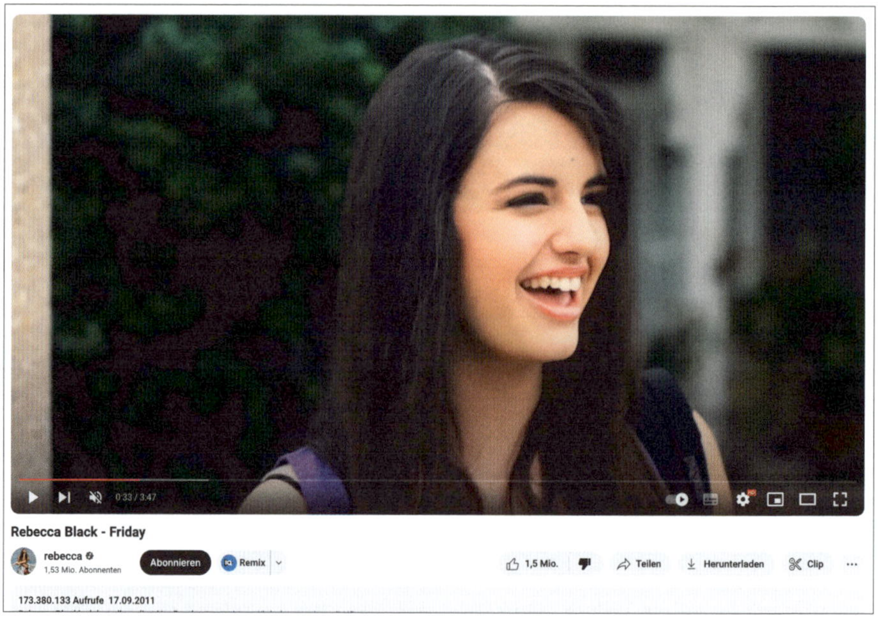

Abbildung 8.12 YouTube-Video mit negativem Feedback (*www.youtube.com/watch?v=kfVsfOSbJY0*)

Rebeccas quietschige, penetrante Stimme und die sinnbefreiten Songtexte zogen eine Menge Dislikes (Daumen runter) nach sich. Unterm Strich bleibt aber auch etwas Positives: Die User zeigen ein hohes Interesse, das sie durch Dislikes und Hater-Kommentare ausdrücken. Rebecca Black kann es egal sein, denn mit 173.380.133 Klicks hat sie erst mal richtig viel Bekanntheit erlangt. Ihre Single »Friday« war in den USA sogar sechs Wochen lang in den Charts.

Nicht zu unterschätzen ist das Social Sharing. Damit ist gemeint, wie oft ein Video über Social-Media-Kanäle geteilt wird. Hierdurch verbreiten sich Videos besonders reichweitenstark. Dabei ist nicht nur die Tatsache relevant, dass viele Personen deine geteilten Videos sehen, sondern es wird ebenso ein positives Ranking-Signal an YouTube gesendet. Je mehr User ein Video im Internet teilen, desto stärker wird auch die Reputation des Videos. Für den Plattformbetreiber steht somit fest: Je mehr Interesse durch Shares an einem Video gezeigt wird, desto wichtiger ist es auch für weitere Zielgruppen. Daher rankt YouTube ein oft geteiltes Video in den Suchergebnissen immer weiter vorne. Zu den Video-Shares zählt im weitesten Sinne auch das Einfügen von Videos auf Websites, Blogs oder Foren. Möchte jemand über dein Video berichten, kann er die Embedding-Funktion (zu Deutsch »Einbetten«) nutzen und deinen Clip auf seinem Blog einbetten. Je mehr Websites auf ein Video verweisen, desto höher ist die Relevanz des Clips im Internet. Dies trägt wiederum dazu bei, dass sich die Sichtbarkeit auf der Plattform YouTube erhöhen kann. Auch das Einfügen eines Videos in die Playlists anderer YouTube-User wirkt als positives Signal. Sammelst du viele dieser Rückmeldungen im gesamten Web, stärkst du die Reputation deiner Videos erheblich!

8.1.2 Twitch-Algorithmus

Auch Twitch funktioniert mit einem Algorithmus, der den Content weit oben oder (das wollen wir natürlich nicht) ganz unten auf der Startseite der User einsortiert. Um eine Poleposition auf der Startseite oder auch in den Suchergebnissen zu bekommen, ist es wichtig, den Algorithmus für dich zu nutzen – dafür müssen wir ihn aber erst verstehen! Twitch setzt grundsätzlich auf langwierigen Content: Twitch-Streams dauern oft mehrere Stunden, manchmal sogar einen ganzen Tag oder mehrere Tage. Letshugo hat sogar mal 78 Tage gestreamt (*https://www.youtube.com/watch?v=GCwhYLwVN8o*). Im Vergleich zu Plattformen wie YouTube oder TikTok, auf denen viele Inhalte nur wenige Sekunden lang sind, sind Twitch-Streams als »Langform-Content« konzipiert. Zuschauer und Zuschauerinnen verbringen im Durchschnitt viel Zeit in einem einzigen Stream, was eine langfristige Bindung zur Community schafft. Es ist immens wichtig, dass du dir deine Community aufbaust. Das ist DIE Währung auf Twitch! Die Loyalität deiner User ist überlebenswichtig für deine Streaming-Karriere. Denn der Algorithmus priorisiert

Streamende, die eine starke Community haben. Deswegen kann es für neue Streamer zu Beginn etwas schwieriger sein, sichtbar zu werden. Als Tipp für dich: Führe regelmäßige Streaming-Termine und Community-Routinen ein. Twitch-Zuschauer schätzen Konsistenz und Verlässlichkeit. Durch feste Streaming-Zeiten wissen die Zuschauer genau, wann sie vorbeischauen können, und das fördert eine langfristige Bindung. Die Twitch-Streamenden, die jeden Tag online sind, sind meist die erfolgreichsten. Erstelle dafür einen festen Streaming-Plan und teile ihn über alle Kanäle (z. B. Twitch-Bio, Social Media, Discord) mit. Zusätzliche Rituale oder spezielle Events wie »Fragen & Antworten am Freitag« oder »Challenge-Montag« verstärken die Community-Gewohnheiten und machen deinen Kanal zu einem regelmäßigen Anlaufpunkt.

Ähnlich wie YouTube misst auch Twitch die Aktivität der Zuschauenden, um die Beliebtheit der Streams einzuschätzen und dann nach Relevanz sortieren zu können. Streamende mit einer hohen Anzahl von gleichzeitigen Zuschauern und Zuschauerinnen priorisiert die Plattform. Ist ja klar – Streams, in denen sich sowieso schon viele User aufhalten, werden noch mehr beworben, da gefällt es den Menschen wohl: Die Zuschauenden verbringen mehr Zeit auf Twitch – heißt: Geld für die Plattform! Deswegen ist die Fähigkeit, die Menschen lange im Stream zu halten, entscheidend. Dafür musst du ihn die gesamte Zeit spannend gestalten. Wenn du beispielsweise ein Let's Play streamst, solltest du alles bereits vor dem Stream vorbereiten und nicht erst während des Streams die Software herunterladen und damit die Zuschauer warten lassen. Auch wenn Twitch nicht für seinen kurzlebigen Content bekannt ist, sollte es doch niemals langweilig werden. Du kannst immer auch lustigste Geschichten aus deinem Leben erzählen oder was dir sonst noch einfällt! Und interagiere mit dem Chat – das ist gern gesehen und füttert auch wieder den Algorithmus. Denn Twitch misst auch, wie aktiv der Chat eines Streams ist. Mehr Interaktionen im Chat deuten auf eine lebendige Community hin, was den Stream in den Rankings verbessert. Also: Sprich mit dem Chat, gehe auf Vorschläge ein oder stell Fragen! Dadurch kannst du dir eine wahrhafte Community aufbauen, bei der du das Gefühl hast, du würdest mit Bekannten unterwegs sein. Wir wissen: Du musst die Zuschauerinnen und Zuschauer an dich binden. Dann hinterlassen sie dir womöglich auch ein Abo! Das ist wiederum wichtig, da der Algorithmus Nutzern Streams anzeigt, die von Kanälen gestreamt werden, denen sie folgen oder die mit ähnlichen Inhalten verbunden sind. Große Streamer und Streamerinnen mit vielen Followern werden eher in der Entdeckungsleiste angezeigt. Ein gutes Beispiel für die erfolgreiche Bindung der Community ist »Fibii« – ihr eigentlicher Name ist Fibi Evelyn Pfeifer. Fibii hat sich in den vergangenen Jahren eine loyale und sehr aktive Community aufgebaut und gehört zu den prominentesten weiblichen Creators auf Twitch Deutschland. Sie ist sehr kreativ, was Inhalte angeht, macht regelmäßig Community-Events und kommt super authentisch rüber (Abbildung 8.13).

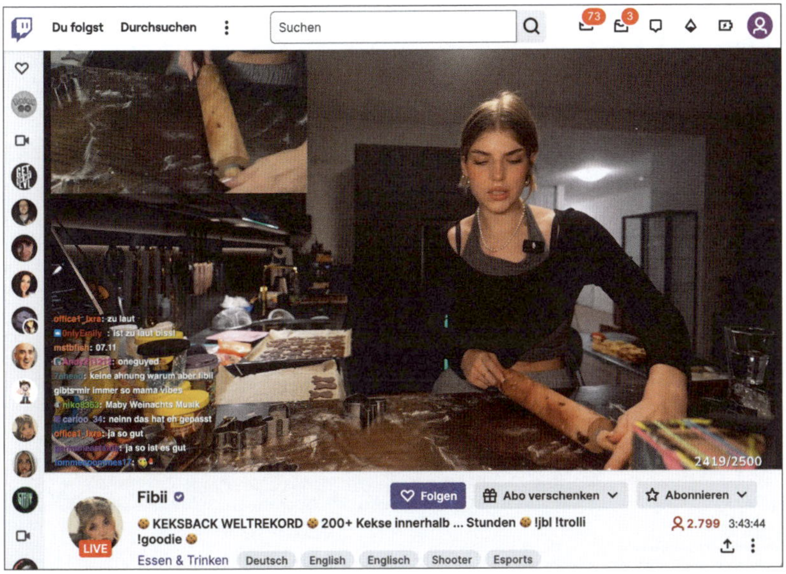

Abbildung 8.13 Fibii bei einem Livestream

Eine andere Idee, um den Algorithmus so zu füttern, dass du oben bei den Suchen und Startseiten auftauchst, sind Events wie Turniere und Specials mit anderen Streamerinnen und Streamern! Fibii hat zum Beispiel in der Coronazeit oft mit anderen Streamern wie Rohat zusammen gestreamt und Multi-Player-Games gespielt. So teilt man sich quasi auch das Publikum. User, die eigentlich einen Stream-Kollegen toll fanden, könnten dann von deiner Art so begeistert sein, dass sie auch mal bei dir vorbeischauen. Dafür ist es wieder mal unglaublich wichtig, authentisch zu sein – sei du selbst –, so kannst du die User von dir überzeugen. Echt zu sein, kommt immer am besten an in der Content-Welt!

By the way, auch bei Twitch kannst du noch an ein paar Stellschrauben drehen, um deinen Kanal durch den Algorithmus zu pushen, etwa indem du Kategorien und Tags nutzt. Du kannst deinen Streams bestimmte Kategorien (z. B. Spielen) und Tags zuordnen. Diese helfen Usern, Inhalte zu finden, und beeinflussen die Auffindbarkeit deiner Streams stark. Streamer, die in beliebten Kategorien aktiv sind, haben bessere Chancen auf Reichweite. Nicht zu vergessen ist auch der Stream-Titel! Wähle Titel, die Keywords enthalten, nach denen User häufig suchen, wie z. B. den Namen des Spiels, das du streamst, oder besondere Events. Da Twitch-Livestreams länger dauern, sind Beschreibungen oft detaillierter und helfen, Zuschauer und Zuschauerinnen anzulocken. Erzähle klar, was diese erwarten können.

Zusammengefasst: Twitch belohnt vor allem große, aktive Communities und hohe Viewer-Zahlen. Neue Streamer müssen gezielt ihre Community aufbauen, um in den Algorithmus zu kommen.

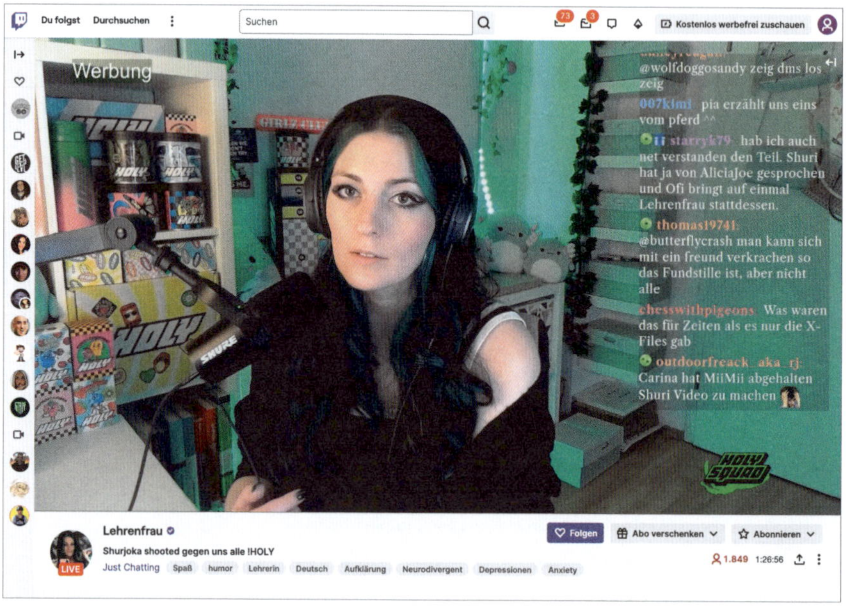

Abbildung 8.14 Tag-Nutzung bei einem Livestream von »Lehrenfrau« (*https://www.twitch.tv/lehrenfrau*)

8.1.3 Instagram-Algorithmus

Auf Instagram fand im Laufe der Jahre eine Entwicklung von einem chronologischen Feed hin zu einem Algorithmus statt, die stark auf Engagement und Beziehung zwischen Usern abzielt. Interaktionen wie Likes, Kommentare, Shares und Speicherungen sind entscheidend. Besonders das Speichern und Teilen eines Beitrags wird stark gewichtet. Dies zeigt dem Algorithmus, dass der Inhalt wertvoll ist. Instagram priorisiert außerdem Beiträge von Kontakten, mit denen du regelmäßig interagierst – z. B. durch Kommentare oder Direktnachrichten. Dies bedeutet, dass Beiträge von Freunden und Familienmitgliedern oft an erster Stelle in deinem Feed erscheinen. Wie die anderen Plattformen analysiert auch Instagram, welche Art von Inhalten ein Nutzer bevorzugt. Wenn jemand oft mit Reels oder Karussell-Posts (ein Post, der aus bis zu zehn Fotos bzw. Videos besteht) interagiert, wird der Algorithmus bevorzugt diesen Content-Typ vorschlagen. Auch wie oft Besucherinnen und Besucher ein bestimmtes Thema ansehen, spielt eine Rolle. Der Algorithmus misst ebenso, wie viel Zeit jemand in der App verbringt und welche Art von Posts die meiste Zeit in Anspruch nimmt. Längere Verweildauern an bestimmten Inhalten sind positiv für das Ranking. Das erreichst du natürlich, wenn du dein Video spannend gestaltest – halte die Menschen am Ball! Dazu habe ich dir schon einige Tricks in Kapitel 3, »Was möchte ich für meine zukünftigen Fans drehen? – Stichwort Storytelling!«, gezeigt. Ähnlich wie bei TikTok sind Trends Trumpf – denn es werden trendbasierte Inhalte (z. B. beliebte Hashtags, Challenges oder Sounds in Reels) häufiger ausgespielt. Reels und die Explore-Page sind darauf ausgelegt, frischen, trendigen Content zu zeigen. Instagram bevorzugt oft die neuesten Beiträge, aber nicht unbedingt chronologisch. Der Algorithmus bewertet, wie relevant ein Beitrag basierend auf dem aktuellen User-Engagement ist, und priorisiert »heiß diskutierte« Inhalte unabhängig davon, wie lange sie bereits gepostet sind.

8.1.4 TikTok-Algorithmus

Der TikTok-Algorithmus fördert wie kein Zweiter viralen Content. TikTok ist bekannt für seinen leistungsstarken Algorithmus, der darauf ausgelegt ist, auch kleine oder neue Accounts viralen Erfolg zu ermöglichen. Das heißt, bei TikTok musst du nicht unbedingt eine riesige Community aufbauen, um einen großen Erfolg zu haben. Dein Video kann Millionen Menschen erreichen, ohne dass du überhaupt einen Follower hast. Dafür musst du vor allem ein Gefühl für die Plattform haben: Welche Trends sind gerade angesagt, welche Keywords laufen gerade gut? Denn dein Fokus sollte genau darauf liegen. Nutze trendige Sounds, Challenges oder Hashtags. Aber obwohl Hashtags eine Rolle spielen, ist TikTok weniger auf sie angewiesen als Instagram oder X. Vielmehr analysiert der Algorithmus die Inhalte des Videos (über Texterkennung, Audioanalyse und visuelle Erkennung) und empfiehlt sie entsprechend den Usern, die ähnliche Inhalte mögen. Erwähne und schreibe also Schlagwörter in diesem Video, damit es viele Klicks bekommt. Lass dich auch nicht unterkriegen, wenn dein Video auf Anhieb nicht viral geht – eine Portion Glück gehört immer dazu. Du musst einfach viel Content raushauen, dann ist die Wahrscheinlichkeit höher, dass ein Treffer dabei ist. Probiere dich aus, wenn dein Content gut ist, kommt der Erfolg! Gerade TikTok ist die Plattform, bei der man einfach loslegen muss. Aber ich kann dir natürlich den Algorithmus trotzdem näherbringen, damit du weißt, welcher Inhalt von der Plattform besonders gepusht wird. Die wichtigste Einheit auf TikTok ist, wie lange ein Nutzer dein Video ansieht. Videos, die vollständig oder sogar mehrmals angesehen werden, gelten als besonders relevant und werden häufiger ausgespielt. Mach deswegen deine Clips kurz und fesselnd, da sie dann eher bis zum Ende geschaut werden. Videos, die mehrfach angesehen werden, bekommen einen Boost. TikToks »endloser Feed« belohnt Inhalte, die User mehrmals abspielen, da dies als Zeichen für hohes Interesse gewertet wird. Natürlich sind, wie bei den anderen Plattformen, Interaktionen ausschlaggebend! Likes, Kommentare, Shares und insbesondere das Senden des Videos an andere Nutzer (z. B. über Messenger) signalisieren dem Algorithmus, dass der Content ansprechend ist. Auch die Art der Interaktion ist wichtig – Kommentare mit vielen Antworten oder Likes erhöhen die Chance, dass das Video weiterverbreitet wird. Gestalte deswegen deine Videos beispielsweise so, dass sie Fragen aufwerfen, die in den Kommentaren diskutiert wird.

8.2 Videobenennung richtig gemacht

Überzeuge mit starken Texten! Damit dein Video von möglichst vielen Zuschauern und Zuschauerinnen gefunden wird, musst du es richtig betiteln und mit relevanten Informationen ausstatten. Bei der Benennung und Beschriftung von YouTube-Videos, Instagram Reels, TikTok-Videos und Twitch-Streams gilt es einige wichtige Aspekte zu beachten, um maximale Aufmerksamkeit und Reichweite zu erzielen. Während jede Plattform ihre Eigenheiten hat, gibt es auch gemeinsame Grundregeln, die universell gelten. Beispielsweise sind prägnante und emotionale Titel entscheidend. Nutze also Sprache, die Neugier und Spannung auslöst oder Humor zeigt. Emotionale Reaktionen steigern die Klickrate. Für Instagram Reels und TikTok liegt der Fokus auf schnellen, visuell ansprechenden Titeln. Bei Twitch und YouTube kann es auch etwas detailreicher sein. Aber egal welche Plattform – trendige Hashtags helfen immer dabei, die Reichweite zu steigern, weil sie den Content in größeren Themenströmen sichtbar machen. Beachte auch: User scrollen schnell durch Feeds, daher müssen Titel und Beschriftungen in wenigen Worten Interesse wecken.

8.2.1 YouTube

Der erste Eindruck zählt! Im Upload-Prozess auf YouTube wird dir die Möglichkeit gegeben, entsprechende Texte und Infos rund um das Video anzugeben. Frag dich selbst: Erfasst dein Publikum nur mit dem Blick auf das sogenannte Video-Snippet (Abbildung 8.15), worum es geht? Das umfasst einen Titel, einen Beschreibungstext, Tags und ein Vorschaubild. Dieser YouTube-Abschnitt ist etwas länger als die für die anderen Plattformen, da bei YouTube das bereits vorgestellte Ranking eine Rolle spielt. Na dann: Los geht's mit YouTube Deep Dive!

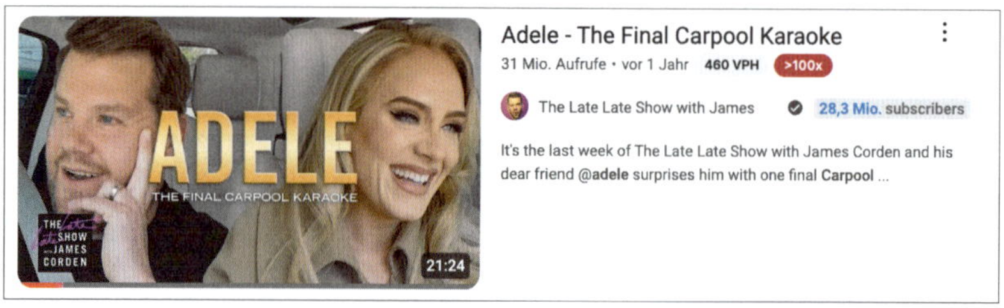

Abbildung 8.15 Video-Snippet in der YouTube-Suche

Das Erste, was der User sieht, ist die Headline deines Videos. Darin sollte unbedingt kurz und knackig Folgendes stehen: Was gibt es gleich zu sehen? Damit versteht dein Publikum sofort, worum es geht. Der Aufbau eines Videotitels erfolgt im Optimalfall immer nach dem gleichen Schema. Vielleicht zeigst du ja ein Let's Play zum Videospiel Far Cry 6? Dann sieht das Ganze so aus wie in Abbildung 8.16.

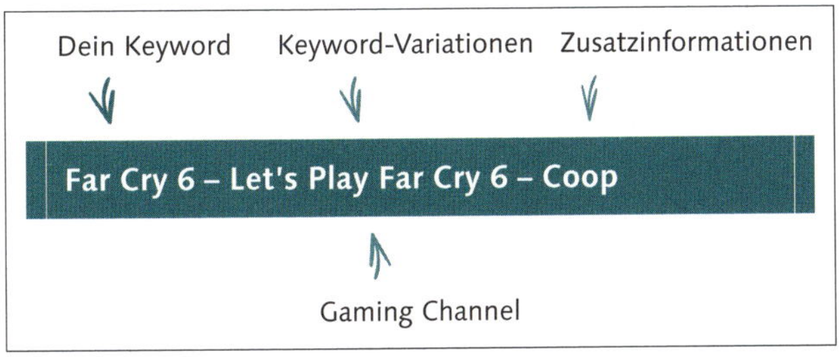

Abbildung 8.16 Struktur eines Videotitels

Zu Beginn setzt du das Keyword deines Videothemas ein, zum Beispiel »Far Cry 6«. Danach können Variationen des Schlüsselbegriffs folgen. Das kann zum Beispiel ein Synonym oder eine andere Schreibweise deines Videothemas sein. Falls noch Platz ist, kannst du eine kurze nähere Beschreibung anhängen. Insgesamt sollte der Videotitel nicht mehr als 65 Zeichen haben, damit er bei der Darstellung in deinem Channel nicht abgeschnitten wird.

Checkliste Videotitel

- Formuliere das Thema knackig und treffsicher.
- Verwende maximal 65 Zeichen inklusive Leerzeichen.
- Setze das Keyword direkt an den Anfang.
- VERMEIDE GROSSSCHREIBUNG IM VIDEOTITEL.

Dann widmest du dich dem ideale Beschreibungstext (Abbildung 8.17).

Abbildung 8.17 Elemente einer Videobeschreibung

Gib deinem Video eine aussagekräftige Beschreibung. So weiß nicht nur dein Publikum ganz genau, worum es in dem Video geht, und erhält nützliches Hintergrundwissen. Du schlägst sogar gleich zwei Fliegen mit einer Klappe: Auch die Suchmaschinen bekommen nämlich ihr »Futter« in Form deines Videotexts. Schon bevor User überhaupt auf dein Video klicken, muss YouTube wissen, was du in deinem Video zeigst. Sonst klappt das mit der Zuordnung und dem Ranking nicht. Am besten gibst du in Schriftform wieder, worum es in deinem Video geht, damit der You-

Tube-Algorithmus herauslesen kann, von welchem Thema dein Video handelt. So landet dein Clip in den Suchergebnissen auch an der passenden Stelle. Sucht ein User zum Beispiel nach einer Anleitung dazu, wie man Far Cry 6 im Arcade Mode spielt, hast du höhere Chancen, gefunden zu werden, wenn du auf das Thema »Far Cry 6 Coop« in der Videobeschreibung (Abbildung 8.18) eingehst.

Veröffentlicht am 17.01.2015

▸ Hier liest du eine wunderschöne Einleitung, die dich als Zuschauer neugierig machen soll. Ein Link in der Einleitung fällt dabei besonders ins Auge. ▸ http://bit.ly/1VH5HS8

Weit hinten, hinter den Wortbergen, fern der Länder Vokalien und Konsonantien leben die Blindtexte. Abgeschieden wohnen sie in Buchstabhausen an der Küste der Semantik, eines großen Sprachozeans. Ein kleines Bächlein namens Duden fließt durch ihren Ort und versorgt sie mit den nötigen Regelialien. Es ist ein paradiesmatisches Land, in dem einem gebratene Satzteile in den Mund fliegen. Nicht einmal von der allmächtigen Interpunktion werden die Blindtexte beherrscht – ein geradezu unorthographisches Leben. Eines Tages aber beschloß eine kleine Zeile Blindtext, ihr Name war Lorem Ipsum, hinaus zu gehen in die weite Grammatik. Der große Oxmox riet ihr davon ab, da es dort wimmele von bösen Kommata, wilden Fragezeichen und hinterhältigen Semikoli, doch das Blindtextchen ließ sich nicht beirren. Es packte seine sieben Versalien, schob sich sein Initial in den Gürtel und machte sich auf den Weg. Als es die ersten Hügel des Kursivgebirges erklommen hatte, warf es einen letzten Blick zurück auf die Skyline seiner Heimatstadt Buchstabhausen, die Headline von Alphabetdorf und die Subline seiner eigenen Straße, der Zeilengasse. Wehmütig lief ihm eine rhetorische Frage über die Wange, dann setzte es seinen Weg fort. Unterwegs traf es eine Copy. Die Copy warnte das Blindtextchen.

Ab 7. April mehr spannende Inhalte!

▸ Ein kleines Bächlein namens Duden fließt durch ihren Ort und versorgt sie mit den nötigen Regelialien. Es ist ein paradiesmatisches Land, in dem einem gebratene Satzteile in den Mund fliegen. Nicht einmal von der allmächtigen Interpunktion werden die Blindtexte beherrscht – ein geradezu unorthographisches Leben.

Weitere Links:

▸ Besuche mich auch auf meiner Website (Hier Link einsetzen)
▸ Abonniere jetzt meinen Kanal (Hier Link einsetzen)
▸ Schau doch auch auf (Hier Link einsetzen) vorbei!
▸ Lies jetzt den neuesten Artikel auf (Hier Link einsetzen)

Kategorie Unterhaltung
Lizenz Standard-YouTube-Lizenz

Abbildung 8.18 Optimaler Aufbau deiner Beschreibung

Da die ersten ein bis drei Sätze deiner Videobeschreibung (ca. 120 Zeichen) sogar schon in den Suchtreffern als Vorschau zu sehen sind, solltest du auf Folgendes achten: Besonderes Augenmerk legst du am besten auf eine kurze, aussagekräftige Zusammenfassung des Videoinhalts, gespickt mit deinem für das Video festgelegten Keyword. Eine fesselnd formulierte Einleitung hilft, deine potenziellen User neugierig zu machen.

Im Idealfall verwendest du im Fließtext deiner Videobeschreibung 100 bis 200 Wörter, in denen dein Keyword immer wieder in Variationen auftaucht. Verwende auch Aufzählungslisten, um den Text aufzulockern. Durch zusätzliche Handlungsempfehlungen, wie zum Beispiel »Abonniert meinen Channel« oder »Besucht auch mein Twitch-Profil«, bietest du den Usern weitere Möglichkeiten an, mit deinem Angebot in Verbindung zu bleiben.

Checkliste Videobeschreibung

- Beachte den sichtbaren Bereich und nutze die ersten 120 Zeichen clever.
- Lass dein Keyword und dessen Variationen geschickt in den Text einfließen.
- KEINE REINE GROSSSCHREIBUNG IM TEXT ANWENDEN.
- Arbeite mit Absätzen und Listen, um den Blocksatz aufzulockern.

Setze deine Videotags clever ein (Abbildung 8.19). Du hast die Möglichkeit, für jedes deiner Videos beim Upload individuelle Tags zu vergeben. Dahinter verbirgt sich nichts anderes als eine Sammlung von Begriffen, die den Inhalt deines Clips beschreiben. Tippe hier zuerst dein Haupt-Keyword ein und lass Variationen folgen. Das können zum Beispiel Unterschiede in der Getrennt- und Zusammenschreibung oder Singular und Plural deines Schlüsselbegriffs sein.

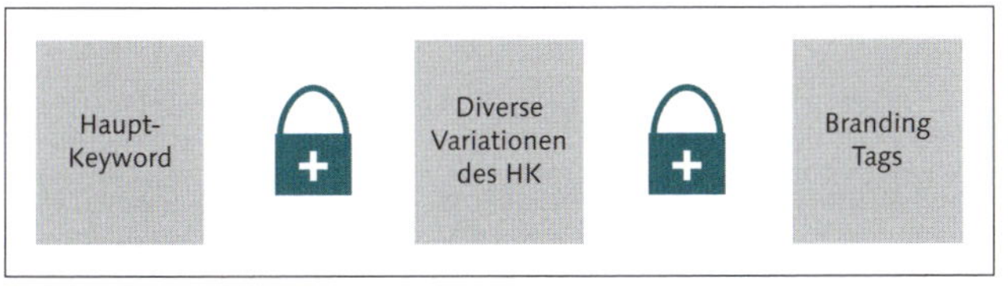

Abbildung 8.19 Struktur von Videotags

Du solltest auch mit Ergänzungen arbeiten und einen Bezug zu häufig genutzten Suchthemen herstellen. Suche Inspirationen in der Auto-Suggest-Suche bei YouTube für geeignete Tags. Hier siehst du oft gesuchte Begriffskombinationen (Abbildung 8.20).

Beschränke deine Videotags auf maximal zehn, die jedes für sich ganz genau zu deinem Hauptthema passen. Schweife nicht in zu allgemeine Begriffe ab, wie zum Beispiel »Spiel«, »spannend« oder »Deutschland«. Hier bist du schnell zu unspezifisch und hast aufgrund der großen Konkurrenz fast keine Chance, mit solch allgemeinen Begriffen gut zu ranken. Zum Beispiel könnten die Tags und Branding-Tags für ein Video zum Thema »minecraft mods« folgendermaßen gestaltet werden:

- *Videotags:* »minecraft mods«, »minecraft mods deutsch«, »minecraft mods 2025«, »minecraft mods installieren«, »minecraft mods survival«, »minecraft mods download«, »top minecraft mods«, »minecraft mod pack«, »minecraft mod menu«, »minecraft mod lets play«

- *Branding-Tags:* »LeKoopa«, »Le Koopa«, »LeKoopa minecraft«, »minecraft LeKoopa«, »LeKoopa lets play«

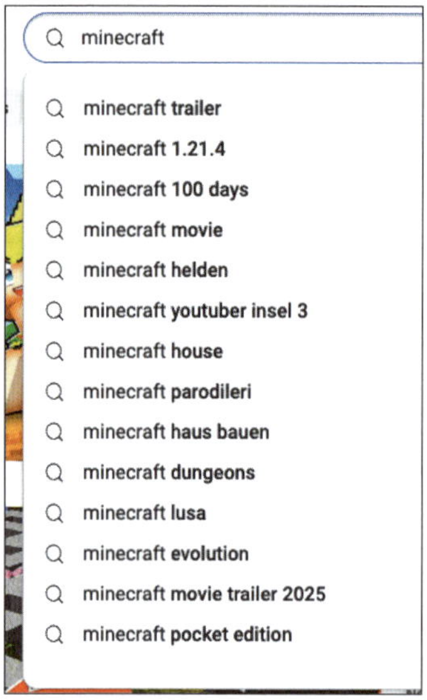

Abbildung 8.20 Vorschlagssuche bei YouTube

Der Trick mit den Branding-Tags

So schaffst du es, auf der Watchpage bei YouTube fremde Videovorschläge durch eigene zu ersetzen: Splitte deine Tags in zehn Videotags und fünf weitere sogenannte Branding-Tags auf. Verwende für die Branding-Tags immer die gleichen Begriffe in all deinen Videos. So knüpfst du ein unsichtbares Band zwischen all deinen Videos im Channel. Nutze dafür einzigartige Tags, die möglichst kein anderer Channel verwendet. YouTube wird nun ein Zusammenhang zwischen all deinen Videos suggeriert, und es werden bei deinem Clip fast nur Vorschläge aus deinen weiteren Videos angezeigt (Abbildung 8.21).

Checkliste Videotags

- Setze dein Haupt-Keyword als erstes Tag ein.
- Lass Variationen und verwandte Schreibweisen des Keywords folgen.
- Nutze maximal zehn thematisch passende, Keyword-bezogene Tags.
- Füge zusätzlich immer die gleichen fünf Branding-Tags mit ein.

Das Ergebnis für ein Let's Play-Video zu dem Spiel Minecraft könnte im Idealfall wie das von YouTube-Channel LeKoopa aussehen (Abbildung 8.22).

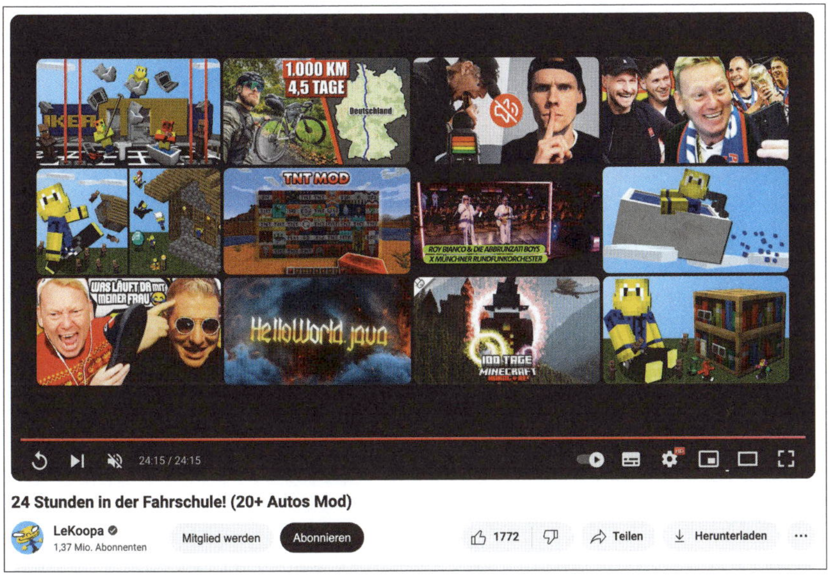

Abbildung 8.21 Videovorschläge nach einem Video am Beispiel von YouTuber »LeKoopa« (*https://www.youtube.com/watch?v=mGVli4_0IDg*)

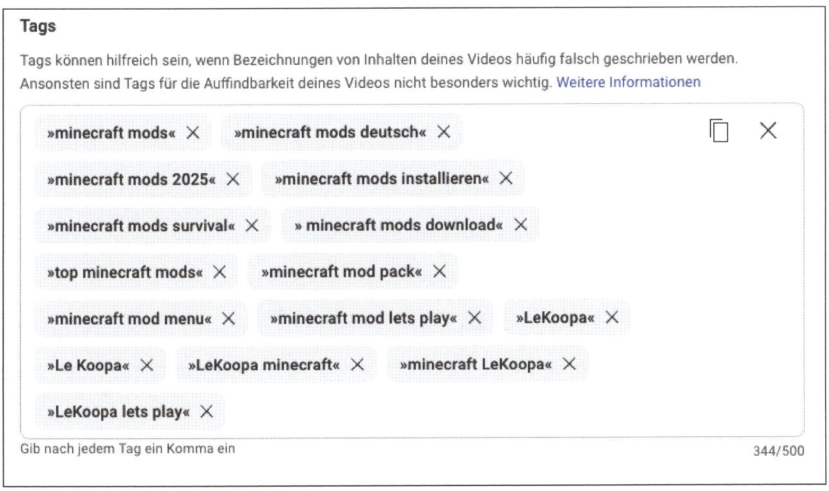

Abbildung 8.22 Tags am Beispiel Minecraft

8.2.2 Twitch

Bei Twitch sollte der Titel klar und informativ sein. Er sollte den Usern auf einen Blick vermitteln, was sie im Stream erwartet (z. B. das Spiel, das gespielt wird, oder das Thema, das behandelt wird). Ein kreativer und einzigartiger Titel kann die Aufmerksamkeit des Publikums auf sich ziehen und es dazu bringen, auf deinen Stream zu klicken. Lass deiner Kreativität freien Lauf – sei lustig, denke um die Ecke und versuche, deinen Charakter durch den Titel zu transportieren, sodass der Zuschauer schon allein durch den Titel einen Eindruck von dir bekommt. Beachte, dass der Titel höchstens 140 Zeichen sein kann – also, in der Kürze liegt die Würze.

Hier sind einige Tipps für einen ansprechenden und klickstarken Titel für deinen Twitch-Livestream, der mit Emotes arbeitet:

1. **Nutze Spannung oder Neugierde**
   - »Kann ich DAS schaffen? 💪 LIVE dabei sein! 🕹️«
   - »Unmögliche Herausforderung?! 😱 Komm und sieh selbst! 🔥«
2. **Verwende Humor oder Persönlichkeit**
   - »Schlechter Spieler sucht guten Chat! 😅 👉 💬«
   - »High-Level-Gaming ... oder so ähnlich. 🐢 🎮«
3. **Hebe Besonderheiten hervor**
   - »WIR SPIELEN ZUSAMMEN! 👥✨ Viewer Games LIVE! 🎮 «
   - »Neues Game, neues Chaos! 🌀 😂«
4. **Setze auf Call-to-Actions**
   - »Du willst lachen? Komm rein! 😂 👀«
   - »Sag Hallo 👋 – Ich beiße (nur im Spiel)! 🐺 🎮«
5. **Zeige Emotionen oder Dramatik**
   - »Heute wird GESCHWITZT! 🥵 🔥 Ranked Madness! 🎮«
   - »Endboss-Time 😨 Wer gewinnt? 😈 ⚔️ «
6. **Nutze relevante Keywords und Spiele**
   - »⚫ Minecraft Hardcore ... wie lange überlebe ich? 😬«
   - »Fortnite Chaos incoming! 🤪 🏝️ LIVE mit Chat! 💬«

Pro-Tipp

Nutze Emotes sparsam, damit der Titel nicht überladen wirkt, und wähle Emotes, die zum Thema des Streams passen! Experimentiere mit auffälligen, aber klaren Titeln, die deine Persönlichkeit zeigen (Abbildung 8.23).

Abbildung 8.23 Twitch-Stream-Titel am Beispiel von eliasn97 (*https://www.twitch.tv/eliasn97*)

8.2.3 Instagram Reels

Bei Instagram sollten die Titel visuell ansprechend sein, da der Text nur auf dem Videovorschaubild zu sehen ist und es kein extra Feld dafür gibt, wie etwa auf YouTube. Titel, die auf den ersten Blick ins Auge fallen oder Neugierde wecken (z. B. durch Emojis), funktionieren daher gut (Abbildung 8.24).

Abbildung 8.24 Die Titel bei Instagram müssen visuell auffällig gestaltet sein, um viel Aufmerksamkeit zu bekommen (*https://www.instagram.com/reel/C7CMhKANfDS/?hl=de*).

Hier eine kleine Anleitung dazu, wie du den Titel auf das Vorschaubild bekommst: Bei Instagram kannst du entweder ein Standbild aus dem Video als Titelbild wählen oder ein extra Bild dafür erstellen. Wenn du ein Standbild aus dem Video möchtest, solltest du den Titel des Videos als Schrift in das Video eingefügt haben. Dann klicke auf TITELBILD BEARBEITEN und scrolle zur richtigen Stelle für dein Foto. Wenn du aber lieber ein eigenes Titelbild erstellen möchtest (dazu rate ich dir, das sieht hochwertiger aus), kannst du Internetseiten zur Bildbearbeitung wie etwa *canva.com* verwenden, die du ja schon kennengelernt hast. Wähle ein ansprechendes Foto oder eine passende Grafik und füge den Titel ein. Wähle auch da eine schöne Schrift aus, die du am besten für all deine anderen Videos benutzt! Dann klickst du wieder auf TITELBILD BEARBEITEN und lädst das bearbeitete Foto mit einem Klick auf AUS AUFNAHMEN HINZUFÜGEN hoch (Abbildung 8.25). So leicht kann's gehen!

Wie schon erwähnt, sind auch trendige Hashtags wichtig, um deine Reichweite zu erhöhen. Verwende zudem Ortstags, wenn es relevant ist – beispielsweise wenn du Videos aus dem Urlaub postest. Vernachlässige auch nicht die Videobeschreibung. Die ist unter dem Video zu finden, und damit kannst du den Usern Kontext zu deinem Video bieten. Du hast dafür 2.200 Zeichen, aber die ersten zwei Zeilen sind die wichtigsten, da sie direkt angezeigt werden. Um den Rest zu sehen, müssen die User die Beschreibung ausklappen.

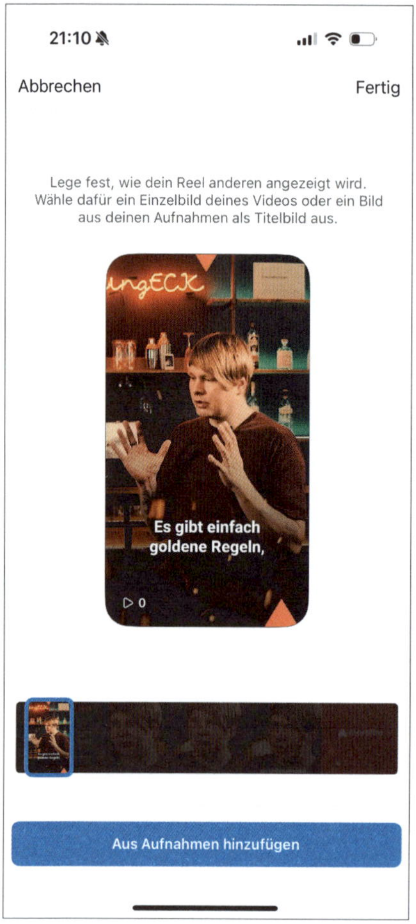

Abbildung 8.25 Suche dir den Moment aus dem Video heraus, der zum Content passt, oder füge ein passendes Titelbild aus deinen Aufnahmen hinzu!

Tipp

Du solltest zwar auf ein harmonisches Gesamtbild für die Titel in den Vorschaubildern achten, aber du kannst auch wechselnde Farben verwenden und so verschiedene Formate kennzeichnen. Wenn du beispielsweise Lifestyle-Content machst, könntest du für deine Outfit-Videos immer rote Schrift verwenden, für Rezepte immer eine blaue und für Make-up-Tutorials immer gelbe Schrift. Da es ja leider keine Playlists bei Instagram gibt, kannst du so die Videos trotzdem visuell sortieren! Das gilt natürlich genau so auch für TikTok!

8.2.4 TikTok

Auch bei TikTok sollte der Titel ansprechend aussehen. Denn genau wie bei Instagram musst du den Titel durch das Vorschaubild anzeigen. Anders als bei Instagram kannst du dafür aber kein Extrabild erstellen. Du kannst ausschließlich ein Standbild aus dem Video auswählen. Dafür kannst du entweder den Titel schon in das Video einfügen und dann dieses als Standbild heraussuchen oder einen Extratitel auf das Video legen. Das geht ganz easy: Erst klickst du im letzten Schritt der Videobearbeitung bei TikTok auf COVER BEARBEITEN, und dann kannst du unten durch die Leiste scrollen und dir den passenden Moment als Cover auswählen (Abbildung 8.26). Hast du im Video deinen Titel schon als Texttafel eingefügt? Dann nimm diesen Moment, oder du fügst einen Extratitel ein. Schau dafür ganz unten auf den Bildschirm, dort werden die verschiedene Titelmöglichkeiten angeboten. Wähle davon eine Vorlage aus und füge den Titel ein – schon hast du ihn. Achte auch hier für ein harmonisches Gesamtbild deines Profils darauf, dass du immer wieder die gleiche Vorlage wählst.

Abbildung 8.26 Bei TikTok passendes Standbild wählen für das Cover deines Videoposts

Besondere Tipps für maximale Aufmerksamkeit und Reichweite

- *Clickbait vermeiden, aber Neugier erzeugen:* Versprich nichts, was du nicht halten kannst, aber schüre Neugier mit offenen Fragen oder provokativen Titeln.
- *Regelmäßig posten:* Auf allen Plattformen belohnen die Algorithmen Konsistenz. Regelmäßige Posts mit guter Benennung und Hashtag-Strategien sorgen für kontinuierliche Sichtbarkeit.
- *Experimentieren und analysieren:* Jede Plattform hat ihren eigenen Algorithmus. Teste verschiedene Titelstile, Hashtags und Beschreibungslängen und beobachte, was besser funktioniert.
- *Trendjagd:* Besonders auf TikTok und Instagram sind Trends entscheidend. Halte Ausschau nach aktuellen Trends und formuliere deine Titel und Beschreibungen, um von diesen zu profitieren.

8.3 Der erste Video-Upload: Hallo Welt!

Jetzt bist du bereit für den nächsten Schritt, es kann losgehen mit deinem ersten Video-Upload. Yeah! Check ein letztes Mal, ob mit deinem Video wirklich alles stimmt, bevor du es hochlädst. Lass am besten noch mal einen Kumpel oder eine Freundin darüberschauen. Einmal hochgeladen, kannst du das Video nicht mehr ändern. Wenn du dann schon die ersten Aufrufe hast und merkst: »Mist! Da ist doch noch ein Fehler im Video!«, musst du es wieder komplett löschen und neu hochladen. Deine bis dahin gesammelten Klicks sind dann natürlich weg.

8.3.1 YouTube

Dein Video ist fertig geschnitten, und du hast auch alle Endcard-Links bedacht (siehe Kapitel 7, »Tricks für mehr Reichweite«)? Dann kann es jetzt wirklich losgehen mit deinem ersten Upload auf YouTube.

Achte schon vor dem Upload darauf, deine Videodatei auf dem PC bereits richtig zu benennen. Am besten verwendest du den geplanten Videotitel als Dateiname. Somit setzt du dein Keyword bereits in der Rohdatei ein und erfüllst einen weiteren Punkt für die bessere Auffindbarkeit.

Klicke angemeldet auf der YouTube-Startseite auf das Symbol oben rechts und wähle VIDEO HOCHLADEN. Jetzt öffnet sich ein Fenster, in das du praktischerweise einfach dein Videofile aus deinem Ordner mit der Maus hineinziehen kannst (Abbildung 8.27). Alternativ kannst du die Videodatei manuell auswählen. Das klappt natürlich auch über dein Smartphone mit der YouTube-App!

Abbildung 8.27 Videodatei auswählen

Nun geht es richtig los! Der Upload startet (Abbildung 8.28). Du brauchst aber abhängig davon, wie schnell deine Internetverbindung ist, etwas Geduld. In der Regel sollte ein Upload eines zweiminütigen Videos nicht mehr als fünf bis 30 Minuten dauern. Kalkuliere diese Zeit entsprechend ein, wenn du einen Video-Upload planst.

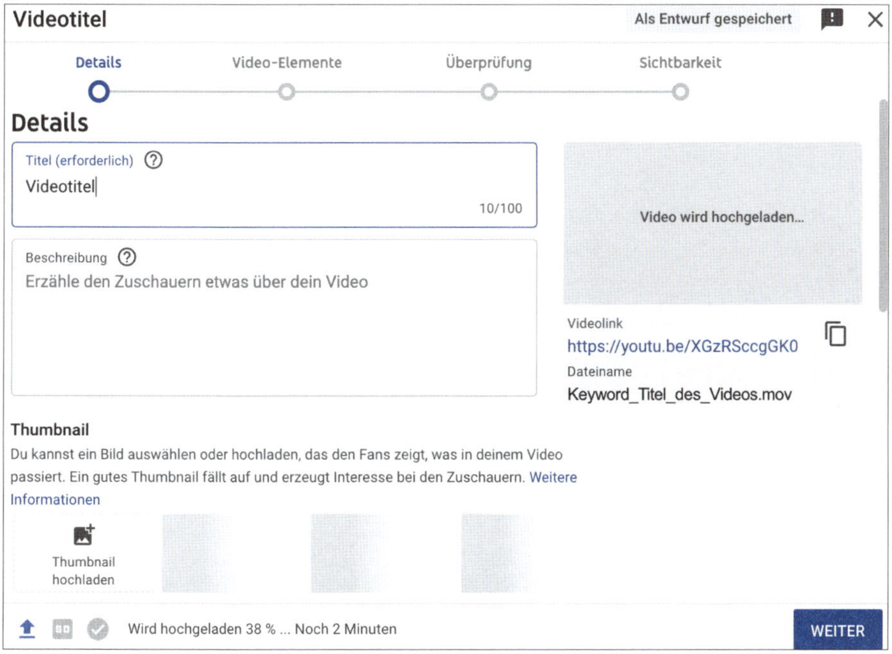

Abbildung 8.28 Beschriftung des Videos in der Upload-Maske

Nutze die Zeit sinnvoll, während dein Video hochgeladen wird, und pflege die entsprechenden Informationen zum Video ein. Hierbei kommt dir zugute, dass du dir bereits die richtigen Texte überlegt hast. Titel, Beschreibung und die Tags sollten also schnell eingetippt sein. Jetzt kannst du dich dem Thumbnail-Upload widmen. Klicke dazu auf den Button THUMBNAIL HOCHLADEN und lade es direkt hoch. So einfach geht das.

8.3.2 Twitch

Bei Twitch wird gestreamt, da ist nicht viel hochzuladen – aber es gibt die Möglichkeit, deinen Stream im Nachgang hochzuladen. Das nennt sich VOD (Video-on-Demand). Um aus einem Twitch-Stream ein VOD zu erstellen, musst du deinen Stream nach der Übertragung speichern. Stell dafür sicher, dass die Option im Creator-Dashboard unter EINSTELLUNGEN • STREAM auf »Automatisch gespeicherte Übertragungen« aktiviert ist. Dadurch werden deine Streams automatisch als VODs gespeichert. Gehe dann im Creator-Dashboard zu INHALTE und dann zu VIDEO PRODUCER (Abbildung 8.29). Hier findest du eine Liste deiner gespeicherten VODs. Wähle den Stream aus, den du als VOD nutzen möchtest. Klicke auf die drei Punkte (⁝) neben dem VOD, um Optionen wie Bearbeiten oder Löschen anzuzeigen. Du kannst den Titel, die Beschreibung und die Tags des VOD ändern, um es für deine Zuschauer etwas schöner zu machen. Wenn du mit der Bearbeitung fertig bist, stell sicher, dass das VOD auf ÖFFENTLICH eingestellt ist, damit es von anderen Usern angesehen werden kann.

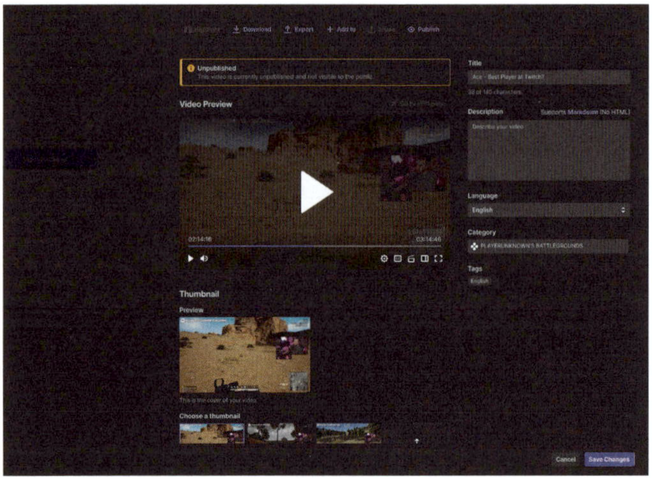

Abbildung 8.29 So erstellt man die VODs.

Beachte, dass Twitch VODs nur für einen begrenzten Zeitraum speichert (14 Tage für Standard-Accounts, 60 Tage für Twitch-Partner und Affiliates). Es kann sinnvoll sein, die VODs regelmäßig herunterzuladen und sie auf einer anderen Plattform (z. B. YouTube) hochzuladen, um sie länger verfügbar zu halten. Du kannst das

VOD nicht direkt auf Twitch bearbeiten (etwa schneiden), sondern musst dafür externe Software verwenden, wenn du Clips erstellen oder den Inhalt ändern möchtest. Wie du einen Stream startest, hast du ja schon in Kapitel 6, »Ab in den Videoschnitt«, erfahren.

8.3.3 Instagram

Instagram ermöglicht das Hochladen von Videos auf verschiedene Arten, je nachdem, ob du einen Post, eine Story oder ein Reel erstellen möchtest.

Das Rezept für einen Post

1. Tippe auf das +-Symbol unten in der Mitte, um einen neuen Post zu erstellen.
2. Wähle das Video aus deiner Galerie aus (maximal 60 Sekunden für einen Feed-Post, ist es länger, erscheint es als Reel).
3. Bearbeite das Video nach Wunsch (Filter, Text usw.) und tippe auf WEITER.
4. Füge eine Beschreibung, Tags und Standortinformationen hinzu.
5. Tippe auf TEILEN, um das Video zu veröffentlichen.

Abbildung 8.30 Du erstellst einen Post, ein Reel oder eine Story, indem du in der Instagram-App auf das Pluszeichen klickst.

So klappt's mit der Story

1. Wische nach rechts oder tippe auf dein Profilbild oben links, um eine Story zu erstellen.
2. Wähle ein Video aus deiner Galerie aus oder nimm es direkt auf Instagram auf (maximal 60 Sekunden pro Story).
3. Füge Sticker, Text oder andere Effekte hinzu und tippe auf DEINE STORY, um es zu teilen.

Abbildung 8.31 So erstellst du eine Story.

In vier Schritten zum Reel

1. Tippe auf das +-Symbol und wähle REEL.
2. Du kannst ein Video aus deiner Galerie auswählen oder ein neues Video aufnehmen (bis zu zehn Minuten).
3. Füge Musik, Effekte und Texte hinzu, bevor du das Reel veröffentlichst.
4. Tippe auf TEILEN, um dein Reel zu veröffentlichen.

Abbildung 8.32 So erstellst du ein Reel.

Vor deinem Upload solltest du Folgendes unbedingt noch wissen: Wenn du Musik in deinem Video verwendest, stelle sicher, dass du die Rechte zur Nutzung hast. Instagram bietet eine Reihe lizenzierter Musik an, die du direkt über die Plattform nutzen kannst (Abbildung 8.33). Achte darauf, dass alle verwendeten Songs ordnungsgemäß lizenziert sind, um Urheberrechtsverletzungen zu vermeiden. Du kannst Musik direkt in Instagram hinzufügen, um sicherzustellen, dass du lizenzierte Tracks nutzt, die für die Plattform freigegeben sind.

Wenn du für ein Produkt oder eine Marke wirbst oder eine bezahlte Partnerschaft hast, musst du dies mit dem BEZAHLTE PARTNERSCHAFT MIT...-Tag kennzeichnen. Dies ist wichtig, um Transparenz zu schaffen und den Anforderungen an die Kennzeichnung von Werbung zu entsprechen. Falls das Video oder die Story als Werbung gilt, solltest du dies auch im Text oder in der Beschreibung erwähnen.

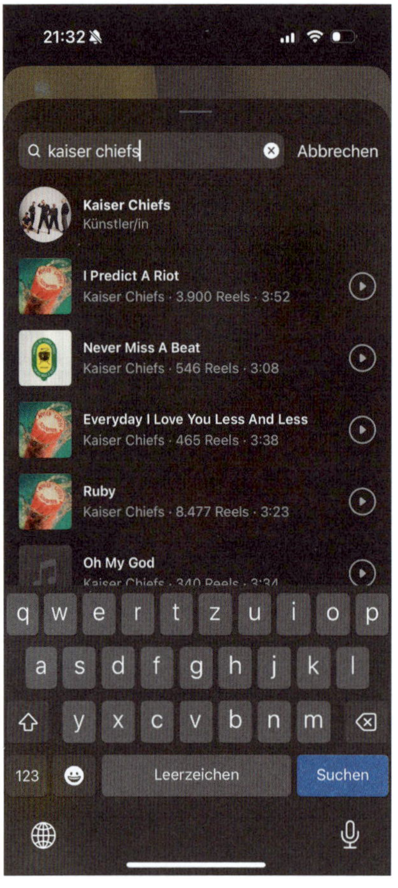

Abbildung 8.33 Musikbibliothek bei Instagram

8.3.4 TikTok

TikTok ist grundsätzlich eine sehr intuitive Plattform – die Verwendung ist recht offensichtlich, trotzdem hilft am Anfang eine grundlegende Anleitung, mit der du deine Clips fix hochladen kannst! Tippe zuerst auf das +-Symbol unten in der Mitte. Wähle UPLOAD, um ein bereits aufgenommenes Video auszuwählen (maximal 60 Minuten lang). Auch hier hast du die Möglichkeit, das Video direkt in der App aufzuzeichnen, was vor allem gemacht wird, wenn du dein Video mit Musik direkt aufzeichnen möchtest. Im nächsten Schritt kannst du das Video bearbeiten, indem du Musik, Texte, Effekte oder Filter hinzufügst. Danach kannst du eine Beschreibung, Hashtags und Tagging hinzufügen. Und dann ist die Veröffentlichung deines Videos nur noch einen Klick entfernt – tippe auf POST, um das Video zu veröffentlichen. Und da geht's schon los – dein erster Post auf TikTok!

Abbildung 8.34 So lädt man ein Video bei TikTok hoch.

Was du unbedingt vor einem Upload wissen solltest, ist das Kleingedruckte! Wenn du Musik für dein Video ausgewählt hast, stelle sicher, dass sie aus der lizenzfreien Musikbibliothek von TikTok stammt (Abbildung 8.35). Die Plattform bietet eine große Auswahl an Songs, die sicher verwendet werden können, ohne Urheberrechtsverletzungen zu riskieren. Wenn du eigene Musik oder lizenzierte Musik außerhalb von TikTok verwendest, musst du sicherstellen, dass du die Rechte zur Nutzung hast, da TikTok-Videos mit urheberrechtlich geschütztem Material sperren oder stummschalten kann.

Wenn du für ein Unternehmen oder eine Marke wirbst oder gesponsert wirst, musst du dies klar kennzeichnen. TikTok bietet ein spezielles Tool an, um bezahlte Partnerschaften hervorzuheben (ähnlich wie »Bezahlte Partnerschaft mit ...« auf Instagram). Dies ist wichtig, um die rechtlichen Vorgaben zu erfüllen und transparent zu sein. Falls dein Video ein Produkt bewirbt oder in eine Kampagne eingebunden ist, solltest du klar und sichtbar darauf hinweisen, dass es sich um Werbung handelt. Dies erhöht das Vertrauen der User und stellt sicher, dass du gesetzliche Vorschriften einhältst.

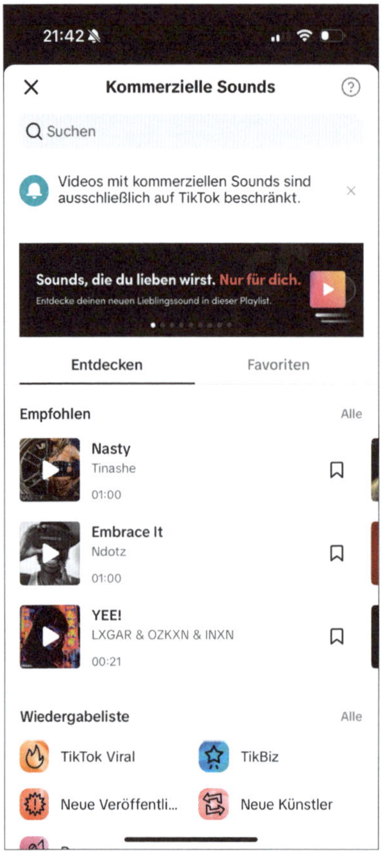

Abbildung 8.35 TikToks Musikbibliothek nutzen

8.4 Plane die Verbreitung deiner Videos

Starte mit einem Paukenschlag! Mach viel Lärm direkt nach dem Upload deines Videos oder deines Streams. Dabei hilft dir ein guter Plan. Überlege dir schon vorab: Was kannst du tun, sobald dein Video frisch hochgeladen oder der Stream vorbei ist? Mit dem Teilen deiner Inhalte, durch Aktionen zur Verbreitung und mit aktiver Vernetzung kannst du ordentlich für Wirbel sorgen. Diesen Aufwind brauchst du, damit dein Video sichtbarer wird, also Usern mehr auffällt. Mit aller Kraft der dir zur Verfügung stehenden Mittel geht's los. Mach dir eine Checkliste mit all deinen Maßnahmen, dann hast du direkt einen Überblick und kannst nach dem Upload abhaken, was du schon erledigt hast:

1. Das ist vor allem für Firmen relevant: Plane die Einbettung deines Videos oder deines Live-Auftritts auf deiner Website, am besten auf der Startseite oder einem gut besuchten Teil deiner Webpräsenz. Somit steigerst du die Aufmerksamkeit für dein Video.
2. Falls du darüber hinaus noch ein Blog hast, kannst du auch direkt einen Blogartikel über das Thema verfassen. Bereitest du den Blogartikeltext schon vorher vor, kannst du ihn ziemlich zügig nach dem Video-Upload oder dem Stream veröffentlichen.
3. Denke darüber nach, wo du potenziell interessierte Menschen ansprechen kannst und willst. Wo sind deine Fans im Web unterwegs, wo dein Freundeskreis? Genau dort solltest du dein Video/Stream ankündigen. Vielleicht bist du in einem bestimmten Forum oder in einer Social-Media-Gruppe sehr beliebt? Dann solltest du dort dein Video zusätzlich teilen. Hier läutet wieder das Stichwort *Multimedia-Strategie*. Verwende die Weiten des Internets und strecke deine Flügel aus, mach richtig Werbung!

Pushe deine Präsenz, so gut es geht. Du siehst, es gibt dafür viele Möglichkeiten. Überlege dir, was für dich davon sinnvoll sein könnte. Die Punkte schreibst du dann auf deinen Maßnahmenplan. Nur mit vereinten Kräften vieler kleiner Maßnahmen bekommst du den gewollten Aufschwung für deinen Content!

Gibst du dir hierbei viel Mühe, schaffst du einen gewaltigen Reichweitensprung. Die Anfangsphase ist hierbei besonders wichtig. Nur durch jede Menge Action in den ersten Stunden machst du dein Video bekannt. Bei Twitch zählt die Zeit vor und nach dem Stream – mach vor dem Stream Werbung und bewerbe wiederum deinen Stream auch danach! Nach dem Stream ist vor dem Stream

Du bist nicht die einzige Person, die gerade plant, Content zu veröffentlichen. Setze dich also gegen die Konkurrenz durch. Um das zu schaffen, gibt es viele Mittel und Wege. Überlege dir, was du aktiv zur Reichweitensteigerung beitragen kannst. Unterstütze deine Onlinepräsenz wie ein kleines Pflänzchen, das gehegt und gepflegt werden möchte. Am Anfang musst du es liebevoll betreuen, damit es gut gedeihen kann. Im Idealfall hältst du alle Fäden deiner Maßnahmen zusammen in deinen Händen. Auf dem Zeitfaktor sollte dabei dein besonderer Fokus liegen. Liegst du mit deinem Clip also über den Durchschnittswerten der Verbreitungsgeschwindigkeit anderer Videos oder Streams, hast du viel bessere Chancen, ganz nach oben zu kommen (Abbildung 8.36). Ein schnelles Seeding (zu Deutsch »Säen«) bedeutet für dich eine hohe Reichweite. Das Video rankt besser und erhält mehr Aufrufe.

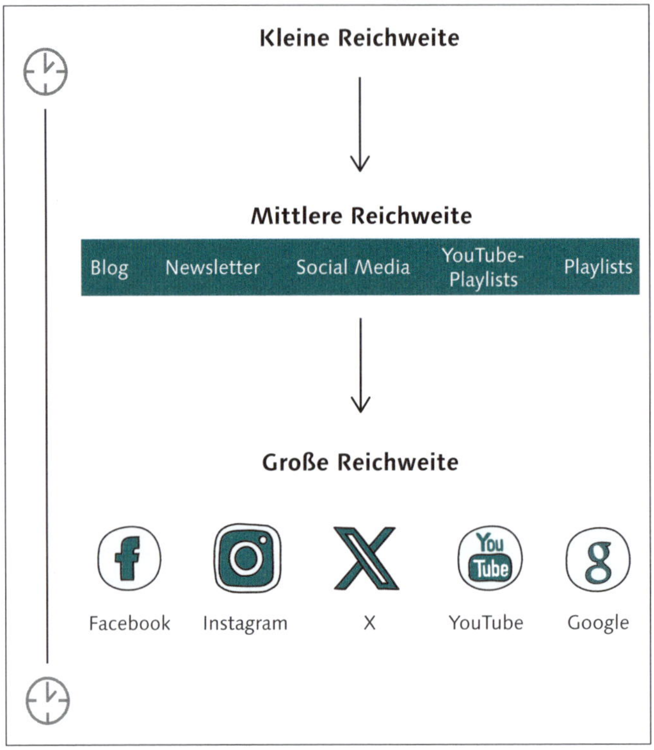

Abbildung 8.36 Der Zeitfaktor ist für die Verbreitung entscheidend.

Jeder neue Content hat am Anfang eine geringe Reichweite. Das ist ganz normal. Du musst dafür sorgen, dass das nicht so bleibt. Es liegt ganz an dir. Die Reichweite ab dem ersten Aufruf kannst du durch aktive Verbreitung immer weiter steigern. Nach einer gewissen Grundreichweite steigt die Aufmerksamkeit. Jetzt musst du dranbleiben! Setze alle Hebel in Bewegung, um mehr Klicks zu erhalten. Verbreite deine Inhalte wie vorher geplant auf deiner Webseite, in deinem Blog, innerhalb deiner Plattformen, um eine mittlere Reichweite zu erlangen. Durch die Verbreitung auf anderen Social-Media-Plattformen kannst du noch mehr Aufmerksamkeit erlangen. Poste über dein Video also auch in allen sozialen Netzwerken, auf denen du einen Account hast! Schreibe deinen Freunden und Fans, was du Neues zu berichten hast. Auch wenn es am Anfang mühsam ist, entscheidet sich hier dein Erfolg. Hast du erst mal ein paar Hundert bis ein paar Tausend Aufrufe erhalten, verbreitet sich dein Content immer besser, und es geht noch schneller, mehr Klicks zu akquirieren.

Jetzt läuft es wie geschmiert. Du koordinierst alle Maßnahmen wie ein Dirigent sein Orchester. Nur wenn alle Instrumente perfekt zusammenspielen, ergibt sich ein starkes und harmonisches Gesamtergebnis. Die Konkurrenz ist groß, und dein Clip muss sich erst mal durchsetzen. Damit du erfolgreich wirst, müssen eben diese manuellen Maßnahmen her. Verlinke, teile und verbreite deine Videos und Streams immer! Wenn du alles gleichzeitig in Angriff nimmst, klappt es sogar noch besser. Bestenfalls bewirken deine Social-Media-Postings, dass andere Menschen dein Video bzw. deine Beiträge mit ihren Freunden teilen. Jetzt besteht die Chance, dass deine Inhalte Selbstläufer werden, eine große Reichweite generieren können und nur noch durch zusätzliche Werbeschaltung gestoppt werden könnten. Wie bei einem Konzert setzen alle Instrumente gleichzeitig ein und rocken das Ding!

Kapitel 9

Pimp deinen Content für mehr Reichweite

Mach dich direkt nach dem Upload oder Stream an das Aufmotzen deines Contents, damit du die maximale Sichtbarkeit erhältst. Getreu dem Motto »Klotzen, nicht kleckern!« nimmst du Feinjustierungen vor und hebst dich von der Masse ab.

Dein Video ist hochgeladen oder dein Stream ist vorbei, und nun legst du die Füße hoch? Auf gar keinen Fall! Jetzt geht es erst richtig los. Ja, ich weiß, irgendwie geht es schon das ganze Buch lang »richtig los« – so ist das eben online, und jeder Schritt ist absolut relevant. Die meisten Klicks gibt es schließlich nur für den besten Content. Hier zeige ich dir, wie du für alle vier Plattformen dein Video oder Stream noch nach dem Upload anpassen kannst!

9.1 YouTube

Je mehr du dein Video mit Details spickst, desto größer ist die Chance auf eine hohe Sichtbarkeit. Gib deinen Zuschauerinnen und Zuschauern also viele Details an die Hand. Setze dazu auch aktive Links in Form von sogenannten Infokarten oder Endcards ein. Hast du einen interessanten Blogbeitrag zu deinem Videothema geschrieben oder ergänzendes Material auf anderen Plattformen? Dann verlinke das doch einfach in der Infokarte deines Videos. So können User noch mehr über dein Thema lesen. Optimalerweise hast du dir dazu schon einige Gedanken in den vorherigen Kapiteln gemacht und kannst diese nun endlich umsetzen. Prinzipiell kannst du die etwas aufwendigere Variante der Endcard verwenden, oder du beschränkst dich auf einfachere Infokarten. Im Register INFOKARTEN kannst du wählen, wohin du verlinken möchtest. Falls du auf eine passende Playlist oder auf ein weiteres Video hinweisen möchtest, kannst du auch hierfür Infokarten erstellen. Klicke dafür einfach auf das +-Zeichen, um eine weitere Karte hinzuzufügen (Abbildung 9.1), und los geht's.

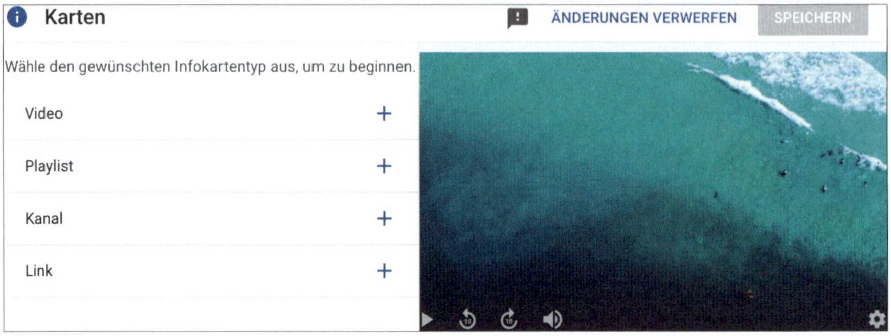

Abbildung 9.1 Infokarte bearbeiten

Auch Abstimmungen rund um dein Video sind machbar. Frage hier beispielsweise, was dein Publikum im nächsten Video sehen will. Es können direkt mehrere Antwortmöglichkeiten vorgegeben werden. Du kannst im Prinzip aussuchen, wann und wie lange deine Infokarte eingeblendet wird. Ich rate dir, eher in der Mitte oder zum Ende hin solche Informationen oder Links einzufügen. Du läufst sonst Gefahr, schon zu Beginn deine Zuschauerinnen und Zuschauer zu überrumpeln.

Falls du ein internationales Publikum hast, kannst du Übersetzungen deiner Videotitel und deiner Videobeschreibungen einfügen. Dazu gehst du in den Untertitelbereich im YouTube Studio. Klicke auf dein Video, für das du Übersetzungen bereitstellen möchtest. Wähle über den Button SPRACHE HINZUFÜGEN eine weitere Videosprache wie z. B. Englisch (Vereinigte Staaten) aus. Hier kannst du nun entweder selbst deine Texte zum Beispiel in englischer Sprache schreiben, oder du holst dir Hilfe. Gegen einen kleinen Betrag kannst du auch ein Übersetzungsbüro engagieren. Hierfür gibt es mittlerweile einige unkomplizierte Serviceanbieter im Internet.

Ein – wenn nicht der wichtigste – Parameter ist die Datenschutzeinstellung. Ist hier privat eingestellt, bekommt dein Video niemand zu Gesicht. Das ist auch erst mal gut so, denn solange du noch an dem Setup bastelst, hältst du dein Video besser geheim. Wenn du dann später mit allem fertig bist, kannst du deinen ersten Film endlich veröffentlichen. Dazu setzt du die Einstellung einfach auf öffentlich. Prüfe, ob auch die erweiterten Einstellungen alle korrekt ausgefüllt sind. In Abbildung 9.2 siehst du einen kleinen Auszug aus allen Feldern, die ausgefüllt werden können.

Gehe mit mir zum Abgleich doch einfach mal die Punkte durch. Unter dem Punkt KOMMENTARE solltest du alles aktiviert lassen. Zu empfehlen ist es, hier alle Häkchen stehen zu lassen, denn ein Social-Media-Netzwerk wie YouTube lebt von Kommentaren und Bewertungen. Zeig dich also transparent und gehe mit möglicher Kritik offen um. Wenn du hier Häkchen rausnimmst, wirkt es auf die Community, als wolltest du dich verstecken – das möchten wir natürlich nicht. Wenn du dir unsicher bist, kannst du die Methode zur Kanalmoderation etwas strenger einstellen oder sogar sagen, dass alle Kommentare zurückgehalten werden sollen, bist du sie überprüft und freigegeben hast.

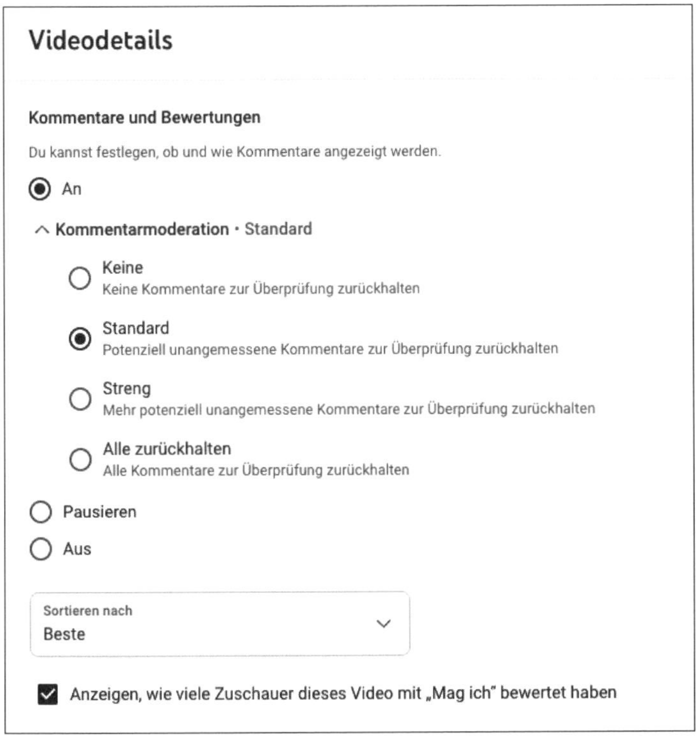

Abbildung 9.2 Bearbeitung deiner Videoeinstellungen bei YouTube

Willst du anderen YouTubern gestatten, dein Video zu verwenden? Dann wähle Creative Commons unter Lizenzen und Eigentumsrechte aus. Hiermit kannst du erlauben, dass andere Channels dein Video in veränderter Form hochladen dürfen. Das kann die Bekanntheit deines Werks steigern. Die User können deinen Clip oder Ausschnitte daraus für ihre Projekte verwenden. Natürlich findet das Ganze mit entsprechender Nennung deines Namens statt. Möchtest du das grundsätzlich nicht, ist die Einstellung der Standard-YouTube-Lizenz zu empfehlen. Zudem kannst du anderen Usern erlauben, dass sie deine Shorts aus deinen Videos erstellen dürfen. Hier kannst du wählen, du ob Shorts-Remixe erlaubst, nicht erlaubst oder nur auf Ebene der Audioinhalte erlaubst. Auch möchte YouTube wissen, ob dein Video veränderte Aufnahmen enthält, wie z. B. Deepfakes durch KI oder realistisch anmutende Szenen, die nicht wirklich stattgefunden haben.

Achte immer darauf, korrekte Angaben zu machen, denn wer flunkert, den bestraft das Leben – oder in dem Fall YouTube. Machst du falsche Angaben, wird dein

Video schnell mal gelöscht, und alle Aufrufe sind somit weg. Das gilt auch bei der Altersbeschränkung. Berücksichtige in jedem Fall den Schutz von Minderjährigen. Treten vulgäre Sprache, Gewalt oder nackte Tatsachen in deinem Video auf, ist es eventuell nicht für Zuschauer unter 18 Jahren geeignet. Klicke in so einem Fall auf ALTERSBESCHRÄNKUNG AKTIVIEREN. Dann bist du auf der sicheren Seite, und YouTube kann dir keinen Vorwurf machen. Es ist dabei auch immer hilfreich, in YouTubes Richtliniencenter unter *https://creatoracademy.youtube.com/page/lesson/copyright-guidelines?hl=de* vorbeizuschauen.

Wähle als Nächstes die am besten passende Kategorie (Abbildung 9.3) für dein Video aus. Dabei kannst du zwischen 15 Themenbereichen wählen. Wo passt dein Video am ehesten hinein? Entscheide dich für die zutreffende Kategorie.

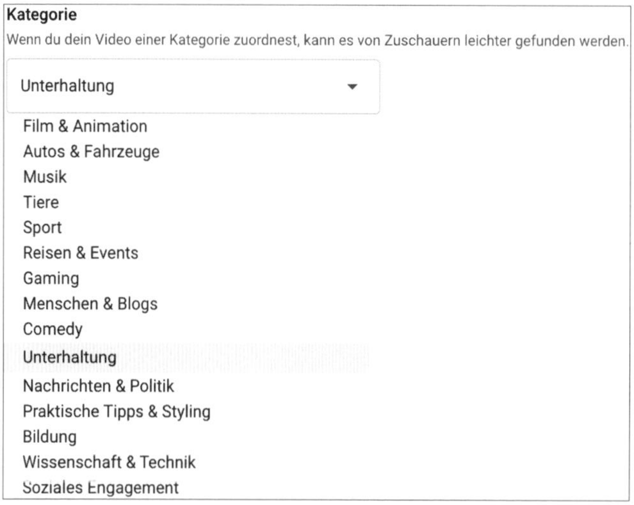

Abbildung 9.3 Videokategorie auswählen

Gibst du deine Stadt, zum Beispiel Berlin, unter AUFNAHMEORT an, können deine Videos in anderen Google-Produkten mit lokalem Bezug gesucht und gefunden werden. Du kannst über die Funktion SUCHEN deine Location auch auf der Landkarte auswählen.

Stelle nun die Landessprache ein, in der du in deinen Videos mit deinem Publikum kommunizieren möchtest. Solltest du Videos in verschiedenen Sprachen produzieren, stelle bei jedem Video die jeweils verwendete Landessprache ein. Falls du nicht selbst Untertitel angegeben hast, kannst du deine Nutzenden genau dies für dich übernehmen lassen. Du behältst die Zügel jedoch weiterhin in der Hand, indem du fremden Nutzern nicht erlaubst, Untertitel hinzuzufügen. Sorge am besten stets selbst dafür, dass korrekte Untertitel eingepflegt werden.

Im Register UNTERTITEL kannst du mal nachschauen, ob YouTube schon von selbst Untertitel für dein Video erzeugt hat. Falls ja, musst du diese unbedingt überarbeiten (Abbildung 9.4).

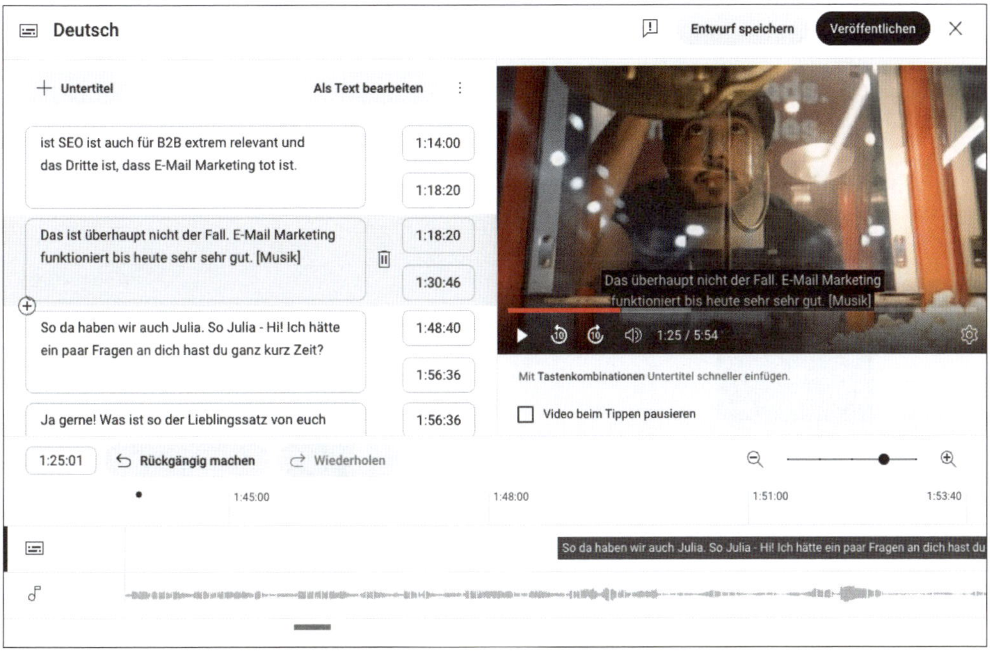

Abbildung 9.4 Falsch erkannte Untertitel solltest du korrigieren.

YouTube erkennt durch technisches Zuhören, was in deinem Video gesprochen wird. Dabei passieren jedoch häufig Fehler. Klickst du auf KOPIEREN UND BEARBEITEN, kannst du Korrekturen vornehmen. Achte vor allem bei deinen Keywords auf die richtige Schreibweise. Auch hier liest YouTube ab, um welches Thema es in deinem Video geht. Dies kann dein Ranking beeinflussen. Den überarbeiteten Untertitel-Track speicherst du dann einfach ab und deaktivierst den automatisch erzeugten. Nun kannst du neben Deutsch auch weitere Sprachen als Übersetzung für deine Untertitel bereitstellen. Die User können beim Anschauen deiner Videos dann wählen, ob und welche Untertitel sie gerne sehen möchten.

So, das waren viele verschiedene Einstellungen. Damit du zukünftig leichteres Spiel beim Hochladen von Inhalten auf YouTube hast, kannst du ein entsprechendes Preset (eine Voreinstellung) festlegen. Gehe dafür auf YOUTUBE STUDIO • KANAL • STANDARDEINSTELLUNGEN FÜR YOUTUBE-UPLOADS. So hast du schon mal den Grundschliff drin. Vielleicht passen deine Videos ja immer in die gleiche Kategorie, dann hast du es dir dadurch viel einfacher gemacht.

Sollte dein Video nach dem Upload Fehler aufweisen, empfehle ich dir, es einfach neu hochzuladen. Dies ist jedoch nicht so einfach, wenn der Fehler erst einige Wochen oder Monate nach dem Upload auffällt oder dann erst eine Änderung nötig wird. Dein Video hat jetzt schon eine gewisse Anzahl von Aufrufen, die verloren gingen, wenn du das Video löschst. Es gibt einen einfachen Weg, über den zumindest ganz grob ein paar Dinge am Video auch nach dem Upload editiert werden können. Öffne dazu den sogenannten Video-Editor im YouTube Studio mit deinem betreffenden Video.

Dieser Editor greift jedoch nicht, wenn dein Video zu dunkel oder verwackelt ist oder wenn der Sound nicht optimal produziert wurde.

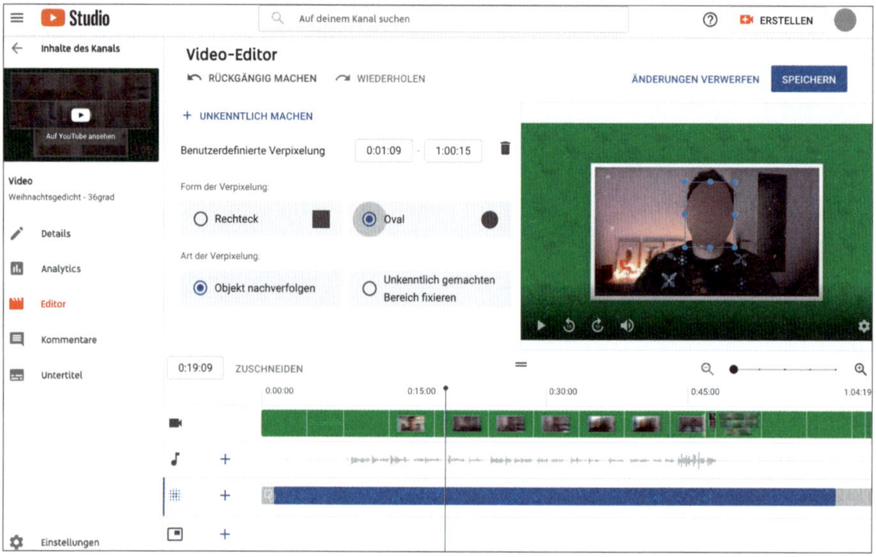

Abbildung 9.5 Teile im Video unkenntlich machen

Es kann vorkommen, dass Teile im Video unkenntlich gemacht werden müssen, wenn du beispielsweise Personen im Video zeigst, die nicht öffentlich zu sehen sein möchten. Dazu gibt es die Funktion Gesichtsverpixelung (Abbildung 9.5). Unser Tipp: Sichere dich immer über eine schriftliche Einverständniserklärung ab, wenn du andere Menschen in deinem Video zeigst. Dann kannst du Ärger von vornherein vermeiden. Solltest du Markenzeichen oder Geschäfte in deinem Video zeigen, kannst du auch hierfür eine Aufforderung erhalten, diese Teile aus dem Video zu entfernen oder darin unkenntlich zu machen. Nutze dafür die Benutzerdefinierte Verpixelung, um eine Zone in Kreis- oder viereckiger Form auszuwählen, die du unkenntlich machst. Zur Not kannst du mit dem Editor aber auch dein Video kürzen und z. B. die letzten 20 Sekunden komplett abschneiden.

Mit TRACK HINZUFÜGEN kannst du Musik unter dein Video legen. Das kann ganz praktisch sein, wenn du keinen Ton im Video hast. Dabei kannst du aus über 150.000 Titeln auswählen. Diese sind werbefrei und dürfen auch für monetarisierte Videos genutzt werden. Zu empfehlen ist das aber nur, wenn nicht sowieso schon Sound in deinem Video enthalten ist. Dein gesprochener Text oder deine Hintergrundgeräusche sind nach dem Einfügen eines Musiktitels auf diese Weise nämlich weg (Abbildung 9.6).

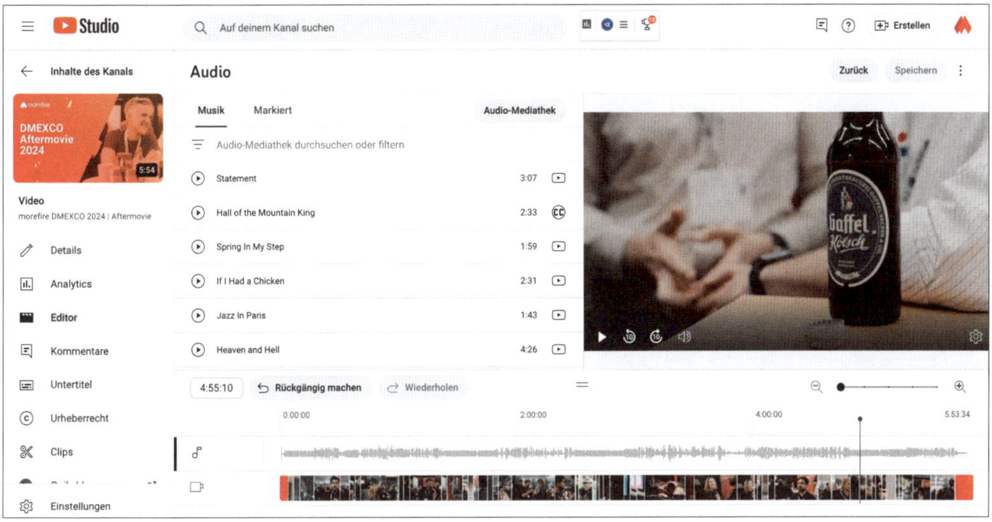

Abbildung 9.6 Video-Editor im YouTube Studio

Last, but not least solltest du deine Channel-Startseite mit Playlists bestücken. Das sieht dann richtig cool aus, und deine Fans finden sich super zurecht. Bedienst du unterschiedliche Genres, Formate und Serien? Zu Playlists habe ich dir in Kapitel 4, »Meine ersten eigenen Video-Accounts!«, schon einiges erzählt. Noch ein Zusatztipp: Variiere in der Darstellung der Playlists (Abbildung 9.7). Damit sieht dein Channel abwechslungsreicher und interessanter aus. Du erreichst eine schöne Kategorisierung mit den Playlists und bietest den Zuschauenden als Service eine gute Übersicht. Du solltest natürlich auch nicht den Kanaltrailer vergessen, dazu kennst du ja auch schon alles aus Kapitel 4.

Tipp

Nutze gleich beim Upload eines Videos die Einsortierung in eine entsprechende Playlist. So stellst du sicher, dass alle im Channel liegenden Videos auch in mindestens einer Playlist eingeordnet sind. Natürlich ist es ebenfalls erlaubt, ein und dasselbe Video in mehrere Playlists einzusortieren.

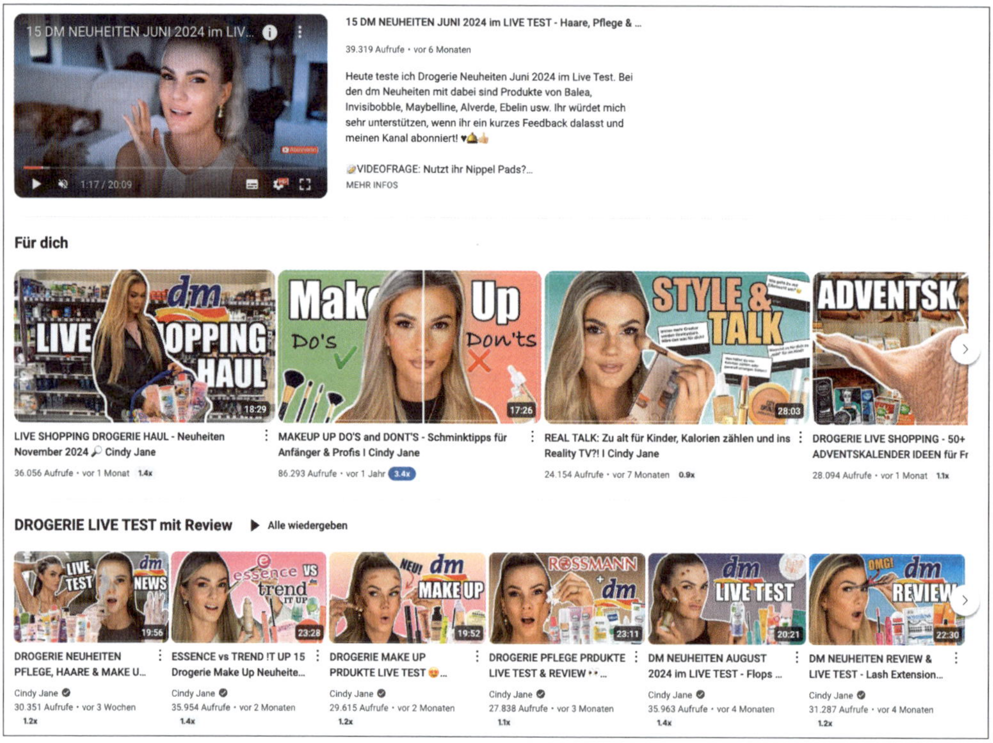

Abbildung 9.7 Layout der Playlist auf der Startseite wählen (*https://www.youtube.com/@CindyJane*)

9.2 Twitch

So, der Stream ist zu Ende – du hattest hoffentlich eine schöne und erfolgreiche Zeit. Und dann? Ja, dann kannst du noch so einiges optimieren und bearbeiten. Das geht auch wirklich easy – ich zeig's dir!

Wir haben bereits über aufgezeichnete und hochgeladene Streams gesprochen, aber du kannst den Stream nicht nur als Ganzes uploaden, sondern auch in Clips – also Ausschnitten. Stell dafür sicher, dass du in den Twitch-Einstellungen die Option aktiviert hast, um deine Streams automatisch aufzuzeichnen. Nach dem Stream kannst du die wichtigsten und spannendsten Momente als Clips oder Highlights speichern. Diese können direkt über die Twitch-Bearbeitungsfunktionen erstellt werden. Klicke dafür auf dein Profilbild oben rechts und wähle dann VIDEO-PRODUCER aus dem Drop-down-Menü. Im Video-Producer siehst du eine Liste deiner letzten Streams unter VERÖFFENTLICHTE VIDEOS oder VERBORGENE VIDEOS (je nach deinen Einstellungen). Wähle den Stream aus, den du bearbeiten möchtest.

Klicke dann auf das Drei-Punkte-Menü (⋮) neben dem Video und wähle HIGHLIGHT ERSTELLEN. Es öffnet sich direkt ein Editor, in dem du die Stelle(n) im Video auswählen kannst, die du als Highlight speichern möchtest. Du kannst auch mehrere Abschnitte auswählen und schneiden. Du musst dem Highlight noch einen Titel verpassen und es dann speichern. Die Highlights kannst du auch auf deinem Twitch-Kanal hervorheben, um zukünftigen Besuchern einen schnellen Überblick über die spannendsten Momente zu geben (Abbildung 9.8). Wenn du eine kurze Szene als Clip speichern möchtest, gehe auf das Video und klicke auf das Clips-Icon (eine kleine Filmklappe). Das ist nützlich, wenn du den Clip speichern möchtest, um ihn auf anderen Plattformen zu posten (etwa als Reel, YouTube-Short oder TikTok). So, zurück zur Anleitung: Der Clip-Editor öffnet sich, und du kannst den Start- und Endpunkt des Clips anpassen (normalerweise maximal 60 Sekunden). Speichere den Clip und gib ihm bei Bedarf einen Titel.

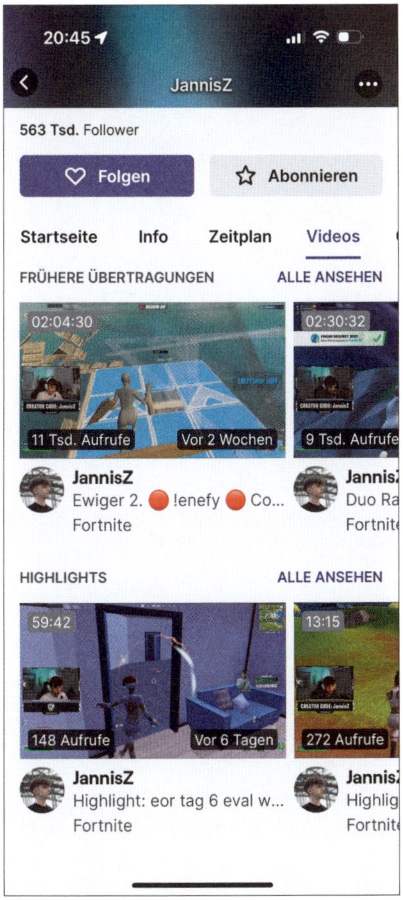

Abbildung 9.8 Video-Highlight bei Twitch

Eine Twitch-Story ist ein Feature bei Twitch, das es dir ermöglicht, kurze und temporäre Inhalte mit deinem Publikum zu teilen, ähnlich wie die Stories auf Plattformen wie Instagram oder die Shorts bei YouTube. Diese Inhalte sind in der Regel in einem vertikalen Video- oder Bildformat und bleiben für eine begrenzte Zeit sichtbar, bevor sie verschwinden. Du kannst so ganz easy Bilder hochladen, Videos aufnehmen oder Text hinzufügen. Damit machst du noch mal Promo für deinen anstehenden Stream oder deine aktuellen Themen (Abbildung 9.9).

Abbildung 9.9 Twitch-Story von sawlties zur Ankündigung ihres Plätzchen-Backstreams (*https://www.twitch.tv/sawlties*)

Wenn nicht schon geschehen, passe das Thumbnail deines aufgezeichneten Streams an. Ein auffälliges Vorschaubild macht deine Videos attraktiver für Leute, die nach Streams suchen oder später einschalten. Wenn du ein Video hochlädst, wird automatisch ein Thumbnail generiert. Du kannst dein Thumbnail aber ändern oder anpassen, indem du dein Video bearbeitest. Genau da kannst du auch deine Titel und Tags anpassen. Das hilft, um die Auffindbarkeit deines Streams zu verbessern. Du kannst längere Streams auch in Kapitel unterteilen, sodass Zuschauende gezielt zu bestimmten Abschnitten springen können. Dies ist besonders nützlich, wenn du mehrere Spiele spielst oder unterschiedliche Themen behandelst (und wenn dein Stream sehr lang ist natürlich).

Twitch bietet keine automatische Untertitelung, aber du kannst nachträglich Untertitel zu einem gespeicherten Stream hinzufügen. Das kann über Drittanbietertools erfolgen oder indem du sie manuell erstellst (Abbildung 9.10). Du kannst deinen Stream für mehr Menschen zugänglich machen, indem du Untertitel (Closed Captions) hinzufügst. Das ist besonders hilfreich für alle, die nicht gut hören können oder eine andere Sprache sprechen. Zuschauer können die Untertitel für einen Tag sogar in eine andere Sprache übersetzen lassen. Dafür braucht man »Bits« (die helfen, die Übersetzung zu bezahlen). Du als Streamer kannst selbst festlegen, wie die Untertitel für die Zuschauenden angezeigt werden sollen.

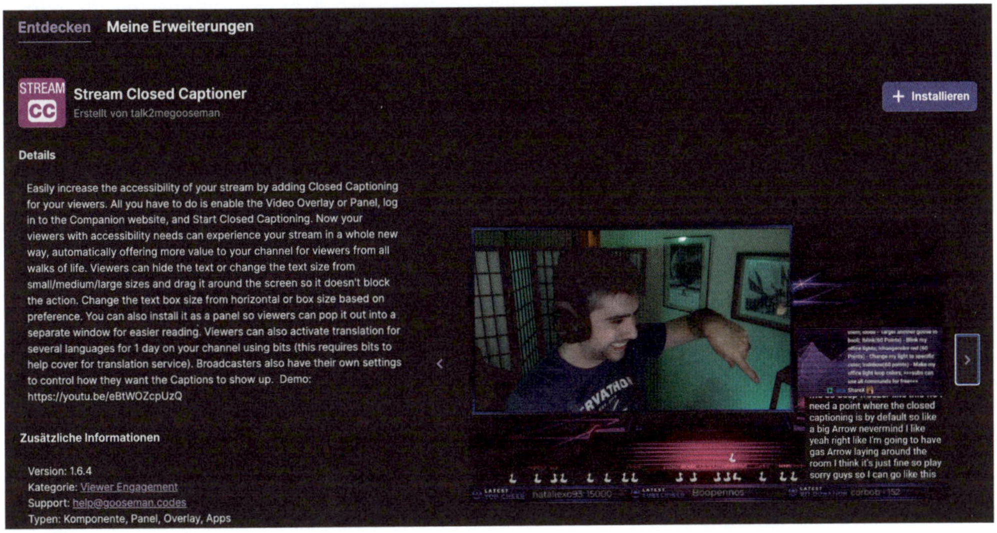

Abbildung 9.10 Plug-in für Untertitel bei Twitch

So geht's:

1. Video-Overlay oder Panel aktivieren: Schalte die Untertitel ein.
2. Auf die Begleit-Webseite gehen und starten: Dort kannst du die Untertitel einstellen und loslegen.

Und auch hier darf man das Kleingedruckte nicht außer Acht lassen: Stelle immer sicher, dass du während des Streams nur lizenzierte Musik abgespielt hast. Twitch kann Streams stummschalten, die urheberrechtlich geschützte Musik verwenden, für die keine Rechte vorhanden sind. Falls du Musik gespielt hast, die nicht lizenziert ist, solltest du diese Teile aus der Aufzeichnung entfernen oder sie stummschalten. Verwende ausschließlich Musik aus lizenzfreien oder DMCA-konformen Quellen, um rechtliche Probleme zu vermeiden. Plattformen wie »Soundtrack by Twitch« bieten dir lizenzierte Musik an.

Bei Twitch ist noch mehr als bei anderen Plattformen die Interaktion wichtig, das sollte mittlerweile klar wie Kloßbrühe sein. Überprüfe deshalb nach dem Stream die Chat-Logs. Dadurch kannst du sehen, wie gut die Interaktion während des Streams war. Du kannst dies nutzen, um zukünftige Streams besser zu planen und gezielt auf Fragen oder Feedback einzugehen. Falls interessante Diskussionen im Chat entstanden sind, kannst du diese im Nachhinein hervorheben oder in zukünftigen Streams darauf eingehen. Schau dir entweder deine aufgezeichneten Streams (VODs) an, um den gesamten Chatverlauf zu überprüfen (achte hier jedoch auf die Aufbewahrungsdauer deiner VODs), oder verwende den Befehl `/user [Benutzername]`, um Nachrichten, Time-outs, Banns und Mod-Kommentare zu einem bestimmten Nutzer schnell einzusehen. Oder du nutzt Drittanbietertools wie Chatty (Abbildung 9.11).

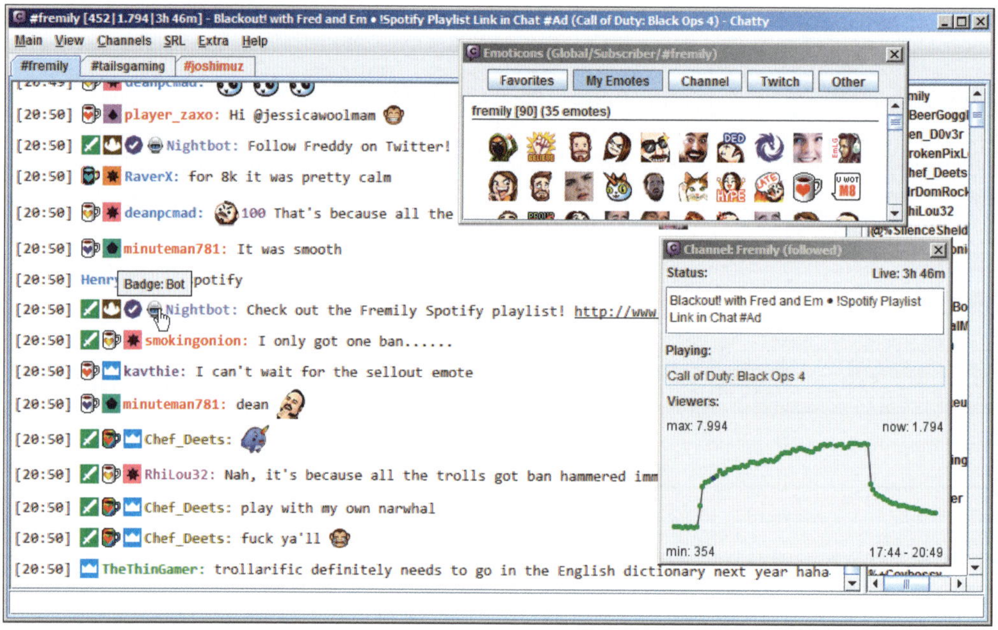

Abbildung 9.11 Chat-Logs mit Tools wie Chatty herunterladen (*https://chatty.github.io*)

So, jetzt kümmern wir uns um die Einstellungen, die du allgemein bei deinem Profil festlegen kannst, etwa das Anpassen von Bitrate und Auflösung. Stell zum einen sicher, dass deine Bitrate und die Auflösung für zukünftige Streams optimal eingestellt sind, um eine flüssige und qualitativ hochwertige Übertragung zu gewährleisten. Hier ein kurzer Nerd-Talk, was Bitrate und Auflösung genau bedeuten und was dabei zu beachten ist:

Wenn du dir ein Video anschaust, verarbeitet der Videoplayer anstelle von Bildern eine riesige Datenmenge in Form von Einsen und Nullen. Die Anzahl der Bits – also jeweils eins oder null –, die pro Sekunde verarbeitet werden, nennt man Bitrate. Wenn die Bitrate zu hoch für deine Upload-Geschwindigkeit eingestellt ist, kann der Stream ruckeln, oder die Zuschauer bekommen Verbindungsprobleme. Umgekehrt, wenn die Bitrate zu niedrig ist, sieht das Bild verpixelt oder unscharf aus. Für Twitch gibt es empfohlene Werte (oft zwischen 3.000 und 6.000 kbps für 1080p bei 60 fps), aber sie hängen auch davon ab, welche Qualität deine Internetverbindung hergibt und was dein Publikum erwartet.

Die Auflösung gibt an, wie viele Pixel (Bildpunkte) der Stream hat, und beeinflusst die Detailtiefe des Bilds. Übliche Auflösungen sind: 720p (1.280 × 720 Pixel) – weniger anspruchsvoll, braucht weniger Bitrate und läuft auch bei langsameren Verbindungen flüssig, 1080p (1.920 × 1.080 Pixel) – eine sehr hohe Qualität, wird oft bevorzugt, braucht aber mehr Bitrate und Bandbreite. Die Auflösung sollte zu deiner Bitrate und der Internetgeschwindigkeit passen. Eine zu hohe Auflösung für die Bitrate führt zu schlechter Qualität.

Überprüfe auch deine Audioeinstellungen, um sicherzustellen, dass die Tonqualität während des Streams gut ist. Teste Mikrofonpegel und stell sicher, dass die Musik nicht zu laut ist. Das geht auf verschiedene Arten. In OBS, das ist eine freie Software, kannst du dein Mikrofon als separate Audioquelle hinzufügen und den Lautstärkepegel anpassen. Stell den Mikrofonpegel so ein, dass dein Pegel beim Sprechen im grünen oder leicht gelben Bereich bleibt. Wenn er in den roten Bereich geht, wird das Signal übersteuert und klingt verzerrt. Nutze die EINSTELLUNGEN • AUDIO in OBS, um das Mikrofon auszuwählen und gegebenenfalls Rauschunterdrückung oder Filter hinzuzufügen, die Hintergrundgeräusche reduzieren.

Halte außerdem die Kanalinfo (Biografie, Sendeplan) aktuell, um User über kommende Streams oder besondere Events zu informieren. Ich habe dir ja schon erklärt, dass es bei Twitch wichtig ist, deine Termine einzuhalten, damit die Zuschauer sich an deine Regelmäßigkeit gewöhnen können.

Wie du sieht, ist der Stream das Kernstück für Twitch. Die anderen Komponenten, die ich dir vorgestellt habe, dienen dem Stream und machen ihn größer und größer (Abbildung 9.12).

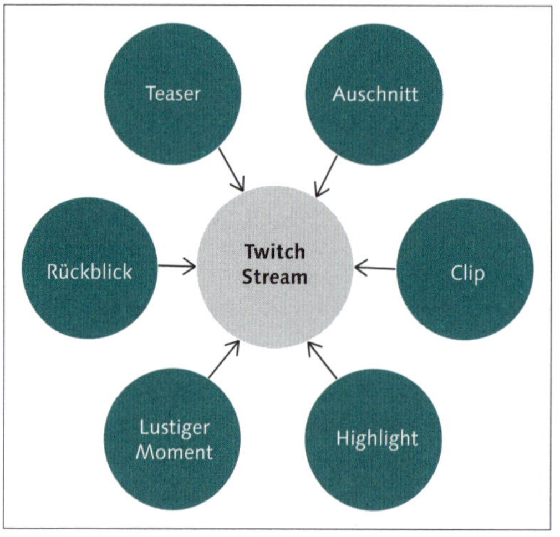

Abbildung 9.12 Content-Pieces zahlen auf deine Streams ein.

9.3 Instagram

Nachdem du ein Video oder eine Story auf Instagram hochgeladen hast, gibt es mehrere Einstellungen und Funktionen, die du noch anpassen kannst. So bedienst du weiterhin den Algorithmus und gibst deinem Content noch etwas Feuerholz dazu – damit er länger brennt.

Starten wir direkt rein: Falls du es beim Upload vergessen hast, kannst du auch im Nachhinein ein ansprechendes Vorschaubild auswählen. Nutze auf jeden Fall die kleine Kachel, die dir die Möglichkeit dazu gibt – das Bild ist das Erste, was die User sehen, wenn sie auf deinem Profil sind. Du kannst entweder ein Bild aus dem Video verwenden oder ein eigenes Bild hochladen (Abbildung 9.13). Eine genaue Anleitung habe ich dir ja schon in Kapitel 8, »Zeig es der Welt! – Der erste perfekte Video-Upload«, gegeben. Im Nachhinein musst du auf die drei Punkte auf deinem Reel gehen und dann BEARBEITEN wählen – dort kannst du dann auf das Titelbild klicken und es anpassen.

Du kannst auch automatisch generierte Untertitel hinzufügen. Das solltest du immer machen, um ein breiteres Publikum zu erreichen, insbesondere diejenigen, die Videos ohne Ton ansehen (das machen mehr Menschen, als man denkt!). Gehe auch dafür auf die drei bekannten Punkte und wähle BEARBEITEN – unter WEITERE OPTIONEN kannst du dann den Untertitel aktivieren (Abbildung 9.14).

Wichtig ist natürlich auch hier wieder – ja, ich weiß, es zieht sich wie ein roter Faden durch das Buch – Interaktion! Sprich: Füge Hashtags und Standortmarkierungen hinzu, um die Reichweite zu erhöhen. Beliebte Hashtags können die Auffindbarkeit deines Videos steigern. Standortmarkierungen machen deine Inhalte für lokale Zielgruppen sichtbarer. Wenn du mit anderen Creators zusammenarbeitest oder auf Produkte und Inhalte verweist, die in deinem Video erscheinen, kannst du sie im Video erwähnen oder markieren. Dies erhöht die Wahrscheinlichkeit, dass sie das Video teilen. All das kannst du auch im Nachhinein unter BEARBEITEN anpassen.

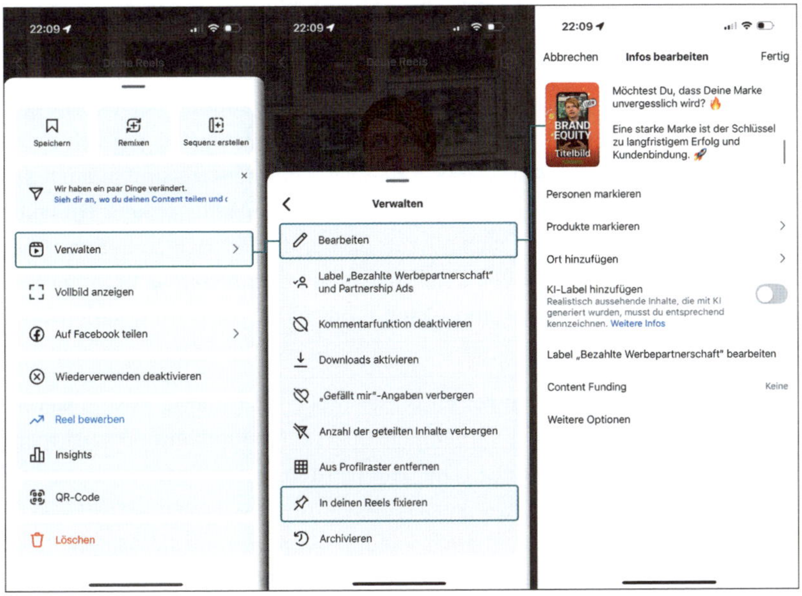

Abbildung 9.13 Coverbild für ein Reel bei Instagram auswählen

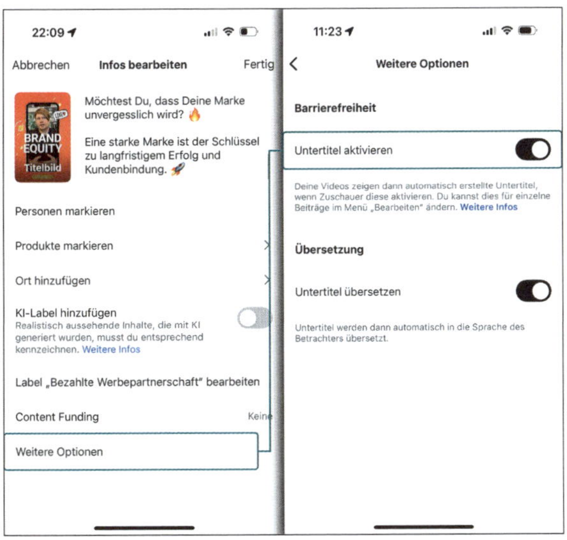

Abbildung 9.14 Untertitel bei Instagram aktivieren

Und du kannst, wenn du auf die drei Punkte auf deinem Post klickst, noch mehr einstellen. Beispielsweise kannst du dein Post direkt auf Facebook teilen. Ja, zugegeben, Facebook ist nicht mehr ganz en vogue, aber es ist immer noch eine der meistgenutzten Social-Media-Seiten. Unsere Studie ergab, das 39,1 % der Nutzerinnen und Nutzer in Deutschland die Plattform Facebook mindestens einmal am Tag betreten. Du kannst unter AUF FACEBOOK TEILEN einstellen, dass all deine Reels auch auf Facebook erscheinen – ganz automatisch! Außerdem kannst du festlegen, dass du keine Kommentare zulässt oder dass die Anzahl der GEFÄLLT MIR-Angaben oder GETEILTE INHALTE (wenn jemand dein Reel seinen Freunden schickt) ausgeblendet wird. Das würde ich dir allerdings nicht empfehlen, sonst fragen sich deine Follower womöglich, ob du was zu verstecken hast. Kommentare sind ja auch der Schlüssel zur Interaktion, da passiert ganz viel Community-Management. Du willst schließlich den Usern Platz geben, sich auszutoben und Feedback zu geben. Aber natürlich hat auch das Grenzen, wenn sich beispielsweise negative Kommentare häufen und nicht mehr konstruktiv sind. Dann lohnt es sich, die Kommentarfunktion auch mal abzuschalten.

Ach, bevor ich es vergesse: Du kannst an dieser Stelle auch deine Posts fixieren, damit erscheint das Video/der Post immer ganz oben auf deiner Seite. Das ist quasi dein Aushängeschild, also wähle weise. Die User werden diesen Post immer als Erstes sehen und sich so einen Eindruck verschaffen. Unter IM PROFIL FIXIEREN aktivierst du das oder deaktivierst du es auch wieder. Wenn du auf IN DEINEN REELS FIXIEREN klickst, wird das jeweilige Video dann in deinem Reels-Register dann ganz oben angezeigt (Abbildung 9.13).

Zu guter Letzt: Stell sicher, dass du die richtige Zielgruppe für dein Video auswählst. Instagram bietet dir die Möglichkeit, den Beitrag für alle öffentlich oder nur für deine Follower sichtbar zu machen. Wenn du immer wieder dieselben Filter oder Bearbeitungsfunktionen verwendest, kannst du diese als Standard einstellen, um Zeit zu sparen. Passe das unter EINSTELLUNGEN UND AKTIVITÄTEN bei deinem Profil an.

9.4 TikTok

Dein TikTok ist online und sammelt die ersten Aufrufe. Du hast den größten Teil der Arbeit erledigt. Aber auch hier kannst du an ein paar Stellschrauben drehen, um deine Reichweite aufzupolieren. TikTok erlaubt zwar keine umfassende Nachbearbeitung nach dem Hochladen (wie es z. B. bei YouTube möglich ist), aber du kannst bestimmte Einstellungen wie die Privatsphäre, Beschreibungen und Tags nachträglich anpassen. Wenn du Szenen bearbeiten willst, solltest du das vor dem Hochladen tun. Also gib gut acht!

Was du aber immer nach dem Upload anpassen kannst, ist der Untertitel deines Videos. Den generiert TikTok eigentlich automatisch, aber es schleichen sich natürlich immer gern Fehler ein. Die kannst du immer noch korrigieren, was wichtig ist, weil durch Fehler Keywords womöglich nicht erkannt werden (und wir haben gelernt – diese sind superwichtig für die Auffindbarkeit deines Videos!). Das ist leicht in den Einstellungen (die drei Punkte unten rechts am Video) anzupassen. Gehe dafür auf UNTERTITEL VERWALTEN, und zack – da sind die korrekten Untertitel (Abbildung 9.15).

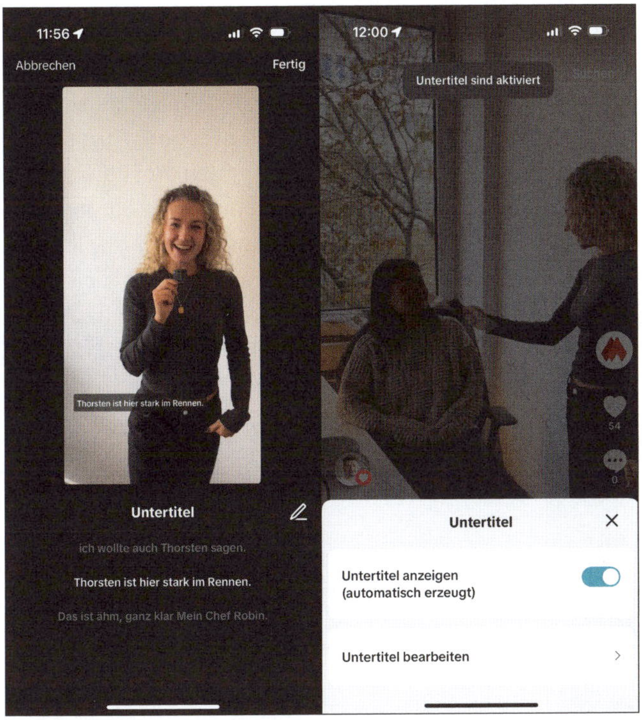

Abbildung 9.15 Untertitel bei TikTok bearbeiten und anzeigen lassen

Die Beschreibung deines Videos kannst du noch sieben Tage nach dem Upload anpassen. Falls du also einen Rechtschreibfehler korrigieren willst oder einen Fehler im Video hast und darauf in der Beschreibung hinweisen möchtest, geht das noch eine Woche nach dem Upload. Dafür musst du einfach auf dein Video klicken und dann auf die drei Punkte unten rechts – es sollte ein Menü erscheinen. Dann scrollst du, bis der Button BEITRAG BEARBEITEN erscheint, klickst ihn an und ergänzt die Beschreibung!

Genauso das Coverbild: Du kannst ein Standbild aus dem Video als Coverbild festlegen, das in deinem Profil und in der Entdeckungsseite erscheint. Wähle ein Bild aus, das Aufmerksamkeit erregt und neugierig auf das Video macht. Das kannst du auf gleichem Weg wie die Beschreibung anpassen. Auch hier gilt es, dass das nur bis zu sieben Tage nach dem Upload möglich ist.

Was du aber bis 180 Tage nach dem Upload ändern kannst, ist der Standort, also wo das Video aufgenommen wurde. Das ist sehr nützlich, denn den Standort einzutragen, hilft dem Video, mehr Reichweite zu bekommen. Wenn Menschen nach der Stadt oder dem Ort, an dem das Video spielt, suchen, wird deins dadurch wahrscheinlicher angezeigt!

Und wie immer: Interaktivität nicht vergessen! Du kannst festlegen, ob andere User dein Video in ihren eigenen Inhalten verwenden können, z. B. durch Duetts (Abbildung 9.16). Dies kann helfen, deine Reichweite zu erhöhen, indem andere auf dein Video reagieren oder es als Basis für ihre eigenen Inhalte verwenden. Anzupassen ist das unter DATENSCHUTZEINSTELLUNGEN (auch die sind hinter den drei Punkten am Video versteckt). Dort kannst du dann mit einem Regler einstellen, ob du Kommentare, Duette, Stiche, Sticker und das Hinzufügen als Story erlauben willst! Ich würde dir empfehlen, all das zu aktivieren, um mehr Aufmerksamkeit für deinen Content zu bekommen. Reagiere auch auf Kommentare, like Antworten und interagiere mit deinen Zuschauenden. Dies erhöht die Bindung und sorgt für eine höhere Interaktion, was TikTok als positives Signal wertet.

Abbildung 9.16 Duett-Funktion (*https://www.tiktok.com/@abijamusic*)

Zum Abschluss: Stelle sicher, dass deine Sichtbarkeit richtig eingestellt ist. Du kannst festlegen, ob dein Video öffentlich, nur für Freunde oder privat sichtbar sein soll. Für maximale Reichweite sollte das Video natürlich öffentlich sein. Das kannst du auf deinem Profil oben rechts über die drei Striche unter EINSTELLUNGEN UND DATENSCHUTZ bearbeiten – klicke dafür noch einmal auf DATENSCHUTZ.

Kapitel 10

Money! Money! Money! – So verdienst du mit deinem Content Geld

Mach ordentlich Asche mit deinem Content! In diesem Kapitel zeige ich dir alle Möglichkeiten, mit denen du durch Werbung, Sponsorings und Merchandise Geld verdienen kannst. Denn eins steht fest: Mit Social Media Geld zu verdienen, ist keine Kunst, das kann jeder – natürlich solange der Inhalt deiner Videos und Streams stimmt!

Ganz einfach reich werden mit Social Media? Das geht! Im Prinzip kannst du mit eigenen Videos unbegrenzt Geld verdienen. Jeder kann dabei mitmachen. Doch nur weniger als 5 % aller Content-Creators schaffen es wirklich, so hohe Einnahmen zu erzielen, dass es genug ist, um davon zu leben. PewDiePie hat es beispielsweise auf YouTube geschafft: Er ist einer der erfolgreichsten Content-Creators der Welt (Abbildung 10.1).

Abbildung 10.1 Reich werden mit YouTube wie PewDiePie (*www.youtube.com/user/PewDiePie*)

10.1 Wie und wo wird das Geld verdient?

Es ist wie mit den Hollywood-Stars: Jeder möchte gern über den roten Teppich schreiten, aber nur die wenigsten schaffen es zum Superstar. Dein Weg zum erfolgreichen Content-Creator bedeutet außerdem nicht automatisch, dass du Geld ohne Ende verdienst. Mit Geduld und viel Fleiß hast du jedoch zumindest die Chance, ein paar Hunderter bis Tausender im Monat rauszuholen. Da du aber nicht automatisch Geld bekommst, sobald du ein Video hochgeladen bzw. gestreamt hast, musst du diese Einnahmen erst einmal proaktiv einfordern. Die Plattformen haben dazu ein Programm, die sogenannte »Monetarisierung«, ins Leben gerufen – ein passender Name, denn es geht ja um »Moneten«. So kannst du Geld durch deine eigene Reichweite verdienen (Abbildung 10.2). Die Programme zeige ich dir im Folgenden getrennt für jede Plattform. Außerdem stelle ich dir die verschiedenen Möglichkeiten vor, die du hast, um deinen Content in Gold zu verwandeln – etwa durch Sponsorings und Merchandise, die ich dir am Ende des Kapitels erkläre. Ich gebe dir außerdem eine Übersicht über die Creator-Hubs der Plattformen, die dir hilfreiche Tutorials, Events, an denen du teilnehmen kannst, und jede Menge Tipps und Infos bieten!

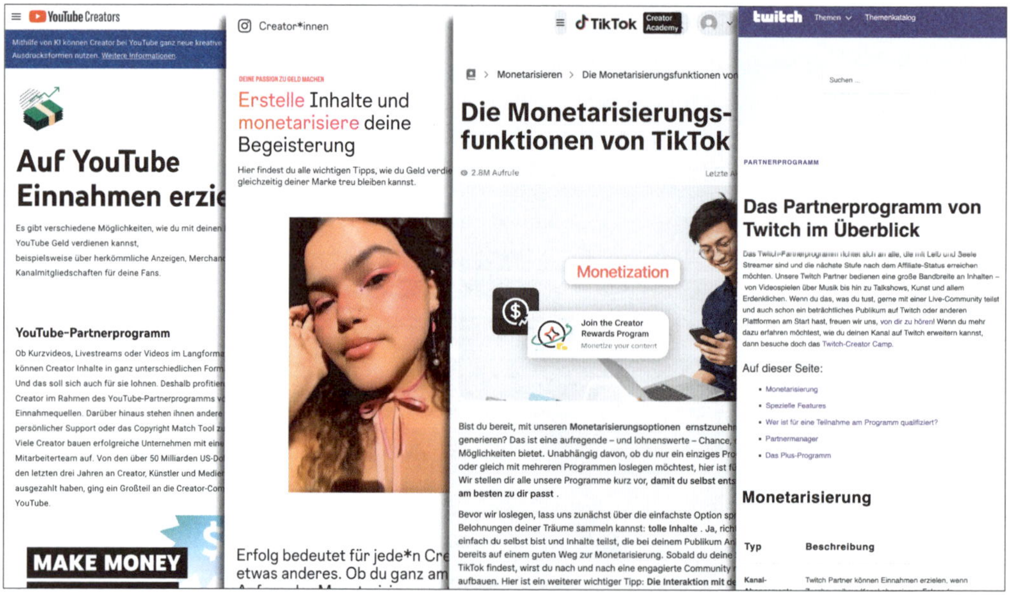

Abbildung 10.2 Unterstützung für Video-Creators auf den vier Plattformen YouTube, Instagram, TikTok und Twitch

- *https://www.youtube.com/intl/de_ALL/creators/how-things-work/video-monetization*

- *https://creators.instagram.com/earn-cash-making-what-you-love?locale=de_DE*
- *https://www.tiktok.com/creator-academy/de/article/monetization-offerings-overview*
- *https://help.twitch.tv/s/article/partner-program-overview?language=de#monetization*

Disclaimer

Beachte, dass jeder, der in Deutschland Geld verdient, Steuern zahlen muss. Es führt kein Weg daran vorbei, sich beim Finanzamt anzumelden und für sein Gewerbe entsprechend Steuern abzuführen (Abbildung 10.3). Wer das nicht tut, muss mit Bußgeldern rechnen und obendrauf die nicht abgeführten Steuern nachzahlen. Informiere dich also zunächst bei deinem zuständigen Finanzamt, bevor du den ersten Euro Umsatz erwirtschaftest. Mehr dazu erfährst du in Kapitel 13, »Sichere dich ab! – Rechtliche FAQs für Video-Creators«.

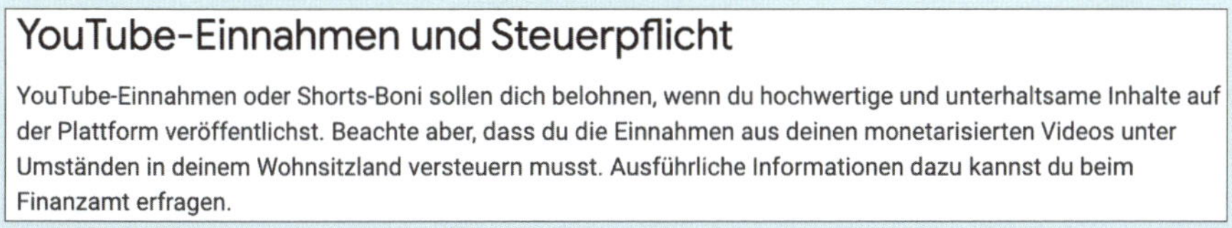
YouTube-Einnahmen und Steuerpflicht

YouTube-Einnahmen oder Shorts-Boni sollen dich belohnen, wenn du hochwertige und unterhaltsame Inhalte auf der Plattform veröffentlichst. Beachte aber, dass du die Einnahmen aus deinen monetarisierten Videos unter Umständen in deinem Wohnsitzland versteuern musst. Ausführliche Informationen dazu kannst du beim Finanzamt erfragen.

Abbildung 10.3 In Deutschland müssen Einnahmen versteuert werden, und das gilt nicht nur für YouTube, sondern für jede andere Plattform auch.

10.1.1 Auf YouTube Geld verdienen

Bei YouTube gibt es mehrere Optionen, an Geld zu kommen. Ein großer Part sind Werbeplätze, die du rund um deinen Content anbieten kannst. Das ist für dein Publikum vielleicht etwas nervig, gehört aber mittlerweile zum gewohnten Bild. Da YouTube grundsätzlich kostenlos für alle User ist, finanziert es sich hauptsächlich über Werbeanzeigen. Du hilfst der Plattform, indem du die Anzeigenflächen um deine Videos quasi vermietest. Dabei gibst du dann einen (kleinen) Teil der Werbeeinnahmen an die Plattformen ab. Das Geld, das du verdienst, stammt ursprünglich von Firmen, die Werbung im Internet machen wollen und genau solche Werbeplätze dafür suchen. Stell dir mal vor, du machst Videos über Autos. Möchte nun zum Beispiel ein Autohersteller seine neuesten Elektromodelle bekannt machen, dann natürlich am besten innerhalb der richtigen Zielgruppe. Wo gäbe es in dem Fall einen besseren Platz für die Werbeanzeige als vor, nach oder neben deinem YouTube-Video? Hier wird der Autohersteller auf jeden Fall die richtigen Fans erreichen. Das ist besonders lukrativ für das Unternehmen (Abbildung 10.4).

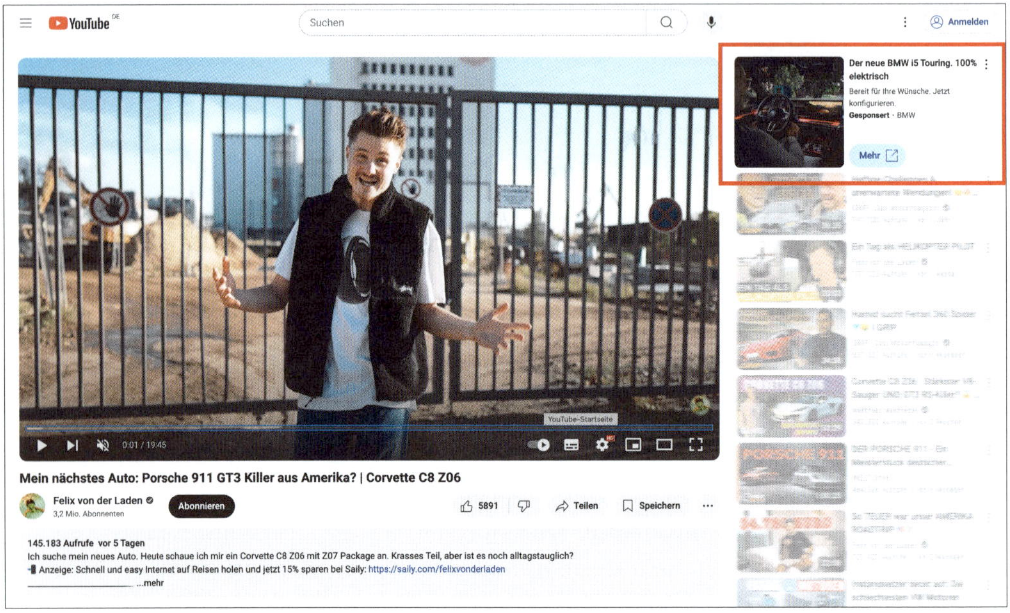

Abbildung 10.4 Felix von der Laden stellt in seiner Serie »Mein nächstes Auto« besondere Fahrzeuge vor (*https://www.youtube.com/watch?v=cMXv4hIiGbc*).

Um das Geld abzustauben, musst du aber zuerst Mitglied des YouTube-Partnerprogramms werden. Im eigens von YouTube eingerichteten Creators-Kanal erfährst du alles rund um das Thema (Abbildung 10.5). Es gibt ein paar Kriterien, die erfüllt sein müssen, damit du für YouTube ein lohnenswerter Partner bist:

- Mindestens 1.000 Abonnenten.
- Entweder 10 Millionen Shorts-Aufrufe in den letzten 90 Tagen oder eine gültige Wiedergabezeit von mindestens 4.000 Stunden in den letzten 12 Monaten für deine Langform-Videos.
- Keine aktiven Community-Richtlinien-Strikes.
- Die zweistufige Überprüfung für dein Google-Konto ist aktiv.
- Ein aktives AdSense-Konto.
- Zusätzlich musst du die Richtlinien für die Monetarisierung von YouTube-Channels einhalten.
- Du musst ein Land in deinem YouTube-Channel einstellen, in dem die Monetarisierung möglich ist.

Gehe dann in deinem Channel auf YOUTUBE STUDIO • EINSTELLUNG • KANAL und klicke auf VERFÜGBARKEIT DER FUNKTIONEN. Checke hier, ob du alle Voraussetzungen für die Kanalüberprüfung erfüllst. Wenn alles passt, dann schau im nächsten Schritt im YouTube Studio auf EINNAHMEN. Sind hier alle Bedingungen in Hinblick auf Abonnenten und Views erfüllt, dann kann es losgehen (Abbildung 10.6)! So einfach ist das!

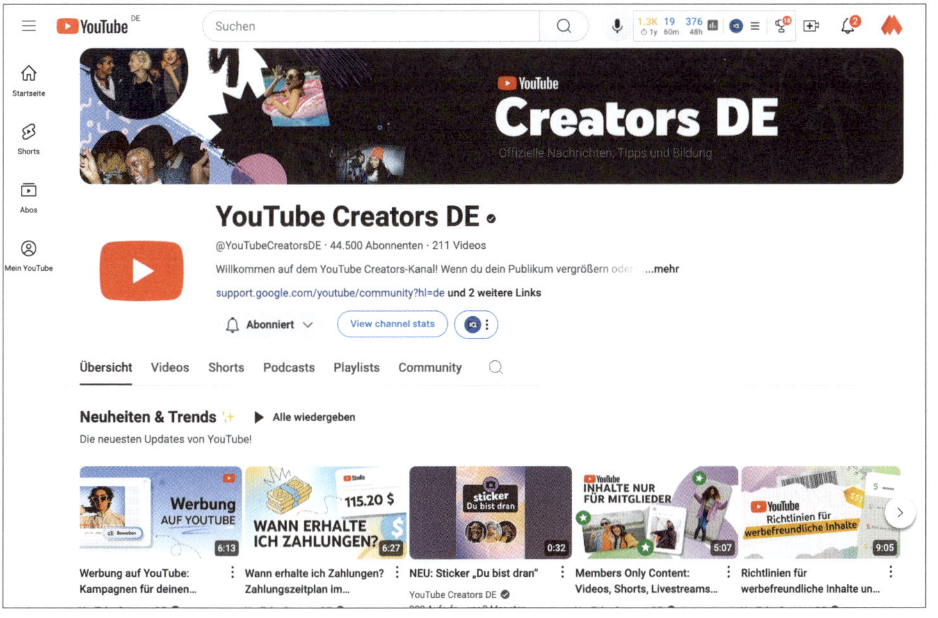

Abbildung 10.5 YouTube-Creators-Kanal (*https://creatoracademy.youtube.com/page/home?hl=de*)

Abbildung 10.6 Konto für die Monetarisierung aktivieren

Im Video-Manager kannst du einzelne Videos für die Monetarisierung aktivieren bzw. deaktivieren. Du hast dort auch die Möglichkeit, für jedes Video die Anzeigenarten der Werbung individuell festzulegen, die ich dir gleich zeigen werde.

So starten wir mit den Zahlen rund um YouTube: Pro angeklickte Anzeige erhältst du 55 % Werbekostenbeteiligung von YouTube. Das heißt, wenn der Autohersteller 0,10 € pro Anzeigenklick bezahlen muss, um bei dir eingeblendet zu werden, bekommst du von dem Klick ein bisschen mehr als die Hälfte ab. Das macht für dich ca. 0,05 €, die dir YouTube anteilig ausbezahlt. Je nachdem, wie klickfreudig die Betrachter deines monetarisierten Videos auf Werbung reagieren, sind deine Einnahmen entweder höher oder niedriger. Als Faustregel ist ein durchschnittlicher Verdienst von rund 1 € pro 1.000 Videoaufrufe realistisch. Rechnen wir mal durch: Haben ca. 1.000 Personen eine Anzeige bei einem deiner Videos gesehen und haben 20 davon draufgeklickt, bekommst du 20 Mal 5 Cent. Das macht genau 1 € für dich. Jedes Mal, wenn ein Zuschauer auf die Werbung neben deinem Video klickt, klingelt es also bei dir in der Kasse! Schauen wir uns einmal an, wie der Verdienst von YouTubern pro Monat nach dieser Rechnung aussehen kann:

- How2Shirli: 40.000 € (40 Millionen Views)
- Pamela Reif: 12.000 € (12 Millionen Views)
- Paluten: 32.000 € (32 Millionen Views)
- HandOfBlood: 5.000 € (5 Millionen Views)
- Ronny Berger: 8.000 € (4 Millionen Views)
- Sallys Welt: 5.000 € (7 Millionen Views)

Lies dir die Bestimmungen des Monetarisierungsprogramms gründlich durch und akzeptiere sie. Du versicherst hier zum Beispiel, keinen Klickbetrug zu begehen, indem du selbst auf deine Anzeigen klickst. Das wäre nämlich Mogelei, da du ja so das System hintergehst, um mehr Geld zu verdienen. Wenn es um Finanzen geht, verstehen die Plattformbetreiber keinen Spaß, und außerdem fliegst du sowieso am Ende auf. Im schlimmsten Fall wirst du angezeigt oder von YouTube ausgeschlossen. Hast du alles genau gelesen, gehen wir weiter zum nächsten Schritt.

Jetzt fragst du dich bestimmt, wie so eine Werbeanzeige bei deinem Video aussieht. Im Grunde gibt es hier verschiedene Arten von Anzeigen: Pre-Rolls, Mid-Rolls und Displayanzeigen (Abbildung 10.7). Wahrscheinlich hast du, ohne diese Namen überhaupt zu kennen, alle Anzeigearten schon mal gesehen. Surft man nämlich auf YouTube, tauchen relativ oft Pre-Rolls auf. Das Format ist vergleichbar mit einem TV- oder Kinospot. Meist laufen diese Clips 30 Sekunden und werden direkt vor einem Video abgespielt. Durch diese Vorschaltung eines Werbevideos kommt auch der Name Pre-Rolls zustande – die Anzeige »rollt« quasi vorab durchs Bild. Das Besondere daran ist, dass diese Anzeigen vom Nutzer meist nach fünf

Sekunden übersprungen werden können. Ist der Clip zu schrill, zu nervig oder geht gar nicht? Dann zappen ihn die User einfach weg! Du bekommst dann aber auch kein Geld. Darüber hinaus gibt es die Variante, bei der solch ein Werbekästchen rechts neben deinem Video angezeigt wird – hierbei handelt es sich um sogenannte Displayanzeigen.

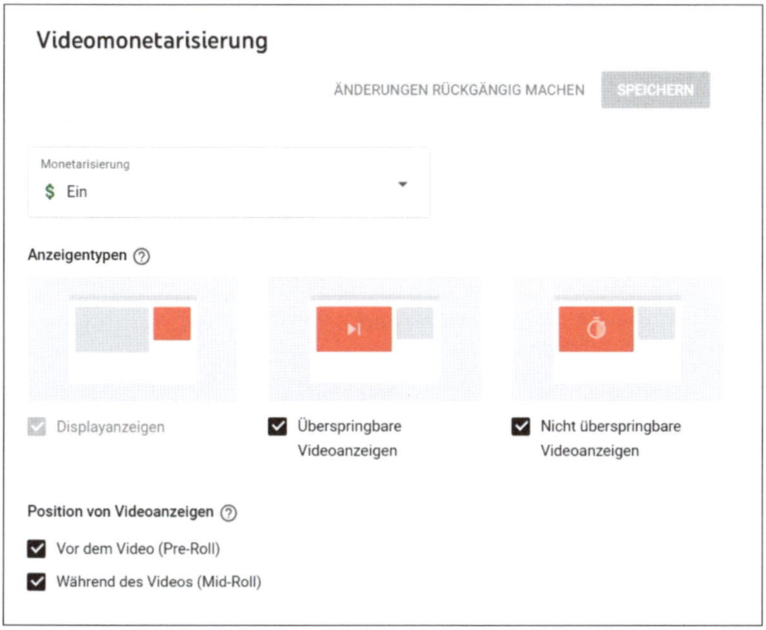

Abbildung 10.7 Werbeplätze (rote Flächen), die du vor, während oder neben deinem Video anbieten kannst

Pre-Rolls und Mid-Rolls werden auch auf Smartphones und Tablets angezeigt. Alle anderen Werbeformate sieht man aufgrund von Platzmangel meist nur auf Laptops und großen PC-Bildschirmen. Ein Großteil aller YouTube-Nutzer schaut Videos jedoch über Mobilgeräte an. Daher rate ich dir, immer auch die Pre-Rolls und Mid-Rolls für deine Clips zu aktivieren. Somit hast du eine höhere Ausbeute an potenziellen Anzeigenklicks, die dir Geld einbringen. Achte jedoch auf das Feedback deines Publikums, denn du solltest deine User nicht überfordern. Aktivierst du bei deinen Videos alle Anzeigenformate, könnte der Nervfaktor für die Community zu hoch sein. Vor allem am Anfang, wenn dich noch keiner kennt, musst du vorsichtig sein. Im Zweifelsfall schraubst du die Monetarisierung zu Beginn erst mal etwas herunter.

Im Video-Manager kannst du für jedes einzelne Video die Monetarisierung aktivieren und fein einstellen. Ist mit deinem Video alles okay, siehst du ein Dollarzeichen daneben. Das bedeutet: Jetzt verdienst du gerade Geld mit deinem Video! Solange das Dollarzeichen blau leuchtet, funktioniert alles reibungslos. Sollte das Dollarzeichen aber fehlen oder durchgestrichen sein, gibt es ein Problem mit der Monetarisierung (Abbildung 10.8). In diesem Fall werden dir Hinweise dazu eingeblendet, woran es liegen könnte. Diese Fehlermeldungen kannst du anklicken, um das Problem zu verstehen und zu beheben.

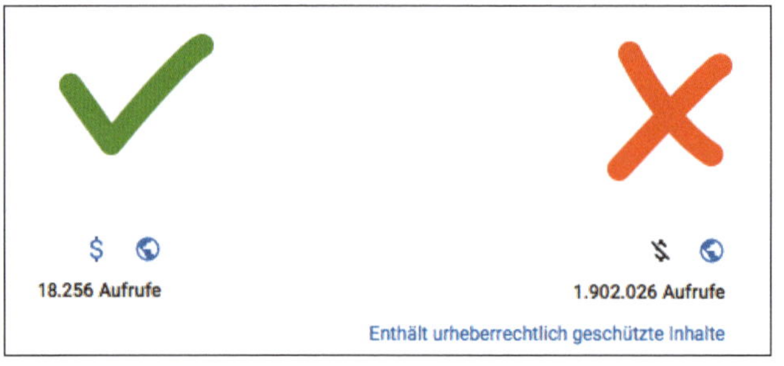

Abbildung 10.8 Aktivierungsstatus der Monetarisierung pro Video mithilfe des kleinen Symbols einsehen

Nicht nur durch Werbeanzeigen erhältst du Geld: Als YouTube-Partner kannst du deine Videos für YouTube Premium freigeben. YouTube Premium ist ein Aboservice, der deinen Zuschauenden werbefreies Betrachten und Offline-Downloads ermöglicht. Du erhältst Bares basierend auf Videolänge, Abrufland und Nutzungsdauer durch Premium-Abonnenten. Aber nicht alle Videos sind für Premium geeignet, weil sie den Monetarisierungsrichtlinien entsprechen müssen. Wenn du beispielsweise beleidigende Sprache in deinen Videos benutzt, kannst du damit in der Regel kein Geld verdienen.

Eine weitere Möglichkeit ist eine kostenpflichtige Mitgliedschaft für deinen Kanal. Dafür müssen die User jeden Monat z. B. 4,99 € zahlen. Als Dank kannst du ihnen exklusive Inhalte anbieten, z. B. Videos, die sie früher oder nur als Mitglieder sehen können. Von den 4,99 € bekommst du nach Abzügen etwa 2,93 € pro Mitglied. Damit sich das für deine Fans lohnt, sollten die Videos, die du ihnen gibst, besonders spannend, nützlich oder cool sein (Abbildung 10.9)

Mittlerweile gibt es auch den sogenannten *Super Chat*, mit dem du Bares verdienen kannst. Im Super Chat können dir Fans durch Super Sticker und Super Thanks in Livestreams oder unter Videos indirekt Geld schenken, um ihre Unterstützung zu zeigen. Die Menschen bezahlen, um einen Kommentar zu schreiben, der auffällt, weil er bunt markiert und länger sichtbar ist. Je mehr sie zahlen, desto stärker wird ihr Kommentar hervorgehoben. Von den Einnahmen erhältst du 70 %, der Rest geht an YouTube.

Neben diesen Möglichkeiten, Geld zu verdienen, gibt es noch das Affiliate-Marketing. Das ist wie eine Empfehlung, für die du bezahlt wirst. Stell dir vor, du zeigst in deinem YouTube-Video ein cooles Produkt, wie z. B. ein Spiel oder ein Gadget, und erzählst, warum du es magst. Unter dein Video packst du dann einen speziellen Link zu dem Produkt. Wenn jemand auf diesen Link klickt und das Produkt kauft, bekommst du eine Belohnung, die Provision heißt. Wie viel du bekommst, hängt davon ab, wie teuer das Produkt ist und wie viel dir die Firma dafür gibt. Noch ein Tipp: Damit die Links nicht so lang und unübersichtlich aussehen, kannst du sie mit einem Tool kürzen – das macht sie schicker.

Abbildung 10.9 Auf YouTube Einnahmen erzielen mit der Kanalmitgliedschaft (*https://www.youtube.com/@pietsmiet*)

10.1.2 Auf Twitch Geld verdienen

Auch mit Twitch gibt es mehrere Wege, wie du Geld verdienen kannst. Zuerst musst du aber sogenannter Affiliate werden. Mit dem Affiliate-Programm kannst du nicht nur Geld verdienen, du hast auch Zugriff auf exklusive Videotools, wie längere VOD-Speicherung und Abonnentenstreams, sowie Community-Features wie Kanalpunkte, Umfragen und Emote-Uploads. Um ein Twitch-Affiliate zu werden, musst du die folgenden vier Voraussetzungen erfüllen:

- Erreiche 50 Follower.
- Streame insgesamt acht Stunden lang.
- Streame an sieben verschiedenen Tagen.
- Erreiche durchschnittlich drei Zuschauerinnen bzw. Zuschauer.

Sobald du diese erfüllt hast, kannst du anfangen, Geld zu verdienen. Wenn du dich verbessert, wirst du vielleicht sogar Partner. Es ist nicht einfach, bei Twitch Partner zu werden, und es entscheidet am Ende immer die Plattform, ob sie dir die Partnerschaft anbieten, auch wenn du alle Auflagen erfüllt hast. Um dich für das Twitch-Partnerprogramm zu qualifizieren, musst du in 30 Tagen folgende Anforderungen erfüllen:

- Mindestens 75 Zuschauer im Durchschnitt in einem Zeitraum von 30 Tagen. Zuschauerzahlen aus Raids oder Startseitenpromos zählen hier nicht.
- Mindestens acht einzelne Streams in den letzten zwei Monaten vor deiner Bewerbung.
- Eine konstante Streaming-Zeit und aktive Community-Interaktion sind wichtig.
- Dein Content muss den Community-Richtlinien, den Nutzungsbedingungen und den DMCA-Richtlinien entsprechen.

Wenn du die Kriterien nicht vollständig erfüllst, aber z. B. ein starkes, schnelles Wachstum oder eine große Community von einer anderen Plattform mitbringst, kannst du trotzdem eine Bewerbung versuchen. In solchen Fällen bewertet Twitch deine Gesamtreichweite und deinen Einfluss. Sobald du die Auflagen abgeschlossen hast, erscheint im Twitch-Dashboard ein Button, über den du dich bewerben kannst. Die Bewerbung garantiert keine automatische Annahme. Nicht ganz leicht, das Ganze, hier findest du aber eine Handvoll Tipps, um Partner zu werden:

- Engagiere dich in deiner Community: Antworte auf Chats, veranstalte Umfragen oder binde deine Zuschauenden aktiv in Streams ein.
- Konstanz zählt: Streame regelmäßig, damit User wissen, wann sie dich finden können.
- Qualität vor Quantität: Guter Content, gute Technik (Kamera, Ton) und interessante Inhalte helfen dir, mehr User zu gewinnen.
- Nutze das Creator Camp: Twitch bietet mit dem Creator Camp Tipps und Strategien, wie du deinen Kanal wachsen lassen kannst.

Du fragst dich vielleicht: Warum lohnt es sich denn überhaupt, Partner zu werden? Reicht es nicht, Affiliate zu sein? Partner können oft höhere Anteile bei Abo-Einnahmen aushandeln – also mehr Moneten. Außerdem kannst du als Partner mehr Emote-Slots freischalten als als Affiliate. Obendrein bekommst du ein verifiziertes Häkchen, das zeigt, dass du offiziell Partner bist. Das steigert deine Glaubwürdigkeit. Partner haben Zugang zu einem persönlichen Partner-Manager, der bei Fragen oder Problemen hilft. Twitch bietet Partnern zudem mehr Möglichkeiten, mit Marken zusammenzuarbeiten und zusätzliche Einnahmen zu erzielen. Partner erhalten darüber hinaus exklusive Einladungen zur Twitch-Con und anderen Events.

Aber wie verdienst du überhaupt etwas? Hier die wichtigsten Möglichkeiten: zuerst durch Abos, also Subscriptions. Das ist kein freies Abo wie bei den anderen Plattformen – es kostet! Zuschauende können Twitch-Kanäle abonnieren, um ihre Lieblingsstreamer monatlich zu unterstützen. Es gibt drei Stufen (Tier 1, 2 und 3), die jeweils steigende monatliche Kosten haben. Ein Abo kostet 4,99 € (Stufe 1) bis 24,99 € (Stufe 3) pro Monat. Twitch behält ca. 50 % vom Abopreis (Abbildung 10.10). Das heißt, bei einem Abo für 4,99 € verdient der Streamer etwa 2,50 €. Einige große Streamer haben bessere Deals und behalten bis zu 70 %.

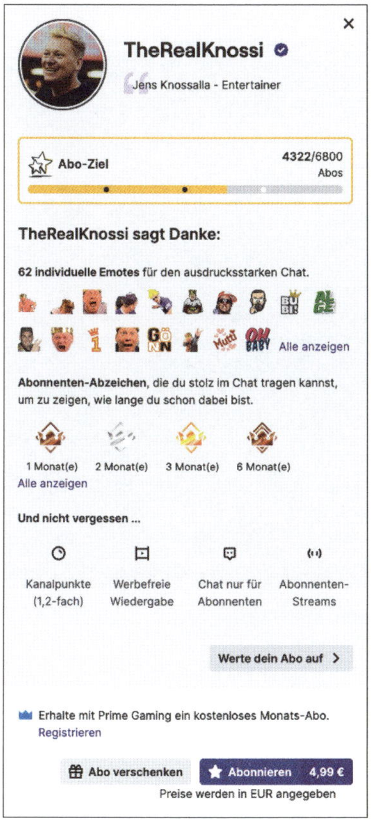

Abbildung 10.10 Abo-Möglichkeiten bei Twitch (*https://www.twitch.tv/therealknossi*)

Ein anderer Weg zum »Reichtum« führt über Donations. Zuschauerinnen und Zuschauer können freiwillig Geld spenden, z. B. über Dienste wie PayPal oder Bits – eine virtuelle Währung von Twitch (Bits: 1 Bit = 1 Cent für den Streamer). User kaufen Bits bei Twitch (100 Bits kosten ca. 1,40 €, Twitch behält also einen Teil). Diese Funktion ermöglicht Fans, kleinere Beträge direkt an die Creators zu senden und dabei animierte Emotes zu nutzen.

Die dritte Möglichkeit sind Werbeeinnahmen, auch Ads genannt. Streamer können Werbeunterbrechungen in ihren Streams schalten und erhalten Anteile an diesen Werbeeinnahmen. Die Einnahmenhöhe variiert basierend auf der Anzahl der Zuschauenden, der Länge der Werbung und den aktuellen Werberaten, die Twitch festlegt. Für 1.000 Zuschauer (pro eine Minute Werbung) gibt's ca. 1 bis 3 €. Das schwankt je nach Land und wie gut der Streamer verhandelt hat. Jetzt fragst du dich bestimmt, wie so eine Werbeanzeige bei deinem Stream aussieht. In Abbildung 10.11 kannst du eine Einblendung sehen, die in Form eines Banners neben deinem Stream angezeigt wird.

Abbildung 10.11 Videoanzeige bei Twitch bei dem Streamer »its_kaby« (*https://www.twitch.tv/its_kaby*)

Infobox

Das Twitch-Plus-Programm ermöglicht Affiliates und Partnern, durch das Erreichen bestimmter Abonnementziele in zwei Stufen (60/40 und 70/30 Netto-Umsatzbeteiligung) von höheren Einnahmen zu profitieren. Teilnehmende müssen über drei Monate hinweg eine Mindestanzahl an »Plus-Punkten« sammeln, die durch wiederkehrende bezahlte Abonnements verschiedener Stufen generiert werden. Die Programmteilnahme wird für mindestens zwölf Monate gewährt und kann durch kontinuierliches Erfüllen der Kriterien verlängert werden.

So, jetzt kennst du die verschiedenen Optionen. Hier noch ein praktisches Beispiel: Stell dir einen mittelgroßen Streamer aus Deutschland vor, der jeden Tag streamt und ca. 1.000 Zuschauende pro Stream hat.

1. *Abos:* Der Streamer oder die Streamerin hat 500 Abonnenten. 500 x 2,50 € = 1.250 € im Monat.
2. *Spenden:* Zuschauer spenden ihm im Schnitt 300 € pro Monat.
3. *Werbung:* In jedem Stream werden 10 Minuten Werbung abgespielt. 10 Minuten x 30 Streams = 300 Minuten Werbung. 300 Minuten x 2 € (bei 1.000 Zuschauenden) = 600 €.
4. *Sponsoring:* Der Streamer oder die Streamerin hat einen Sponsorenvertrag für 500 € pro Monat.
5. *Merchandise:* Verkauft 50 T-Shirts für je 20 €, Gewinn pro Shirt 10 €. 50 x 10 € = 500 €.

Gesamteinnahmen

1.250 € + 300 € + 600 € + 500 € + 500 € = 3.150 € im Monat.

Das ist realistisch für ein mittelgroßen Streamer. Es gibt aber auch die ganz großen Stars, die sehr viel Geld verdienen. Dazu gehören Trymacs, MontanaBlack oder auch Papaplatte. Hier ein Überblick (Schätzungen):

1. MontanaBlack: Schätzungen gehen von 80.000 € und mehr pro Monat aus. Er hat oft über 10.000 Abos und viele Sponsoren. Laut eigener Aussage verdiente er 2023 eine Million ohne Donations allein auf Twitch.
2. Trymacs: Verdient ebenfalls über 70.000 bis 100.000 € monatlich durch Abos, Sponsoren und Werbung.
3. Papaplatte: Verdient Zehntausende Euro durch seine Streams und Merchandise.

10.1.3 Auf Insta Geld verdienen

Instagram bietet seinen Creators ebenfalls mehrere Verdienstmöglichkeiten. Aber wie kommst du überhaupt an die Geldscheine? Dafür musst du erst das Monetarisierungsprogramm aktivieren. Die Voraussetzungen dafür sind:

- Dein Instagram-Konto muss ein Business- oder Creator-Konto sein.
- Du musst mindestens 18 Jahre alt sein.
- Du musst in einem qualifizierten Land wohnen (Deutschland gehört dazu).
- Du brauchst 10.000 Follower.
- Du musst die Monetarisierungsrichtlinien für Partner und die Richtlinien für Content-Monetarisierung einhalten.

Wenn du diese Voraussetzungen erfüllst, musst du das Programm noch aktivieren (Abbildung 10.12). Klicke dafür oben rechts auf das Menü (≡) und wähle EINSTEL-

LUNGEN UND PRIVATSPHÄRE. Gehe zu PROFESSIONAL DASHBOARD oder direkt zu MONETARISIERUNG. Dann kannst du deine Monetarisierungsoptionen auswählen.

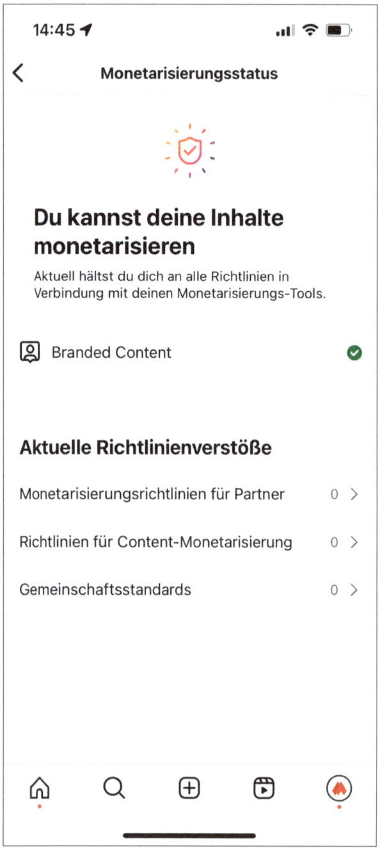

Abbildung 10.12 »Monetarisierungsstatus« prüfen bei Instagram

Ist das Programm aktiviert, gibt es mehrere Möglichkeiten, Geld zu verdienen. Jedoch gehört die direkte Beteiligung an Werbeeinnahmen – wie sie z. B. bei YouTube üblich ist – nicht zu den Haupteinnahmequellen. Bei Insta ist das etwas anders geregelt. Deine Einnahmen hängen außerdem stark von deiner Follower-Zahl ab. Eine Studie von Statista zeigt: »Die Nano-Influencer, die zwischen 1.000 und 10.000 Follower auf Instagram haben, verdienen im Durchschnitt 10 bis 100 US-Dollar pro Post. Das Pricing für einen Beitrag von Macro-Influencern liegt im Durchschnitt zwischen 5.000 und 10.000 US-Dollar. Das Honorar von Influencern für einen Beitrag oder eine Story hängt von vielen Faktoren ab, wie z. B. von der Nische, der Engagement Rate, den Produktionskosten für Inhalte usw.«

Kategorie	Verdienst in $ pro Post von:	Verdienst in $ pro Post bis:
Nano-Influencer (1K–10K Follower)	10	100
Micro-Influencer (10K–50K Follower)	100	500
Mid-tier Influencer (50K–500K Follower)	500	5.000
Macro-Influencer (500K–1M Follower)	5.000	10.000
Mega-Influencer & Celebrities (> 1M Follower)	10.000	1.000.000

Tabelle 10.1 Influencer-Einkommen pro Post (*https://de.statista.com/statistik/daten/studie/1119636/umfrage/influencer-einkommen-pro-post*)

Nano-Influencer

Auf Instagram gibt es viele Influencer, die sich auf ein bestimmtes Thema oder eine Nische spezialisiert haben. Diese sogenannten Nano-Influencer haben oft »nur« zwischen 1.000 und 10.000 Follower, dafür aber eine sehr engagierte und loyale Community. Marken arbeiten gerne mit solchen Influencern zusammen, weil sie authentisch wirken und ihre Beiträge oft viele Likes und Kommentare bekommen. Das bedeutet, dass du auch mit weniger als 10.000 Followern auf Instagram Geld verdienen kannst.

Der Klassiker unter den Einnahmequellen: Markenkooperationen. Viele Influencer verdienen ihr Geld, indem sie Produkte oder Dienstleistungen in ihren Posts und Stories bewerben. Hier läuft es so: Eine Marke bezahlt dich dafür, dass du ihre Produkte in deinem Content zeigst – und zwar auf eine authentische Art, die zu deinem Stil passt. Ob ein schicker Outfit-Post oder ein Tutorial mit einem Beauty-Produkt – solche Kooperationen bringen nicht nur dir Geld, sondern auch der Marke Aufmerksamkeit. Kleiner Teaser: Mehr über Markenkooperationen findest du später in Abschnitt 10.2, »Wie komme ich an Sponsoren und Kooperationen?«.

Eine andere Möglichkeit: Affiliate-Marketing. Das ist perfekt, wenn du gern Produkte empfiehlst, die du wirklich magst. Hier bekommst du Geld, wenn jemand über deinen speziellen Link oder Code etwas kauft. Stell dir vor, du liebst eine bestimmte Marke, sagen wir Zalando. Du teilst einen Affiliate-Link in deinem Post oder deiner Story. Jedes Mal, wenn jemand durch diesen Link einkauft, bekommst du eine kleine Provision. Die Vorteile: Du verdienst basierend auf den Verkäufen – ganz unabhängig davon, wie viele Follower du hast. Und du kannst die Affiliate-Links überall teilen, nicht nur auf Instagram.

Tipp

Wenn du mehr als 10.000 Follower hast oder verifiziert bist, kannst du Swipe-up-Links in deinen Stories nutzen. Das macht es deinen Followern besonders leicht, direkt zu den empfohlenen Produkten zu gelangen – und du steigerst deine Verkaufschancen.

Und noch was: Hast du schon mal von Instagram-Geschenken gehört? Deine Fans können dir kleine virtuelle Geschenke schicken, um dir zu zeigen, wie toll sie deine Reels finden (Abbildung 10.13). Und das Beste daran? Diese Geschenke sind echtes Geld wert! Aktiviere dafür in deinem Professional-Dashboard die Funktion GESCHENKE IN REELS ERLAUBEN. Fans können dir dann Geschenke schicken, während sie deine Reels anschauen. Möchtest du für ein bestimmtes Reel keine Geschenke erhalten? Kein Problem! Schalte die Funktion einfach aus – entweder direkt beim Hochladen oder später über die VERWALTEN-Option. Es ist eine unkomplizierte Möglichkeit, von deinen Fans direkt unterstützt zu werden. Sie können dir ein kleines »Danke« dalassen, und du bekommst dafür bares Geld. Und wenn du mal keine Geschenke möchtest, kannst du die Funktion jederzeit deaktivieren. Das ist aber eine Funktion, die nur für ausgewählte Creators möglich ist, sobald Insta die Einladung rausschickt.

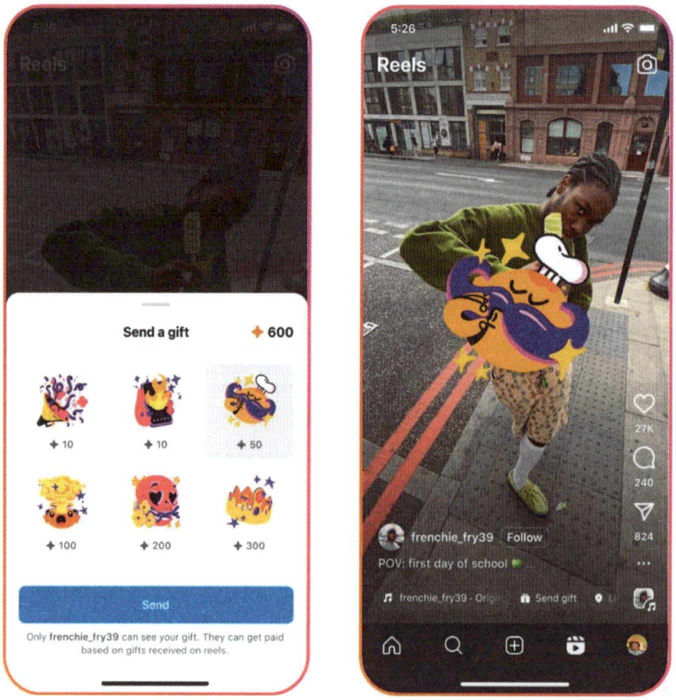

Abbildung 10.13 So sehen die Geschenke aus, schön bunt, oder? Und sie sind auch noch Bares wert!

10.1.4 Auf TikTok Geld verdienen

TikTok ist nicht nur eine Plattform für unterhaltsame Videos – sie bietet auch viele Möglichkeiten, um echtes Geld zu verdienen, egal ob du tanzend deine Follower begeisterst, spannende Tutorials machst oder mit Comedy durchstartest. Bevor das Geld fließt, musst du sicherstellen, dass dein TikTok-Account bereit ist. Gehe dafür ins Creator Monetization Center. Öffne die TikTok-App, klicke oben rechts auf die drei Striche und wähle TikTok Studio. Hier findest du alle Monetarisierungsoptionen übersichtlich dargestellt (Abbildung 10.14).

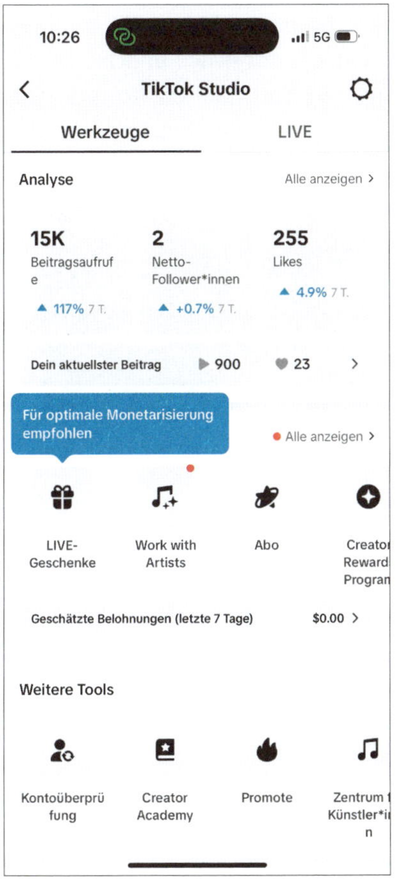

Abbildung 10.14 Alle Monetarisierungsoptionen auf TikTok

Aber wie kommst du an die Scheine? Da gibt es mehrere Möglichkeiten, wie etwa das Creator Rewards Program. TikTok belohnt Creators, die kreative, originelle und hochwertige Inhalte posten. Besonders längere Videos (ab einer Minute) werden gern gesehen, da sie oft für längere Verweildauer sorgen. Zuvor musst du aber die Voraussetzungen checken:

- Mindestens 10.000 Follower.
- 100.000 Videoaufrufe in den letzten 30 Tagen.
- Du bist mindestens 18 Jahre alt.
- Dein Konto verstößt nicht gegen TikToks Richtlinien.

Je besser dein Video performt (Aufrufe, Interaktionen, Verweildauer), desto mehr wirst du belohnt. Zwischen 10 und 50 € pro eine Million Videoaufrufe kannst du bekommen. TikTok hat das Programm ins Leben gerufen, um die Kreativität zu fördern, aber auch damit die User länger auf der Plattform unterwegs sind. Außerdem bekommst du durch das Programm ein optimiertes Dashboard. Das heißt, du siehst detaillierte Statistiken über deine Einnahmen, Videoperformance und Interaktionen (Abbildung 10.15). Und obendrein bekommst du durch die Creator Academy eine Lernplattform mit Ressourcen, Kursen und maßgeschneiderten Tipps dazu!

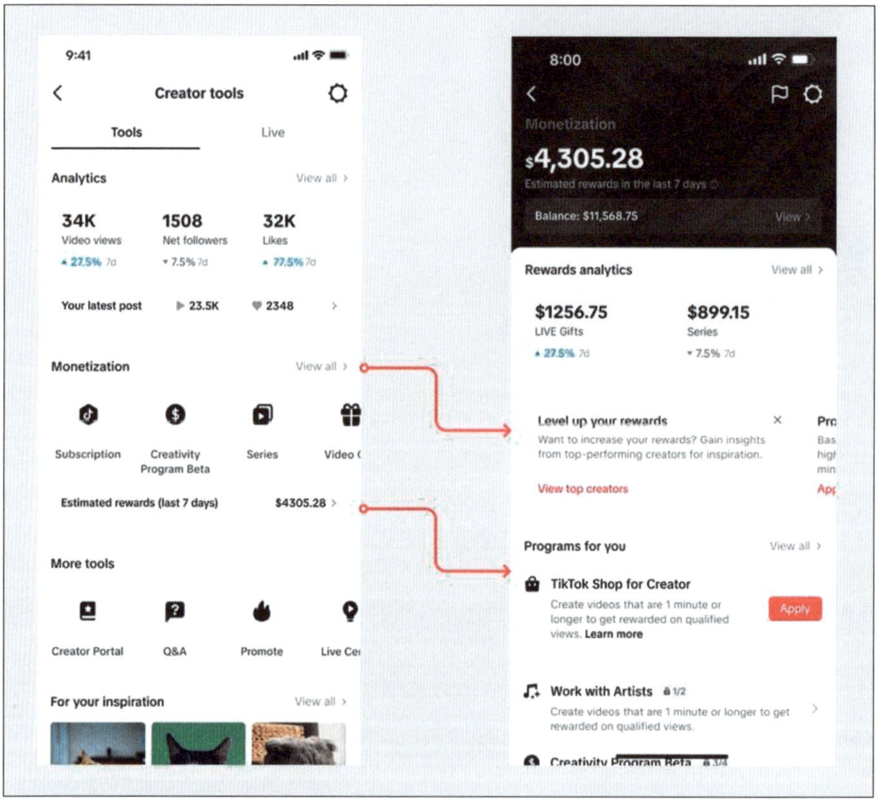

Abbildung 10.15 Einnahmen bei TikTok verwalten

TikTok LIVE hält potenziell ebenfalls Geld bereit: LIVE-Geschenke sind eine tolle Möglichkeit, um direkt von deiner Community unterstützt zu werden. Deine

Zuschauenden können dir während eines Livestreams virtuelle Geschenke wie Rosen und Herzen senden – diese werden in Diamanten umgerechnet, die du dir später auszahlen lassen kannst. 100 Diamanten entsprechen ca. 1 €. Beliebte Creators verdienen oft zwischen 100 und 1.000 € pro Stream – bei sehr erfolgreichen Streams sogar mehr (Abbildung 10.16)! Auch hierfür gibt es Voraussetzungen, wie zum Beispiel:

- Du musst in einem Land leben, in dem LIVE-Geschenke erlaubt sind.
- Du musst mindestens 18 Jahre alt sein.
- Dein Konto muss sich an TikToks Regeln halten und ein gutes Ansehen haben.
- Du musst die Funktion für Livestreams auf deinem Konto aktiviert haben.

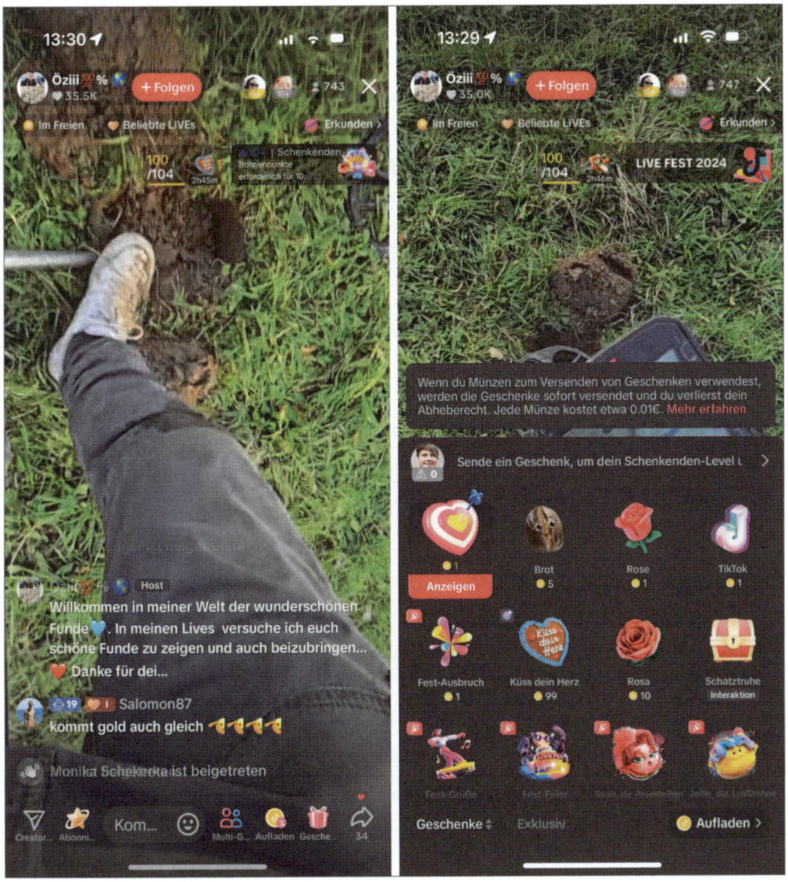

Abbildung 10.16 Geschenke bei TikTok LIVE

Viele Creators verdienen ihr Geld über Sponsoring, darauf gehen wir im nachfolgenden Abschnitt näher ein. Viele Unternehmen suchen nämlich Creators, um ihre

Produkte zu bewerben. Hier kommst du ins Spiel! Wenn du eine starke Community hast, kannst du mit gesponserten Videos gutes Geld verdienen. Damit verdienst du zwischen 500 und 20.000 € pro Kooperation, je nach Followerzahl und Markenreputation. Als Beispiel: Du bewirbst in einem Video deine neuen Kopfhörer und bekommst dafür 2.000 € – und das für ein kurzes, kreatives Video!

Und auch bei TikTok kannst du das Affiliate-Marketing für dich nutzen. Dabei wirbst du für ein Produkt und verlinkst es für deine Zuschauer. Jedes Mal, wenn jemand darüber kauft, bekommst du eine Provision. Die Links kannst du in deinen TikToks oder deiner Bio teilen. Deine Einnahmen hängen von den Verkäufen ab – je mehr, desto besser.

Monatliche Unterstützung deiner Fans ist ebenfalls möglich! Mit der Abo-Funktion bei TikTok können deine Fans dich regelmäßig unterstützen. Sie zahlen monatlich, um exklusive Inhalte, Badges oder Interaktionen von dir zu bekommen. Abonnenten zahlen z. B. 5 € pro Monat – bei 100 Abonnentinnen sind das schon 500 € monatlich! Dafür solltest du natürlich auch exklusiven Zugang zu beispielsweise Backstage-Videos oder Tutorials anbieten. Fans zahlen gern, um dich näher kennenzulernen (Abbildung 10.17).

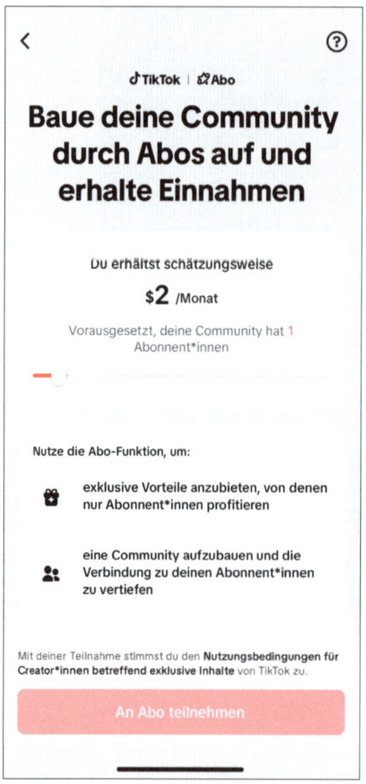

Abbildung 10.17 Mit TikTok-Abos Geld verdienen

Auf dem *TikTok Creator Marketplace* (TTCM) kannst du Marken für Kooperationen finden. Das gleicht einer Dating-Plattform, die Creators und Marken zusammenbringt. Hier kannst du dich mit Unternehmen verbinden, die deine Inhalte spannend finden, und Werbedeals abschließen. Marken finden dich über deine Zielgruppe, deine Themen und Engagementraten. Du kannst dann direkt über die Plattform Kampagnen planen und umsetzen. Solche Kooperationen gibt es auch für kreative Zusammenarbeit, »Work with Artists« genannt. Du kannst durch die Zusammenarbeit mit Musiklabels oder Künstlerinnen und Künstlern Geld verdienen, indem du deren Songs in deinen Videos nutzt und sie promotest. Oft zahlen Labels oder TikTok selbst für solche Kooperationen.

TikTok experimentiert außerdem regelmäßig mit neuen Features, z. B. der PUBGM-Aktion. Hierfür hat TikTok insgesamt 4.000 € als eine Art Fonds zur Verfügung gestellt, und jeder Creator, der ein Video dazu gepostet hat, wurde durch Werbeeinnahmen belohnt. Hierbei hat TikTok entschieden, wie sehr du vergütet wurdest. Es hing von der Anzahl deiner Follower und den Leistungsstatistiken deiner vorherigen Videos ab. Mit 15.000 Views für dein TikTok hast du so z. B. rund 15 € erhalten. Nicht die Welt, aber alles hilft und macht ja nicht viel Mühe, dafür aber viel Spaß. Für eine Runde PUBGM zocken 15 € zu bekommen, ist doch mega (Abbildung 10.18).

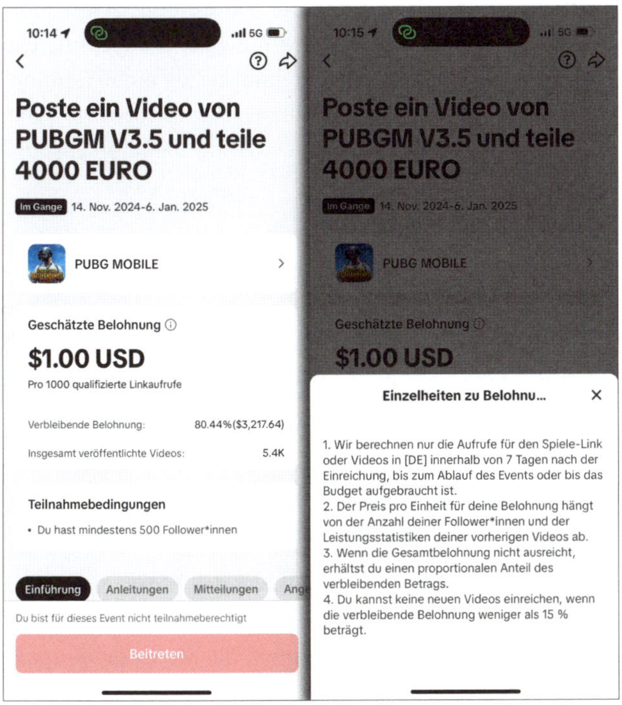

Abbildung 10.18 PUBG-Mobile-Aktion für zusätzliche Belohnungen

So, jetzt kennst du die vielen Wege nach Rom – oder zum Geldautomaten. Ein deutscher TikToker mit mehreren Millionen Followern kann einen fünf- bis sechsstelligen Jahresverdienst erzielen, je nachdem, wie stark er die Monetarisierungsmöglichkeiten nutzt. Auch kleinere Creators mit 100.000 bis 500.000 Followern verdienen durch Kooperationen und LIVE-Geschenke oft mehrere Hundert bis Tausend Euro monatlich. Es gibt aber natürlich auch die ganz großen Stars, die etwas mehr verdienen:

- Younes Zarou (@youneszarou): Mit 50+ Millionen Followern verdient er geschätzt 500.000 € jährlich durch TikTok-Monetarisierung und Kooperationen.
- Nic Kaufmann (@nickaufmann): 20+ Millionen Follower und bis zu 20.000 € pro Markenkooperation und Merch.
- Herr Anwalt (@herranwalt): 6+ Millionen Follower und kombinierte Einnahmen aus TikTok, Buchverkäufen und Auftritten – 200.000 bis 300.000 € jährlich.

10.2 Wie komme ich an Sponsoren und Kooperationen?

Ein sehr lukratives Geschäftsmodell ergibt sich für dich als Content-Creator zusätzlich über sogenannte Sponsorings. Das bedeutet, dass du Geld von einem Unternehmen erhältst, weil du ein bestimmtes Produkt in deinem Content zeigst (Product-Placement) oder ein extra Werbevideo bzw. Stream eigens produzierst. Die Reichweite und die Zielgruppe sind auch hier entscheidend. Hast du einen Gaming-Account und mehrere Tausend Technik-Nerds als Follower, ist es nicht unwahrscheinlich, dass du von einem Spielehersteller oder Technikunternehmen gesponsert wirst.

Wie funktioniert ein Sponsoring? Du erhältst einen Geldbetrag oder ein Gratisprodukt, damit du ein bestimmtes Produkt in deinem reichweitenstarken Profil vorstellst, wie beispielsweise in diesem Video die Lifestyle-Creatorin Jessica Vanderlem auf TikTok. Dort zeigt und testet sie verschiedene Produkte aus dem Modebereich in einem Werbevideo – gekennzeichnet mit dem Hinweis »*ad« (Abbildung 10.19).

Die Produktion von guten Videos für dein eigenes Profil ist nicht nur zeitintensiv, sondern kostet auch Geld. Durch die Zusammenarbeit mit eben solchen Unternehmen und Marken kannst du dir Kamera und Equipment leichter finanzieren. Aus deiner Sicht ergibt eine solche Kooperation somit sicherlich Sinn.

Jeder Content-Creator hat einmal klein angefangen, und von den Beträgen, die die Plattformen ab einer gewissen Klickzahl bezahlt, lassen sich die Kosten gerade am Anfang nicht ansatzweise decken. Die Liste an Materialien, die du für die Produktion brauchst, ist lang: Für das Geld, das du für technische Geräte wie Kamera, Mikrofon und Beleuchtung sowie Computersoftware zum Schneiden ausgibst, würdest du auch ein Auto bekommen. Du willst aber natürlich lieber deine Fans mit deinem Content begeistern und darin deine Zeit investieren, anstatt nebenher noch zu jobben. Eine Möglichkeit, diesen Wunsch umzusetzen, bieten genau diese Kooperationen mit Unternehmen. Du kannst deinen Fans spannende Produkte vorstellen, dich sponsern lassen oder zu einem Markenbotschafter werden.

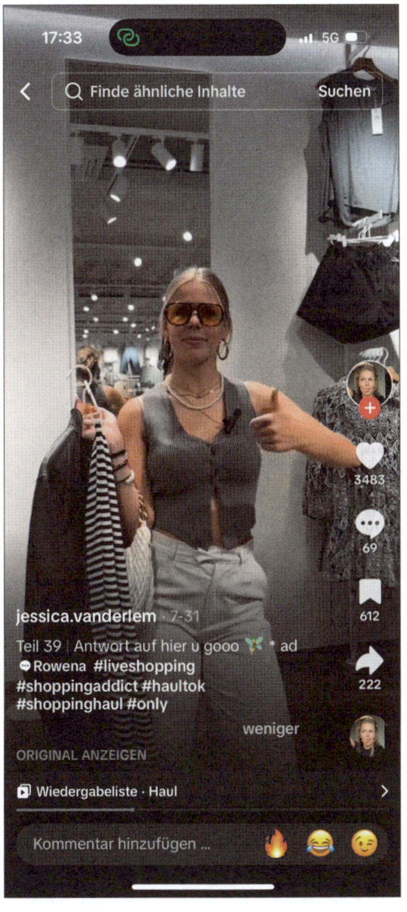

Abbildung 10.19 Fashion Haul von Jessica Vanderlem (*https://www.tiktok.com/@jessica.vanderlem*)

Doch wie genau kommst du an ebendiese Sponsorings? Vor allem am Anfang, wenn dein Profil noch nicht sehr reichweitenstark ist, solltest du Eigeninitiative an den Tag legen. Du kannst beispielsweise selbst damit beginnen, Produkte in deinen Videos vorzustellen und Testimonial für deine Lieblingsprodukte zu werden, und damit die Unternehmen auf dich aufmerksam machen. Oder du setzt dich darüber hinaus mit einem Influencer-Management in Verbindung, lässt dich als Talent aufnehmen und erhältst durch sie Angebote.

Eine weitere Möglichkeit bieten dir Onlineplattformen und Influencer-Netzwerke, bei denen du dich anmelden und dich auf Ausschreibungen für Kampagnen bewerben kannst. So bringt dich eine Agentur im Idealfall direkt mit Unternehmen zusammen, die zu dir und deinen Inhalten passen und Lust haben, mit dir zu kooperieren (Abbildung 10.20). Bereits ab 1.000 Followern kannst du Unterstützung von Influencer-Agenturen erhalten.

Abbildung 10.20 Reichweitenstarke Influencer sind bei Unternehmen beliebt.

Dort hast du die Chance, dich als Content-Creator zu registrieren und Kampagnen einzusehen, die hier in Kooperation mit Unternehmen und Agenturen ausgeschrieben werden. Einmal auf solch einer Plattform oder bei einem Netzwerk registriert, kommst du als Influencer natürlich auch für kommende Sponsorings infrage und wirst bevorzugt für Kooperationen angefragt. TikTok bietet dir beispielsweise eine Plattform (TikTok Creator Marketplace, TTCM) für Brand Partnerships, in denen Creators durch direkte Markenkooperationen Geld verdienen. Das ist eine Plattform innerhalb TikToks, die Marken und Influencer zusammenbringt. Creators können sich für Kooperationen mit Unternehmen bewerben, die zu ihrem Content passen, und werden für gesponserte Posts entlohnt.

Inhaltlich suchen die Unternehmen auf diesen Plattformen verschiedene Arten der Influencer-Kooperation. Die einen wollen ihr Produkt bekannt machen, die anderen sind auf der Suche nach Testern für eine neu entwickelte App oder Ähnliches. Wieder andere wünschen sich, dass du als Markenbotschafterin langfristig mit ihnen zusammenarbeitest. Wenn du der Meinung bist, der oder die Richtige für eine solche Kampagne zu sein, kannst du dich ganz einfach bewerben und deine Umsetzungsideen vorstellen.

Dabei ist es wichtig, Kooperationen und Umsetzungsideen deinem Profil entsprechend auszuwählen. Ein Beauty-Profi, der plötzlich das neueste Game vorstellt oder seinen Followern Techniktipps gibt, wirkt sehr unglaubwürdig und wird auch von seiner Community so behandelt. Es gilt, als Expertin oder Experte auf Basis des eigenen Contents glaubwürdig zu sein und somit auch Werbung authentisch und vertrauenerweckend in das eigene Profil einzubinden. Deine Community freut sich über offene Kennzeichnungen, ehrliche Produkturteile und Empfehlungen, die du als Experte abgibst. Dabei ist das Verständnis für offene Werbung in gewissen Abständen und zu gewohntem Content weitaus größer als für heimliche Schleichwerbung. Du solltest auch wissen, dass Schleichwerbung in Deutschland verboten ist und mittlerweile streng verfolgt sowie mit hohen Geldstrafen abgemahnt wird.

Damit dein Publikum also darüber Bescheid weiß, dass dein Video in Zusammenarbeit mit einem Unternehmen entstanden ist, musst du es dementsprechend ganz transparent als Werbung kennzeichnen (Abbildung 10.21).

Abbildung 10.21 SurvivalMattin, der Survival-YouTuber und langfristiger Markenbotschafter im Consumer-Products-Bereich (*https://www.youtube.com/watch?v=jUVKLm5JQLU*)

Wie genau das zu handhaben ist, recherchierst du am besten in Rücksprache mit einem Fachanwalt für Medienrecht. So bist du immer auf der richtigen rechtlichen Seite, auch wenn sich die Gesetzeslage dazu ändern sollte.

Hast du eine Kooperation mit einem Unternehmen gefunden, die zu dir, deinem Profil und deinen Fans passt, gibt es mehrere Möglichkeiten, wie ihr zusammenarbeiten könnt. Welche für dich am besten geeignet ist, entscheidest du gemeinsam mit dem Unternehmen. Die am häufigsten genutzte Kooperationsform ist das Product-Placement. Dabei stellst du deinen Zuschauenden ein Produkt deines Partners vor. Deiner Kreativität sind dabei keine Grenzen gesetzt, du kannst das Produkt in deine Morgenroutine einbinden, eine Review machen oder es in einem Make-up-Tutorial verwenden. In anderen Fällen weiß dein Kooperationspartner schon, wie die Kampagne aussehen soll, und möchte dich als Testimonial oder für ein Werbevideo bzw. Stream buchen – das heißt, du bist in diesem Fall die berühmte Persönlichkeit, die genau für diese Marke öffentlich spricht. Das bedeutet, dass du in Videos, auf Fotos oder in Social-Media-Beiträgen des Unternehmens ebenfalls auftrittst und so zum Star der Unternehmenskampagne wirst. Auch gemeinsame Events sind eine tolle Option, um deinen Fans und dem kooperierenden Unternehmen gleichermaßen einen Mehrwert zu bieten. Wenn dein Profil und ein Unternehmen besonders gut zusammenpassen, stehen die Chancen sogar ganz gut, dass es dich langfristig sponsert. Du wirst so zum Markenbotschafter und erhältst die Unterstützung, auf die ihr euch geeinigt habt.

Tipp

Oft funktioniert Sponsoring auch über Links: Du platzierst einen Link in deine Beschreibung und verweist so auf das Produkt. Das habe ich dir als Affiliate-Marketing schon vorgestellt. Wichtig für dich: Du musst einen vorhandenen Link zum Produkt oder zum Unternehmen eindeutig nachverfolgbar machen und sicherstellen, dass er dir und deinem Video eindeutig zuzuordnen ist. Das machst du beispielsweise durch UTM-Parameter und auch durch Link-Shortener wie *https://bitly.com*.

Doch wie genau einigt man sich mit einem Unternehmen über die Höhe der Unterstützung? Es gibt verschiedene Ansätze dazu, wie du deinen Marktwert berechnen kannst. Allgemein ist es in der Branche üblich, den Preis pro Video oder Stream an den durchschnittlichen Views zu bemessen. Dabei kommt eine Preisspanne zwischen 5 und 100 € pro durchschnittliche 1.000 Views auf deine Videos infrage. Bei einem Kanal mit 50.000 durchschnittlichen Views der letzten Videos würde sich somit beispielsweise ein Preis in Höhe von 2.500 bis 5.000 € ergeben.

Darin sind dann nicht nur dein Aufwand, sondern auch allgemeine Produktionskosten enthalten. Da dies aber nur ein allgemeiner Richtwert ist, der eine ziemlich große Spannweite mit sich bringt und nicht auf unterschiedliche Arten der Kooperation und unterschiedliche Genres eingeht, muss er individuell immer neu angepasst werden.

Netzwerke vermitteln nicht nur zwischen Unternehmen und Content-Creators, sondern ermöglichen dir auch die Zusammenarbeit mit TV-Sendern. Große Sender wie ARD oder ZDF sind auf der Suche nach Kooperationspartnern. Außerdem wollen einige Sender ihren eigenen Social-Media-Kanal aufbauen oder weiterentwickeln und suchen genau dafür Unterstützung von dir. Du kannst entweder komplette Videos für ihren Kanal produzieren oder in Videos der Sender auftreten und so mit deinem Hobby Geld verdienen – und dabei ganz am Rande an Bekanntheit gewinnen.

Was passiert, wenn ein Unternehmen mit dir arbeiten möchte? Dann heißt es erst mal herzlichen Glückwunsch – du bist einen Schritt weiter auf der Karriereleiter nach oben geklettert!

10.3 Merchandise mit eigenen Fanartikeln

Große Content-Creators machen es bereits vor: Eigene Fanprodukte und Merchandise sind eine zusätzliche lukrative Einnahmequelle. Genau wie Bands, Solokünstler, Sportmannschaften oder Comedians – jeder kann eigenes Merchandise anbieten. Hierzu zählen zum Beispiel T-Shirts, Hoodies, Buttons oder Tassen und vieles mehr. Gib der Community, die dich liebt, auf diese Weise etwas zurück. Lass sie zum Beispiel an deinem Lifestyle in Form deiner eigenen Merchandise-Kollektion teilhaben. In erster Linie eignen sich dafür deine erfolgreichsten Sprüche, Themen oder Inhalte. Gibt es beispielsweise einen ganz bestimmten Claim, der dich ausmacht? Dann nutze ihn!

Gronkh verkauft als erfolgreicher Streamer und Webvideoproduzent zum Beispiel eigene T-Shirts, Hoodies oder Spielfiguren und noch viel mehr in seinem eigenen Merchandise-Shop unter *https://grnk.shop* (Abbildung 10.22).

Abbildung 10.22 Merchandise-Shop von Livestreamer Gronkh

Ab wann lohnt es sich für dich, Merchandise anzubieten? Sobald du mehr als ein paar Tausend Abonnenten hast, kannst du theoretisch loslegen. Durch die modernen Shopsysteme von Spreadshirt, Shirtinator oder Shirtcity wird es dir super einfach gemacht, eigene T-Shirts anzubieten. Du musst nicht Hunderte Shirts oder Mützen auf Vorrat bestellen, denn es gibt hier keine Mindestbestellmenge. Das System funktioniert so: Bestellt ein Fan einen Artikel von dir, fertigt ihn der On-Demand-Shop an und liefert ihn ein paar Tage später an den Kunden aus. Du musst nichts weiter tun, als deine Motive hochzuladen. Das gesamte Handling sowie die Produktion übernimmt dann der Shop gegen eine geringe Gebühr. So musst du zu Hause kein Warenlager einrichten und auch nicht jeden Tag Pakete zur Post bringen. All das wird dir abgenommen.

Der Anbieter Spreadshirt aus Leipzig gibt dir beispielsweise die Möglichkeit, einen eigenen Shop zu eröffnen. Unter der Webadresse *https://www.spreadshirt.de/gestalten/firmenbekleidung* kannst du dich innerhalb weniger Minuten registrieren (Abbildung 10.23).

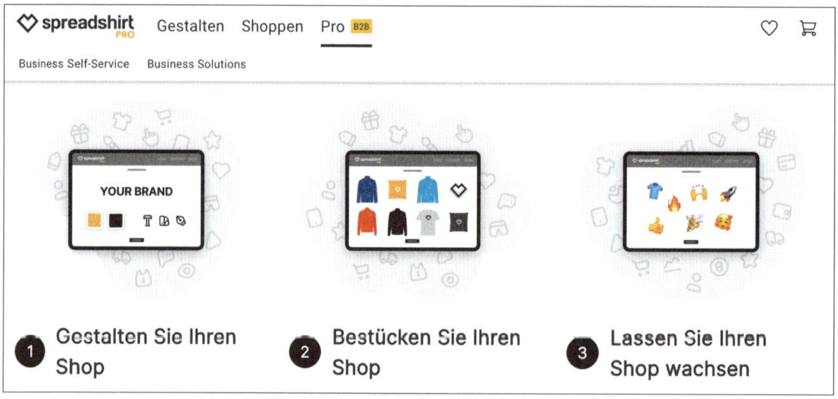

Abbildung 10.23 Mit Spreadshirt zum eigenen YouTube-Merchandise

Das Produktangebot reicht vom Tanktop bis zur Handyhülle. Auf alle Produkte kannst du über ein onlinebasiertes Tool deine Designs übertragen. In wenigen Schritten kannst du so ohne großen Aufwand deine eigene Merch-Kollektion erstellen (Abbildung 10.24). Einfache T-Shirts mit Aufdruck kosten dich in der Produktion rund 12 €. Verkaufst du die Shirts für 20 € pro Stück, hast du unterm Strich einen Gewinn von 8 €.

Neben der zusätzlichen Einnahmequelle durch Fanartikel entsteht ein weiterer nützlicher Nebeneffekt. Deine Fans tragen deine Bekanntheit in die Offlinewelt und machen dich noch bekannter. Auf Partys, in der Schule, beim Studium, auf der Arbeit oder in der Freizeit stehen deine Fanartikel dann im Mittelpunkt. Jeder, der ein T-Shirt von dir trägt, fungiert als Werbetafel für deine Show – so wendet sich das Blatt am Ende in deine Richtung.

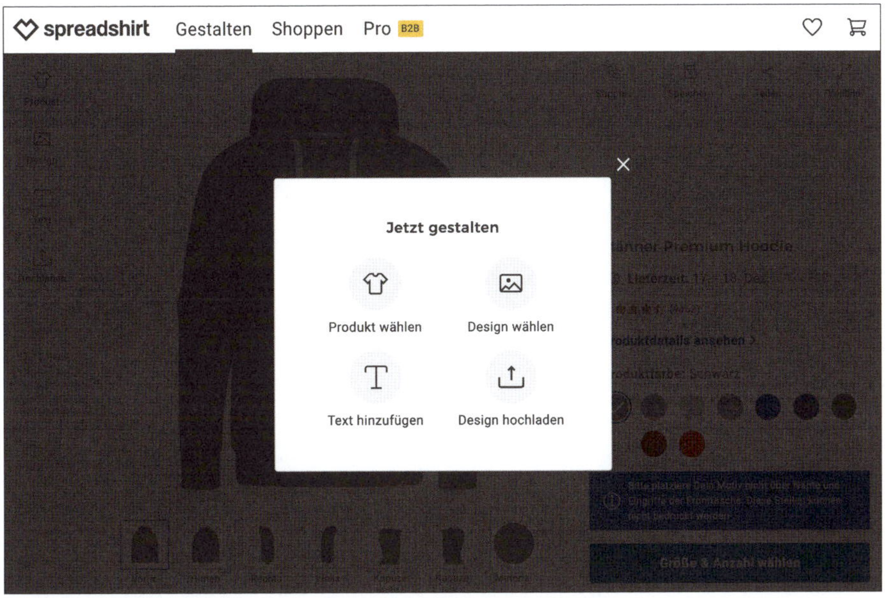

Abbildung 10.24 Produkte mit eigenem Design gestalten

Dazu gibt es auch bei YouTube die Funktion, dass du Artikel direkt über die Plattform selbst einbinden kannst. Damit kannst du deine Produkte direkt unter deinen Videos anbieten. Die Zuschauenden können darauf klicken und werden direkt zum Shop weitergeleitet. Für berechtigte Kanäle gibt es sogar einen eigenen Shopping-Tab, auf dem die Produkte präsentiert werden.

Instagram hat ebenfalls direktes Shopping im Angebot. Das heißt, Unternehmen können ihre Produkte auf der Seite anbieten und sie direkt in Beiträgen und Stories markieren. Die User können dann direkt über die App einkaufen. TikTok bietet einen Shop, in dem Händler, Marken und Creators Produkte direkt in Feed-Videos, Livestreams und auf einer eigenen Shopseite präsentieren und verkaufen können. Auch Twitch hat verschiedene Optionen im Angebot. Streamer können Partnerschaften mit Merchandise-Anbietern eingehen und so einen eigenen Shop einrichten. Sie können einfach Panels unter ihrem Stream oder Chat-Befehle nutzen, um auf ihren Onlineshop oder spezifische Produkte hinzuweisen. So kann man die eigene Community super einfach auf die Merchandise-Artikel aufmerksam machen.

10.4 Einnahmequelle Patreon

Hast du schon mal von Patreon gehört? Das ist eine tolle Möglichkeit, um als Creator finanzielle Unterstützung direkt von den Fans zu erhalten – unabhängig von Algorithmen und Werbeeinnahmen der Plattformen. Auf Patreon können deine treuesten Anhängerinnen und Anhänger, die sogenannten Patrons, regelmäßig Geld zahlen, um dich zu fördern. Im Gegenzug bietest du exklusive Inhalte, besondere Vorteile oder einfach ein herzliches Dankeschön. Das Beste daran? Du musst dich nicht mehr allein auf die unberechenbaren Mechanismen sozialer Medien verlassen und hast eine stabile, planbare Einnahmequelle. Denn YouTube oder TikTok können selbst darüber entscheiden, wie sichtbar dein Content ist oder wie viel du verdienst. Patreon bleibt dagegen konstant: Deine Fans unterstützen dich direkt und bewusst. Das stärkt nicht nur deine finanzielle Lage, sondern auch die Bindung zu deiner Community. YouTuber und Content-Creator Dennis Koenig bietet exklusive Inhalte, unzensierte Videos und YouTube-Videos etwas früher an (Abbildung 10.25). Als Top-Supporter erhältst du hier z. B. Videos ohne Werbung oder exklusive Inhalte, und als VIP-Support verspricht die Mitgliedschaft sogar die Einblendung deines Namens am Ende von Dennis' YouTube-Videos.

Abbildung 10.25 Patreon-Mitgliedschaften von Dennis Koenig

Was du auf Patreon anbieten kannst, ist ganz flexibel und individuell gestaltbar. Viele Creators nutzen die Plattform, um exklusive Inhalte zu teilen – etwa Bonusvideos, Behind-the-Scenes-Einblicke oder Tutorials. Du kannst deinen Fans auch frühzeitigen Zugang zu deinem Content geben oder ihnen Dankesbotschaften senden oder individuelle Wünsche erfüllen. Auch digitale Produkte wie E-Books, Musik oder Kunstwerke sind beliebte Belohnungen. Für eine noch engere Verbindung kannst du Zugang zu privaten Gruppen oder Discord-Servern anbieten, wo deine Patrons Teil einer kleinen, exklusiven Community werden. Selbst Nischeninhalte können hier erfolgreich sein: Schon wenige engagierte Unterstützer genügen, um regelmäßige Einnahmen zu erzielen.

Das Prinzip hinter Patreon ist simpel. Du erstellst eine Seite, auf der du beschreibst, was du machst, warum du Unterstützung suchst, und welche Vorteile deine Patrons bekommen. Dabei kannst du verschiedene Unterstützungsstufen – sogenannte Tiers – festlegen. Zum Beispiel könnten Fans für 5 € im Monat Zugang zu exklusiven Videos bekommen, während sie für 20 € zusätzlich persönliche Nachrichten oder Merchandise erhalten. Anschließend bewirbst du deine Patreon-Seite auf deinen anderen Kanälen, etwa in deinen YouTube-Videos, Instagram Stories oder der TikTok-Bio. Sobald deine Fans dich unterstützen, lieferst du ihnen regelmäßig die versprochenen Inhalte oder Belohnungen, um sie bei Laune zu halten und die Bindung weiter zu stärken. Das Potenzial von Patreon ist enorm. Selbst kleine Creators können hier viel erreichen, wenn ihre Community loyal ist. Stell dir vor, du hast 100 Fans, die dir monatlich 10 € zahlen – das sind 1.000 € im Monat, die stabil und unabhängig von anderen Einnahmequellen fließen. Creators mit einer größeren Reichweite können natürlich noch deutlich mehr verdienen. Es ist also unabhängig von deiner Plattform eine super Möglichkeit für dich, noch etwas mehr Geld zu verdienen.

Kapitel 11

Gewusst wie! – Tricks für mehr Sichtbarkeit

Stell schon vor dem Video-Upload oder Stream alle Ampeln auf Grün! Es gibt einige Tricks, die dir garantiert mehr Fans einbringen werden. Diese solltest du unbedingt anwenden, damit du später leichtes Spiel in der Koordination und reichweitenstarken Verbreitung deines Contents hast.

Erfahrungsgemäß bist du am Anfang einer Content-Produktion immer überfordert, weil alles noch neu ist und so viel beachtet werden muss. Deswegen vernachlässigst du bestimmt schnell die weitere Verbreitung von Content. Aber genau dieser Hebel macht die kleine Portion Extra aus, die deinen Erfolg pusht. Wie geht es nun also weiter? Mehr Reichweite und Sichtbarkeit, bitte! Das nächste Ziel sollte lauten: »Ich möchte möglichst viele Aufrufe generieren. Dann bekomme ich auch viele Abonnenten, die meine Inhalte immer weiter teilen können, und dann kommt auch das Geld.« Die erste Etappe der Lösung lautet: Sei ein Teil der Content-Gemeinschaft! Du musst gutes Community-Management betreiben, deine Fans bei der Stange halten – und das auch auf deinen anderen Social-Media-Kanälen. Die von morefire durchgeführte Studie zur Onlinevideonutzung in Deutschland hat ergeben, dass Plattformen wie Instagram, YouTube und TikTok äußerst gut besucht sind – fast die Hälfte der User sind täglich oder sogar mehrmals täglich dort. Diese hohe Aktivität verdeutlicht das Potenzial einer Präsenz auf mehreren Plattformen. Es geht also nicht um reines »Fanwachstum«, sondern darum, viele Kanäle zu bespielen (Abbildung 11.1).

Ein Positivbeispiel ist der Channel »HamedLoco« auf YouTube, der auf fünf andere Kanäle verweist (Abbildung 11.2)! Dazu gehören Snapchat, Instagram, Twitch, TikTok und X (ehemals Twitter). Das ist natürlich super clever, um das Potenzial der anderen Plattformen zu nutzen. Du brauchst, besonders am Anfang, natürlich nicht fünf andere Plattformen, aber je mehr, desto besser.

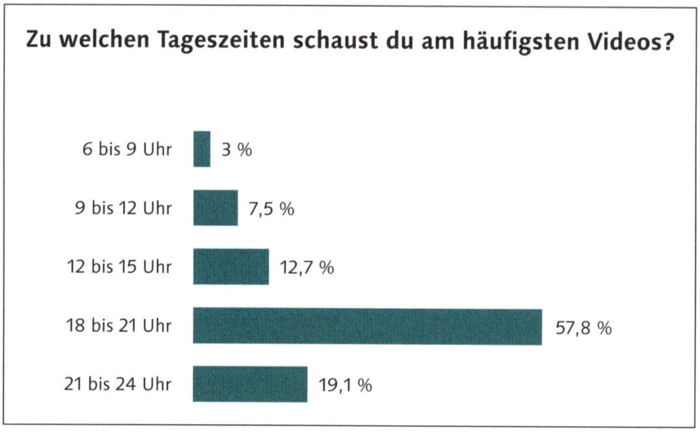

Abbildung 11.1 Diagramm zur Plattformnutzung nach Tageszeit aus unserer Studie

Abbildung 11.2 Creator HamedLoco verwies auf seine weiteren Social-Media-Kanäle (*https://www.youtube.com/watch?v=jMtGwHaO1ls*).

Tipp

Achtung, poste niemals auf jedem Social-Media-Kanal das Gleiche! Die Fans freuen sich, wenn man seine Inhalte variiert, und folgen einem dafür dann auch auf allen Kanälen. Man kann natürlich auf verschiedenen Kanälen unterschiedliche Zielgruppen ansprechen. Aber grundsätzlich gilt: Nur wirklich relevanter Content sollte auf allen Kanälen gleichzeitig gestreut werden.

11.1 Wie hält man die Fans und Follower langfristig auf Trab? – Community-Management für jeden Kanal

Nicht vergessen: Du stehst jetzt in der Öffentlichkeit! Das heißt, du hast sozusagen Promistatus erreicht und musst deine Profile sehr gewissenhaft und täglich pflegen. Warum? Weil genau das Social Media ausmacht: in einen Dialog zu treten mit deinen Fans – man kann dein Leben begleiten und dich so auch direkt ansprechen. Du musst auf Kommentare antworten und vielleicht Anregungen in deine Videos oder Streams mit aufnehmen. Das geht aber nur, wenn du auch Fragen stellst. Das bedeutet, du musst deine Fans und Follower ständig auf Trab halten. Dazu gehört ebenfalls, sich coole Aktionen oder Kampagnen auszudenken, Adventskalender oder Gewinnspiele – quasi alles, was erlaubt ist innerhalb der Richtlinien des jeweiligen Social-Media-Kanals. Also bitte immer schön die Promotion Guidelines lesen – du kannst einfach danach googeln. Du musst eine Verbindung zwischen dem Bedürfnis der Zielgruppe und deinem Videoinhalt schaffen. Wie machen das Content-Creators? Ich gebe dir mal ein paar Beispiele dafür, an denen du dich orientieren kannst.

1. **Carolin Kebekus** (Comedy-Content)

   Carolin Kebekus nutzt Instagram Stories, um ihre Fans aktiv in ihren Content einzubinden. Sie stellt humorvolle Fragen, holt Feedback zu Shows ein und lässt Fans beispielsweise über Themen für ihre nächsten Clips abstimmen.

2. **Karo Kauer** (Lifestyle und Fashion)

   Die Influencerin und Unternehmerin Karo Kauer fragt ihre Follower regelmäßig in Stories bei Insta, welche Produkte sie in ihrer Fashion- oder Home-Kollektion als Nächstes sehen wollen. So bindet sie ihre Community in Entscheidungsprozesse ein.

3. **Julien Bam** (Entertainment und kreative Videos)

   Julien Bam nutzt Plattformen wie Instagram oder YouTube, um Umfragen durchzuführen, z. B. zu möglichen Videoideen, Formaten oder sogar kleinen Details wie Outfits und Story-Elementen. Fans fühlen sich dadurch als Teil seiner kreativen Prozesse.

4. **Rezo** (Meinungs- und Unterhaltungsvideos)

   Rezo lädt seine Follower häufig dazu ein, Themen für seine Videos vorzuschlagen oder Feedback zu geplanten Content-Formaten zu geben. Diese Transparenz und die aktive Interaktion fördern die Identifikation seiner Fans mit seinen Projekten.

5. **Sophia Thiel** (Fitness und Body Positivity)

   Sophia Thiel fragt ihre Community regelmäßig nach ihren Wünschen, etwa für Fitness-Challenges, Rezepte oder bestimmte Themen wie mentale Gesundheit. So baut sie eine enge Verbindung zu ihrer Zielgruppe auf. Zudem führt sie regelmäßig Gewinnspiel für ihre Follower durch. Zum Beispiel kombiniert sie eine Verlosung geschickt mit ihrer Marke »THE SKINIMALIST« und einem emotionalen und interaktiven Ansatz, der ihre Community direkt anspricht. Im Rahmen eines Muttertagsgewinnspiels (Abbildung 11.3) hat sie ein Wellnesspaket angeboten, das aus einem Gutschein für zwei Personen und Produkten ihrer Hautpflegemarke besteht.

Abbildung 11.3 »Sophia Thiel« startet ein MUTTERTAG GEWINNSPIEL auf ihrem Instagram-Channel (*https://www.instagram.com/reel/C6och3xIJ0v/?hl=de*).

Die Teilnahme erfordert, dass man Sophia Thiel und ihrer Marke folgt, den Beitrag likt und kommentiert. Die Aktion schafft nicht nur eine emotionale Verbindung, sondern regt die Community dazu an, aktiv mit ihrem Content zu interagieren, was ihre Likes, Kommentare und Abonnements steigert – ein Beispiel für perfektes Community-Management. Obwohl solche Aktionen keine bahnbrechenden Innovationen sind, kommen sie bei der Community gut an und erhöhen die Sichtbarkeit des Profils spürbar. Das tägliche Pflegen der Kommentare solltest du niemals vernachlässigen, nur so kannst du dir der Treue deiner Fans sicher sein. Von ihren 1,3 Millionen Abonnenten hat Sophia 13.800 Likes und auch 2.963 Kommentare auf den Gewinnspiel-Post bekommen.

Genauso kannst du dein Gewinnspiel parallel auf verschiedenen Plattformen veranstalten. Du kannst beispielsweise auf TikTok um ein Abo bei Instagram bitten, um am Gewinnspiel teilzunehmen. So funktioniert eben die ganzheitliche Vernetzung im Internet! Mit den Fans zu interagieren, macht dich außerdem authentisch und bringt dir eine enorme Vernetzung! Du solltest also lernen, deine Fans nachhaltig zu steuern und mit kleinen Aktionen bei guter Laune zu halten.

11.2 Nutze weitere Social-Media-Kanäle

Du brauchst also verschiedene Social-Media-Kanäle, um Interaktionen zu erreichen, um Fragen einbinden zu können, Diskussionen zu führen und Thesen aufzustellen. Mündlich oder schriftlich – alles ist möglich, und Hashtags pushen zusätzlich! Wenn du bekannte Hashtags verwendest, bist du mit deinem Bild oder Video bei der Hashtag-Suche auf den Kanälen Instagram, X und TikTok auffindbar. Und das bringt dir ständig neue Follower ein, da die Leute nach diesen Hashtags suchen, um neue Inspirationen zu erlangen. Abbildung 11.4 zeigt beispielsweise die Top-Hashtags auf Instagram, es gibt im Netz Top-100-Listen für jede Plattform, die relevant ist.

#	Hashtag	Total
1	#love	2.100B
2	#instagood	1.700B
3	#instagram	1.100B
4	#fashion	1.100B
5	#photooftheday	1.0000B
6	#art	1.0000B
7	#photography	1.0000B
8	#beautiful	829.0M
9	#nature	791.0M
10	#picoftheday	723.0M

Abbildung 11.4 Die Top Ten der meistverwendeten Hashtags auf Instagram (*https://top-hashtags.com/instagram*)

Wie schön, dass #love auf Platz eins steht und schon 2.100 Milliarden Mal verwendet wurde! Wenn man sich die Liste anschaut, scheint die Instagram-Community insgesamt sehr positiv aufgestellt zu sein, denn auch #beautiful, #happy und #cute stehen hoch im Kurs.

Jetzt stellt sich die grundsätzliche Frage, auf welchen Social-Media-Kanälen du bereits einen Account hast und welcher deine virtuelle Homebase für deine Videos ist (Abbildung 11.5). Du solltest es nicht nur bei dieser belassen, sondern expandieren. Wenn du beispielsweise bei YouTube angefangen hast, solltest du auf jeden Fall auch einen Instagram-Account haben und andersrum genauso! Das ist das Mindeste, am besten betreibst du mehrere Accounts. Diese musst du ab jetzt regelmäßig »füttern«, da kennst du dich ja schon aus! Sichere dir unter deinem Namen oder deinem Künstlernamen schon mal in jedem dieser Netzwerke einen Account bzw. ein Profil.

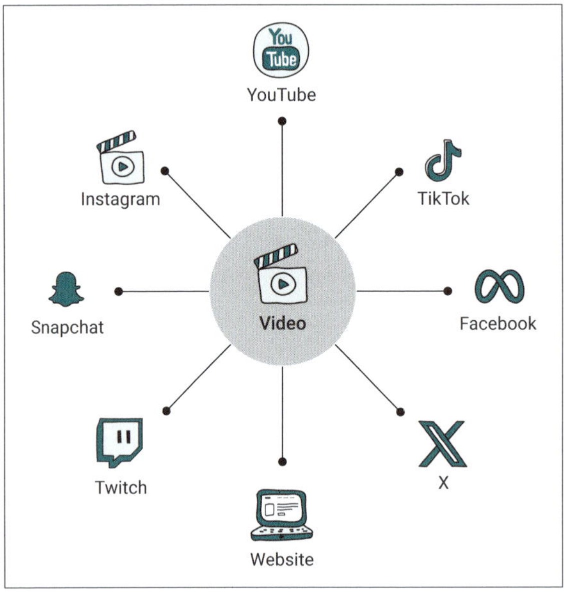

Abbildung 11.5 Verbreitung von Videos im Netz

Die Plattformen YouTube, Twitch, Instagram und TikTok solltest du durch das Buch bereits kennen. Es ist enorm wichtig, alle diese Plattformen zu bespielen. Je mehr, desto besser!

Aber es gibt noch weitere Plattformen, die du für dich nutzen kannst. Wie Facebook – ja, vielleicht ein alter Hut in manchen Augen, aber nicht zu unterschätzen! Auf Facebook findet sich tatsächlich eine breite Zielgruppe, die »always on« ist, also immer am Start. Da sich viele Menschen stetig über den Facebook-Chat unterhalten, sind sie fast immer online auf Facebook. Um ehrlich zu sein, kannst du hier die Zielgruppe ab 35 Jahre am besten erreichen, die jüngeren sind da nicht mehr so aktiv, auch wenn sie dort teilweise noch ein Profil haben. Trotzdem solltest du hier Videos ankündigen oder Videoclips und Stream-Ausschnitte posten!

Snapchat hat mit der Story-Funktion einen großen Hype ausgelöst und ist eine interessante App! Auch wenn Instagram Stories und TikTok inzwischen dominieren, bleibt Snapchat vor allem bei der Zielgruppe zwischen 16 und 24 Jahren beliebt. Die selbstzerstörenden Messages, Fotos und Videos, die nur 24 Stunden sichtbar sind, sind einzigartig. Noch immer begeistern die Masken und Effekte viele User, und Marken wie National Geographic oder Vogue sind ebenfalls aktiv. Snapchat erreicht knapp 432 Millionen User täglich weltweit – ideal, wenn du authentische Inhalte für die junge Generation erstellen möchtest.

X, ehemals Twitter, dient weiterhin der schnellen Kommunikation und ist ein Must-have, wenn du Nachrichten oder aktuelle Themen verbreiten möchtest. Die Plattform wird immer noch von Journalisten, Redakteuren und politikinteressierten Menschen dominiert. Viele Stars und Influencer nutzen X, um ihre Reichweite zu pushen. Durch neue Funktionen wie längere Videos und Monetarisierungsmöglichkeiten kannst du deine Inhalte besser promoten. Wenn du einen professionellen Eindruck hinterlassen oder seriöse Inhalte teilen möchtest, solltest du X unbedingt in Betracht ziehen.

LinkedIn hat sich von einem reinen Karrierenetzwerk zu einer Plattform entwickelt, auf der auch Inhalte geteilt werden, die über das Berufliche hinausgehen. Es ist perfekt, um Fachwissen, News oder persönliche Geschichten in einem professionellen Kontext zu teilen. Hier erreichst du ein Publikum, das Wert auf Businessthemen, Networking und Expertise legt. Vor allem Videos im Story-Format werden hier immer beliebter. Laut unserer Studie geben 43,5 % der User an, bereits ein Video auf LinkedIn veröffentlicht zu haben.

Wenn es dir nicht möglich ist, alles zu bedienen, weil dein Alltag zu viel Raum einnimmt, kommuniziere ruhig weniger, aber stets mit Relevanz und Qualität. Dadurch bleibt deine Marke im Netz präsent, und du gibst deiner Zielgruppe mehr Chancen, deinen Content zu erreichen. Mach dein Video oder deinen Stream zum Gesprächsthema, über das jeder redet! Plane Inhalte, die du über verschiedene Kanäle streuen möchtest, und entscheide, welche Inhalte du nur auf bestimmten Plattformen teilst.

In Tabelle 11.1 findest du dazu ein paar Anregungen, die zu meinem ausgedachten Kochkanal »bellaitaliamama« passen, und meine Auswahl von Social-Media-Kanälen, die ich bedienen möchte. Du baust nun deine eigene Marke auf, also fang an, dich auf diesen unterschiedlichen Plattformen zu definieren.

Content	Persönlicher	Werblicher
YouTube	Rezepte und Bella-Italia-Videos	Produkttestvideos in der Küche (Pfannen, Messer usw.)
Facebook	Lebensmittel-Hacks	Live-Kochkurse anbieten
Instagram	Fotos von den neuen Rezepten auf YouTube, Kurzvideos mit Italien-Atmosphäre Stories: Lebensmittel-Hacks (später in Highlight speichern)	Stories zu Produktvorstellungen (Schürze, Handschuhe zum Schutz der Hände usw.)
TikTok	schnelle, kreative Rezept-Clips	Food-Hacks in italienischer Atmosphäre
X	News aus der Küche oder Behind-the-Scenes-Momente	Live-Produkttests wie neue Küchenutensilien oder Kochgeräte
Twitch	Live-Cooking-Sessions streamen	Produktvorstellungen posten: z. B. wenn du eine neue Pfanne ausprobierst oder das perfekte Messer zeigst, das du in deinen Videos verwendest
Snapchat	kurze Einblicke in die Zubereitung, vielleicht mit lustigen AR-Filtern und Masken	Lebensmittel-Hacks inklusive Produktvorstellungen

Tabelle 11.1 Übersicht der Social-Media-Aktivitäten von bellaitaliamama

Mach dir langsam und stetig einen Namen und liefere immer gute Qualität ab. Wenn du es jetzt schleifen lässt und mal ein halbes Jahr lang gar nichts hochlädst oder nicht streamst, sind deine Fans auch schnell wieder weg. Verbinde deine wöchentlichen Tasks mit deinem Alltag. Du hast ja jetzt gesehen, wie es läuft, und kannst besser planen. Wenn du auch netzwerkübergreifend deine Bekanntheit steigern möchtest, kannst du mit anderen bekannten Netzpromis coole Aktionen veranstalten, zum Beispiel einen Take-over, der theoretisch auf allen Netzwerken möglich ist. Hier wird der Account eines Kumpels oder einer Freundin für einen Tag oder eine Woche, ganz wie du willst, übernommen – ähnlich wie Frauentausch, nur in der Onlinewelt und mit mehr Niveau. Man kann auch eine Woche lang Content für eine bekannte Marke liefern und aus deren Account senden, dafür brauchst du allerdings schon ein paar Fans mehr. Aber es ist ja immer schön, zu wissen, worauf man hinarbeitet.

11.3 Es gibt Preise

Es gibt einen Moment, den fast jeder Creator auf Social Media irgendwann erlebt: Du hast deine ersten Fans gewonnen, Freunde und Bekannte haben längst dein Profil abonniert, aber das Wachstum scheint zu stagnieren. An diesem Punkt muss ein kleiner Ruck durch deinen Kanal gehen, um die nächste Stufe zu erreichen – und genau hier kommen Partnerprogramme ins Spiel. Ob YouTube, Twitch, TikTok oder Instagram, alle diese Plattformen bieten spezielle Programme an, die dich nicht nur dabei unterstützen, deine Reichweite zu vergrößern und Geld zu verdienen, sondern dir auch echte Preise verleihen können. Vorteile haben wir ja bereits in Kapitel 10, »Money! Money! Money! – So verdienst du mit deinem Content Geld«, ausführlich besprochen – hier geht es jetzt um Auszeichnungen, die dir immer wieder Aufmerksamkeit verschaffen. Klingt spannend, oder? Lass uns einen Blick darauf werfen, wie du mit etwas Fleiß und Kreativität echte Awards gewinnen kannst.

YouTube belohnt seine Creators für ihre harte Arbeit mit den berühmten Creator Awards – den *Play Buttons*. Sobald du 100.000 Abonnentinnen und Abonnenten erreichst, gibt es den silbernen Play Button. Für eine Million Follower gibt's die goldene Version, und wenn du stolze zehn Millionen Abonnenten aufweist, erwartet dich der Diamant-Play-Button – ein echtes Highlight für jede Sammlung (Abbildung 11.6)! Aber warte, es wird noch exklusiver: Der Red Diamond Play Button, inspiriert von einem seltenen roten Diamanten, wird nur an Kanäle mit 100 Millionen Abonnenten vergeben. Bisher haben lediglich T-Series, PewDiePie und MrBeast diese Auszeichnung erhalten.

Abbildung 11.6 YouTube Creator Awards sind abhängig von deiner Abonnentenzahl (*www.youtube.com/intl/de/creators/awards*).

Aber es ist gar nicht so einfach, diese Auszeichnungen zu erhalten. Bevor du einen Award bekommst, stellt YouTube sicher, dass dein Kanal keine Probleme hat, etwa

Verstöße gegen die Regeln oder manipulierte Abonnentenzahlen. Ist alles in Ordnung, bekommst du eine Nachricht in dein YouTube-Konto, sobald du einen Meilenstein erreicht hast. Diese Nachricht enthält einen Gutscheincode, den du auf einer bestimmten Website eingeben musst, um deinen Award zu bekommen (Abbildung 11.7). Wenn du alle Infos eingetragen hast, wird dein Award hergestellt und in zwei bis vier Wochen zu dir nach Hause geschickt. Während du darauf wartest, kannst du dir schon überlegen, wo du ihn hinstellen möchtest!

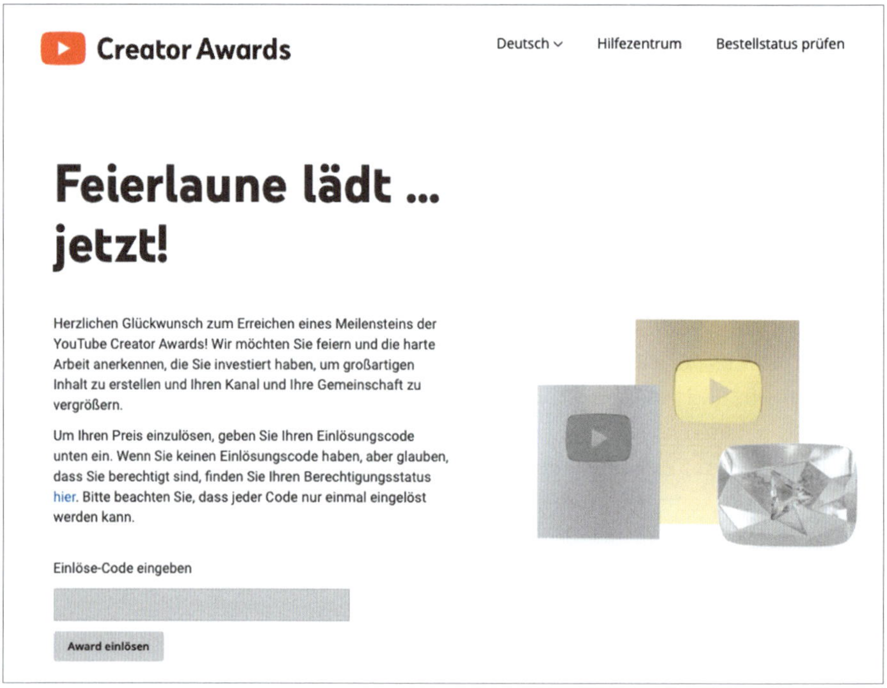

Abbildung 11.7 Einlösen deines Gutscheincodes für einen YouTube-Play-Button auf der Website *https://societyawards.com/youtubeawards*

Und das ist nicht alles: Manche Creators, wie PewDiePie, erhalten sogar individuell gestaltete Preise, wie den sogenannten Ruby Play Button. MrBeast wurde für seine unglaublichen 200 Millionen Abonnenten mit einer gigantischen Trophäe in Form seines Logos belohnt – ein echter Hingucker (Abbildung 11.8)! Mittlerweile hat schon über 300 Millionen Abonnentinnen und Abonnenten. Wer weiß, wie lange die nächste Trophäe auf sich warten lässt? Um deinen Preis zu erhalten, überprüft YouTube deinen Kanal gründlich, bevor du einen Gutscheincode bekommst, den du online einlöst. Innerhalb weniger Wochen kannst du dann deinen Play Button in den Händen halten – perfekt, um ihn stolz in deinem Studio zu präsentieren.

Abbildung 11.8 MrBeast wird mit einer Trophäe von YouTube für seine 200 Millionen erreichten Follower geehrt (*https://www.youtube.com/watch?v=sH48lKbayNU*).

Auch Twitch hat ein System, das Creators für ihre Leistung feiert: das *Streamer Achievement Program*. Hier geht es darum, wie viele Stunden deine Community auf deinem Kanal gestreamt hat. Für fünf Millionen Stunden gibt es eine lila Trophäe, bei 50 Millionen Stunden eine Marmorstatue, und wenn du die unglaubliche Marke von 250 Millionen Stunden knackst, wirst du mit einer beeindruckenden Chrome-Statue belohnt (Abbildung 11.9). Der Prozess ist dabei ähnlich wie bei YouTube: Sobald du einen Meilenstein erreichst, prüft Twitch deinen Fortschritt und sendet dir eine Einladung, um deinen Preis zu beantragen. Nach der Anmeldung wird deine Statue hergestellt und direkt zu dir nach Hause geschickt – ein echtes Statement für jede Streamer-Setup-Deko. Nach Eingabe deiner Versand- und Lieferinformationen kannst du damit rechnen, dass deine Sendung innerhalb von zwei bis acht Wochen eintrifft. Wenn du dir unsicher bist, ob du qualifiziert bist, oder weitere Details brauchst, kannst du Twitch direkt über den Support oder ihre Community-Kanäle kontaktieren. Dein Fortschritt hin zu Erfolgen wird alle 24 bis 72 Stunden aktualisiert (Abbildung 11.10).

Abbildung 11.9 Twitch-Awards (*https://help.twitch.tv/s/article/bleed-purple?language=de*)

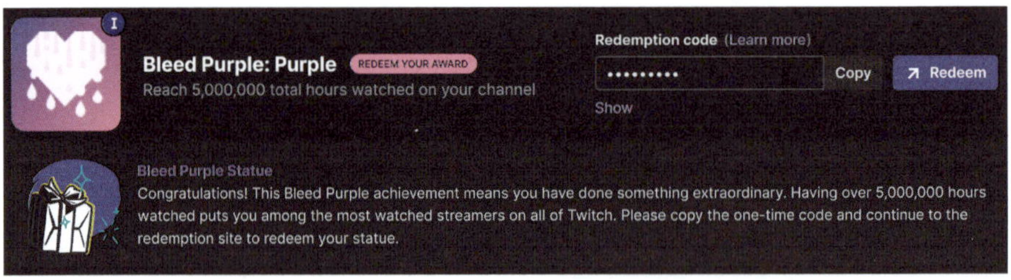

Abbildung 11.10 Statusanzeige in deinem Twitch-Account zu Prämienberechtigungen (*https://help.twitch.tv/s/article/bleed-purple?language=de*)

Stream Awards – die Nacht der Streaming-Stars

Abseits des offiziellen Twitch-Programms gibt es in Deutschland ein jährliches Event, bei dem Streamer gekürt werden. Einmal im Jahr kommen die beliebtesten (Twitch-)Streamer aus Deutschland zusammen, um die besten Momente, Talente und Highlights der Streaming-Welt zu feiern: die *Stream Awards* (Abbildung 11.11)!

In einer glamourösen Gala wird das Beste aus der Welt des Livestreamings und Online-Contents gekürt. Es geht nicht nur um die größten Erfolge und die beeindruckendsten Leistungen, sondern auch um die witzigsten, emotionalsten und verrücktesten Momente, die uns alle zum Lachen, Staunen oder Mitfiebern gebracht haben.

Die Kategorien decken ein breites Spektrum ab und würdigen die Vielfalt der Streaming-Kultur (Auszug):

1. Bester Rage-Moment: Wenn die Emotionen überkochen und der Bildschirm vor Frust fast in Flammen aufgeht.
2. Beste/r Newcomer/in: Die Person, die ihre Reichweite in den letzten zwölf Monaten sehr stark vergrößern konnte, die die Community im Sturm erobert hat.
3. Bester Gaming-Moment: Für die epischen Plays und Skills, die uns sprachlos gemacht haben.
4. Bester Perfect-Timing-Moment: Die Streams, bei denen das Timing nicht besser hätte zusammenspielen können.

Begleitet von einer spektakulären Show, prominenten Gästen und unvergesslichen Auftritten, ist die Nacht der Stream Awards ein Muss für alle, die das Streaming lieben. Es ist ein Abend voller Nostalgie, Humor und einem tiefen Respekt vor der Kreativität, der Leidenschaft und dem Engagement, die diese Branche antreiben.

Abbildung 11.11 Die Stream Awards 2024 Hosted by Rezo & NoWay4u

TikTok geht einen etwas anderen Weg. Hier gibt es keine Trophäen basierend auf Abonnentenzahlen, stattdessen gibt es die *TikTok Awards*, die 2023 erstmals verliehen wurden. Hier werden Creators in verschiedenen Kategorien ausgezeichnet, z. B. Creator of the Year, Video of the Year oder Rising Star of the Year. Die Gewinner gehören zu den kreativsten und einflussreichsten Persönlichkeiten auf der Plattform und erhalten eine formelle Anerkennung ihrer Leistungen. TikTok belohnt nicht nur Reichweite, sondern vor allem Kreativität und Impact – perfekt für Creators, die Trends setzen und Geschichten erzählen, die bewegen (Abbildung 11.12).

Abbildung 11.12 Die TikTok Awards (*https://newsroom.tiktok.com*)

Instagram verzichtet auf physische Preise wie bei den anderen Plattformen, belohnt Creators aber mit dem *Instagram-Partner-Programm*. Hier gibt es finanzielle Unterstützung und exklusive Features wie Monetarisierungsmöglichkeiten, Zugang zu exklusiven Tools und die Chance, von der Plattform direkt gefördert zu werden. Erfolgreiche Creators erhalten außerdem regelmäßige Anerkennung in der App, wie spezielle Badges oder Features, die ihre Reichweite und ihren Einfluss noch weiter steigern. Auch wenn Instagram keine Awards verleiht, spürst du den Support der Plattform bei jedem Schritt auf dem Weg nach oben. Darüber hinaus bietet dir Instagram eine Übersicht zu deinen Erfolgen an.

Die Badges in der App werden als sogenannte Erfolge (*Achievements*), einer spielerischen Funktion, angezeigt, die speziell für Creators entwickelt wurde (Abbildung 11.13). Das Feature belohnt dich als Content-Ersteller oder -Erstellerin mit Auszeichnungen, wenn du bestimmte Meilensteine erreichst oder bestimmte Aktionen durchführst. Diese Erfolge umfassen Auszeichnungen für Interaktionen, wie eine bestimmte Anzahl an Likes oder Videoaufrufen, Reels-Aktivitäten, etwa das Verwenden von interaktiven Stickern oder trendigen Audioclips, sowie für Kollaborationen, bei denen beispielsweise das Remixen von Reels oder die Nutzung der Collabs-Funktion belohnt wird. Zugriff auf diese Auszeichnungen erhältst du über das professionelle Dashboard in deinem Profil. Die Funktion hilft nicht nur dabei, die Motivation hochzuhalten, sondern ermutigt auch zur Umsetzung bewährter Strategien, die das Engagement steigern und die Bindung zur Community stärken. So unterstützen die Erfolge Creators dabei, ihre Präsenz auf Instagram kreativ und nachhaltig auszubauen.

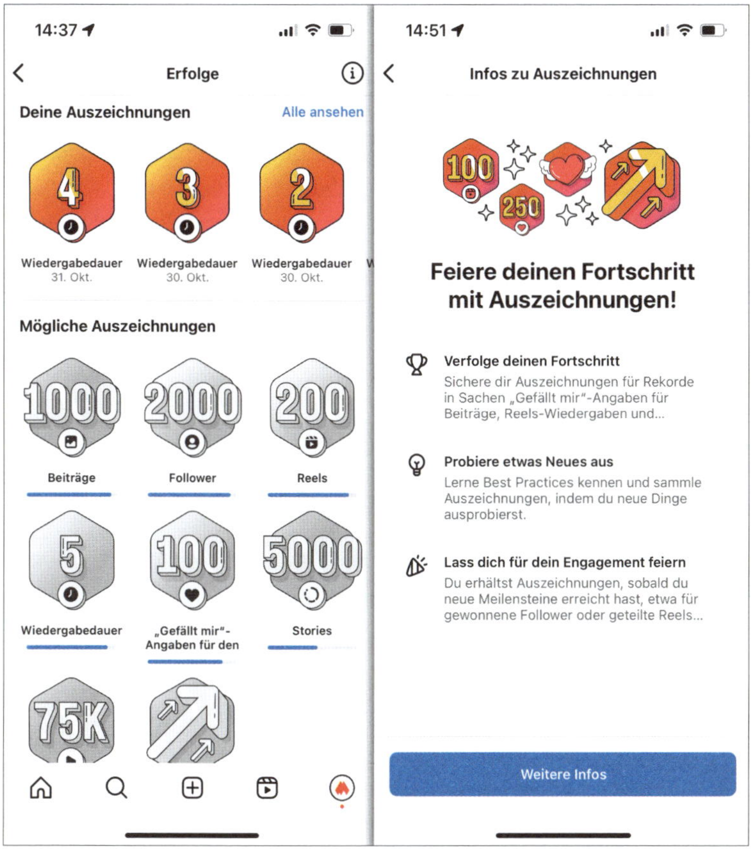

Abbildung 11.13 Auszeichnungen bei Instagram als Ansporn

Ob du eine glänzende Trophäe von YouTube oder Twitch anvisierst, einen der begehrten TikTok Awards abräumen möchtest oder die Unterstützung von Instagram genießt – all diese Plattformen belohnen Creators, die sich engagieren und ihre Community begeistern. Es zeigt sich, dass Ausdauer, Kreativität und eine treue Fanbase sich am Ende auszahlen. Vielleicht bist du ja schon auf dem besten Weg, einer der nächsten ausgezeichneten Creators zu werden!

11.4 Immer up 2 date

Um langfristig Erfolg zu haben, musst du dauerhaft am Ball bleiben. Regelmäßig kündigen deine Plattformen neue Funktionen an, die dir dabei helfen können, dich noch weiter voranzubringen. Weißt du zuerst darüber Bescheid, kannst du dir einen Vorteil verschaffen und womöglich deutlich mehr neues Publikum für dich gewinnen. Damit du stets auf dem aktuellen Stand bleibst, reicht es aus, folgende Quellen im Blick zu behalten.

Die erste Anlaufstelle für YouTube sind natürlich die hauseigenen Blogs – etwa das Creator Blog (Abbildung 11.14) –, auf denen YouTube alle großen Neuerungen mit einem eigenen Artikel ankündigt. Bei diesen Informationen aus erster Hand kannst du dir stets sicher sein, dass sie zu 100 % der Wahrheit entsprechen und alle wichtigen Details enthalten. Rund ein- bis zweimal im Monat erscheinen auf dieser Seite neue Beiträge.

Abbildung 11.14 Alle Neuerungen bei YouTube findest du im offiziellem deutschen Blog (*https://blog.youtube/intl/de-de*).

Instagram hat kein separates offizielles Blog wie YouTube, aber Neuerungen und Updates werden regelmäßig auf der Instagram-Business-Seite und auf @creators auf Instagram geteilt. Du findest auch relevante Informationen über die Instagram-Hilfeseiten: *https://help.instagram.com* (Abbildung 11.15)

TikTok stellt neue Funktionen und Updates in ihrem TikTok Newsroom zur Verfügung: *https://newsroom.tiktok.com* (Abbildung 11.15)

Für Twitch gibt es ebenfalls ein Blog, das Creator-Tools, Events und Programme wie Twitch Rivals und TwitchCon thematisiert. Du kannst alles auf *Twitch Blog* nachlesen. Dort werden neue Funktionen, Änderungen an der Plattform, Events und andere relevante Ankündigungen für Streamer und Zuschauende veröffentlicht. Es ist eine gute Ressource, um über alle Updates auf dem Laufenden zu bleiben: *https://blog.twitch.tv* (Abbildung 11.15)

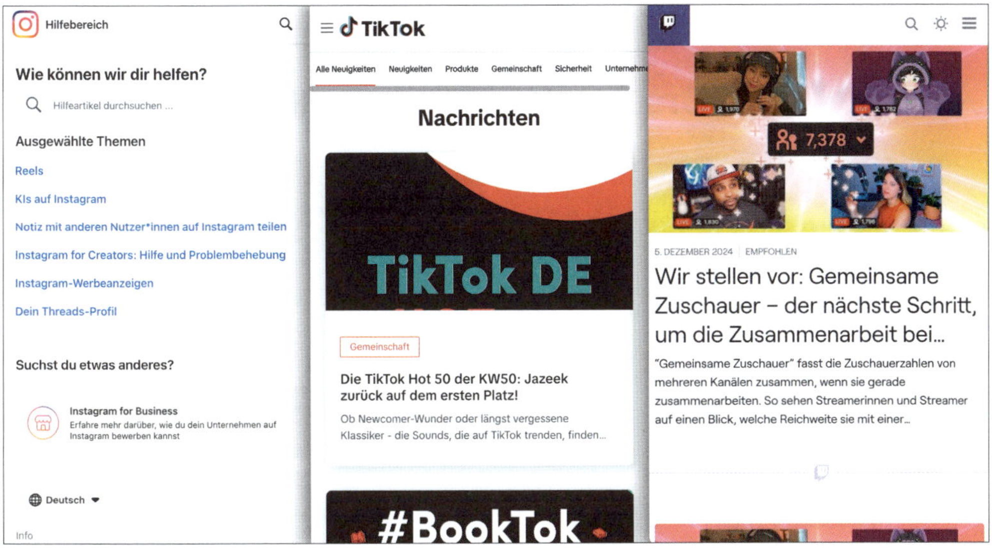

Abbildung 11.15 Instagram-Hilfeseite, Newsroom bei TikTok und das Twitch Blog

Blogs wie Tasty Edits oder Planoly informieren häufig über plattformübergreifende Creator-News, Monetarisierungstrends und Best Practices. Diese Blogs können eine gute Anlaufstelle sein, um über alle Plattformen hinweg informiert zu bleiben

Zu guter Letzt habe ich noch einen Geheimtipp für dich, der dir als aufstrebender Content-Creator Zugang zu zahlreichen Hintergrundinformationen ermöglicht: die beiden Blogs Planoly (Abbildung 11.16) und Tasty Edits (Abbildung 11.17).

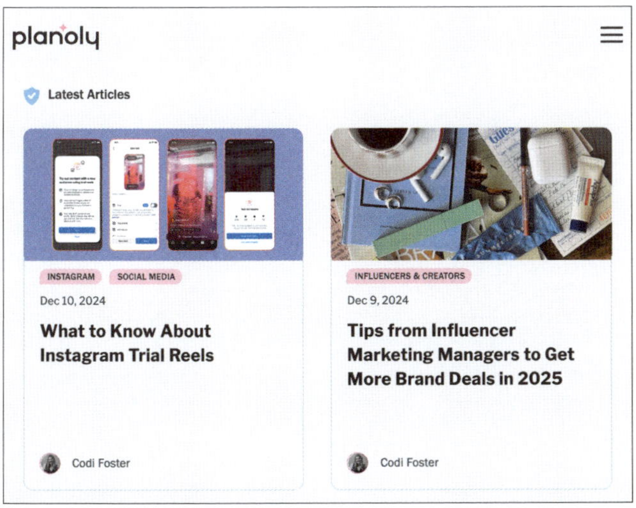

Abbildung 11.16 Das Blog des Social-Media-Toolkit-Anbieters Planoly (*https://www.planoly.com/blog*)

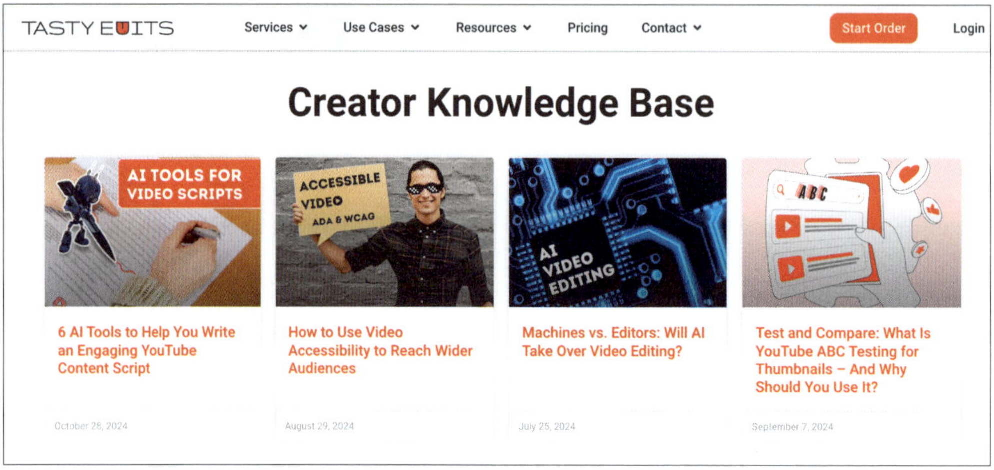

Abbildung 11.17 Die Creator Knowledge Base von Tasty Edits (*https://www.tastyedits.com/blog*)

Dort erfährst du von den kleinsten neuen Funktionen, Tipps, Trends und sogar von Änderungen an den Algorithmen der Plattformen. Dieses neu gewonnene Wissen kannst du dann direkt verwenden, um deinen Content noch weiter zu optimieren und weitere Zuschauer zu gewinnen!

Die Blogs sind jedem Content-Creator zu empfehlen, unabhängig von Größe und Erfahrung. Wirklich jede und jeder kann hier noch etwas lernen!

Kapitel 12

Durch Kontrolle der Zahlen dauerhaft erfolgreich sein

Verbessere dich Stück für Stück, indem du deine Video- und Stream-Statistiken auswertest. Lerne, die wichtigsten Kennzahlen für dich zu erkennen und richtig zu lesen. Finde heraus, womit du die meisten Zuschauer anlockst und in Abonnenten verwandelst.

Prüfe stets deine Performance! Nur wenn du weißt, wo du aktuell stehst, kannst du dich auch verbessern. Statistiken erfassen kann eigentlich jeder. Jedem Profil werden Zahlen und Analysen kostenlos mitgeliefert. Du musst dir lediglich die Mühe machen, deine Ergebnisse auch regelmäßig auszuwerten. Ich zeige dir, wie du das Beste aus deinem Content herausholen kannst. Nach dem Motto »Wer testet, der findet« zeige ich dir, wie du sehr gute Inhalte erkennen und fördern kannst. So wirst du mit deinen Videos und Streams noch bekannter und vor allem erfolgreich. Orientiere dich dabei stets nach oben und greif nach den Sternen. Auf YouTube, Twitch, Instagram und TikTok kannst du immer nachschauen, was gerade angesagt ist. Bei YouTube und TikTok gibt es dafür sogar eine extra Rubrik: Trends (Abbildung 12.1, Abbildung 12.2). Dass du hier eines Tages landest, ist keine Utopie.

Starte direkt von Beginn an mit einem regelmäßigen Monitoring (zu Deutsch »Beobachtung«). Unterschätze diesen Schritt nicht, denn er bringt dich wirklich weiter. Du wirst besser und steigerst dich. Somit kletterst du Schritt für Schritt auf der Erfolgsleiter nach oben. Decke Probleme und Geheimnisse auf, die dir die Zahlen verraten. Verlass dich nicht nur auf dein Bauchgefühl, denn Zahlen lügen nicht. Sind deine Videos oder Streams zum Beispiel zu langatmig oder zu langweilig, siehst du ganz genau, an welcher Stelle das der Fall ist. Viele User schalten dann ab. Das solltest du natürlich verhindern! Wenn du so etwas feststellst, musst du solche inhaltlichen Lücken in deinem nächsten Video oder Stream schließen. Mach am besten keinen Fehler zweimal, sonst verschenkst du dein Potenzial. Wiederhole deine funktionierenden Inhalte und konzentriere dich auf deine Erfolge. Was hast du richtig gemacht? Warum sind bestimmte Inhalte besser angekommen als andere? Nur mit einer ausgereiften Testschleife und mit der regelmäßigen Kontrolle der Zahlen kannst du deine Erfolge in den sozialen Medien langfristig steigern (Abbildung 12.3).

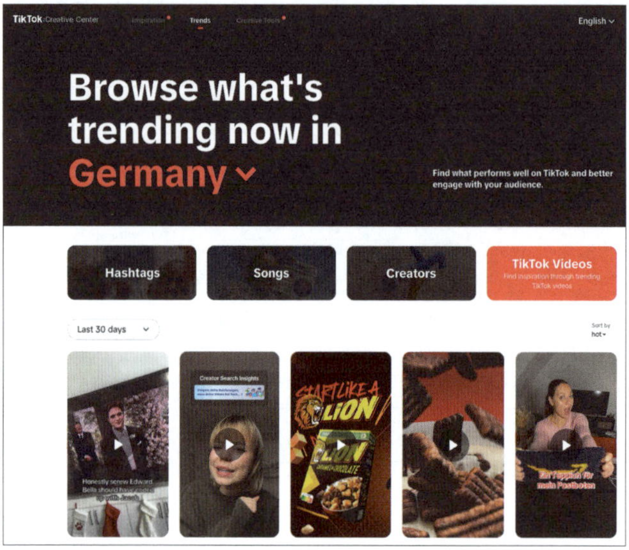

Abbildung 12.1 TikToks Übersicht zu trendigen Hashtags, Songs, Creators und TikTok-Videos (*https://ads.tiktok.com/business/creativecenter/inspiration/popular/pc/en*)

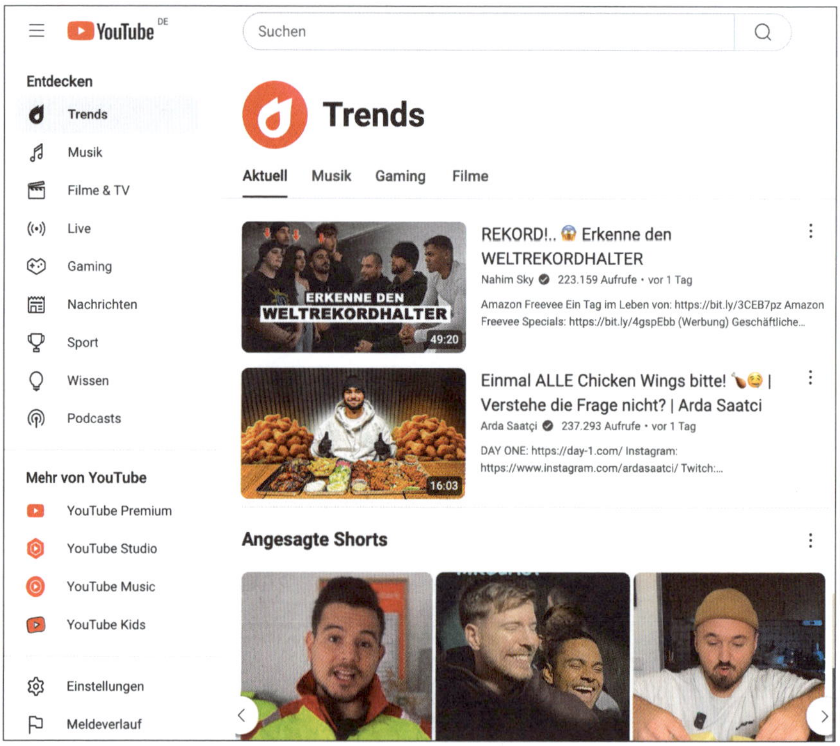

Abbildung 12.2 Trendige Videos bei YouTube (*https://www.youtube.com/feed/trending*)

Allgemeine Tipps für alle Plattformen:

- **Vergleich der Inhalte**

  Erstelle regelmäßig Übersichten darüber, welche Videos am besten performen, und suche nach Gemeinsamkeiten in der Gestaltung, den Themen oder der Publikationszeit.

- **Testen und Optimieren**

  Nutze A/B-Tests, indem du verschiedene Thumbnails, Videolängen oder Call-to-Actions ausprobierst, und vergleiche die Ergebnisse.

- **Langfristige Strategien**

  Analysiere die Entwicklung deiner Zahlen über mehrere Monate, um Muster zu erkennen. Videos, die stetig Publikum oder Interaktionen generieren, weisen auf Themen oder Formate hin, die du weiter ausbauen solltest.

Ein Cockpit für alle Daten, Zahlen und Analysen gibt es jeweils für YouTube, Twitch, Instagram und TikTok. Damit bist du in der Lage, alle relevanten Zahlen rund um deine Videoperformance regelmäßig zu prüfen. Ich kann dir nur raten, auch genau das zu tun! Ich stelle dir gleich die vier verschiedenen Analytics vor. Dazu bekommst du Tipps, auf welche Zahlen du besonders achten solltest.

Es gibt alle möglichen Messwerte für die vier Plattformen. Konzentriere dich dabei aber nur auf die wichtigsten Kennzahlen, die für dich relevant sind. Wie gut kamen deine Videos an? Welche Themen waren die stärksten? Woher kommen deinen Abonnentinnen und Abonnenten? Es spielen einige Faktoren eine sehr wichtige Rolle. Damit du herausbekommst, was du überhaupt alles messen und überwachen kannst, schauen wir uns erst einmal alles zusammen an (Abbildung 12.3).

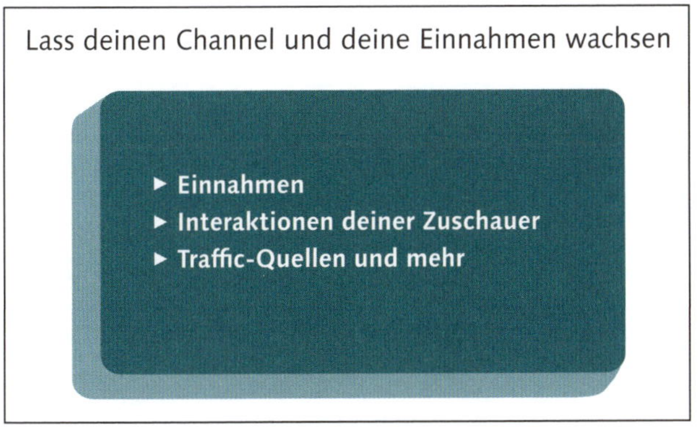

Abbildung 12.3 Maximiere deinen Erfolg durch Analysieren der Zahlen.

Tipp

Es gibt Onlineshops, in denen du Views oder Kommentare kaufen kannst – um deine Zahlen etwas aufzupolieren. Ich rate dir jedoch dringend davon ab! So verlockend es auch sein mag, für 5 US-$ Tausende Views zu kaufen – lass besser die Finger davon! Im schlimmsten Fall kommen die Plattformen dahinter und merken, dass du plötzlich ganz viele Fake-Zuschauer in Indien hast. Aus diesem Land kommen nämlich in den meisten Fällen die »unechten« Videoaufrufe. Wenn dein deutscher Channel plötzlich an einem Tag explosionsartig viele Zugriffe aus anderen Ländern aufweist – und allesamt auf einem fremden Kontinent –, werden die Plattformen stutzig. So kann es im schlimmsten Fall zur Löschung deines Profils kommen!

12.1 YouTube Analytics

Bei YouTube heißt das Ganze YouTube Analytics. Um es aufzurufen, musst du kein besonderes Programm kaufen oder installieren, es steht dir direkt ab Tag eins deiner Kanaleröffnung in deinem Channel zur Verfügung. Jeder Channel-Besitzer kann die eigene Performance hier für alle Clips im eigenen Channel einsehen. Im YouTube Creator Hub wartet ein Einführungsvideo, das dir das komplexe System in ca. zwei Minuten erklärt (Abbildung 12.4).

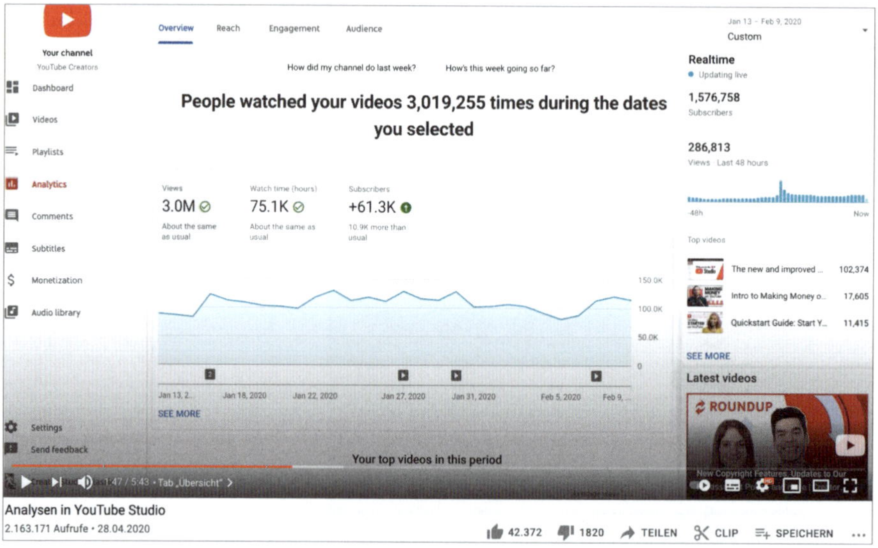

Abbildung 12.4 YouTube Analytics – kurz und knackig auf den Punkt gebracht (*www.youtube.com/watch?v=J1t34uTT0iA*)

Werfen wir dazu mal einen Blick in das Auswertungssystem YouTube Analytics. Klicke dazu in deinem Channel auf YouTube Studio • Analytics. Als Erstes erwartet dich eine allgemeine Übersicht über Zahlendiagramme. So bekommst du schon mal einen Eindruck von deiner Gesamtleistung. Kleine graue Pfeile zeigen dir grob die Entwicklung an. Hat sich zum Beispiel die Wiedergabezeit in deinem Kanal verbessert? Dann siehst du neben der Kennzahl zur Wiedergabezeit einen grauen Pfeil nach oben. Damit hast du bereits einen Anhaltspunkt, dass sich hier etwas verbessert hat. Möchtest du genauer wissen, wie sich die Zahlen zusammensetzen, kannst du einfach auf den Punkt klicken. In der Übersicht siehst du standardmäßig für die letzten 28 Tage die Auswertungen für deinen gesamten Kanal. Hier hast du natürlich auch die Möglichkeit, ein genaues Datum oder einen Zeitraum festzulegen.

Möchtest du einen Schnellzugriff auf die Statistiken eines bestimmten Videos aufrufen? Dann klicke beim Anschauen des Videoclips auf den ANALYSEN-Button (1 in Abbildung 12.5). Schon gelangst du zu deinem Dashboard und siehst die Auswertungen zu dem Video.

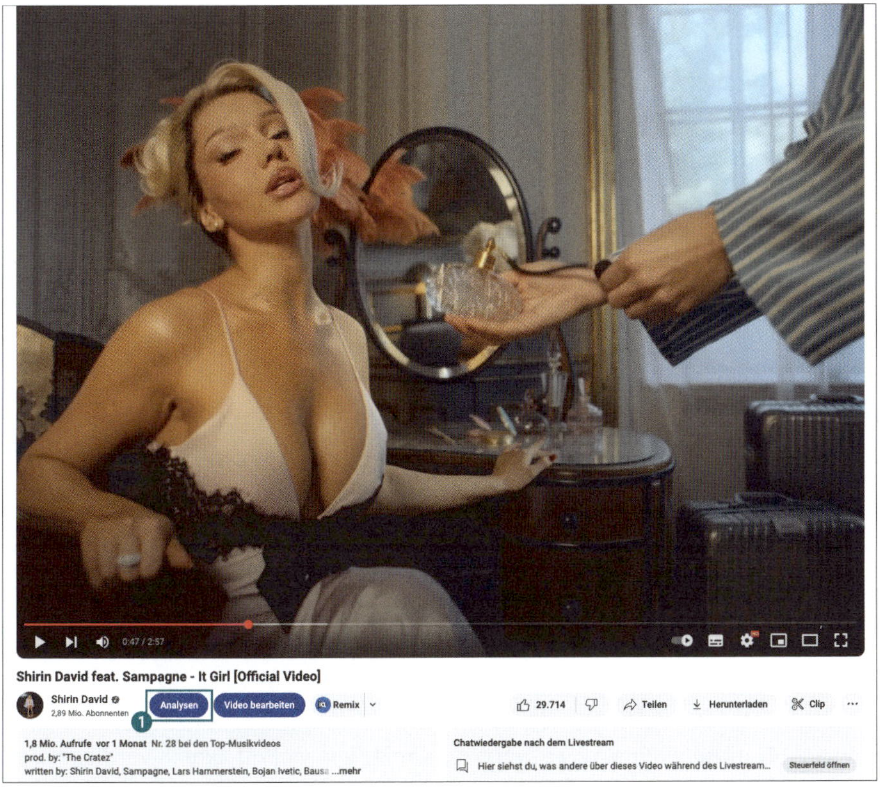

Abbildung 12.5 Schneller Zugriff auf deine Videostatistiken

Jetzt kann es losgehen mit der Videoanalyse. Du kannst die Übersicht übrigens auch auf ein einzelnes Video beschränken, indem du in das Eingabefeld in deinem Analytics-Dashboard den Videotitel eingibst. Möchtest du zum Beispiel wissen, warum ein bestimmtes Video an einem Tag so viele Aufrufe bekommen hat, kannst du hier feststellen, woran das wahrscheinlich gelegen hat. Damit du dich im Analytics-System gut zurechtfindest, machen wir jetzt einmal einen kleinen Rundgang. Es gibt viele verschiedene Kategorien, hinter denen sich Diagramme und Charts verstecken. Grundlegend unterteilt ist das Analytics-System jedoch in die folgenden Kernbereiche (Abbildung 12.6): Reichweite ❷, Interaktion ❸, Zielgruppe ❹ und Umsatz ❺. Den letzten Punkt siehst du jedoch nur, wenn du bereits die Monetarisierung für deinen Channel aktiviert hast. Darunter siehst du aufgedröselt, wie sich die Zugriffe, deine Einnahmen und das Engagement im Einzelnen zusammensetzen.

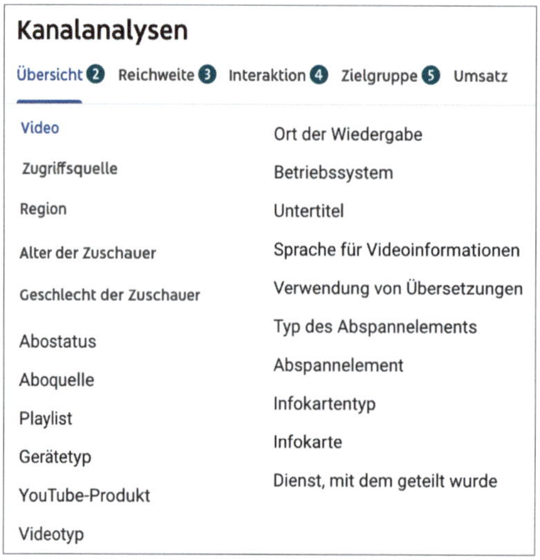

Abbildung 12.6 Rubriken der Analytics-Daten

Ab dem ersten Tag fließen hier alle Statistiken zusammen, du musst das System nicht extra aktivieren. Wichtig ist jedoch, zu beachten, dass die Auswertungen erst zeitversetzt im Nachhinein erscheinen, das dauert immer etwas. Jetzt mach dich ran an die Zahlen – ich zeige dir, was die Bereiche bedeuten!

Die einzelnen Berichte, die du dir aufrufen kannst, wirken am Anfang teilweise sehr komplex oder sind für dich kompliziert zu verstehen. Das ist gar nicht schlimm, du benötigst schlicht Zeit, dich langsam reinzufuchsen. Im Bereich Geschätzter Umsatz (❶ in Abbildung 12.7) siehst du direkt, wie viel du aktuell verdient hast. Der Werbeumsatz ist dabei die wohl wichtigste Kennzahl.

Die Übersicht gibt Aufschluss darüber, wie viel du in deinem definierten Zeitraum verdient hast. Du kannst in diesem Cockpit aber auch immer nachsehen, was an jedem einzelnen Tag passiert ist. Die Zahl Geschätzter Umsatz fasst unter anderem alle Videoaufrufe zusammen, bei denen eine Anzeige eingeblendet wurde. Die typischste Form ist der vorgeschaltete Werbeclip, bevor das richtige Video endlich losgeht. Das heißt, es kamen zum Beispiel 70.000 Videoaufrufe zustande, bei denen jedes Mal die Kasse geklingelt hat. Auch wenn du jeweils immer nur ein paar Cent als Beteiligung an den Werbekosten von YouTube erhalten hast, summiert sich der Betrag am Ende. Wie sagt man so schön: »Kleinvieh macht auch Mist« – das trifft hier perfekt zu! Für den YouTuber in unserem Beispiel ergeben sich jährlich Umsätze im Wert von 52.244,99 €. Das bedeutet, pro 1.000 Aufrufe wurden ca. 4,99 € verdient (❷ in Abbildung 12.7).

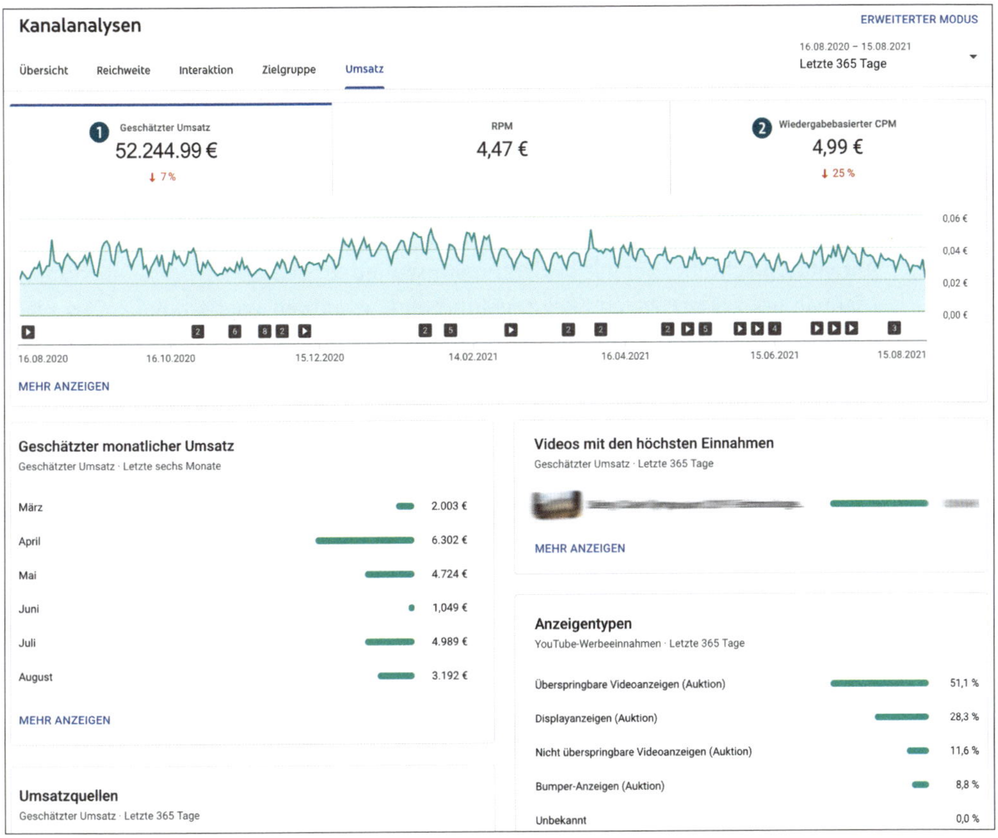

Abbildung 12.7 Übersicht über deine Einnahmen bei YouTube

Diese Kennzahl nennt sich kurz CPM, ist eine Abkürzung und kommt vom englischen Begriff *Cost Per Mille* = also Kosten pro Tausend. Wenn dich interessiert, warum an einem bestimmten Tag außergewöhnlich hohe Umsätze erreicht wurden, solltest du einen Blick auf die Übersicht der Aufrufe und die Interaktion werfen (Abbildung 12.8).

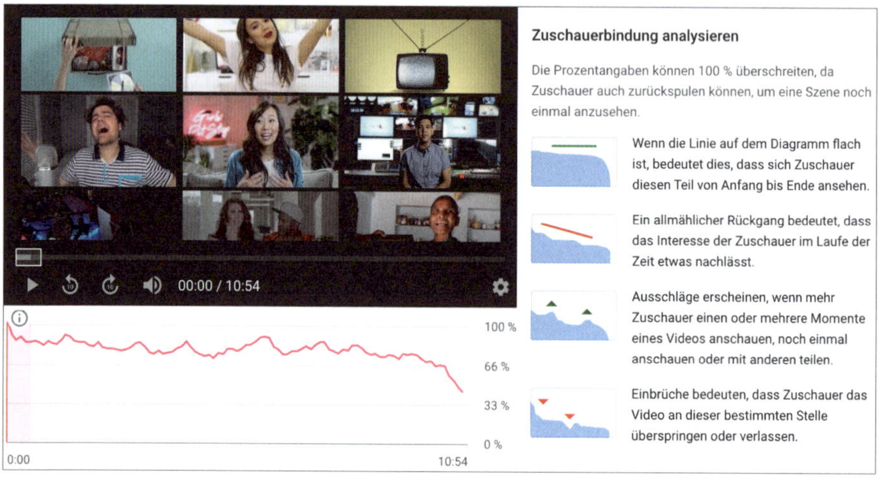

Abbildung 12.8 Achte auf Spitzentage und Peaks

Auf jeden Fall solltest du immer auf Peaks (hohe Ausschläge) und ungewöhnliche Aktivitäten achten. Hier gilt es dann herauszufinden: Woran lag es? Kannst du die Maßnahme, die zu vielen Views geführt hat, eventuell wiederholen? Das wäre natürlich gut, denn so würdest du richtig viele Klicks und Spitzentage erzielen können. Bist du zu dem Oberpunkt WICHTIGE MOMENTE FÜR DIE ZUSCHAUERBINDUNG heruntergescrollt, sind die Videoaufrufe und die Wiedergabezeiten des gewählten Zeitraums zu sehen. Der Begriff *Zuschauerbindung* ist relativ selbsterklärend. Er beschreibt zum einen, wie viele Views du erreicht hast, und zum anderen, wie viele Minuten deines Contents von allen Usern zusammen angeschaut wurden (Abbildung 12.9).

Region	Aufrufe ↓		Wiedergabezeit (Stunden)		Durchschnittliche Wiedergabedauer
Gesamt	**96.306**		**2.816,6**		**1:45**
Deutschland	85.343	88,6 %	2.540,1	90,2 %	1:47
Österreich	1.710	1,8 %	41,8	1,5 %	1:27
Schweiz	236	0,3 %	5,2	0,2 %	1:19
Russland	89	0,1 %	0,3	0,0 %	0:13
Ukraine	76	0,1 %	0,2	0,0 %	0:11
Belarus	13	0,0 %	0,0	0,0 %	0:09

Abbildung 12.9 Diagramme zur Auswertung deiner Videos

Die Wiedergabedauer ist jedoch nur ein Durchschnittswert all deiner Videos. Du weißt also noch nicht, ob einige Videos besonders intensiv geschaut wurden und andere vielleicht weniger. Dazu solltest du dann eine Videoebene tiefer gehen. Hier siehst du, welche Clips deine Bestperformer waren. Neben der Auswahlmöglichkeit verschiedener Messwerte kannst du ablesen, wie viele Videoaufrufe du pro Tag hattest.

Die Zusammensetzung lässt sich nach WÖCHENTLICH, MONATLICH oder GEOGRAFISCH sowie nach Datum oder nach Untertitel usw. sortiert anzeigen. So siehst du zum Beispiel auf der regionalen Übersicht genau, in welchen Ländern oder Städten deine Videos vermehrt konsumiert wurden.

Tipp: Vergleiche deine Daten

Du kannst mit dem Feature VERGLEICH mehrere Messwerte oder Videos gegenüberstellen (Abbildung 12.10). Klicke dafür auf VERGLEICHEN bzw. WEITERE MESSWERTE und wähle zwei Werte oder zwei Videos aus, die du vergleichen möchtest. Lässt du dir zum Beispiel die Aufrufe in Verbindung mit der durchschnittlichen Wiedergabedauer anzeigen, kannst du prüfen, ob das Verhältnis stimmt.

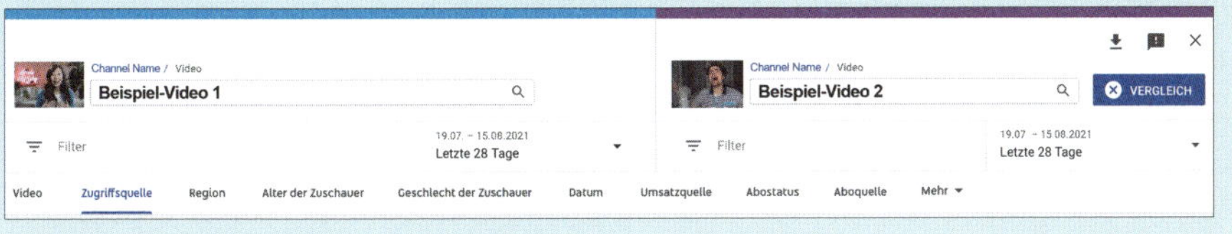

Abbildung 12.10 Vergleich zweier Videos

Wie stark sind deine Videoaufrufe eigentlich generell? Es gibt stärkere und schwächere Videoaufrufe. Es kommt darauf an, wie ein Aufruf entstanden ist, wo er stattfand und wie der User sich nach dem Aufruf verhalten hat. Das alles kannst du in sechs Unterpunkten unter dem Punkt WICHTIGE MOMENTE für die Zuschauerbindung ablesen (Abbildung 12.11).

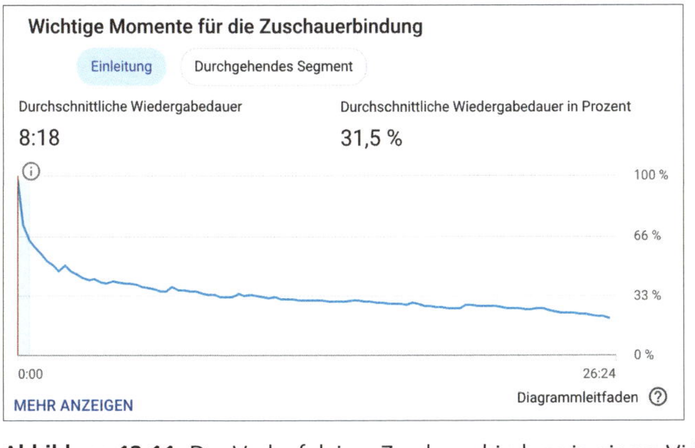

Abbildung 12.11 Der Verlauf deiner Zuschauerbindung in einem Video

Hier siehst du, an welchen Stellen die Nutzerinnen und Nutzer unter- oder überfordert waren. Das Feedback vom Publikum wird dir unverblümt präsentiert. Du kannst hier nämlich sekundengenau einsehen, wann Zuschauende die Wiedergabe eines Videos abgebrochen haben. Der durchschnittliche Prozentsatz der Wiedergabe eines Videos sollte möglichst in Richtung 100 % gehen. Das wäre perfekt. Realistisch betrachtet ist alles über 80 % schon sehr gut. Somit merkst du relativ schnell, ob zum Beispiel schon das Videointro zu langatmig gestaltet wurde. Es ist ganz normal, dass die Kurve am Anfang durchschnittlich sehr hoch ist und dann etwas nach unten abflacht. Sollte die Rate nur bei 30 % liegen, musst du am besten Video für Video durchgehen und aus deinen Fehlern lernen. Wähle dazu ein bestimmtes Video aus und schau dir dann die prozentuale Wiedergabe an. Dabei läuft dein Video unten parallel durch, und oberhalb siehst du in der Kurve, wie viele User nach und nach abgesprungen sind. Gibt es in der Kurve einige Stellen, an denen die Zuschauerzahl rapide absackt? Dann hast du dein Problem aufgedeckt – und dann kannst du daran arbeiten!

Wen sprichst du mit deinen Videos eigentlich an? Mehr Männer, mehr Frauen? Wie alt sind deine Zuschauenden? Wenn du dir nicht sicher bist, wen du aktuell mit deinen Videos erreichst, hilft dir ein Blick auf den Abschnitt ALTER UND GESCHLECHT. Dort findest du alle Daten zur Verteilung des Geschlechts, des Alters und der Herkunft deines Publikums. Sollten dich diese Zahlen überraschen, hast du eventuell eine andere Zielgruppe erwartet. Das ist aber kein Problem, denn dafür gibt es ja YouTube Analytics. Du kannst auf Basis der Statistiken deinen Content darauf einstellen. Möchtest du mehr Frauen ansprechen, da du gerade verstärkt Männer erreichst? Dann versuche, zum Beispiel durch Farben und veränderte Texte femininer zu werden.

Im Bereich ZUGRIFFSQUELLEN kannst du sehen, wo deine User auf deine Videos geklickt haben (Abbildung 12.12). Haben sie dein Video in einer Playlist gesehen, als Videovorschlag erhalten oder nach der Suche in Google oder YouTube aufgerufen? Dann solltest du hier jeweils nachschauen, in welchen Playlists du auftauchst und was die Menschen so eingeben, um deine Videos in der Suche zu finden. Klicke einfach jede Zugriffsquelle an und schau dir die Details dazu an. So siehst du zum Beispiel nach dem Klick auf YOUTUBE-SUCHE alle Keywords, die Nutzende eingegeben haben, bevor sie eines deiner Videos gefunden und angeklickt haben. Das gibt dir ein gutes Gefühl dafür, wo du bereits stark aufgestellt bist und welche Suchbegriffe dir noch fehlen. Bei den externen Zugriffen siehst du alle Websites, über die User auf deine Videos gelangt sind. Auf diese Weise hast du einen Anhaltspunkt dazu, wie viele deiner Promotions auf anderen Social-Media-Portalen wirklich etwas gebracht haben.

Abbildung 12.12 Übersicht über die Zugriffsquellen für deine Videos

Tipp für mobile Statistiken

Möchtest du auch unterwegs deine Channel-Statistiken abrufen? Dann wirf doch mal einen Blick auf die App *YouTube Studio*. Dort kannst du über 50 detaillierte Statistiken einsehen. Zusätzlich gibt es dort die Details über die Zugriffsquellen für deine Videos. Die App von YouTube ist sowohl für iOS als auch für Android verfügbar.

Wenn du dich fragst, welche Abspielgeräte deine Zuschauenden nutzen, schau einfach mal unter GERÄTE nach. Es gibt immer mehr User, die auf ihren Smart-TVs die YouTube-App nutzen oder über den Browser einer Spielekonsole YouTube-Videos ansehen. Spätestens jetzt wird dir klar, warum du unbedingt Videos in HD hochladen solltest. Auf einem 40-Zoll-Fernseher sehen deine Clips dann gestochen scharf aus und werden hochauflösend dargestellt. Das ist eine Augenweide für dein Publikum und viel besser, als ein zu kleines und verpixeltes Video zu präsentieren. Werden deine Videos zum Beispiel vermehrt auf Computern wiedergegeben, weißt du, dass sich dein Publikum meistens an einem festen Platz befindet. Somit rücken deine Handlungsempfehlungen und Endcards mehr in den Fokus. Der Zuschauer oder die Zuschauerin hat Ruhe, Zeit und einen großen Bildschirm, um von dir abgeholt zu werden. Bei Nutzenden, die gerade unterwegs sind, gibt es hingegen ganz andere Bedürfnisse. User, die über mobile Geräte deine Videos anschauen, sind aufgrund der oft geringeren Aufnahmebereitschaft weniger für Handlungsempfehlungen empfänglich. Ist deine mobile Zuschauerschaft besonders groß, solltest du darauf achten, keine zu kleinteiligen Informationen in deinen Videos zu zeigen. Auf einem kleinen Smartphone-Display könnte man diese dann eventuell nicht so gut erkennen. Setze in dem Fall lieber weniger Texteinblendungen im Video ein oder gestalte die Schriftelemente möglichst groß und plakativ. Finde daher heraus, wo dein Publikum am liebsten deine Inhalte ansieht, und stell dich darauf ein!

Tipp: Nutze unterschiedliche Diagrammstile bei der Analyse

Variiere in der Darstellung zwischen Balken- und Liniendiagramm. So wird die Ansicht für dich einfacher und eventuell auch logischer in der Darstellung. Durch den Klick auf die Diagrammsymbole in der jeweiligen Rubrik kannst du die Darstellung der Analysen jederzeit ändern.

In den Berichten zu Interaktionen lernst du die Zahlen der positiven Bewertungen oder Abonnenten kennen, die du durch deine letzten Videos oder Streams erreicht hast. Das User-Feedback, das du hier ablesen kannst, ist elementar wichtig und spiegelt deinen Erfolg wider. Wirst du positiv bewertet und mit vielen Abos verwöhnt, hast du einen guten Job gemacht. Die Plattformen belohnen dich dann mit einer großen Sichtbarkeit und hohen Rankings. Animierst du dann auch noch zusätzlich dein Publikum zur Interaktion, zahlt sich das für dich aus.

Als Erstes schaust du dir die Abonnentenzahlen mal genauer an. Da siehst du immer die gewonnenen abzüglich der verlorenen Abonnentinnen und Abonnenten. Besonders starke Tage kannst du ebenso an dem Diagramm ablesen. Möchtest du genauer wissen, wie viele Views durch ein bestimmtes Video zustande kamen, kannst du dieses in der Suchleiste oben eingeben. Besonders spannend zu sehen ist, wie viele neue Abonnenten ein einziges Video dann wirklich geliefert hat. Hier liegt die Chance zur Optimierung klar auf der Hand: Sticht ein Video heraus, das für viele Abonnenten gesorgt hat, musst du mehr Videos dieser Machart veröffentlichen. Interessant ist zudem die Quelle, die dir anzeigt, wo die User zu Abonnenten geworden sind. Auf dem Kanal oder direkt bei einem Video auf der Wiedergabeseite? Das siehst du, einzeln aufgeschlüsselt, im Bereich QUELLE.

Im Abschnitt MAG ICH unter dem Tab INTERAKTION folgen die positiven und negativen Bewertungen, die zeigen, ob jemand »Daumen hoch« oder »Daumen runter« für dein Video hinterlassen hat. Das Verhältnis zwischen Likes und Dislikes wird hierbei in Prozent ausgedrückt. Bei Klick auf diese Kennzahl öffnet sich ein detaillierterer Bericht mit einer absoluten Anzahl der Menschen, die den Daumen-hoch- oder -runter-Button unter deinem Video tatsächlich angeklickt haben. Hier werden die Bewertungen für alle deine Videos zusammengefasst. Dein Bestreben sollte es sein, mehr positive als negative Bewertungen einzusammeln. Falls du mal voll danebenhaust, wie es zum Beispiel Rebecca Black mit ihrem Hit »Friday« passiert ist, dann ist das zwar nicht schön, aber du wirst trotzdem bekannter. Die Faustregel lautet dann: Bad news are good news! Für YouTube ist es im Prinzip egal, wie dich die Zuschauenden bewerten. Hauptsache, es wird über dich gesprochen, und du sorgst für Furore. Wie du das Ganze jetzt für dich auskostest, bleibt ganz dir überlassen. Die Entwicklung hat jedoch gezeigt, dass YouTuber und YouTuberinnen, die polarisieren, oft zu den erfolgreicheren ihrer Gattung gehören. Durch den Vergleich mit anderen Messwerten, wie zum Beispiel der Abonnentenzahl, siehst du, ob negative Bewertungen womöglich auch in Verbindung mit verlorenen Abonnenten stehen könnten.

Unter dem Register ZIELGRUPPE verbergen sich die Angaben dazu, was für Zuschauer du mit deinen Videos erreicht hast. Ähnlich dem Bereich der Bewertungen ist dieser Zweig ebenfalls ein Messbarometer für das Nutzerverhalten. Finden viele englischsprachige User dein deutsches Video, siehst du hier, wie viele deine englischen Untertitel genutzt haben. Voraussetzung dafür ist, dass du sie bereitgestellt hast (siehe Kapitel 9, »Pimp deinen Content für mehr Reichweite«). Kontrolliere in den Tabellen, welche Videos von den Usern am häufigsten ihren Playlists hinzugefügt wurden. Die drei Videos, die ganz oben in der Tabelle stehen, solltest du zukünftig möglichst in ihrer Machart reproduzieren.

Klick jetzt einmal auf DIENST, mit dem geteilt wurde. Du siehst, wo deine Videolinks überall eingesetzt wurden. Neben YouTube sind das die verlängerten Arme, die dir dabei helfen, eine größere Sichtbarkeit zu erzielen.

Im Bereich KLICKS AUF ABSPANNELEMENT siehst du eine prozentuale Verteilung: die nackte Klickrate bezogen auf deine Endcards. Das ist jedoch etwas unpräzise. Daher solltest du genauer reinschauen und herausfinden, wie hoch die Zahl pro Video bzw. pro Abspannelement ist. Klicke die am häufigsten angeklickten Videos mal an und finde heraus, was die höchste Klickzahl auf die Abspannelemente verursacht hat.

Ein ebenso wichtiges Feedback geben dir die Kommentare unter deinen Videos. Unter YOUTUBE STUDIO • INHALTE siehst du pro Video die Anzahl der abgegebenen Kommentare. Gab es Diskussionen unter deinem Video mit ausführlichen Antworten? Dann ist das super! Die Menschen sollen sich im Optimalfall austauschen, denn wir bewegen uns hier ja schließlich auf einem Social-Media-Netzwerk. Zusätzlich solltest du händisch prüfen, wie sich die Kommentare deiner Videos zusammensetzen. Es kann sein, dass hier Spam-Kommentare mitgezählt wurden, die du noch nicht gelöscht hast.

Unter ANMERKUNGEN UND INFOKARTEN verbergen sich die Kennzahlen für deine ausgehenden Links (Abbildung 12.13). Hast du eine Endcard an dein Video geschnitten, gehst du auf den Bereich ANMERKUNGEN. Dort erfährst du, welche Videos die meisten Klicks auf Anmerkungen und Endcard-Links bekommen haben. Zusätzlich siehst du auch, welche der eingesetzten Links innerhalb eines Videos am häufigsten angeklickt wurden. Dazu rufst du in der Übersicht einfach das entsprechende Video auf. Neben der reinen Klickanzahl zeigt dir die Klickrate, wie viel Prozent des Publikums überhaupt einen Link angeklickt hat. Jetzt solltest du überprüfen, ob deine Anmerkungen, die dir wichtig sind, auch wirklich angeklickt wurden, wie du es wolltest. Falls nicht, ist die Anmerkung vielleicht zu klein und unauffällig in deinem Video positioniert. Setze deinen Fokus auf die wichtigsten Endcard-Links, indem du der Schaltfläche durch Größe, Positionierung und Farbigkeit mehr Prägnanz und Kraft verleihst. Dann solltest du hier auch einen Anstieg der Klicks beobachten können.

Abbildung 12.13 Schau dir an, wie oft deine Endcard-Links angeklickt wurden.

Unter INFOKARTEN siehst du die Klicks auf alle eingesetzten Infokarten in deinen Videos. Genau wie bei den Anmerkungen wird der Klick auf die Infokarte selbst gemessen. Zusätzlich siehst du hier aber auch die Vorstufe davon: Wie viele Menschen haben auf den Infokarten-Teaser geklickt? In der Übersichtstabelle kannst du dann noch mal genau pro eingesetzte Infokarte diese Werte im Detail einsehen. Das hilft dir, zu entscheiden, ob der Einsatz der Infokarte in einem Video sinnvoll war oder nicht.

Behalte die Berichte zu den Interaktionen immer im Auge, denn hier erhältst du direktes Nutzer Feedback. Falls du ungeduldig bist, probiere mal den Bereich BERICHTE IN ECHTZEIT aus (Abbildung 12.14).

Diese Seite wird alle zehn Sekunden automatisch aktualisiert und zeigt dir live die Zahlen zu deinen Videoaufrufen. Zwar handelt es sich nur um geschätzte Aufrufe, da eventuell noch Fake-Klicks abgezogen werden und die Zahl dann korrigiert wird, aber es ist dennoch spannend. Zu sehen sind die Aufrufe der letzten 48 Stunden sowie die meistgeklickten Videos. In einem Säulendiagramm siehst du dann auch die Spitzen, die für das besonders starke Aufkommen an Videoklicks stehen.

Das Plug-in *VidIQ* kann als Zusatz sehr hilfreich sein. Hier erhältst du als Quickview einen Einblick in die wichtigsten Kennzahlen (Abbildung 12.15). Das Besondere: Du kannst auch die Konkurrenz analysieren. Du siehst neben den Views die Shares und Likes auf Facebook für ein bestimmtes Video oder den geschätzten erzielten Umsatz des YouTubers mit diesem Clip. Installierst du das Plug-in im Chrome-Browser, siehst du zukünftig bei allen YouTube-Videos direkt die Datenanalysen.

Voraussetzung dafür ist, dass du dir ein kostenfreies Benutzerkonto bei VidIQ unter der URL *http://app.vidiq.com/register* anlegst.

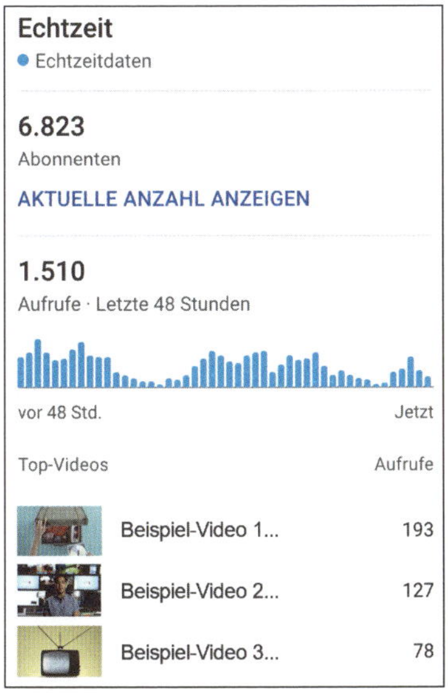

Abbildung 12.14 Echtzeitstatistiken

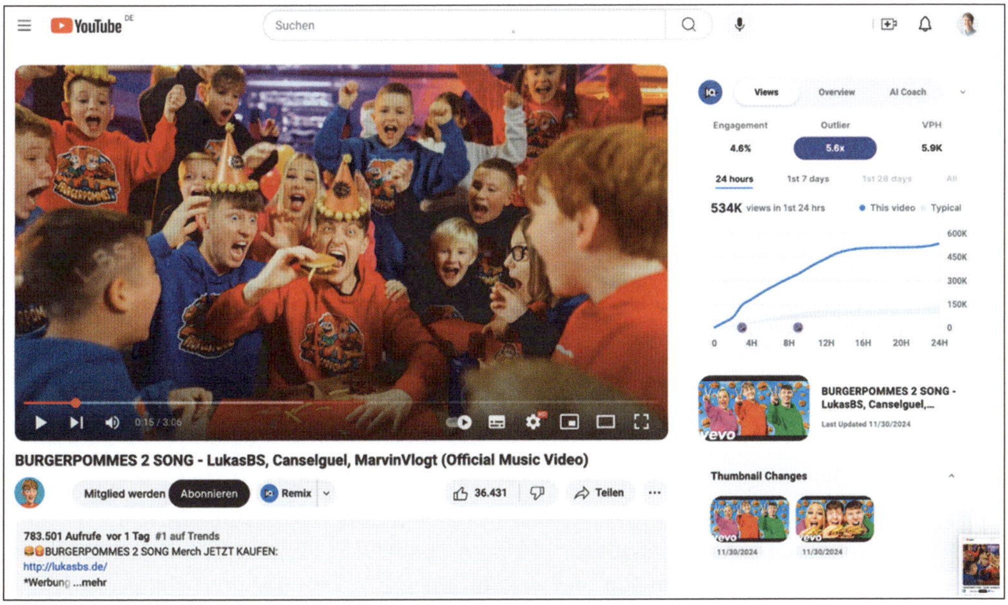

Abbildung 12.15 Plug-in »VidIQ« für den Chrome-Browser (*https://chrome.google.com/webstore/detail/vidiq-vision-for-youtube/pachckjkecffpdphbpmfolblodfkgbhl?hl=de*)

Trage dir am besten eine Erinnerung in deinen Kalender ein, damit du dir regelmäßig die Daten anschaust. Vier Wochen empfehle ich dir als maximalen Abstand zwischen deinen Checks. Erledigst du deine Hausaufgaben hier besonders gut, hast du zukünftig mehr Potenzial, um mit deinen Videos erfolgreich zu sein und deine Fanbase auszubauen. Von Zeit zu Zeit veröffentlicht YouTube hier neue Statistiken, die sich analysieren lassen. Eine Kennzeichnung mit dem Vermerk »Neu« zeigt dir dann an, welche Kennzahlen neu dazugekommen sind.

12.2 Twitch-Dashboard

Auch Twitch hat eine Analytics-Suchseite, damit du deine Streaming-Strategien verfeinern kannst. Du solltest das sogenannte Dashboard immer im Auge behalten, um deine Performance zu analysieren und clevere Entscheidungen für zukünftige Streams zu treffen. Dein Creator-Dashboard kannst du unter dem Link *https://dashboard.twitch.tv/u/DEIN-NUTZERNAME/analytics* aufrufen. Dort kann man verschiedene Daten analysieren, die ich dir jetzt nach und nach vorstelle. Wichtig ist, dass du immer schaust, welche Spiele, Kategorien oder Themen derzeit auf Twitch beliebt sind. Identifiziere Nischen mit hohem Potenzial oder Themen, die gerade viral gehen. Da steckt immer viel Zuschauerschaft drin, die du für dich nutzen kannst. Passe auch deine Inhalte an saisonale Events, Turniere oder große Releases an. Wenn beispielsweise eine neue Version von FIFA rauskommt, denk daran, es zeitlich nah am Release-Datum zu spielen und zu streamen – dann ist das Thema relevant! So kannst du deine Streams besonders erfolgreich gestalten. Überleg dir auch, welche Spiele oder Kategorien du zu welchem Zeitpunkt streamen solltest, um die meisten Menschen zu erreichen (Abbildung 12.16). Twitch rechnet dir vor, an welchen Stellen die meisten abgeschaltet haben. Schaue dann nach, was du an dieser Stelle gemacht oder nicht gemacht hast, und ziehe deine Schlüsse. Lasse auch nicht die Konkurrenz außer Acht: Du kannst andere Streamende beobachten und schauen, wie sie in deiner ausgewählten Kategorie performen, und vielleicht auch, was sie besser machen – lass dich inspirieren, aber kopiere nicht, im Fokus steht immer noch Authentizität. Analysiere durchschnittliche Zuschauerzahlen, Interaktionsraten und Streaming-Zeiten anderer Creators. Daraus kannst du immer lernen. Es geht bei der Zahlenanalyse jedoch besonders darum, auf deine eigenen Zahlen zu blicken, um deine eigene Performance verbessern! Dein Dashboard kann dir beispielsweise helfen, optimale Zeiten für deine Streams zu finden. Du bekommst Informationen über die besten Streaming-Zeiten, basierend auf Zuschaueraktivität und Konkurrenzdichte. Vermeide überfüllte Zeiten und fokussiere dich auf Slots mit höherer Sichtbarkeit. Auch die Streamerin LuciNana hat den perfekten Zeitpunkt für ihre Streams herausgefunden – mehr dazu in dem Gespräch mit ihr in Kapitel 14.

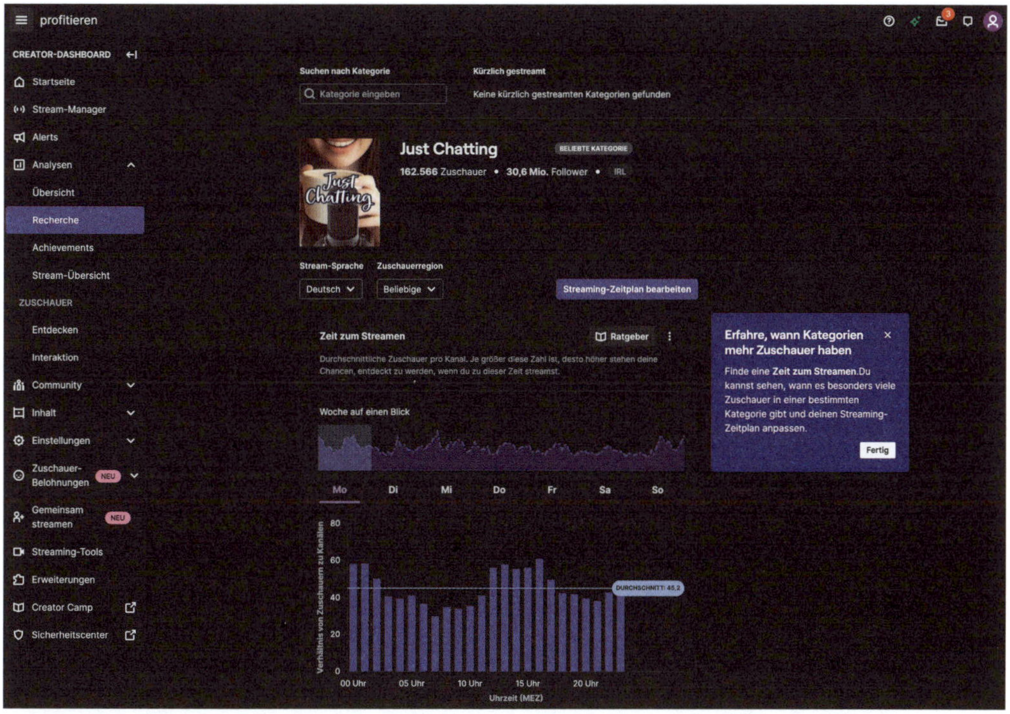

Abbildung 12.16 Recherche-Tab bei Twitch

Analysen in der Stream-Übersicht

Du hast auch die Möglichkeit, dein Publikum sozusagen zu beobachten. Klingt etwas extrem, aber keine Sorge – das ist total nützlich. Du kannst nämlich checken, an welchen Stellen deines Streams oder bei welchen Themen deine Zielgruppe am aktivsten ist. Wo schalten die meisten ein oder wieder ab? Überprüfe, welche Kategorien bei deinem bestehenden und deinem potenziellen Publikum beliebt sind. Dann kannst du darauf basierend deinen nächsten Content planen. Überhaupt kannst du auf Basis der analysierten Daten besser entscheiden, welche Art von Streams du angehen solltest. Darüber hinaus kannst du besondere Serien, spezielle Events oder Community-Aktivitäten planen, die deine Zuschauerbindung stärken. Nutze die angezeigten Daten regelmäßig, um deine Performance zu verbessern. Probiere aber auch weiter aus – nur weil eine Sache gut funktioniert, heißt das nicht, dass du dich darauf ausruhen kannst. Setze dir realistische Ziele, basierend auf deiner aktuellen Position, und probiere Neues aus! Durch die regelmäßige Nutzung kannst du nicht nur deine Streams optimieren, sondern auch deine Reichweite und Zuschauerbindung auf Twitch gezielt ausbauen.

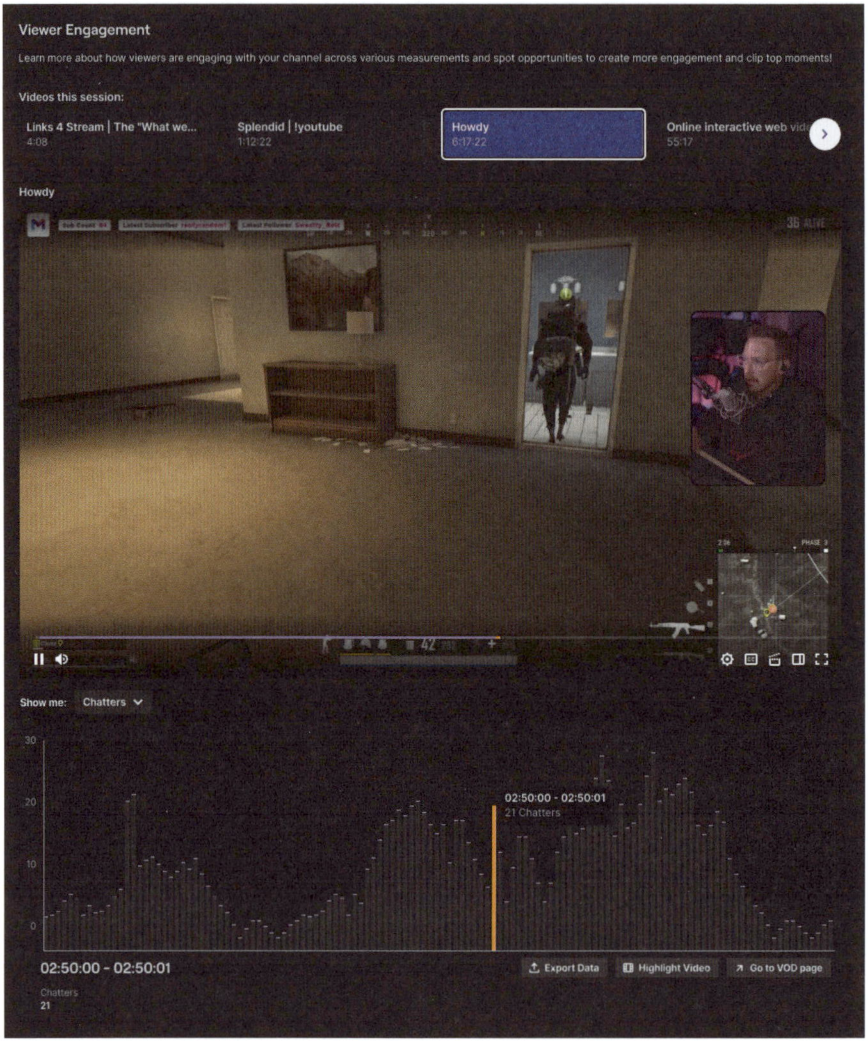

Abbildung 12.17 Der Twitch-Analysebereich

Eine Stream-Übersicht (Abbildung 12.18) ist wie ein Bericht, der dir zeigt, wie dein letzter Livestream gelaufen ist. Sie gibt dir viele wichtige Informationen, damit du sehen kannst, was gut war und was du besser machen könntest. Im Folgenden zähle ich kurz auf, was sie zeigt.

Wichtige Zahlen

Du siehst, wie viele Menschen zugeschaut haben, wie viele neue Follower du bekommen hast und wer im Chat mitgemacht hat. Damit kannst du vergleichen, ob dein Stream besser war als der vorherige.

1. **Zuschauerinteraktion**
   Hier erfährst du, wie die Zuschauenden mitgemacht haben, z. B. wann sie besonders aktiv waren. Das hilft dir, zu überlegen, wie du sie noch mehr einbinden kannst.
2. **Beliebte Momente**
   Du siehst, wann die meisten Menschen zugeschaut haben, wann sie Clips gemacht haben und welche Momente dir neue Follower gebracht haben.
3. **Emotes**
   Du kannst sehen, wie oft deine lustigen Emojis benutzt wurden. Das zeigt dir, welche Emotes deine Zuschauenden mögen.
4. **Top-Clips**
   Du bekommst die besten Videoschnipsel von deinem Stream angezeigt, die vom Publikum gemacht wurden. Du kannst sie dir anschauen und vielleicht sogar teilen.
5. **Woher kamen die Zuschauenden?**
   Du erfährst, wie die Menschen deinen Stream gefunden haben, z. B. durch Empfehlungen oder andere Webseiten.

Das Ganze hilft dir, deinen Stream immer besser zu machen!

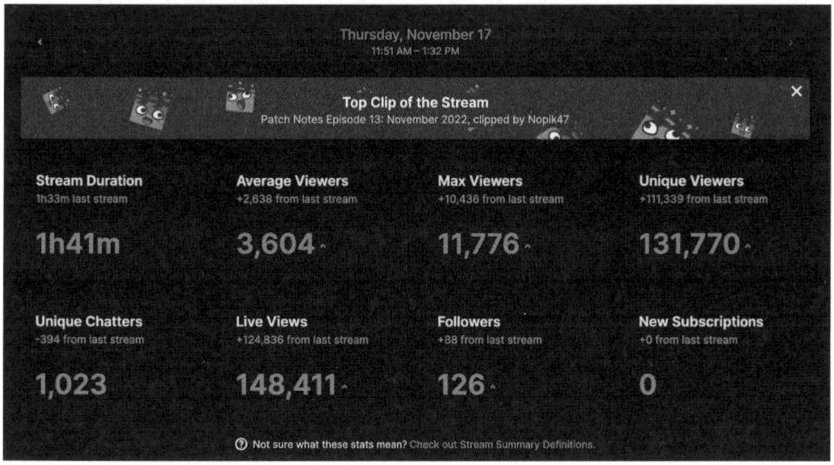

Abbildung 12.18 Stream-Übersicht bei Twitch

Achievements

Auf Twitch gibt es ein System namens *Achievements*, das dir hilft, Spaß am Streamen zu haben und kleine Schritte zu machen, um besser zu werden. Diese Achievements sind wie kleine Aufgaben oder Herausforderungen, die dir zeigen, was du alles ausprobieren und lernen kannst.

Zum Beispiel kannst du ein Achievement dafür bekommen, dass du fünf andere Kanäle zu deiner Liste der vorgeschlagenen Kanäle hinzufügst. Oder du bekommst eine Auszeichnung, wenn du 100-mal jemanden mit einem Raid unterstützt, bei dem mindestens zwei Personen mitmachen. Es gibt auch Erfolge dafür, dass du bestimmte Dinge tust, wie zum Beispiel deinen ersten Stream starten oder ein Emote erstellen.

Die Achievements sind dafür da, dir zu zeigen, was du alles auf Twitch machen kannst, und sie geben dir das Gefühl, etwas geschafft zu haben, auch bei kleinen Dingen. Sie motivieren dich, immer wieder Neues auszuprobieren und mit deiner Community zu interagieren. So wird Streamen nicht nur produktiv, sondern macht auch jede Menge Spaß (Abbildung 12.19)!

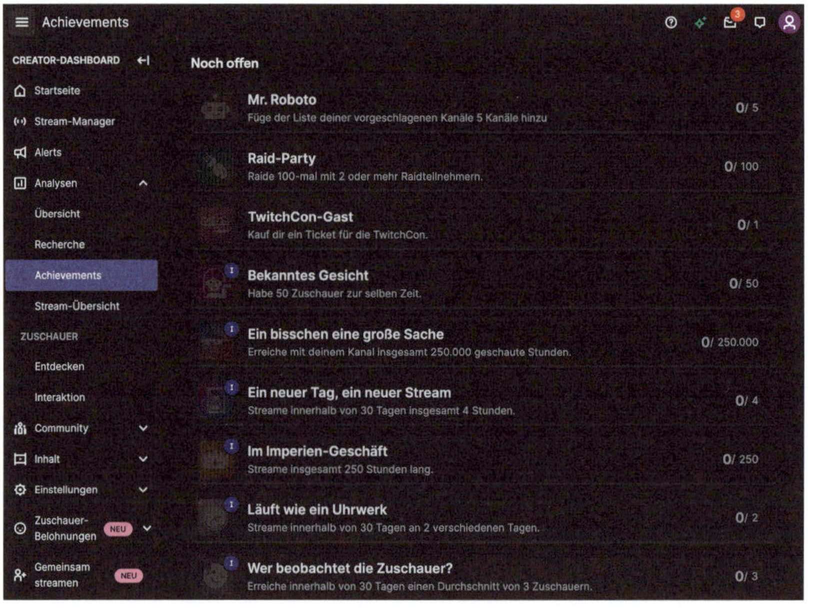

Abbildung 12.19 Deine erreichten Ziele bei Twitch

12.3 Instagram Insights

Instagram ist ein echtes Goldstück, wenn es um das Analysieren deiner Content-Performance geht. Mit dem integrierten Tool *Insights* kannst du schnell herausfinden, was auf deinem Kanal läuft – und was eher nicht. Aber bevor wir loslegen, ein wichtiger Hinweis: Du brauchst ein Business- oder Creator-Konto, um Insights nutzen zu können. Falls du noch keines hast, keine Sorge – in Kapitel 10, »Money! Money! Money! – So verdienst du mit deinem Content Geld«, habe ich dir schon gezeigt, wie du eins einrichtest.

Einmal aktiviert, bietet dir Insights alles, was du brauchst, um zu sehen, wie deine Beiträge performen. Spannend ist: Anders als etwa bei YouTube, wo sich Analysen oft auf Videoinhalte fokussieren, betrachtet Instagram alles zusammen – Fotos, Reels, Stories und Karussells. Das macht es einfacher, Trends zu erkennen, erfordert aber ein gutes Auge, um die verschiedenen Beitragsarten zu bewerten (Abbildung 12.20).

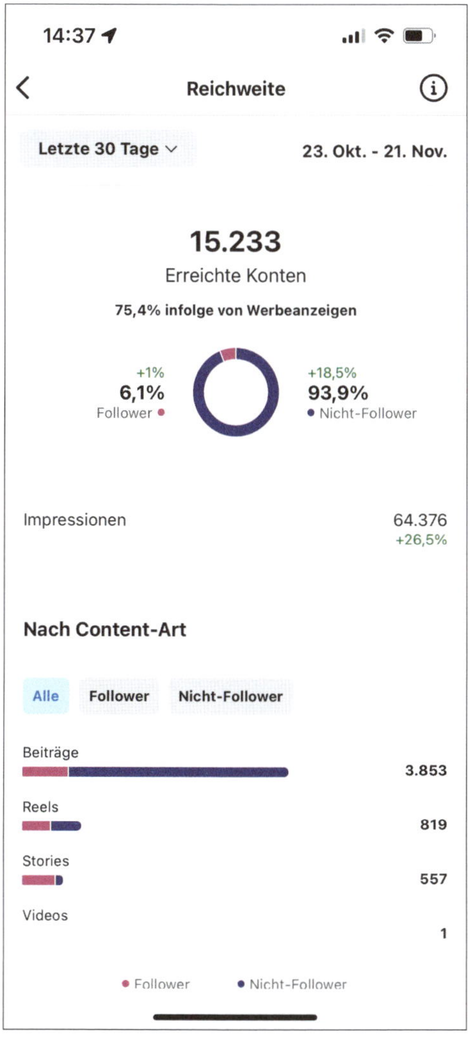

Abbildung 12.20 Überblick über deine Instagram-Reichweite

Unter ERREICHTE KONTEN erfährst du, wie viele Personen deinen Beitrag gesehen haben (Reichweite) und wie oft er insgesamt angezeigt wurde (Impressionen). Klingt ähnlich, bedeutet aber einen entscheidenden Unterschied: Wenn eine Person deinen Post mehrmals sieht, steigt die Impression, aber die Reichweite bleibt gleich. Ist der Unterschied zwischen beiden Zahlen groß, hast du etwas richtig gemacht – dein Content zieht die Menschen in den Bann! Nutze diese Zahlen, um Inhalte zu identifizieren, die mehrfach angeschaut werden. Solche Beiträge sind oft besonders ansprechend und ein guter Ausgangspunkt, um ähnliche Formate oder Themen zu entwickeln. Interaktionen wie Likes, Kommentare, Shares oder Saves verraten dir, was wirklich ankommt. In den Insights kannst du diese Werte nach Content-Art – also Posts, Reels, Stories oder Karussells – analysieren. Das hilft dir, zu erkennen, welche Inhalte Engagement fördern. Besonders praktisch: Instagram zeigt dir deine Top-Beiträge basierend auf den Interaktionsraten. Das ist quasi ein Erfolgsrezept auf dem Silbertablett. Schau dir die Beiträge an, die am meisten Engagement bekommen haben, und frag dich: Was macht sie besonders? Das Thema? Der Stil? Die Posting-Zeit? Nutze diese Erkenntnisse, um zukünftigen Content zu planen. Ein weiterer spannender Punkt in den Insights: Wer schaut sich eigentlich deine Inhalte an? Instagram zeigt dir in der Übersicht demografische Daten deiner Follower, von Standorten über Altersgruppen bis hin zur Geschlechterverteilung (Abbildung 12.21).

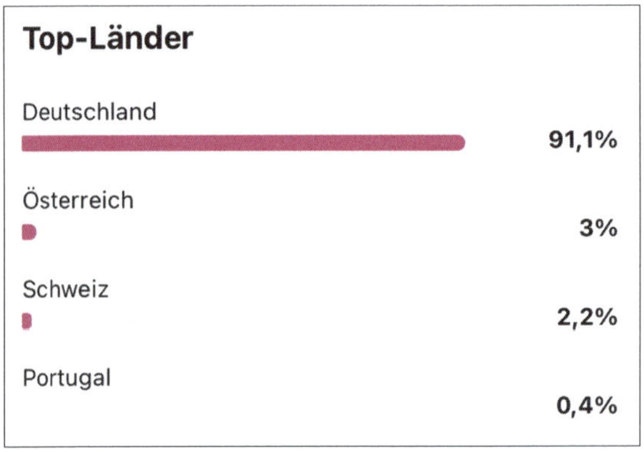

Abbildung 12.21 Instagrams demografische Angaben zu deinen Followern betrachten

Noch besser: Du siehst auch, wann deine Follower am aktivsten sind. Diese Infos sind Gold wert, um deine Inhalte passgenau auf deine Community zuzuschneiden. Poste zu den Zeiten, an denen deine Follower am meisten online sind – das erhöht die Chance, dass deine Beiträge direkt gesehen und gelikt werden. Und wenn du siehst, dass viele aus einer bestimmten Region zuschauen, kannst du das inhaltlich aufgreifen.

Was auch cool ist: Instagram teilt regelmäßig Tipps, sogenannte Best Practices, und Trends, die dir helfen, deine Strategie zu optimieren. Nutze die Insights und die Tipps von Instagram, um deine Ziele effizienter zu erreichen und deine Community nachhaltig wachsen zu lassen (Abbildung 12.22).

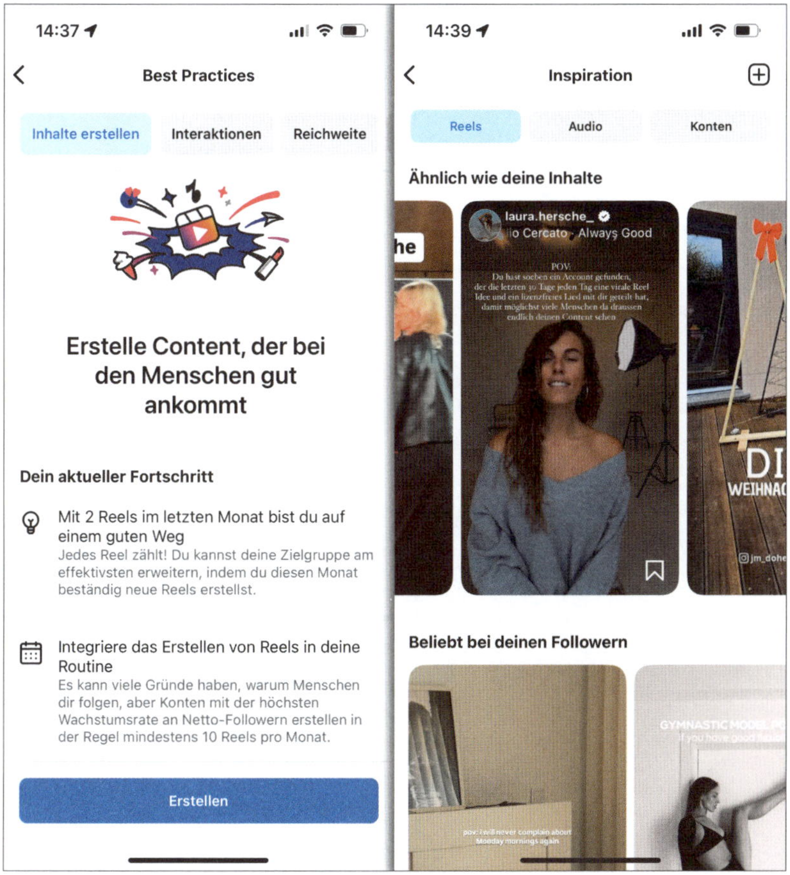

Abbildung 12.22 Instagram bietet »Best Practices«.

In Kombination mit deinen Insights kannst du gezielt Inhalte entwickeln, die deine Reichweite und dein Engagement steigern. Denke daran: Social Media ist kein Sprint, sondern ein Marathon. Mit einem strategischen Ansatz wächst deine Community nachhaltig – und das macht langfristig den Unterschied. Egal ob du noch am Anfang stehst oder schon tief in das Instagram-Game eingetaucht bist: Die Insights sind dein bester Freund, um Content zu erstellen, der nicht nur gesehen, sondern auch gefeiert wird. Also los, tauch ein und mach das Beste aus deinen Daten!

12.4 TikTok

TikTok bietet dir eine Reihe an Daten, um deine Videos zu analysieren und zu verstehen, wie sie bei deiner Zielgruppe ankommen. Das Beste: Diese Statistiken sind einfach zugänglich und total nützlich, wenn du gezielt wachsen willst. Lass uns gemeinsam durchgehen, wie du deine Impressions checkst und diese Insights nutzt, um deine Inhalte zu optimieren. Der erste Schritt ist ganz einfach: Öffne die TikTok-App und gehe zu deinem TikTok Studio. Dort findest du eine kleine Übersicht mit den wichtigsten Zahlen zu deinen neuesten Videos (Abbildung 12.23).

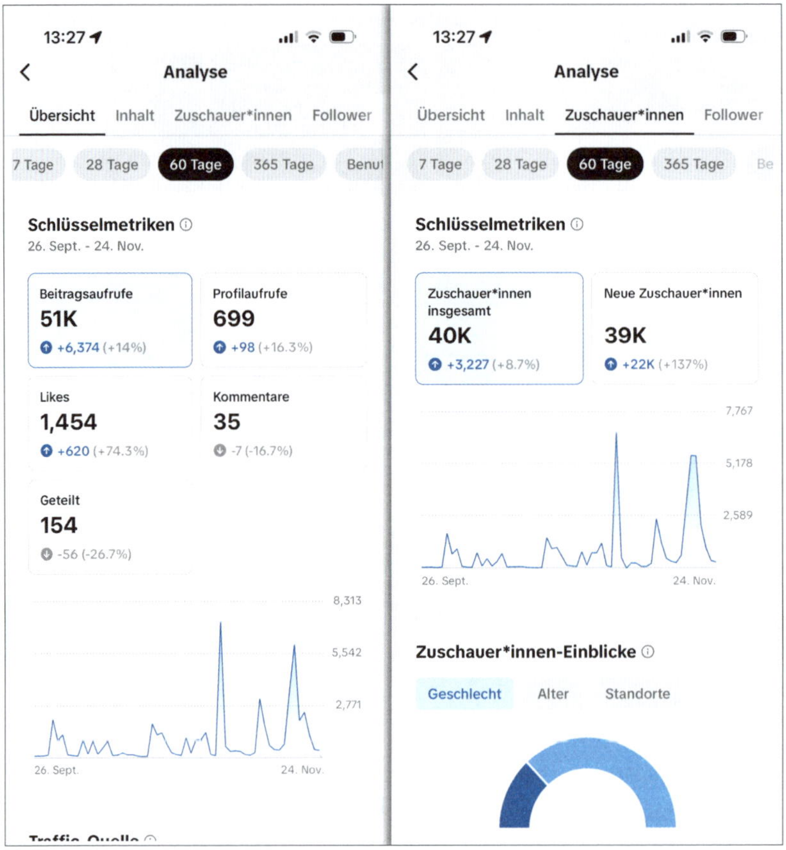

Abbildung 12.23 TikTok-Analysebereich in der App im Bereich »TikTok Studio«

Für detailliertere Insights klickst du auf ALLE ANZEIGEN, um in den vollständigen Analysebereich zu gelangen. Hier siehst du alles – von den Aufrufen bis zu den Engagement-Zahlen. Ich zeige dir jetzt die wichtigsten Kennzahlen: Videoaufrufe zeigen, wie oft dein Clip angeschaut wurde. Aber Vorsicht: Viele Aufrufe allein sind kein Erfolgsgarant. Schau dir an, wie lange die Menschen dranbleiben (Verweildauer) und ob sie interagieren. Falls nicht, überleg, wie du die ersten Sekunden packender machen kannst – ein spannendes Intro ist Gold wert! Die durchschnittliche Wiedergabedauer ist einer der wichtigsten Indikatoren für den TikTok-Algorithmus. Je länger die Zuschauenden dranbleiben, desto häufiger wird dein Video empfohlen. Falls die Watch Time niedrig ist, überlege, wie du Highlights schneller zeigst und das Interesse durch schnelle Schnitte und visuelle Effekte hältst. Pack das Spannendste direkt in die ersten zwei Sekunden!

Aussagekräftig ist auch die Liste der Creators und Beiträge, die von deinem Publikum häufig angesehen werden. Das ist deine direkte »Konkurrenz«, die auch deine Zielgruppe anspricht. Welche Videos deiner Mitstreitenden sind besonders gut gelaufen? TikTok hebt diese praktischerweise für dich hervor. Schau dir genau an, was sie so erfolgreich gemacht hat: Waren es die Themen, die Sounds, Schnitte oder die Interaktionen? Nutze diese Erkenntnisse, um ähnliche Inhalte zu erstellen. Repliziere nicht einfach, sondern entwickle erfolgreiche Ideen weiter. Vielleicht gibt es eine Fortsetzung oder einen tieferen Einblick in das Thema. Einige Videos erreichen besonders viele Nicht-Follower. Diese Clips sind perfekt, um deine Reichweite auszubauen. Analysiere, was sie so anziehend für Neuankömmlinge gemacht hat – Trends, universelle Themen oder ein besonders packender Start? Nutze deswegen virale Sounds und eindeutige Call-to-Actions wie »Folge mir für mehr Tipps!«.

Prüfe deine Reputation auf TikTok sowie die anderer TikToker mit dem Tool *VidIQ*. Die Browser-Extension habe ich dir im Abschnitt zu YouTube in diesem Kapitel bereits vorgestellt. Auch für TikTok greift das Tool, wie in Abbildung 12.24 zu sehen.

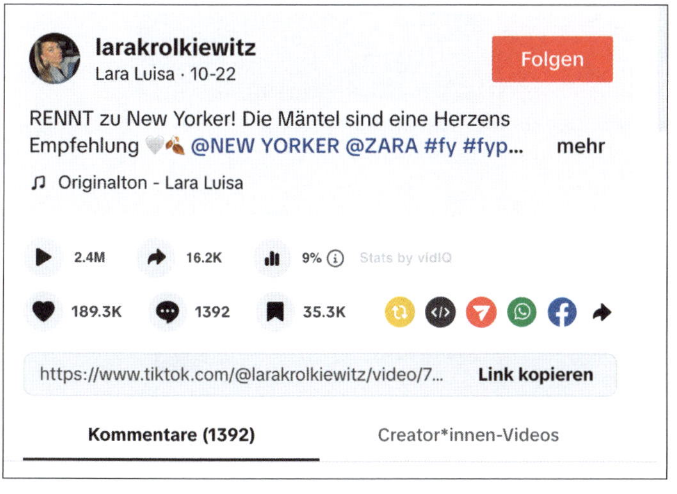

Abbildung 12.24 VidIQ für TikTok zeigt dir schnell Statistiken und Tipps (*https://www.tiktok.com/@larakrolkiewitz*)

Tipp

Folge aktuellen Trends oder nutze beliebte Hashtags, um in der ForYou-Page sichtbar zu werden.

TikTok zeigt dir nicht nur, wie deine Videos performen, sondern auch, wer sie anschaut und wann. Du erfährst, woher deine User kommen, wie alt sie sind und welches Geschlecht sie haben. Passt dein Content zu ihrer Kultur, Sprache oder Altersgruppe? Nutze das Wissen und erstelle regional relevante Inhalte, z. B. Feiertage und Ereignisse, oder nutze populäre Themen und Trends, die für deine Hauptaltersgruppe spannend sind. Poste zu den Spitzenzeiten deiner Community – also dann, wenn die meisten online sind. Tipp: Lade dein Video ein bis zwei Stunden vor der Hauptaktivität hoch, damit es pünktlich in der ForYou-Page auftaucht. TikTok zeigt dir auch, welche anderen Creators und Videos deine Zuschauenden interessant finden. Schau dir deren Inhalte an und überlege, wie du ähnliche Themen auf deine Weise umsetzen kannst.

Ein großer Bereich auf TikTok sind die Livestreams, auch die kannst du über das LIVE-Zentrum auf TikTok analysieren (Abbildung 12.25).

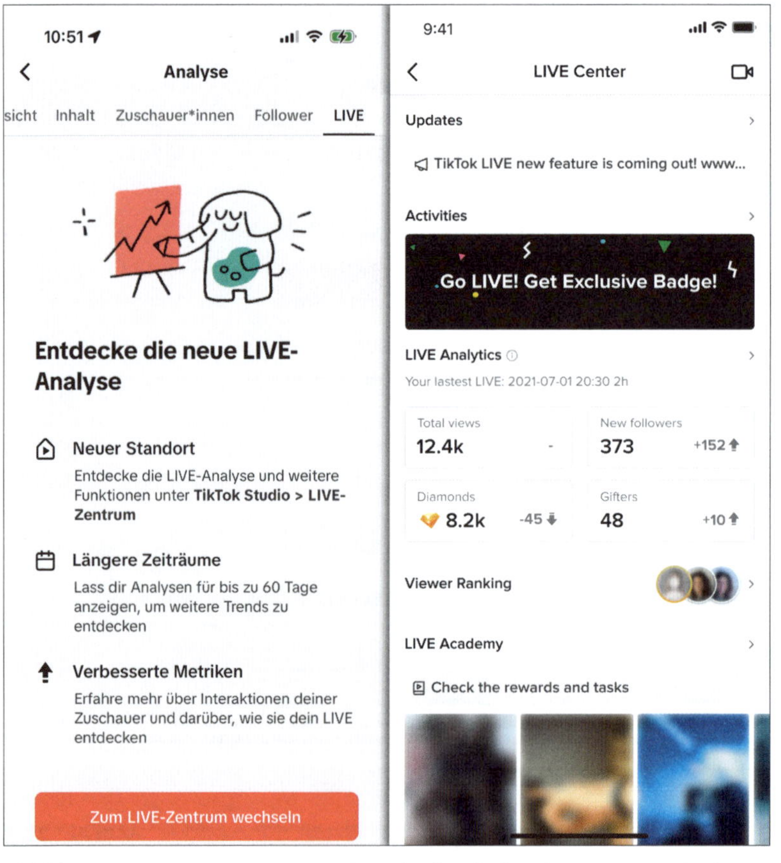

Abbildung 12.25 Das LIVE-Zentrum bei TikTok aufrufen (*https://www.tiktok.com/live/creators/en-US/article/tiktok-live-center-101_en-US*)

Du kannst sehen, wie viele Menschen deinen Stream geschaut haben, wie lange sie drangeblieben sind und wie viele Interaktionen es gab – zum Beispiel Kommentare, Likes oder Shares. Auch deine gesammelten Diamanten, die du durch virtuelle Geschenke bekommen hast, werden hier angezeigt. Zusätzlich gibt es die LIVE Academy, in der du mithilfe kurzer Videos und Aufgaben lernst, wie du bessere Streams machst (schöner und spannender) und dabei sogar Diamanten verdienen kannst. Das ist perfekt, wenn du gerade erst mit Livestreaming anfängst. Das LIVE-Zentrum ist also nicht nur ein cooles Tool für mehr Erfolg, sondern macht auch richtig Spaß – probier's aus!

Die Magie passiert, wenn du die einzelnen Datenpunkte miteinander verknüpfst. Hast du viele Views, aber wenig Engagement? Dann ist dein Video vielleicht nicht emotional genug. Wenn du eine hohe Watch Time, aber wenige Shares hast, fehlt vielleicht der »Wow«-Effekt, der die Leute zum Teilen motiviert. Viele Shares führen oft zu neuen Followern. Mach Inhalte, die inspirieren, unterhalten oder überraschen. TikTok-Analytics ist wie ein Spiegel für deinen Content: Du siehst, was funktioniert, und kannst darauf aufbauen. Analysiere regelmäßig, welche Inhalte gut ankommen, und nutze diese Erkenntnisse, um deine Videos noch besser zu machen. Plane strategisch und bleib experimentierfreudig.

Kapitel 13

Sichere dich ab! – Rechtliche FAQs für Video-Creators

Jura studiert haben musst du als Video-Creator nicht. Mach es dir aber zur Regel, über rechtliche Entwicklungen im Internetbereich auf dem Laufenden zu bleiben. Die häufigsten Rechtsfragen fasst Rechtsanwalt Niklas Plutte (Abbildung 13.1) in den folgenden FAQs für dich zusammen. Bitte beachte, dass es sich nur um einen Überblick handelt.

Abbildung 13.1 Rechtsanwalt Niklas Plutte

Niklas Plutte schreibt über Rechtsfragen, die Content-Creators beachten müssen

Rechtsanwalt Niklas Plutte ist Fachanwalt für gewerblichen Rechtsschutz. Seine Mainzer Kanzlei berät seit mehr als 15 Jahren bundesweit sowie international Unternehmen in allen Fragen des Onlinerechts. Er ist Dozent der TH Köln für SEO-Recht, Mitautor mehrerer Bücher (z. B. zu Onlinemarketing, Urheberrecht und Abmahnungen) sowie seit Jahren Speaker auf zahlreichen Konferenzen der Internetbranche. Daneben ist Niklas Plutte Gründer und Geschäftsführer des Legal-Tech-Diensts avalex, der abmahnsichere Rechtstexte für Websites und Onlineshops anbietet, die sich automatisch an die aktuelle Rechtslage anpassen.

13.1 Was darf ich auf Onlineplattformen hochladen?

Das Hochladen eines Videos auf Internetplattformen wie YouTube, Twitch, Instagram oder TikTok ist eine sogenannte öffentliche Zugänglichmachung, die nur erlaubt ist, wenn du die nötigen Rechte an den hochgeladenen Inhalten besitzt. Prüfe am besten gedanklich, ob du sowohl am Video (Film, eingefügte Fotos, Text) als auch am Ton (zum Beispiel Hintergrundmusik) alle Rechte innehast. Von fremden Videos, wie zum Beispiel Sequenzen aus Kinofilmen, TV-Sendungen oder auch anderen YouTube-Videos, solltest du die Finger lassen. Gleiches gilt für Musik. Nur weil ein Song gut zu deinem Video passt, heißt das nicht, dass du ihn als Hintergrundmusik verwenden darfst. Wenn du fremde Musik in dein Video einbinden willst, solltest du dich daher genau erkundigen, ob die Verwendung auf der jeweiligen Plattform erlaubt ist, ob und welche Kennzeichnungspflichten bestehen und was die Nutzung kostet.

Creative Commons

Suche einfach mal im Internet nach Musik unter Creative-Commons-Lizenz (Abbildung 13.2), diese Songs stehen zur freien Verfügung. Super wichtig: Kennzeichne diese immer richtig, auch wenn es »freie« Musik ist!

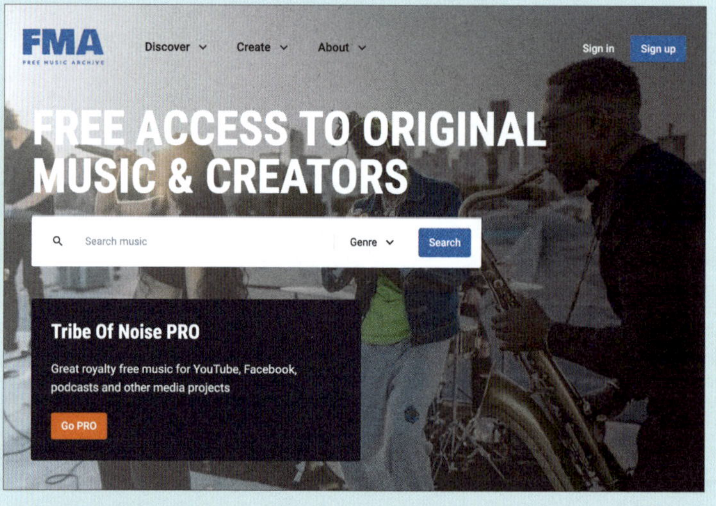

Abbildung 13.2 Einige Plattformen bieten freie Musik mit CC-Lizenz an.

Schließlich solltest du prüfen, ob dein Video oder Stream möglicherweise fremde Persönlichkeitsrechte verletzen könnte. Kritik ist erlaubt, Beleidigungen sind es nicht. Intime oder andere bloßstellende Videos gehören ebenfalls nicht ins Internet, selbst wenn du den Content selbst erstellt hast und damit dessen Urheber bist.

Übrigens: Auch Unternehmen können in ihren Persönlichkeitsrechten verletzt werden, zum Beispiel durch Schmähkritik, unwahre Tatsachenbehauptungen oder Boykottaufrufe.

Darf ich fremde Inhalte (Video, TV, Bild, Text) in meine Videos einbinden?

Fremde Videos, TV-Mitschnitte, einzelne Sequenzen und sogar Standbilder aus fremden Videos sind fast immer urheberrechtlich geschützt. Texte sind nur geschützt, wenn sie Schöpfungshöhe erreichen. Das bedeutet: Der Grad deiner Schöpfung muss relativ hoch und neu sein und nicht nur eine bloße Kopie von anderen Inhalten. Wann dies der Fall ist, lässt sich leider nicht pauschal sagen. Bei Tweets gehen die meisten Juristen zum Beispiel davon aus, dass diese aufgrund ihrer Kürze in 99 % aller Fälle nicht urheberrechtlich geschützt sind. Als Faustregel solltest du aber lieber davon ausgehen, dass fremder Text urheberrechtlich geschützt ist.

Die großen Videoplattformen stellen noch mehr Informationen zum Urheberrecht bereit. Schau beispielsweise für YouTube unter *www.youtube.com/howyoutubeworks/policies/copyright* nach (Abbildung 13.3), für Twitch unter *https://safety.twitch.tv/s/article/Community-Guidelines?language=de*, für Instagram unter *https://help.instagram.com/126382350847838* oder für TikTok unter *https://www.tiktok.com/legal/page/global/copyright-policy/de*. Dort findest du beispielsweise auch Anleitungen, wie man gegen Rechteverletzungen auf der jeweiligen Plattformen vorgehen kann.

Abbildung 13.3 Infos zum Umgang mit dem Urheberrecht auf YouTube

Da alle großen Videoplattformen mit Ausnahme von TikTok zu amerikanischen Konzernen gehören, sind die in den Guidelines dargestellten urheberrechtlichen

Infos nicht immer zu 100 % auf die deutsche Rechtslage übertragbar. Die zentralen Aspekte sind aber gleich. Einige stelle ich dir jetzt vor:

Nehmen wir an, du möchtest einen urheberrechtlich geschützten Inhalt in dein Video übernehmen, zum Beispiel ein fremdes Foto oder eine Videosequenz. Wenn du eine – am besten schriftliche – Erlaubnis vom Rechteinhaber erhältst, ist das natürlich erlaubt. Vielleicht hast du mit einer freundlichen Anfrage beim Rechteinhaber sofort Erfolg, zum Beispiel wenn die Verwendung für ihn mit einer Werbewirkung verbunden ist. Also trau dich einfach zu fragen! Beachte gleichzeitig, dass solche Anfragen schnell als Spam empfunden werden, vor allem wenn sie per Telefon oder E-Mail erfolgen. Solltest du nicht über eine Erlaubnis des Rechteinhabers verfügen, kann die Verwendung des fremden Inhalts ausnahmsweise trotzdem vom Zitatrecht gedeckt sein (§ 51 UrhG) – so ähnlich, als würde man ein Gedicht von einem bekannten Dichter wiedergeben. Aber Vorsicht, das Zitatrecht wird oft falsch verstanden. Als Erstes muss der übernommene Teil legal veröffentlicht worden sein. Aus einem illegal hochgeladenen Video darf man nicht zitieren. Wurde der fremde Inhalt legal veröffentlicht, reicht es nicht, wenn du ihn in dein Video einfügst und den Urheber quasi als Ausgleich per Copyright-Hinweis benennst (Beispiel: »© Niklas Plutte«). Das Zitatrecht setzt nämlich voraus, dass du dich mit dem fremden Inhalt geistig auseinandergesetzt hast. Dafür genügt es nicht, fremden Content zusammenhanglos einzufügen oder anzuhängen. So wäre es zum Beispiel nicht erlaubt, ein Foto oder einen Videoausschnitt als bloße Illustration des eigenen Videos zu verwenden, weil das thematisch gut passt. Entscheidend ist, dass eine innere Verbindung mit den eigenen Gedanken hergestellt wird. Das Oberlandgericht Köln urteilte zur Einblendung eines Filmausschnitts in einem YouTube-Video beispielsweise:

> *»Ein Zitat ist deshalb grundsätzlich nur zulässig, wenn es als Belegstelle oder Erörterungsgrundlage für selbstständige Ausführungen des Zitierenden erscheint. An dieser Voraussetzung fehlt es jedenfalls dann, wenn der Zitierende sich darauf beschränkt hat, das fremde Werk unter Beifügung einiger dürftiger Bemerkungen mehr oder minder mechanisch auszugsweise zu wiederholen. Werden Filmsequenzen um ihrer selbst willen in eine Sendung integriert, ohne dass sie die Grundlage für eigene inhaltliche Ausführungen des Moderators bilden, für die die übernommene Sequenz als Beleg oder als Erörterungsgrundlage dienen könnte, so wird dies vom Zitatrecht nicht gedeckt.« (OLG Köln, Urteil vom 13.12.2013, Az. 6 U 114/13)*

Viele Screenshots und Videosequenzen, die man in Onlinevideos findet, dürften somit Urheberrechtsverletzungen darstellen. Zur Sicherheit solltest du also immer auf die gezeigten fremden Inhalte eingehen und ein paar Sätze, wie etwa deine eigene Meinung, dazu sagen.

Darf ich fremde Videos oder Tonspuren von Videoplattformen herunterladen?

Wenn ein Video legal hochgeladen wurde, darf jeder sowohl das Video als auch die Tonspur herunterladen und auf dem eigenen Computer speichern (Recht zur Privatkopie). Du findest im Netz entsprechende kostenlose Software (Abbildung 13.4). Problematisch bleibt, dass du von außen meist nicht erkennen kannst, ob das Video rechtmäßig hochgeladen wurde. Solange du nur herunterlädst, sind die rechtlichen Risiken im Ergebnis aber gering.

Abbildung 13.4 Softwarebeispiel für YouTube-Video-Downloads

> **Einwilligung des Rechteinhabers einholen**
> Selbst wenn du ein Video bzw. dessen Tonspur legal herunterladen durftest, bedeutet das nicht, dass du die Inhalte im Rahmen deines eigenen Videos neu hochladen darfst. Dies ist nur mit Einwilligung des Rechteinhabers oder im Rahmen des Zitatrechts erlaubt (siehe vorheriger Abschnitt).

Was muss ich bei Hintergründen in meinen Videos oder Streams beachten?

Wenn du Videos selbst erstellst, kann es vorkommen, dass fremde urheberrechtlich geschützte Werke im Hintergrund auftauchen (zum Beispiel Plakate, Logos, Fotos oder Gemälde, siehe Abbildung 1.5). Als Faustregel gilt: Wenn man das Werk weglassen oder austauschen könnte, ohne dass es einem normalen Betrachter auffällt oder ohne dass es die Gesamtwirkung deines Videos in irgendeiner Weise beeinflusst, handelt es sich um ein unwesentliches Beiwerk. In diesem Fall brauchst du keine Erlaubnis des Rechteinhabers. Wenn das Werk dagegen stil- oder stimmungsbildend wirkt bzw. eine bestimmte Wirkung oder Aussage deines Videos unterstreicht, ist es im rechtlichen Sinne keine Nebensächlichkeit mehr. Die Verwendung ist dann nur mit Erlaubnis des Rechteinhabers zulässig.

Abbildung 13.5 Das Dallmayr-Logo auf einem Schild im Hintergrund (*https://www.twitch.tv/knirpz*)

Was muss ich beachten, wenn fremde Personen in meinem Video erscheinen?

Im Grundsatz darfst du ein Video nur dann erstellen und ins Internet hochladen, wenn alle darin erscheinenden Personen mit der Herstellung des Videos oder Streams und dessen Veröffentlichung einverstanden sind. Die Erlaubnis solltest du dir im Idealfall von jeder Person schriftlich einholen, E-Mails reichen auch aus. Eine Ausnahme von diesem Grundsatz besteht dann, wenn Personen auftauchen, die als bloßes Beiwerk einzustufen sind (Beispiel: Passanten auf der Straße, die zufällig durchs Bild laufen). Aufnahmen von größeren Menschenansammlungen sind ebenfalls ohne Einwilligung der einzelnen Personen erlaubt, aber nur solange Einzelne nicht besonders in den Fokus genommen werden, zum Beispiel per Zoom.

Die rechtlichen Details sind komplex. Grob gesagt gilt: Wenn dein Content einen Beitrag zur öffentlichen Meinungsbildung leistet und nicht nur der Befriedigung der Neugier der Öffentlichkeit dient, benötigst du keine Einwilligung der abgebildeten Person. Falls du sichergehen willst, solltest du vorab rechtliche Beratung einholen oder auf die kritische Sequenz verzichten.

Welche Musik darf ich verwenden, und wie muss ich diese genau kennzeichnen?

Du kannst entweder gemeinfreie Musik verwenden, die nicht mehr urheberrechtlich geschützt ist, was zum Beispiel auf viele Titel der klassischen Musik zutrifft. Denn gemeinfrei ist Musik, wenn der Urheber seit mehr als 70 Jahren verstorben ist, und das trifft ja auf Beethoven, Mozart usw. zu. Alternativ besteht die Möglichkeit, im Internet nach freier Musik zu recherchieren. Es gibt zum Beispiel aktuellere Musik und Sounds, die unter Creative-Commons-Lizenz für jedermann frei nutzbar sind, also ohne die Zahlung von Lizenzgebühren. Achte in diesem Fall aber genau darauf, unter welcher Creative-Commons-Lizenz das jeweilige Stück steht. Beispielsweise kann ein Titel nur für die redaktionelle, nicht aber die kommerzielle Nutzung freigegeben sein. Einfach erklärt, bedeutet kommerziell, dass du damit Geld verdienst oder zumindest verdienen willst. Das ist am Anfang deiner Creator-Karriere bestimmt noch nicht der Fall, aber vielleicht später. Du musst jedoch von Beginn an darauf achten, nur Songs zu verwenden, die freigegeben sind, denn du hast ja die Absicht, Geld mit deinen Videos zu verdienen. Speziell bei Musik musst du außerdem prüfen, ob eine Bearbeitung des Musikstücks vom Urheber erlaubt wurde, ob du also auch nur Teile des Stücks verwenden oder gar ändern darfst, indem du einen anderen Beat darunterlegst. Außerdem ist es extrem wichtig, dass eine korrekte und inhaltlich präzise Lizenzkennzeichnung erfolgt. Meiner Meinung nach reicht es aus, den Creative-Commons-Lizenz-Hinweis in der Beschreibung des Videos aufzuführen. Musik unter Creative-Commons-Lizenz findest du beispielsweise unter *https://creativecommons.org/about/program-areas/arts-culture/arts-culture-resources/legalmusicforvideos*.

Darf ich fremde Videos erneut (mit Änderungen) in meinem Account hochladen?

Frei nach dem Motto »Alle machen es, dann muss es auch bei mir erlaubt sein« findest du im Internet Videos, die von Usern heruntergeladen und dann ohne Erlaubnis des tatsächlichen Urhebers unverändert oder nur minimal verändert als eigener Content erneut hochgeladen wurden, z. B. auf YouTube, TikTok oder Instagram. Zum Beispiel wird der Trailer eines neuen Kinofilms mit Sprüchen unterlegt und dann wieder hochgeladen. Diese Praxis nennt man Freebooting. Hat sich der ursprüngliche Urheber mit der erneuten Veröffentlichung im fremden Account nicht vorab einverstanden erklärt, handelt es sich allerdings durchweg um Urheberrechtsverletzungen, die kostenpflichtig abgemahnt werden können. Wenn du so etwas machst, bekommst du mit hoher Wahrscheinlichkeit einen bösen Brief von einem Anwalt und musst Strafe zahlen. Parallel kann der Urheber die Videoplattform dazu auffordern, dein Video von der Plattform zu löschen (»Notice & Takedown« genannt).

13.2 Das Impressum

Sobald du mit deinem Channel Geld verdienen möchtest, benötigst du ein offizielles Impressum. In Deutschland gelten auch die deutschen Gesetze. Ich habe dazu den Mainzer Anwalt Niklas Plutte befragt:

> *»Wenn du deinen Kanal nicht nur zu privaten Zwecken betreibst, musst du ein Impressum mit diversen Pflichtangaben aufführen, z. B. deinen (Firmen-)Namen, Anschrift, E-Mail-Adresse und ggf. Telefonnummer (§ 5 TMG). Um herauszufinden, welche Angaben in dein Impressum gehören, kannst du z. B. unseren kosten-*

losen Impressum-Generator unter www.ra-plutte.de/impressum-generator nutzen. Beispiel YouTube: Die Darstellung der Impressumsangaben sollte bei YouTube nicht im Register ›Kanalinfo‹ erfolgen. Mehrere Gerichte haben entschieden, dass Nutzende bei Rubriken wie ›Info‹, ›Information‹ oder eben ›Kanalinfo‹ nicht davon ausgehen werden, dort ein Impressum vorzufinden.«

Deshalb rät Rechtsanwalt Niklas Plutte dazu, einen Link zu einem externen Impressum einzubinden, der auf deinem Social-Media-Account angezeigt wird. Ich zeige dir, wie es geht. Du brauchst zunächst einen Bereich oder eine Unterseite auf deiner Website, auf der alle Pflichtangaben stehen. Die URL dazu nennst du dann zum Beispiel *www.DeineWebsite.de/Impressum*. Diesen Link gilt es laut deutschem Recht gut sichtbar in deinem Social-Media-Kanal einzubinden. Ich erkläre dir nun, wie der Link zum externen Impressum in deinem YouTube-Kanal angelegt wird. Öffne die YouTube-Website am PC und klicke rechts oben auf dein Profilbild. Es öffnet sich ein Menü, in dem du MEIN KANAL wählst. Nun siehst du deinen Channel und kannst rechts oben den blauen Button KANAL ANPASSEN anklicken. Es öffnet sich eine neue Seite mit verschiedenen Einstellungsmöglichkeiten. Klicke im Bereich ALLGEMEINE INFORMATIONEN BEI BENUTZERDEFINIERTEN LINKS auf LINK HINZUFÜGEN. Bitte verwende im ersten Feld als Bezeichnung nur den Begriff IMPRESSUM. Im zweiten Feld fügst du den Link zum Impressum ein. Verwende dabei im Idealfall einen sprechenden Link, beispielsweise *www.ra-plutte.de/impressum*.

Auf Twitch reicht es, wenn du ein Panel hinzufügst. Wie das geht, erkläre ich in Kapitel 9, »Pimp deinen Content für mehr Reichweite«. Im Feld BILDLINKS ZU: kannst du deinen Link zum Impressum einsetzen. Den Panel-Titel würde ich auch eindeutig mit dem Wort IMPRESSUM beschriften.

Bei Instagram klickst du in der App oder am PC auf PROFIL BEARBEITEN. Über dem Steckbrief kannst du den Link zu deinem Impressum im Feld WEBSITE einfügen. Somit erscheint dein Impressum in der Bio und ist für alle User sichtbar.

Ziemlich genauso funktioniert das bei TikTok. Auch hier rufst du dein Profil auf und klickst auf PROFIL BEARBEITEN. Etwas weiter unten in der App findest du dann WEBSITE. An dieser Stelle fügst du deinen Link zum Impressum ein. Speichern nicht vergessen – und fertig!

Der Begriff *Impressum* muss auf jeden Fall in deiner URL auftauchen. Vergiss nicht, deine Eingaben zum Schluss durch Klick auf den Button FERTIG zu bestätigen. Wenn du jetzt deine Channel-Übersicht aufrufst, solltest du den Impressumslink am rechten unteren Ende des Kanalbanners sehen. Als Administrator des Channels kannst du den Impressumslink nicht anklicken. Wenn du die Darstellung aber von ICH SELBST zu NEUER BESUCHER änderst, kannst du ganz einfach testen, ob die Einbindung geklappt hat und ein Klick auf den Impressumslink auch wirklich zum Impressum führt.

13.3 Top Ten der Rechtsfallen für angehende Video-Creators

Ready? Nein, stopp! Hier kommen noch sehr wichtige Tipps, die du unbedingt vor der Produktion bzw. Veröffentlichung deiner ersten Videos lesen solltest!

Mit dem Button UPLOAD betrittst du automatisch die Welt, in der man salopp gesagt vor Gericht gezerrt werden kann. Es geht um Rechte, die entstehen oder verletzt werden können, um Schleichwerbung und grundsätzliche Regeln zu Inhalten, die auf Videoplattformen gezeigt werden dürfen oder eben nicht. Auch auf die Frage, ab wann das, was du tust, als Job zu betrachten ist, geben wir dir Antwort. Dies ist ein »Schutzengel-Kapitel« mit einigen Tipps auf deinem Flug nach ganz oben, damit du zwischendurch nicht tief fällst, weil du dich angreifbar gemacht hast. In diesem Sinne wünschen wir dir einen guten Flug!

1. Rundfunklizenz nach dem Medienstaatsvertrag (MStV)

»Dicker Mann ist jetzt Fernsehsender« betitelte der bekannte Let's Player Erik Gronkh Range (ca. fünf Millionen Abonnenten) den Umstand, dass er nach einer Abmahnung der Landesmedienanstalt NRW seit Januar 2018 für seine Streaming-Kanäle eine Rundfunklizenz erwerben musste.

Eine Rundfunklizenz kostet zwischen 1.000 und 10.000 €. Sie ist für Veranstalter von privatem Rundfunk nach § 52 Abs. 1 Satz 1 MStV grundsätzlich Pflicht. Onlinestreaming über YouTube, aber auch über Twitch oder andere Onlineplattformen, kann Rundfunk nach § 2 Abs. 1 MStV darstellen, wenn dadurch der Allgemeinheit journalistisch-redaktionelle Inhalte über das Internet zur Verfügung gestellt werden. In den folgenden Fällen besteht jedoch keine Lizenzpflicht, weil ein zulassungsfreies Programm vorliegt:

1. Das Programm entfaltet nur geringe Bedeutung für die individuelle und öffentliche Meinungsbildung (§ 54 Abs. 1 Satz 1 Nr. 1 MStV).
2. Das Programm erreicht in seiner tatsächlichen oder prognostizierten Entwicklung im Durchschnitt von sechs Monaten weniger als 20.000 gleichzeitige Nutzer (§ 54 Abs. 1 Satz 1 Nr. 2 MStV).

Ob das Programm nur geringe Bedeutung hat, kann man nicht pauschal beantworten. Das muss in jedem Einzelfall überprüft werden. Für die Beurteilung der Relevanz kommt es auf mehrere Faktoren an, zum Beispiel auf den Grad der journalistisch-redaktionellen und visuellen/akustischen Gestaltung, die Interaktionsmöglichkeiten mit den Inhalten sowie die Frequenz und Länge der Ausstrahlungen. Entscheidend wird es regelmäßig auf die zweite Ausnahme ankommen, das heißt die Unterschreitung von 20.000 gleichzeitigen Usern über den Bemessungszeitraum von sechs Monaten. Wer als Video-Creator sichergehen möchte, ob das eigene Angebot dem Rundfunkbegriff unterfällt, kann bei der zuständigen Landesmedienanstalt eine Unbedenklichkeitsbescheinigung nach § 54 Abs. 1 Satz 2 MStV anfordern.

2. Urheberrechtlich geschützte Hintergrundmusik

Die YouTuberin Michelle Phan (knapp neun Millionen Abos) unterlegte ihre Schminktipp-Tutorials mit Musik von Ultra Records. Als ihre Videos 2014 die 50-Millionen-Klickmarke erreichten, wurde sie vom Label in den USA verklagt. Phan sollte pro verwendeten Track 150.000 € zahlen. Die YouTuberin erhob daraufhin Gegenklage. Ein Jahr später wurden beide Klagen zurückgezogen, weil man sich geeinigt hatte. Wie die Einigung aussah, bleibt zwar ein Geheimnis, dass Michelle Phan aber überhaupt auf Augenhöhe mit einem großen US-Label verhandeln konnte, hatte sie ihren vielen Fans zu verdanken.

3. Schleichwerbung

Uwe Schüder alias Flying Uwe (1,3 Millionen Abonnenten) musste ein Bußgeld in Höhe von 10.500 € an die Medienanstalt Hamburg/Schleswig-Holstein zahlen. Trotz mehrerer Hinweise hatte er keine Dauerwerbesendung-Kennzeichnung in seine YouTube-Videos eingefügt, in denen er Produkte bewarb. Flying Uwe übersah, dass die Pflicht zur Werbekennzeichnung auch für eigene Produkte gilt. Die beworbenen Artikel (Fitnesskleidung und Nahrungsergänzungsmittel) stammten von einem Unternehmen, das er selbst als Geschäftsführer leitete. Doch auch für Telemedien gilt der Werbegrundsatz, dass Dauerwerbesendungen von Anfang an gekennzeichnet werden müssen, wenn es sich um fernsehähnliche Inhalte handelt. Eine Anleitung dazu, wie du Werbung zu markieren hast, findest du in Abschnitt 13.5.2, »Wie und wann muss ich Werbung kennzeichnen?«.

4. Verbotene Inhalte auf YouTube

Valentin Matthias Sarazar Rahmel hat mehr als zwei Millionen Abonnentinnen und Abonnenten und ist damit unter den Top 40 der deutschsprachigen YouTube-Kanäle. Normalerweise produziert er sehr erfolgreiche Let's Plays von angesagten Spielen. Bei dem PS2-Spiel »Fahrenheit« wurde ihm jedoch eine Pixel-Sex-Szene zum Verhängnis. Aufgrund mehrerer Nutzermeldungen versah YouTube zwei seiner Videos mit sogenannten »Strikes«. Einen Strike bekommt man ansonsten hauptsächlich für Urheberrechtsverletzungen. Möglich ist dies aber auch bei Inhalten, die gegen die YouTube-Richtlinien verstoßen. Wie man es vom Baseball kennt, ist nach drei Strikes Schluss. Sarazar legte daher eine Pause ein, bis das Problem behoben war. Hätte er einen weiteren Strike kassiert, wäre sein Kanal automatisch gesperrt worden. Einen YouTube-Kanal wiederherstellen zu lassen, ist sehr viel komplizierter, als gegen die ersten beiden Strikes vorzugehen.

5. Netzwerke und Manager

Fritz Wagner ist vielleicht selbst nicht so bekannt wie sein YouTube-Hit »Thüringer Klöße« (zwölf Millionen Klicks), er hat aber dasselbe Problem wie z. B. Simon Unge Wiefels vor vier Jahren. Beide haben Verträge abgeschlossen, die sie eigentlich bei ihren

Projekten unterstützen sollten. Beide waren aber unzufrieden und wollten sich von ihrem jeweiligen Vertragspartner lösen. Die Gegenpartei bestand aber darauf, dass die Verträge einzuhalten sind. Während Unge seine Kanäle mit zwei Millionen Abos (und mehr als 30 Millionen Klicks im Monat) aufgab und alles neu aufbaute, wurde Wagner vor Gericht verklagt und versuchte im Gegenzug, seinen Vertrag wegen Sittenwidrigkeit anzufechten. Sein Anwalt begründete dies damit, dass der Vertrag für den Künstler nicht »rentabel« sei. Der YouTuber hat den Prozess vor dem Amtsgericht Suhl verloren, seine Managerin bekam Recht. Über eine Berufung ist nichts bekannt. Die Fälle zeigen aber: Man muss sich seine Geschäftspartner gut aussuchen. Sind Verträge unterschrieben, kommt man nur schwer wieder davon los.

6. Geschmacklose Inhalte

Logan Paul hat 23 Millionen Abos und gehört seit Januar 2018 nicht mehr zu »Google Preferred«. Was war geschehen? Paul hatte zuvor aus Japan berichtet, wo er an Silvester im berüchtigten Aokigahara-Wald war. Dieses Gebiet ist bekannt für seine zahlreichen Selbstmorde. Als die Crew den Wald durchforstete, fand sie eine Leiche, die an einem Baum hing, und filmte die Szenerie. Dass dieses Verhalten über alle Maßen pietätlos ist und die Menschenwürde (bzw. hier das »postmortale« Persönlichkeitsrecht) verletzt, muss nicht besonders erwähnt werden. YouTube sah das genauso und beendete nach einer Welle der Entrüstung prompt die Zusammenarbeit mit Logan Paul.

7. Strafrechtliche Äußerungen

Der Schwede Felix Kjellberg hat mit 110 Millionen Abos den größten privaten Kanal auf YouTube. Nicht zuletzt durch sein forsches Auftreten und seine provokante Art schaffte PewDiePie es wie kein zweiter YouTuber, Aufmerksamkeit und Reichweite zu generieren. Dieses Verhalten wurde ihm jedoch zum Verhängnis, als er mehrfach über die Stränge schlug: Im Januar 2017 bezahlte er zwei Männer dafür, ein Schild mit der Aufschrift »Death to all Jews« hochzuhalten. Im September 2017 beschimpfte er im PC-Spiel *Player's Unkown Battleground* (PUBG) einen Kontrahenten als »Nigger« und »Asshole«. Daraufhin zog YouTube die Reißleine und kündigte alle Verträge mit PewDiePie. Seinen Kanal gibt es zwar weiterhin, wäre dies aber in Deutschland geschehen, hätte er sich nach §§ 130, 185 StGB strafbar gemacht wegen Volksverhetzung und Beleidigung.

8. Beleidigung

YouTuber Rustem Ramaj alias Leon Machère (knapp 2,5 Millionen Abos) musste auf die harte Weise lernen, dass das Internet kein rechtsfreier Raum ist. Nachdem er auf Snapchat über ein Fantreffen berichtet hatte, bei dem er von der Polizei wegen einer nicht angemeldeten Versammlung auf ein Polizeirevier mitgenommen wurde, vergriff Ramaj sich im Ton und beleidigte die Beamten als »Scheißpolizisten«. Dies brachte ihm einen Strafbefehl von 32.500 € ein (130 Tagessätze à 250 €).

9. Straftaten

Noch härter erwischte es seinen Kollegen ApoRed (bürgerlicher Name: Ahmad Nadim Ahadi), der seine 2,3 Millionen Abonnentinnen und Abonnenten regelmäßig mit Pranks unterhält. Dass es sich dabei nicht nur um Dummejungenstreiche handelte, stellte das Amtsgericht Hamburg im Oktober 2017 fest. Es verurteilte den YouTuber zu sieben Monaten Haft auf Bewährung und 200 Stunden Sozialarbeit. Ahadi hatte zuvor einen Bombenanschlag vor einer Hamburger Sparkasse vorgetäuscht und die Reaktionen der völlig verschreckten Passanten aufgenommen. Merke: Unterhaltung ist gut, aber nicht um jeden Preis!

10. Meinungsfreiheit

Der Spielekritiker Jim Sterling aus den USA mit knapp 700.000 Abonnenten wurde 2017 von Spieleentwickler »Digital Homicide« verklagt, weil er das Spiel *Slaughtering Grounds* als »Anwärter auf das schlechteste Spiel des Jahres 2014« bezeichnet hatte. Zuvor war YouTube aufgefordert worden, das Video offline zu nehmen, was temporär auch geschah. Die Klage wurde jedoch vom Gericht abgelehnt. Grund: Kritik eines Journalisten ist von der Meinungsfreiheit geschützt, solange sie sachlich und objektiv ist. Da keine Schmähung oder Beleidigung nachweisbar war, ging der Schadenersatzanspruch in Höhe von 10.000.000 US-$ nicht durch.

13.4 Welche Rechte gebe ich ab, wenn ich ein Video auf YouTube, Instagram, TikTok & Co. hochlade?

Die Frage ist nicht so einfach zu beantworten, weil es verschiedene Konstellationen mit jeweils unterschiedlichen rechtlichen Ergebnissen gibt. So kannst du z. B. ein Video allein oder mit mehreren zusammen erstellt bzw. produziert haben. Möglicherweise musst du außerdem Rechte Dritter berücksichtigen (z. B. erkennbare Personen im Video, Hintergrundmusik von Künstlern, Fotos von Dritten usw.). Wenn wir davon ausgehen, dass du ein Video oder auch Stream allein erstellt hast und keine Rechte Dritter betroffen sind, stehen dir als Schöpfer oder Schöpferin des Videos prinzipiell erst einmal alle Urheberrechte an dem Video zu. Das heißt, du darfst entscheiden, wer berechtigt ist, das Video zu kopieren, zu verbreiten, öffentlich zugänglich zu machen und so weiter.

Wenn du dein Video nun auf eine Videoplattform hochlädst, musst du gleichzeitig deren Nutzungsbedingungen akzeptieren (Beispiel: *www.youtube.com/t/terms*). Alle Plattformen haben gemeinsam, dass du ihnen eine weltweite, »nicht-exklusive« und gebührenfreie Lizenz an deinen Inhalten einräumst. Keine Sorge, die Plattformen wollen dir dadurch nicht das Urheberrecht an deinem Video oder

Stream wegnehmen. Das geht gar nicht, weil das Urheberrecht ein höchstpersönliches Recht ist, das nicht auf Dritte übertragen werden kann. Übertragen werden können nur sogenannte »Nutzungs- und Verwertungsrechte«. Da die Rechteeinräumung »nicht-exklusiv« ist, können sowohl die Videoplattform als auch du mit dem Video oder Stream machen, was ihr wollt. Nur dritte Personen müssen dich bzw. die Plattform vorab um Erlaubnis fragen, ob sie den Content oder Ausschnitte daraus weiterverwerten dürfen.

> *Beispiel: »Eine YouTuberin lud ein Video von einem Polizeieinsatz hoch. Eine Tageszeitung entnahm aus dem Video vier Bilder und veröffentlichte die Fotos zusammen mit einem Bericht in ihrer Zeitung. Die YouTuberin beantragte daraufhin, der Tageszeitung die Vervielfältigung, Verbreitung oder sonstige Verwertung von Standbildern des Videos zu verbieten. Sie bekam vom Obersten Gerichtshof in Österreich Recht. Das reine Streaming des Videos wäre nach den Nutzungsbedingungen von YouTube erlaubt gewesen. Es fehlte aber an einer Erlaubnis durch die YouTuberin bzw. YouTube selbst zur Veröffentlichung der Standbilder in der Printpresse (OGH 20.05.2014, 4 Ob 82/14h).«*

Die oben genannten Lizenzen erlöschen, sobald das Video von der Plattform gelöscht wird.

13.5 Werbung auf Videoplattformen

Auf Videoplattformen verdienst du grundsätzlich Geld, indem du Videos hochlädst, diese viele Aufrufe bekommen und die Plattform dir dafür einen Betrag X (entsprechend den Aufrufen) bezahlt.

Daneben gibt es die Möglichkeit, für andere Unternehmen in den Videos oder Streams selbst Werbung zu machen. Meistens werden Unternehmen irgendwann auf dich aufmerksam, wenn du genügend Reichweite/Abonnenten hast, und bieten dir Geld dafür an, dass die eigenen Produkte beworben werden.

Jetzt musst du aufpassen, dass alles richtig gekennzeichnet ist, damit keine Schleichwerbung vorliegt.

13.5.1 Was ist Schleichwerbung?

Schleichwerbung ist Werbung für ein Produkt, ohne dass der Werbecharakter erkennbar wird, weil die Kennzeichnung fehlt. Das Verbot von Schleichwerbung ist an verschiedenen Stellen gesetzlich geregelt, unter anderem in § 5a IV UWG, Art. 19 der AVMD-Richtlinie und im Medienstaatsvertrag. Es geht um Irreführung durch Unterlassen. Das bedeutet, man erzählt keine Lügen, sondern lässt relevante Informationen weg.

13.5.2 Wie und wann muss ich Werbung kennzeichnen?

Wenn in einem Video oder Stream mehrere Produkte vorkommen, muss man zwischen Produktplatzierung (Kennzeichnungspflicht!) und Produkthilfe/-beistellung (frei) unterscheiden.

Produktplatzierung ist grundsätzlich kennzeichnungspflichtig, damit der Zuschauer nicht unbewusst beeinflusst wird. Wenn du ein Video mit mehreren Produkten vorstellst, muss die Bezeichnung »Produktplatzierung« für drei Sekunden am Anfang und am Ende des Videos bzw. Streams eingebunden werden. Dazwischen kannst du das Kennzeichen auf ein »P« (im Kreis) reduzieren. Bei Sponsoring muss nach § 10 MStV nur am Anfang oder am Ende für einen kurzen Moment die Marke des Sponsors gezeigt werden.

Falls sich das gesamte Video oder der ganze Stream nur mit einem einzigen Produkt beschäftigt, handelt es sich um eine Dauerwerbesendung, die auch so gekennzeichnet werden muss. Das Video muss aber mindestens 90 Sekunden lang sein. Sonst hast du einen sogenannten Werbespot produziert. Für diesen gelten die Vorgaben des Medienstaatsvertrags. Danach darf bei Streaming die Sendezeit für Spotwerbung in bestimmten Zeitabschnitten (6–18 Uhr, 18–23 Uhr, 23–24 Uhr) jeweils einen Anteil von 20 % nicht überschreiten. Im Zeitraum von 6 bis 18 Uhr sind also maximal 144 Minuten, im Zeitraum von 18 bis 23 Uhr maximal 60 Minuten und im Zeitraum von 23 bis 24 Uhr maximal 12 Minuten Spotwerbung zulässig.

Diese strengen zeitlichen Vorgaben für Spotwerbung gelten nicht für Kanäle ohne Streaming-Funktion. Für sie gelten aber die übrigen Grundsätze dieses Kapitels, also das Verbot von Schleichwerbung und die Kennzeichnungspflicht von Werbung und Sponsoring, die die nachfolgenden Übersichten näher darstellen.

Falls ein Markenprodukt rein zufällig (also ungeplant) in Videos auftaucht, weil du z. B. in deinem Zimmer oder in der Stadt filmst, muss hier nichts extra ausgezeichnet werden.

Das oben Gesagte gilt auch für alte Videos, weil diese noch im Internet abrufbar sind. Das Thema ist recht kompliziert, deswegen haben wir für dich in Abbildung 13.6 eine Infografik erstellt. In Tabelle 13.1 findest du zu den einzelnen Varianten noch eine Erklärung.

Abbildung 13.6 Korrekte Kennzeichnung von Produktplatzierungen

Alle Beispiele beziehen sich auf den Fall, dass ein normales Video hochgeladen wurde (Mindestlänge: 90 Sekunden). Ansonsten würde, wenn ein Streaming-Kanal vorliegt, der »Sonderfall« eines Werbespots vorliegen.

1. Ein Werbespot liegt nach § 3 Nr. 12 der Satzung zur Durchführung der Werbevorschriften des Medienstaatsvertrags vor, wenn das gesamte Video nicht länger als 89 Sekunden ist. In diesem Fall muss durch ein optisches Signal am Anfang (Werbelogo) nach Ziffer 3 Abs. 1 Nr. 3 WerbeRL die Werbung vom redaktionellen Inhalt getrennt werden. Das ist für Videos mit normaler Länge eher uninteressant. Für Kurzvideos wie YouTube-Shorts oder TikTok-Videos ist die Regelung dagegen sehr relevant.

2. Generell gilt, dass ein Werbehinweis am Anfang des Beitrags platziert werden muss bei einem Video, in dem das präsentierte Produkt die ganze Zeit im Mittelpunkt steht und kein Fall von Product-Placement vorliegt, sogar während der ganzen Zeit.

Nummer	Variante	Erklärung
1.1	privater Channel	Die aktuell sichere Variante, um ein Produkt vorzustellen, ohne es kennzeichnen zu müssen (nach allen Meinungen).
1.2	privater Channel – aber schon mindestens einmal für ein Produkt Werbung gemacht	Früher umstritten. Jetzt hat der Bundesgerichtshof entschieden: Keine Kennzeichnungspflicht, siehe folgender Kasten.
2.1	Produkt nicht im Zentrum + Wert liegt unter 1.000 €	Die Grenze von 1.000 € kommt aus der Definition der Produktionshilfe: »... Produktionshilfen mehr als 1 % der Produktionskosten oder 1.000 € ausmacht (Ziffer 1 Abs. 2 der gemeinsamen Werberichtlinien der Landesmedienanstalten bzw. jeweils Ziffer 9.1 der ARD- und ZDF-Werberichtlinie)«.
2.2	Produkt hat einen Wert von über 999,99 €	Ab einem Wert des Produkts von 1.000 € ist die Bagatellschwelle überschritten. Es liegt ein Gegenwert für die Werbung vor, und diese muss gekennzeichnet werden.
2.3	Produkt steht im Zentrum – keine Pflicht zur Gegenleistung	Wenn das Produkt im Mittelpunkt des Videos steht, ist der Wert egal. Man muss in diesem Fall eine Kennzeichnung als »Werbung« (»Dauerwerbesendung« oder »Werbesendung«) vornehmen. Englische Begriffe wie »powered by« sind eher unsicher und nicht zu empfehlen.

Tabelle 13.1 Maßnahmen zur Verhinderung von Schleichwerbung

Nummer	Variante	Erklärung
3.1	Produkt steht im Zentrum – Pflicht zur Gegenleistung besteht	Ein Video, das länger als 89 Sekunden dauert und in dem ein einziges Produkt im Mittelpunkt steht, muss mit »Dauerwerbesendung« gekennzeichnet werden nach § 7 Abs. 5 RStV bzw. Ziffer 3 Abs. 3 WerbeRL. Alternativ geht auch eine ausführliche mündliche Einleitung: »Ich präsentiere jetzt ein Produkt der Firma XY …«
3.2	Produkt steht im Zentrum (an einer Stelle) – Pflicht zur Gegenleistung besteht	Falls das Produkt nur an einer Stelle vorkommt, kann die Kennzeichnung auf diese Stelle begrenzt werden, muss aber sehr deutlich sein. Möglich ist die Kennzeichnung an dieser einen Stelle mit »Werbesendung« oder »Werbevideo«.
3.3	Produkt ist eines von mehreren – Pflicht zur Gegenleistung besteht	Falls das Produkt nicht im Mittelpunkt steht, reicht »Product-Placement« oder »Unterstützt durch Produktplatzierung« am Anfang und Ende für drei Sekunden und dazwischen verkürzt als »P«-Zeichen.

Tabelle 13.1 Maßnahmen zur Verhinderung von Schleichwerbung (Forts.)

Influencer – besteht immer Pflicht zur Werbekennzeichnung?

In den letzten Jahren hatten mehrere Gerichte zulasten von Influencern geurteilt, dass Verlinkungen auf Unternehmen bzw. Produkte auch dann als Werbung gekennzeichnet werden müssen, wenn die Influencerin, der Influencer dafür kein Geld oder eine sonstige Gegenleistung erhält, weil man sich durch derartige Beiträge als Werbepartner andiene. Die Entscheidungen betrafen »Tap Tags« bei Instagram, die auf Produktbildern angebracht werden können. Die Grundsätze lassen sich aber auch auf YouTube, TikTok & Co. übertragen. Problematisch war, dass die Urteile die bisherige Logik durchbrachen, wonach Schleichwerbung nur vorliegt, wenn der Veröffentlichende eine Gegenleistung für seinen Werbebeitrag erhält (z. B. Geld oder kostenlose Produkte bzw. Dienstleistungen wie Reisen).

Glücklicherweise hat der BGH dieser weiten Auffassung nun eine Absage erteilt, frühere Urteile sind überholt. Ab sofort gilt: Wer für ein Video eine Gegenleistung erhält, muss sein Video als Werbung kennzeichnen – insoweit hat sich nichts geändert. Wer jedoch Videos postet und Links auf fremde Websites oder Shops setzt (z. B. in der Videobeschreibung), ohne dafür eine Gegenleistung zu erhalten, muss das Video nicht als Werbung kennzeichnen. Ausnahme: Das Video ist extrem werblich. Ein »werblicher Überschuss« liegt laut BGH zum Beispiel vor, wenn ohne kritische Distanz und über Sachinformationen hinaus allein die Vorzüge eines Produkts lobend hervorgehoben werden und Links auf das Unternehmen gesetzt werden.

Die Beistellung von Produkten ist kennzeichnungsfrei, wenn drei Punkte zusammen vorliegen:

1. Man benötigt das Produkt, um das Video drehen zu können. Das sind meist praktische Gegenstände wie Autos, Kameras, Möbel usw.
2. Der Wert des beigestellten Produkts muss unter 1.000 € liegen. Hier würden Autos schon wieder herausfallen. Aber auch für die neuesten Technikprodukte (Smartphones, Laptops usw.) wird es eng.
3. Die Produkte müssen zurückhaltend und ihrem Zweck entsprechend eingesetzt werden und nicht darüber hinaus im Fokus stehen.

13.6 Gewerbeanmeldung Teil 1

Hier erkläre ich dir die wichtigsten Dinge, die du für deine Gewerbeanmeldung wissen solltest.

Muss ich als Video-Creator ein Gewerbe anmelden?

Ein Gewerbe ist jede erlaubte, selbstständige, nach außen erkennbare Tätigkeit, die planmäßig, für eine gewisse Dauer und zum Zwecke der Gewinnerzielung ausgeübt wird und kein freier Beruf ist.

Wir machen den Check für Video-Creators:

1. **Ist das Video-Creator-Dasein bzw. Streamen eine erlaubte Tätigkeit?**

   Ja, achte aber bitte auf den Inhalt (siehe Abschnitt 13.3, »Top Ten der Rechtsfallen für angehende Video-Creators«). Deine Videos dürfen nicht gegen Gesetze oder die guten Sitten verstoßen.

2. **Ist die Tätigkeit nach außen gerichtet?**

   Ja. Du speicherst deine Videos nicht nur auf der heimischen Festplatte, sondern veröffentlichst sie im Internet, das weltweit verfügbar ist.

3. **Üben Video-Creators eine selbstständige Tätigkeit aus?**

   Das wird bei einem Video-Creator normalerweise der Fall sein. Entscheidend ist, dass du nicht weisungsgebunden bist und die Inhalte deines Channels selbst bestimmt. Gegenstück wäre Angestellte, die die Anweisungen ihrer Vorgesetzten zu befolgen haben.

4. **Übst du deine Tätigkeit planmäßig aus?**

   Es kommt bei der Planmäßigkeit nicht darauf an, dass man die nächsten 40 Jahre nur noch YouTube, TikTok oder Instagram macht. Entscheidend ist, dass absichtlich wiederholt und regelmäßig Geschäfte getätigt werden.

5. **Besteht Gewinnerzielungsabsicht?**

   Ob und wie viel Geld du mit den Videos Geld verdienst, ist nicht entscheidend, sondern deine Absicht. Auch wenn du in den ersten Monaten nichts verdienst, handelst du gewerblich, wenn du das Ziel hast, mit dem Veröffentlichen von Videos oder dem Streaming Geld zu verdienen. Anders sieht es aus, wenn du deinen Channel als reines Hobby betreibst. Sei ehrlich zu dir selbst.

   Falls du hier nämlich schummelst, handelst du zwar nicht strafbar, aber es wird eine Geldbuße bis zu 1.000 € für diese Ordnungswidrigkeit fällig.

6. **Handelt es sich um einen freien Beruf?**

   Nein. Freiberufler sind z. B. Anwälte, Ärzte, Architekten usw., aber keine Video-Creators.

Wenn du die obigen Fragen abgesehen von Ziffer 6. für dich mit Ja beantwortest, betreibst du ein Gewerbe. In diesem Fall musst du im örtlichen Gewerbeamt deiner Gemeinde eine Gewerbeanmeldung einreichen. Die Anmeldung kostet zwischen 20 und 50 €. Deine Gewerbeanmeldung wird dann an das zuständige Finanzamt weitergeleitet. Von dort wirst du ein Schreiben mit einem Fragebogen »zur steuerlichen Erfassung« bekommen. Fülle ihn sorgsam aus, daraus ergibt sich nämlich deine Besteuerung.

13.7 Gewerbeanmeldung Teil 2

Und natürlich musst du auch in der Praxis einiges beachten.

1. **Was muss ich ausfüllen?**

   Vor dir liegt ein Formular zur Gewerbeanmeldung. Die meisten Fragen sind einfach und betreffen deine persönlichen Lebensumstände.

   Beim geschäftlichen Teil sind vor allem die Punkte Gewinnermittlung und Umsatzsteuer wichtig. Bei der Gewinnermittlung empfiehlt es sich, bei einem neu gegründeten Gewerbe die Einnahmenüberschussrechnung (bzw. Einnahmen-Ausgaben-Rechnung) zu wählen. Das Einkommensteuergesetz regelt, dass du den eigenen Gewinn als Überschuss der Betriebseinnahmen über die Betriebsausgaben ermitteln kannst. Das geht, wenn du unter »Umsatzsteuer« die Kleinunternehmerregelung wählst. Dein Umsatz darf dann aber maximal 17.500 € im

Jahr (und im 2. Jahr 50.000 €) betragen. Diese Grenzen dürften zu Beginn einer Karriere als Video-Creator noch nicht überschritten werden.

2. **Mache ich überhaupt Gewinn?**

   Vereinfacht gesagt, ist Gewinn das, was übrig bleibt, wenn du vom Umsatz die Ausgaben abziehst. Die Einnahmen müssen also größer als die Ausgaben sein. Bei Video-Creators können sich Einnahmen z. B. aus Werbung, Affiliate-Provisionen oder Kooperationen mit Firmen ergeben.

3. **Muss ich bei Gewinnen Steuern zahlen?**

   In Deutschland gilt für 2021 ein Grundfreibetrag in Höhe von 11.784 €. Darüber hinaus wird Einkommensteuer fällig, abhängig von der Höhe deiner Einnahmen. Die Spanne liegt zwischen 0 % und 42 %. Zusätzlich fällt Gewerbesteuer an, deren Höhe jede Gemeinde selbst festlegt (aber erst oberhalb des Freibetrags von 24.500 €).

   Wichtig: Falls du die Kleinunternehmerregelung nicht gewählt hast, musst du Umsatzsteuer an den Staat abführen. Lege die Umsatzsteuer daher immer beiseite. Sonst ist man schnell verleitet, zu denken, dass man dieses Geld behalten darf – ein klassischer Fehler junger Selbstständiger.

4. **Noch etwas?**

   Jedes Jahr musst du außerdem eine Steuererklärung machen. Der 31. Juli ist der späteste Abgabetermin einer Steuererklärung für das Vorjahr. Wer einen Steuerberater hat, muss sogar erst am Ende des Jahres (31. Dezember) seine Erklärung einreichen.

Kapitel 14

LuciNana – die Erfolgsstory einer Twitch-Streamerin und Gamerin

»Zieh es durch, aber habe immer was im Hinterkopf, auf das du zurückgreifen kannst.«

Ich habe es im Buch schon ein paar Mal angesprochen, und jetzt ist es so weit: Ich habe ein Interview mit einer Streamerin geführt. Ich dachte, es sei ein schöner Abschluss. Du hast bestimmt viele Fragen – und vielleicht auch Sorgen, mit Social Media anzufangen. Das ist wirklich der schwerste Schritt: an sich zu glauben und sich zu trauen! Deswegen bekommst du jetzt Erfahrung aus erster Hand, vielleicht kann dir das etwas Sicherheit geben. Das Interview ist natürlich zum Thema Twitch, du kannst es aber auch auf die anderen Plattformen übertragen! So, um wen geht es denn überhaupt? Lucina ist eine Twitch-Streamerin und GTA Roleplayer. Sie hat es geschafft, in der Welt des Livestreamings Fuß zu fassen. Mit einer Mischung aus Kreativität, Leidenschaft und Authentizität begeistert sie ihre Community. Doch ihr Weg war nicht immer einfach – hinter dem Erfolg stehen harte Arbeit, Herausforderungen und kluge Entscheidungen (Abbildung 14.1).

Abbildung 14.1 LuciNanas Profilbild

14.1 Die Anfänge: eine neue Welt entdecken

Lucinas Reise begann während der Coronapandemie. Ihre sonstigen Hobbys, wie das Theaterspielen, waren eingeschränkt, und sie suchte nach einer neuen Beschäftigung. »Mir war langweilig zu Hause, und dann habe ich Twitch entdeckt«, erzählt sie. Inspiriert von anderen Streamern, wagte sie den Einstieg in die Welt des Gaming-Streams, obwohl sie vorher nie gezockt hatte. Zunächst war ihre Zuschauerbasis klein – bestehend aus Familie und Freunden. Mit GTA Roleplay fand sie eine Möglichkeit, ihre Leidenschaft fürs Theater in die digitale Welt zu übertragen. Dabei schlüpft sie in die Rolle eines Charakters, den sie improvisiert und mit Leben füllt. Diese Form des Gamings verbindet Schauspielerei, Kreativität und Interaktion – alles live vor einem Publikum.

Was ist Roleplay?

Roleplay auf Twitch bedeutet, dass Menschen in einem Spiel so tun, als wären sie, wie in einem Theaterstück, eine bestimmte Figur. Ein bekanntes Beispiel ist GTA Roleplay, wo Spielerinnen und Spieler so tun, als wären sie Polizistinnen, Gangster, Ärzte oder andere Charaktere in der Spielwelt. Sie denken sich Geschichten aus und handeln wie echte Personen, während andere zuschauen können.

14.2 Der Name und die Marke LuciNana

»Mein Markenname ist LuciNana, weil ich einfach meinen eigenen Namen kreativ erweitert habe«, erklärt sie. Obwohl viele ihrer Zuschauer sie »Luci« nennen, bleibt »LuciNana« als Markenidentität bestehen. Sie betont, wie wichtig es ist, einen einprägsamen Namen zu wählen, der langfristig Bestand hat. Dabei hat sie sich auch auf andere Plattformen ausgedehnt: Neben Twitch ist sie auf YouTube und TikTok aktiv, um ihren Content zu verbreiten. Trotzdem bleibt Twitch ihre Hauptplattform, da sie das direkte und spontane Live-Format liebt. Das ist natürlich clever, Stichwort: Multi-Channel-Strategie (Abbildung 14.2)!

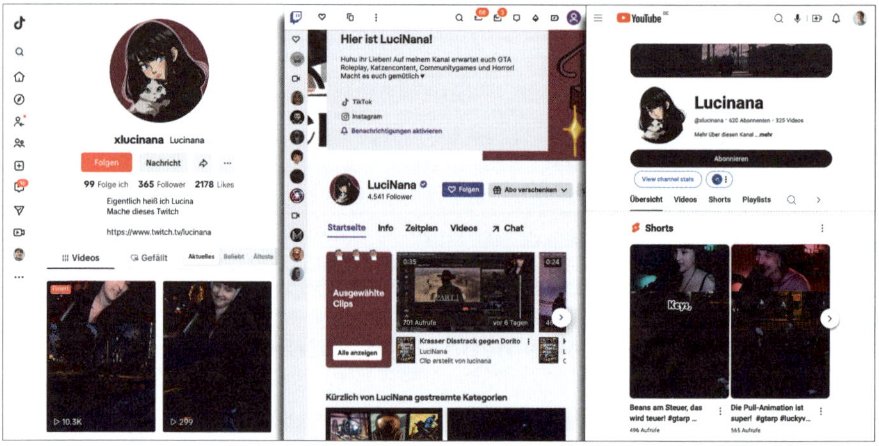

Abbildung 14.2 Die verschiedenen Profile von LuciNana

14.3 Kreativität trifft Community

Lucina erkannte schnell, dass Erfolg auf Twitch nicht nur durch die Qualität des Spiels, sondern auch durch das Engagement mit der Community bestimmt wird. GTA Roleplay bietet ihr eine Bühne, auf der sie nicht nur spielt, sondern Geschichten erzählt, die ihre Zuschauer fesseln. »Mein Ziel ist es, den Zuschauern das Gefühl zu geben, dass sie ein Teil meiner Charaktergeschichte sind«, sagt die Streamerin. Ihre Streams zeichnen sich durch Authentizität und Emotionen aus. Lucina betont, dass sie kein Skript verwendet: »Alles ist improvisiert. Ich logge mich ein und weiß nie, was mich erwartet.« Diese Unberechenbarkeit macht ihre Inhalte spannend und einzigartig!

14.4 Der Aufbau einer Community

Für Lucina ist ihre Community das Herzstück ihres Erfolgs. Sie nennt sie liebevoll »Erdbeerchen«, ein Spitzname, der aus ihren GTA Roleplays entstanden ist. Die Interaktion mit dem Publikum ist für sie essenziell. Während des Streams wechselt sie mühelos zwischen ihrem Charakter und ihrer echten Persönlichkeit, um sowohl mit ihren Zuschauenden zu kommunizieren als auch im Spiel authentisch zu bleiben. »Den Leuten das Gefühl zu geben, dass sie dazugehören, ist das Wichtigste«, da ist Luci sich sicher. Und sie hat sogar Moderatoren, die ihren Chat überwachen und neue Zuschauer willkommen heißen. Sie beschreibt, wie entscheidend es ist, ein freundliches und sicheres Umfeld zu schaffen. Neue Mitglieder sollen sich sofort wohl- und integriert fühlen (Abbildung 14.3).

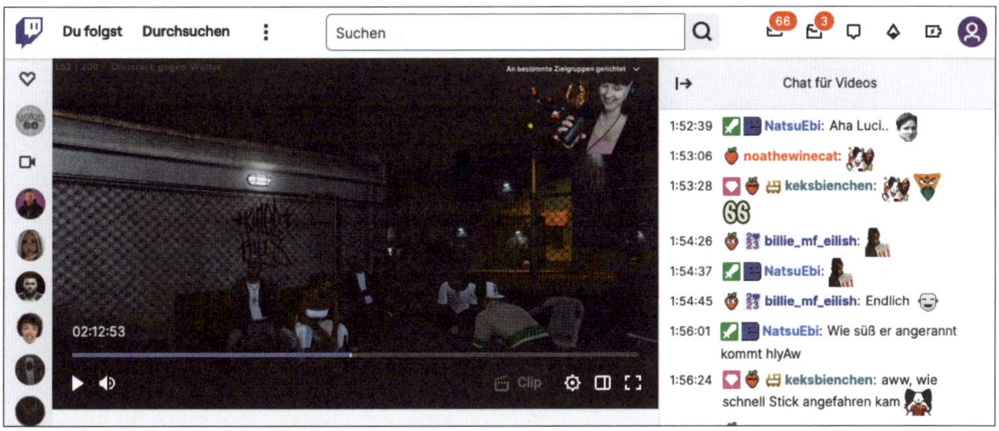

Abbildung 14.3 Chat bei LuciNana

Moderatoren

Moderatoren bei Twitch sind Helferinnen und Helfer im Chat, die dafür sorgen, dass alle freundlich bleiben und sich an die Regeln halten. Sie können unfreundliche Nachrichten löschen oder Leute, die stören, aus dem Chat entfernen, damit es für alle Spaß macht, zuzuschauen.

14.5 Herausforderungen auf dem Weg

Lucinas Erfolg kam nicht ohne Hindernisse. Eine ihrer größten Herausforderungen war der Umgang mit Selbstzweifeln, insbesondere in Phasen niedriger Zuschauerzahlen. »Wenn du siehst, dass du nur wenige Zuschauer hast, obwohl du mit deinem Content zufrieden bist, zweifelst du an dir selbst«, erinnert sie sich. Sie beschreibt auch eine Phase, in der sie einen Charakter weiterspielte, obwohl sie keine Freude mehr daran hatte. »Das war Gift für meinen Stream«, sagt sie. »Ich habe Zuschauer verloren, weil sie gemerkt haben, dass ich nicht mehr authentisch bin.« Diese Erfahrung lehrte sie, dass Freude und Leidenschaft entscheidend sind, um langfristig erfolgreich zu sein.

14.6 Die Rolle von Technik und Planung

Sie betont im Interview, wie wichtig eine gute technische Ausstattung ist, auch wenn sie nicht von Anfang an perfekt sein muss. »Qualität zieht Leute an«, erklärt sie. Ihr heutiges Setup – bestehend aus einer hochwertigen Kamera, einem professionellen Mikrofon und einem leistungsstarken PC – hat sie komplett durch ihre Einnahmen refinanziert. In Kapitel 5, »Content drehen leicht gemacht!«, haben wir dir bereits eine gute Übersicht gegeben, welche Modelle zu dir passen sollten. Neben der Technik spielt auch die Planung eine Rolle. Lucina achtet darauf, regelmäßig zu streamen, vor allem abends, wenn die meisten Menschen Zeit haben. »Mein Charakter ist ein Krimineller, also passt es perfekt, dass ich abends aktiv bin, wenn es dunkel ist«, erklärt sie.

14.7 Tipps für Einsteiger: Wie fängt man an?

Ich habe Lucina gefragt, ob sie für junge User Ratschläge hat. Sie sieht Streaming als eine Möglichkeit, sich kreativ auszudrücken und eine Community aufzubauen. Doch sie warnt davor, den Erfolg nur an Zahlen zu messen. »Es gehört auch Glück dazu«, erklärt sie. Und sie hat noch mehr gute Ratschläge:

- Sei authentisch: »Verstelle dich nicht. Die Zuschauer merken, ob du echt bist oder nicht.«
- Ignoriere Zahlen am Anfang: »Schalte die Zuschauerzahlen aus, um dich nicht unter Druck zu setzen.«
- Nutze vorhandene Netzwerke: »Wenn du andere Streamer kennst, kollaboriere mit ihnen, ohne dabei Zuschauer abzuwerben.«
- Investiere in Qualität: »Ein gutes Mikrofon oder eine stabile Internetverbindung sind wichtige Grundlagen.«
- Fokus ist entscheidend: »Definiere klar, was dein Content ist. Das hilft dir, eine Zielgruppe zu finden.«
- Probiert es aus: »Wenn ihr Spaß daran habt, fangt an und experimentiert.«
- Bleibt realistisch: »Setzt euch realistische Ziele und habt einen Plan B.«
- Lernt aus Fehlern: »Jede Herausforderung ist eine Chance, zu wachsen.«

14.8 Monetarisierung: vom Hobby zur Nebentätigkeit

Streaming ist für Lucina nicht nur ein Hobby, sondern eine offizielle Nebentätigkeit. Sie verdient Geld durch Abonnements, Spenden und gelegentlich Merchandising. Lucina erklärt, wie wichtig es ist, Einnahmen korrekt zu versteuern: »Sobald du Geld verdienst, brauchst du ein Nebengewerbe.« Sie nutzt ihre Einnahmen, um ihre Katze zu versorgen und Tierheime zu unterstützen. »Ich habe kein Interesse, durch Merch Geld zu verdienen. Für mich reicht es, dass Leute mein Merch tragen – das ist die größte Belohnung.«

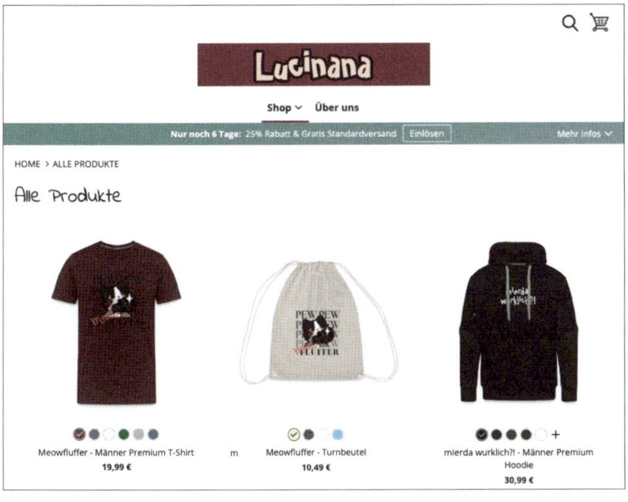

Abbildung 14.4 LuciNanas Merch-Shop (*https://lucinana.myspreadshop.de*)

14.9 Kreative Formate und Zukunftspläne

Lucina experimentiert gern mit neuen Formaten. Neben GTA Roleplays hat sie Karaoke- und Just-Dance-Streams ausprobiert. Diese Vielfalt hilft ihr, ihre Community bei Laune zu halten. Gleichzeitig denkt sie langfristig: »Ich weiß, dass GTA Roleplay nicht ewig bestehen wird. Aber ich mache es so lange, wie ich es liebe.« Ihr Ziel ist es, ihre Community auch auf anderen Plattformen zu erreichen. TikTok nutzt sie, um lustige Clips zu teilen und neue User auf sich aufmerksam zu machen. Trotzdem bleibt Twitch ihr Hauptfokus.

14.10 Ein gesunder Umgang mit Streaming

Sie betont, dass Streaming nicht das ganze Leben bestimmen sollte. Sie hat einen Hauptberuf und betrachtet Twitch als Ergänzung. »Ich würde niemals meinen Job aufgeben, um mich komplett auf Streaming zu verlassen«, sagt sie. Für junge User betont sie, wie wichtig es ist, eine solide Grundlage zu haben:

»Habe immer etwas, auf das du zurückgreifen kannst. Das gibt dir Sicherheit.«

Lucinas Geschichte zeigt, dass Erfolg auf Social Media nicht über Nacht kommt. Es braucht Leidenschaft, Kreativität und eine starke Verbindung zur Community. Ihre Reise ist ein Beweis dafür, dass es möglich ist, aus einem Hobby eine erfolgreiche Nebentätigkeit zu machen – solange man authentisch bleibt und sich selbst treu ist. Also: Leg los, glaub an dich und mach dir keinen großen Druck, direkt ein Star zu werden – das bist du sowieso schon!

Index

N

O

P

Q

R

S

T

U

V

W

X

Y

Z

Bestes Wissen für Dein Online-Marketing

- Digitaler Zugriff auf alle Bücher zu Social Media, Content-Marketing, SEO und Co.
- Neuerscheinungen automatisch enthalten
- Online und offline lesen – auch in der App
- Schon ab 39 Euro pro Monat

Jetzt das digitale Abo entdecken!

www.rheinwerk-verlag.de/online-marketing-abo

Ihr Weg zum besseren Auftritt – auch online

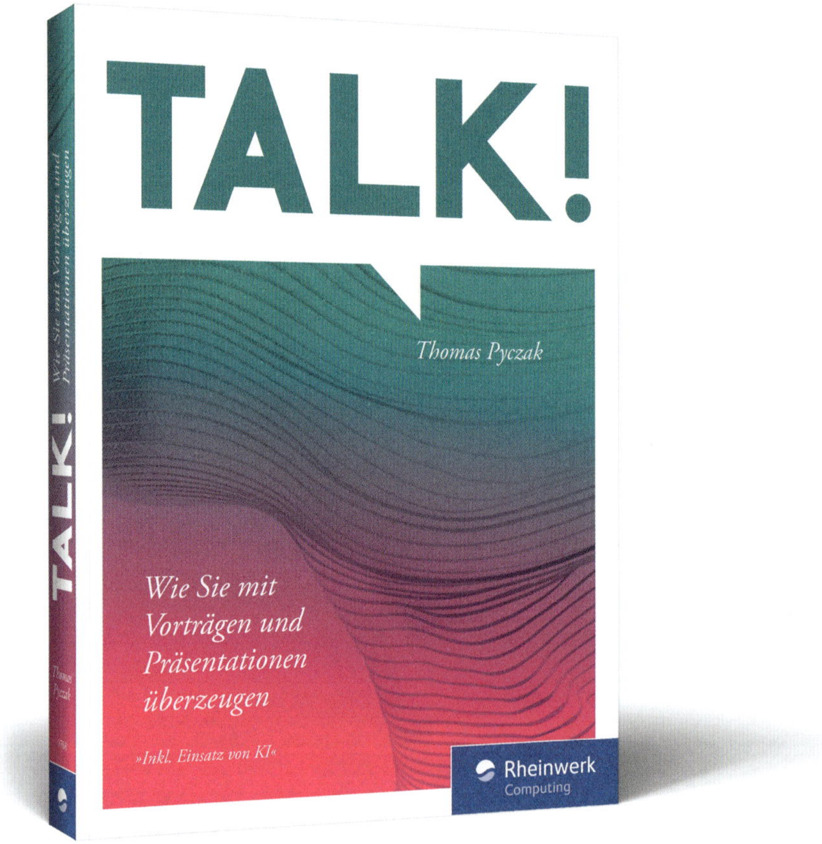

Sind Sie es leid, anderen den Vortritt bei öffentlichen Reden oder Präsentationen zu lassen, weil Sie Angst haben, zu nervös zu wirken? Wie wäre es, selbstbewusst und überzeugend zu sprechen, Ihre Ideen klar und wirkungsvoll zu präsentieren? Thomas Pyczak, erfahrener Coach, Trainer und Autor, teilt sein Wissen und seine Erfahrungen mit Ihnen. Die Kunst der Rhetorik, TED Talks, Business Storytelling: Hier bekommen Sie Tipps, die Ihnen helfen, Ihre Sprechängste zu überwinden und überzeugende Vorträge zu halten. Online wie offline.

325 Seiten, broschiert, in Farbe, 24,90 Euro, ISBN 978-3-8362-9768-4

www.rheinwerk-verlag.de/5784

Bleiben Sie mit guten Geschichten im Gedächtnis

Wer gut erzählen kann, braucht sich um begeisterte Zuhörer keine Sorgen zu machen. Im Konferenzraum und an der Kaffeetheke, online wie offline: »Tell Me!« zeigt Ihnen, wie Sie die Kraft von Storytelling für Ihren Erfolg nutzen. Ihr Publikum lehnt sich zurück, ist gespannt, wie die Geschichte weitergeht, merkt sich die Fakten – profitieren auch Sie von dieser Technik! Thomas Pyczak setzt auch auf Storytelling und kurze, in sich geschlossene Geschichten. Jede einzelne können Sie für sich lesen und ihren Nutzen auf die eigene Situation übertragen.

349 Seiten, broschiert, in Farbe, 24,90 Euro, ISBN 978-3-8362-9154-5

www.rheinwerk-verlag.de/5584

Formate, die Hörer begeistern

Sie planen schon länger einen eigenen Podcast? Sie möchten mit Ihrem bestehenden Angebot mehr Menschen erreichen? In dieser Anleitung werden Sie fündig. Alle Aspekte des Podcastings werden umfassend und anschaulich dargestellt, von der Formatfindung über Fragen der Produktion und Aufzeichnung bis hin zur Veröffentlichung und Vermarktung. Mit zahlreichen Beiträgen von »alten Hasen« und einem Gastkapitel zu rechtlichen Aspekten von Christian Solmecke. Inklusive Social Audio mit Clubhouse und Co.

466 Seiten, broschiert, in Farbe, 29,90 Euro, ISBN 978-3-8362-8579-7

www.rheinwerk-verlag.de/5380

So hilft KI in der Content-Erstellung

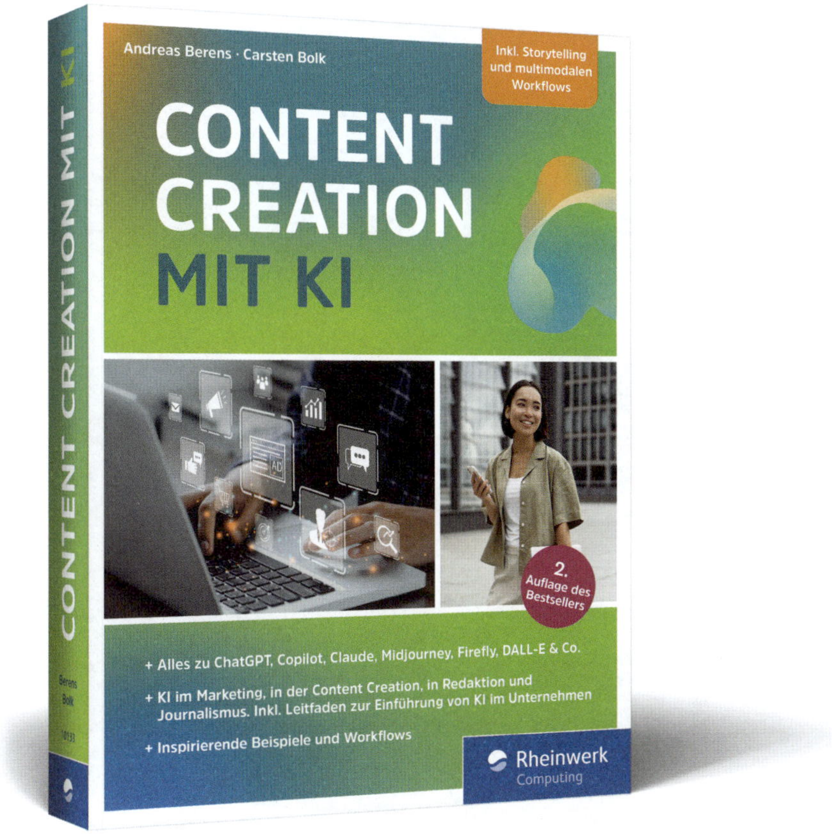

Social-Media-Posts automatisch erstellen und kommentieren, Titelseiten von Magazinen gestalten, Interviews vorbereiten, Recherchen anstellen, oder bessere Texte sowie Video- und Audio-Content von der KI erstellen lassen: ChatGPT, Jasper und Co. haben die Content-Erstellung schon jetzt grundlegend verändert. Erfahren Sie, wie Sie Texte generieren, Blog-Artikel schreiben, Übersetzungen redigieren, Bilder, Videos und Sounds erstellen oder Kreativitätsblockaden überwinden können. Und das alles mithilfe von Künstlicher Intelligenz!

508 Seiten, broschiert, 34,90 Euro, ISBN 978-3-367-10133-7

www.rheinwerk-verlag.de/5885

Mit professionellen Filmen überzeugen

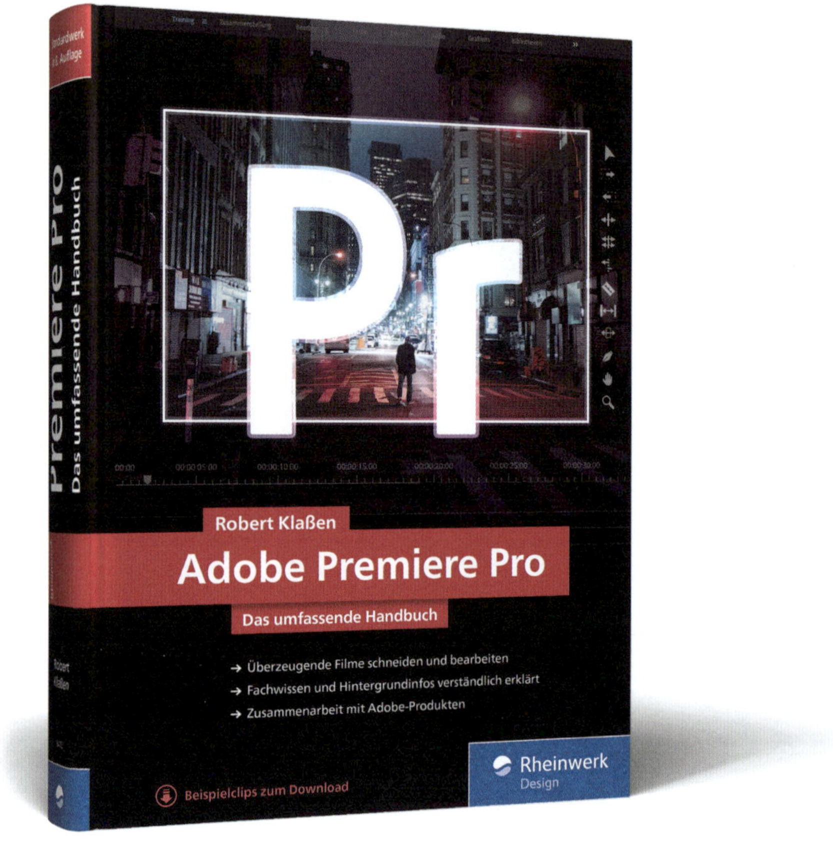

Adobe Premiere Pro ist die Schnittlösung Ihrer Wahl? In diesem Buch zeigt Ihnen Robert Klaßen, wie Sie die Software einsetzen und komplett ausreizen. Er führt Sie durch den gesamten Video-Workflow: vom Import über den Schnitt, die Sound- und Effektbearbeitung bis hin zur Ausgabe für Web, Fernsehen und mobile Endgeräte. In vielen Workshops lernen Sie, wie es praktisch geht. Der Autor gibt wichtige Hintergrundinfos zu Codecs und Formaten und veranschaulicht den Workflow mit den wichtigsten Adobe-Programmen. Und Cut!

574 Seiten, gebunden, in Farbe, 49,90 Euro, ISBN 978-3-8362-8412-7

www.rheinwerk-verlag.de/5324